Vorgrimler
Sakramententheologie

Herbert Vorgrimler

Sakramententheologie

PATMOS VERLAG

Erich Zenger zugeeignet

Die Deutsche Bibliothek – CIP-Einheitsaufnahme
Ein Titeldatensatz für diese Publikation ist bei
Der Deutschen Bibliothek erhältlich.

Patmos Verlag GmbH & Co. KG, Düsseldorf
Druck und Bindung: Clausen & Bosse, Leck
ISBN 3-491-69052-8
www.patmos.de

Inhalt

Abkürzungen

AAS	Acta Apostolicae Sedis (Amtliche Verlautbarungen des Papstes und der vatikanischen Behörden)
COD	Conciliorum Oecumenicorum Decreta, hrsg. von G. Alberigo u. a., Barcelona 1962 u. ö.
DS	H. Denzinger/A. Schönmetzer, Enchiridion symbolorum, definitionum et declarationum de rebus fidei et morum, Barcelona [35]1973 (Stellenangaben nach Textnumerierung)
EKL	Evangelisches Kirchenlexikon, hrsg. von E. Fahlbusch u. a., 3. Aufl. (Neufassung), Göttingen 1986 ff.
J. Finkenzeller I und II	J. Finkenzeller, Die Lehre von den Sakramenten im allgemeinen. Von der Schrift bis zur Scholastik, Freiburg 1980 (= J. Finkenzeller I); ders., Die Lehre von den Sakramenten im allgemeinen. Von der Reformation bis zur Gegenwart, Freiburg 1982 (= J. Finkenzeller II)
HKR	Handbuch des katholischen Kirchenrechts, hrsg. von J. Listl/H. Müller/H. Schmitz, Regensburg 1983
LThK	Lexikon für Theologie und Kirche, 2. Aufl., hrsg. von J. Höfer/K. Rahner, Freiburg 1957–1965
Lit.	Literaturangaben. Lit. mit Numerierung verweist auf die numerierten Literaturzusammenstellungen in diesem Buch
MySal	Mysterium Salutis. Grundriß heilsgeschichtlicher Dogmatik, hrsg. von J. Feiner/M. Löhrer, Einsiedeln/Zürich/Köln 1965–1981
NHthG	Neues Handbuch theologischer Grundbegriffe, hrsg. von P. Eicher, München 1984 f.

NR	J. Neuner/H. Roos, Der Glaube der Kirche in den Urkunden der Lehrverkündigung, neubearb. von K. Rahner – K.-H. Weger, Regensburg [11]1983 (Stellenangaben nach Textnumerierung)
Schriften	K. Rahner, Schriften zur Theologie, Einsiedeln/ Zürich/Köln 1954–1984
ThWNT	Theologisches Wörterbuch zum Neuen Testament, hrsg. von G. Kittel/G. Friedrich, Stuttgart 1933–1973
TRE	Theologische Realenzyklopädie, hrsg. von G. Krause/G. Müller, Berlin/New York 1976ff.

Die Dokumente des Zweiten Vatikanischen Konzils werden mit den Anfangsbuchstaben zitiert, z. B. SC = Sacrosanctum Concilium; vgl. Kleines Konzilskompendium, Freiburg 1966 u. ö., 7–10.

Für die Abkürzungen der Schriften klassischer Theologen (Augustinus, Thomas usw.) siehe die Angaben in den entsprechenden Artikeln der theologischen Lexika.

Einleitung

In theologischen Diskussionen und aus Veröffentlichungen, die sich mit den Sakramenten beschäftigen, ist nicht selten zu vernehmen, Stimmung und Denken seien heute den Sakramenten nicht günstig. Als Gründe, warum sakramentale Handlungen befremdlich bleiben müßten, werden die Konzentration vieler Menschen auf dasjenige, was wissenschaftlich-technisch erforschbar und machbar ist, und die »Fremdheit des Religiösen« in dieser Welt angegeben. Solche Widerstände betreffen nicht nur den engeren sakramentalen Bereich, sondern, über den kirchlichen Rahmen hinaus, den christlichen Glauben im ganzen. Aber es ist nicht zu übersehen, daß auch bei vielen Christen nur geringes Interesse an den Sakramenten besteht. Sakramente werden – durchaus mit Recht – den Symbolen zugerechnet, manche Christen werten jedoch Symbolhandlungen als Alibi, als bequemen Ersatz für die schwerere christliche Praxis. Nicht selten wird der Verdacht geäußert, eine binnenkirchliche Sonderwelt entziehe sich mit ihrer Schwerpunktsetzung bei den Sakramenten einem Christentum der Tat und des glaubhaften Zeugnisses in der Welt. Die Einengung der Sakramente in vorgeschriebene Abläufe mache den spontanen, kreativen Ausdruck unmöglich, nach dem sich heute viele Menschen sehnen; der Eindruck des immer gleichen Mechanischen stehe im Gegensatz zu erhofften unvermuteten Glaubenserfahrungen. So wird ein großer Teil heutiger Kirchenkritik zu Sakramentenkritik. Unter dem Einfluß theologischer Ausbildung ist mancherorts ein historisch-kritisches Bewußtsein entstanden, das als strenger Maßstab an Entstehung und Praxis der Sakramente angelegt wird. Bei der an sich unverzichtbaren Hinwendung zum historischen Jesus wird bewußt, daß eine »Stiftung« oder Einsetzung von Sakramenten durch ihn ganz unwahrscheinlich ist. Bei der praktischen Ausprägung mancher Sakramente werden starke kirchliche Interessen deutlich, die nicht immer religiöser Natur waren. Der Schritt von der Einsicht »historisch bedingt« zu dem Urteil »unwichtig« ist oft nur kurz.

Den Berichten von solchen und ähnlichen Schwierigkeiten, heutige menschliche Erfahrungen mit dem kirchlichen Sakramentenglauben zu vermitteln, stehen jedoch andere Zeugnisse entgegen. Eine Suche nach dem Fremden, Technikfeindlichen, durchaus auch Religiösen äußert sich in einer ganzen Flut esoterischer Literatur. Es gibt viele Initiativen zur Verwirklichung menschlicher Begegnung und Gemeinschaft, die auch eine Art neuer ritueller Gesten einschließen.[1] Die Kommunikation im religiösen Bereich ist lebendiger geworden, sie sucht nach neuen Ausdrucksmitteln und überprüft die alten neu auf ihre Möglichkeiten hin. Mehrere Wissenschaften beschäftigen sich mit Symbolen, die Symbolforschung zeigt eine steigende Tendenz.[2]

Die Theologie befaßt sich in wachsendem Maß mit dem »Vorfeld«, in dem sich Möglichkeiten für ein neues Sakramentsverständnis abzeichnen. Sie versucht beispielsweise, anthropologische Zugänge zum Sinn von Zeichenhandlungen zu bahnen[3]: Sie achtet auf die Strukturen äußerer und innerer Wahrnehmung und Mitteilung. Sie thematisiert die unabdingbare Funktion der menschlichen Leiblichkeit bei jeder Form von Kommunikation. Sie ordnet die Sakramente in Tatbestände ein, die auch anderen Wissenschaften zugänglich sind, wie Sprachgeschehen und Symbolwirklichkeit (insbesondere die Gegebenheit des Realsymbols). Der ökumenische Dialog der (noch) getrennten Kirchen gilt zur Zeit vorrangig den mit den Sakramenten verbundenen Fragen und hat schon manche Gemeinsamkeiten (etwa zum Verhältnis von Wort und Sakrament) herausstellen können.

Diese beiden Sachverhalte, Abwehr gegen den und neue Hinwendung zum Bereich der Sakramente, können in einem »Leitfaden« nicht dargestellt werden. Ich möchte mich ferner nicht im »Vorfeld« aufhalten und die Sakramente von Strukturen und Ereignis-

---

[1] Vgl. *F.-J. Nocke*, Wort und Geste, München 1985, 11–58; *U. Kühn*, Sakramente, Gütersloh 1985, 197 ff.

[2] So z. B. die Tiefenpsychologie, Psychoanalyse, Religionswissenschaft, Kulturanthropologie, Verhaltensforschung, Kommunikationstheorie, Informatik usw. – Vgl. auch unten 5.1.

[3] Geglückte Beispiele sind die Zugänge zur Sakramententheologie bei Th. Schneider und F.-J. Nocke.

sen her akzeptabel machen, die auch sonst in der Menschenwelt vorkommen. Aber die Sakramente sollen auch nicht, gleichsam »rechtspositivistisch«, als isolierte Stiftungen Gottes in Jesus Christus in den Blick kommen, die im Rahmen der sonstigen Glaubensinhalte und der Theologie wie Fremdkörper wirken könnten. Vielmehr möchte ich davon ausgehen, daß Gottes Umgang mit den Menschen gar nicht anders sein kann als »sakramental«. Sakramentale Strukturen und Ereignisse kennzeichnen die Geschichte Gottes mit den Menschen von Anfang an, das heißt, seit es Menschen gibt, sie prägen daher alle Gebiete einer Theologie, die »heilsgeschichtlich« aufgebaut ist. Eine solche sakramentale Sicht stellt sich jedoch nicht von selbst ein, sie wird erst wirksam, wenn wir uns die Wirklichkeit von dem her entschlüsseln lassen, das wir »Offenbarung« nennen. Mit anderen Worten: Der Glaube gehört zu den unverzichtbaren Voraussetzungen einer Sakramententheologie. Und er ist seinerseits, in seiner kirchlichen Prägung und in seinem liturgischen Ausdruck, dialogisch strukturiert.

Zunächst möchte ich daher aufzeigen, auf welchen Glaubensvoraussetzungen die Sakramententheologie aufruht und wie sie ins Ganze der Theologie einzuordnen ist.

Es folgen dann kurzgefaßte Darstellungen des Sakramentenbegriffs und seiner Geschichte, die Festlegungen der kirchlichen Tradition zum Bereich der Sakramente im allgemeinen und die Grundzüge einer Sakramententheologie.

Daran schließen sich die theologischen Erläuterungen zu den sieben einzelnen Sakramenten der katholischen Kirche (einschließlich verwandter Gegebenheiten wie Ablaß und Sakramentalien) an.

Ich möchte diese Einleitung mit einigen persönlichen Bemerkungen beenden. Bei der Ausarbeitung dieser Sakramententheologie habe ich keinerlei Hilfe gehabt, da ich angesichts einer außergewöhnlichen Belastung – gleichzeitige Wahrnehmung zweier Professuren und, bereits im dritten Jahr, der Fakultätsaufgaben als Dekan – meine Mitarbeiterinnen und Mitarbeiter bei anderen Aufgaben benötigte. So kann die von mir eingesehene und zusammengestellte Literatur keinen Anspruch auf Vollständigkeit erheben. Ich bin aber sicher, daß Interessenten, die eine einzelne Frage intensiver bearbeiten möchten, mit der Hilfe dieser Literaturübersichten weiterkommen. Es lag mir sehr daran, den Kontakt mit der nichtdeutschen Theologie so gut als möglich zu halten, und ich empfinde es nicht als Vorzug, daß die zuletzt in deutscher Sprache erschienenen Sakramententheologien von ausländischer Literatur keine Notiz nehmen.

Ein gemeinsames Oberseminar mit dem evangelischen Neutestamentler Martin Rese zu den Lima-Texten hat, bei aller kollegialen und freundschaftlichen Atmosphäre, die katholischen Teilnehmer immer wieder unerbittlich mit der Frage konfrontiert: Wie schützt ihr eure Sakramentenauffassung vor der Meinung, daß ihr über Gottes Gnade verfügt? Diese Frage bleibt in diesem Buch ständig gegenwärtig. Sollte ich diese Sakramententheologie selber charakterisieren, so möchte ich sagen, daß sie ökumenisch und auch im Hinblick auf das Judentum offen und gesprächsbereit ist, daß sie sich liturgie*theologisch* versteht und daß sie versucht, in der Jesusmystik fundiert zu sein.

Ich widme das Buch meinem Freund und Kollegen Erich Zenger. In mehrfacher Hinsicht bin ich ihm Dank schuldig: Weil er ein Meister in der Kunst ist, das Alte Testament als Lebensbuch zu erschließen; weil er ein unermüdlicher Motor des jüdisch-christlichen Dialogs ist, und weil ich von ihm ganz konkrete, unschätzbare Hilfe erfahren habe.

Münster, Neujahr 1987   Herbert Vorgrimler

Zur 3. Auflage

Wie schon für die zweite Auflage wurde der Text auf Druckfehler hin durchgesehen; Literatur wurde nachgetragen. Seit der ersten Auflage sind zwei Neuansätze der Sakramententheologie erschienen, von F. Taborda (1988) mit der Schwerpunktsetzung bei der Feier des Glaubens, von L. Lies (1990) mit der Hervorhebung der personalen Begegnung. Ich möchte bei meiner zurückhaltenderen liturgietheologischen Sicht bleiben.

Münster, im März 1992   Herbert Vorgrimler

15

1 Theologische Voraussetzungen der Sakramententheologie

1.1 Gotteserfahrungen und Offenbarung Gottes

Die Sakramente sind ein gewisser Teil der Beziehung von Gott und Menschen. Diese etwas banale Feststellung soll ein Hinweis darauf sein, daß ein Nachdenken über die Sakramente zunächst einmal ein Nachdenken über das Verhältnis Gottes zu den Menschen voraussetzt. Gott, wie er in der jüdisch-christlichen Tradition erkannt worden ist, bleibt das große, undurchdringliche und unbegreifbare Geheimnis. Er ist in seinem innersten Wesen vom Menschen so verschieden, daß das herantastende Denken ihn nicht erfassen, die menschliche Sprache ihn nicht völlig zutreffend beschreiben kann.[1] Das gilt freilich auch in der umgekehrten Richtung: Eine unvermittelte Kommunikation von Gott und Menschen scheint wegen der völligen Verschiedenheit der beiden »Partner« nicht möglich zu sein.

Nun besagt die jüdisch-christliche Überlieferung, im Unterschied beispielsweise zum griechischen Denken über das Göttliche, daß Gott in höchstem Interesse an seiner Schöpfung beteiligt war und ist, daß er mit den Menschen zu tun haben wollte und will. Sie versteht die Schöpfung des Weltalls und der Menschen als das Werk der sich selber verströmenden Güte Gottes, die Menschen als die von Gott in vertrautem Umgang gesuchten Partner Gottes. Wenn nun Gott sich von sich aus den Menschen kundgeben will, bedarf er gerade wegen der Unmöglichkeit, in eine unvermittelte Kommunikation einzutreten, einer Vermittlung in die Aufnahmefähigkeit der Menschen hinein. Dem jüdischen Glaubensverständnis bot sich der Gedanke an, daß Gott, immer in sich und bei sich selber bleibend, sich auf zweifache Weise mitteilen könne, durch sein Wort und durch geistiges Einwohnen.[2] Soweit wir über die

---

[1] Vgl. die kurzen Ausführungen und Literaturangaben bei *H. Vorgrimler*, Theologische Gotteslehre, Düsseldorf 1985, 21–37.

[2] Das zeigen die Auffassungen über den göttlichen Logos und über die schechina Got-

Vorgänge, in denen Gott sich vernehmen läßt (sich »offenbart«), überhaupt analysierend etwas sagen können, ist es dies: Menschen geht eine innere Einsicht auf, oder sie werden von einem Impuls mitgerissen, die sie auf ihre eigenen gewöhnlichen Erfahrungen nicht zurückführen können, in denen sie sich vielmehr über sich selbst hinausgetragen fühlen (sich selbst überschreiten, selbsttranszendieren). Da solche Widerfahrnisse etwas beinhalten, was Menschen erschreckt, ihrem banalen Willen zuwiderläuft, kann es sich nicht um Wunschträume oder Projektionen handeln. Sie lassen sich zwar als »Selbsterfahrungen« bezeichnen, aber mit der Präzisierung, daß das Selbst kraft einer nicht von ihm produzierten, sondern ihm geschenkten Dynamik über sich hinausgewachsen ist. Solche die Menschen transzendierenden Erfahrungen bedürfen immer der Deutung. Eine Deutung liegt schon dann vor, wenn ein Mensch sich seine Widerfahrnisse begrifflich zurechtlegt, und erst recht dann, wenn er sich mit anderen darüber zu verständigen sucht. Zu der Deutung, daß Gottes eigene Dynamik sich dem Menschen mitgeteilt habe, daß Gott selber das innere Wort im Menschen gesprochen habe, wird niemand genötigt. Oder anders gesagt: Gottes Selbstbezeugungen gegenüber Menschen sind nicht so zwingend, daß Menschen sich nicht in Freiheit ihnen verweigern könnten. Annahme und Einwilligung des Menschen sollen auf dem Weg des Glaubens, nicht auf dem Weg der Evidenz (beweisgestützter Sicherheit) vor sich gehen. Ist ein Mensch zu der Überzeugung gelangt, daß Gott sich ihm bekundet hat, und nimmt er diese Zusage Gottes an, so kommt darin, ausgesprochen oder nicht, der dialogische Charakter dieses Vorgangs zum Vorschein. Ein wie auch immer beschaffenes Ja zu Gottes Impulsen heißt: Gebet.

Die jüdisch-christliche Theologie nennt den bisher beschriebenen Vorgang »Offenbarung«. Sie ereignet sich nach den Glaubenszeugnissen vorrangig in der Innerlichkeit eines Menschen, dort, wo er noch nicht in Verstandeseinsicht und Willensantriebe gespalten, wo er vielmehr noch ursprünglich eins ist, in seinem »Gewissen«, wie die Tradition sagte, in seinem »Herzen«. »Gott innerer mir als

---

tes, Auffassungen, die jedenfalls innerhalb des rechtgläubigen Judentums möglich waren.

ich mir selbst«, formulierte Augustinus.[3] Offenbarung ereignet sich aber nicht nur in der Innerlichkeit eines einzelnen Menschen (der ja schon allein durch sein Angewiesensein auf die Sprache kein isoliertes Individuum ist). Sie kann auch ihren Weg nehmen über Austausch von Erfahrungen und Verständigung von Menschen. Gott kann vernommen werden von außerhalb des eigenen Ich her, wie er sich bekundet hat und noch bekundet in anderen Menschen oder auch in Geschehnissen, in menschlichen Taten oder in Ereignissen (Handlungen), die die nichtmenschliche Schöpfung mit einbeziehen. Wo Menschen solche Gotteserfahrungen austauschen, wo sie das Bekenntnis gemeinsamer Überzeugung, gemeinsame Erinnerung und gemeinsames Gebet daraus erwachsen lassen, entstehen Glaubensgemeinschaften, entsteht Kirche.

Bisher wurde über den Weg der Offenbarung Gottes, nicht aber über ihre Inhalte gesprochen, nicht also darüber, *als welcher* Gott sich Gott bekundet hat und bekundet. Der Gott, der nach jüdisch-christlichem Glauben eine gemeinsame Geschichte mit den Menschen beginnen wollte und sie zu einem gelungenen Ende führen will, ist den Menschen in Liebe zugeneigt, er hat ihr allumfassendes Heil (schalom) im Sinn. Er sucht als die sich selbst verströmende Liebe die Nähe der Menschen. Wenn er sich in der Innerlichkeit der Menschen vernehmen läßt, ist er selber da. Wenn sein Wort und seine Herrlichkeit (schechina) bei Menschen sind, »vertreten« sie nicht einen abwesenden Gott, sie stellen vielmehr die Weise seiner intimsten Gegenwart in der Innerlichkeit der Menschen dar. Mit »den Menschen« sind hier alle gemeint, denn dieser Heilswille Gottes schließt keinen einzigen von seiner Liebe aus. Damit ist freilich die Absicht des so nahegekommenen Gottes noch nicht erfüllt. Die Liebe Gottes ist konkret und zielt auf Konkretes. Sie ist hineingesenkt in eine Menschheit, die sich immer schon gegen sie sperrt. Gegen deren Widerstände sucht sie die Menschheit so radikal zu verändern, daß diese als eine Gemeinschaft gerechter, versöhnter, friedlicher Menschen bereit ist, Gottes uneingeschränkte Herrschaft für immer anzunehmen. Nach jüdisch-christlichem

---

[3] »Interior intimis meis«: In Ps. 118 s. 22, 6 (Übersetzung von E. Przywara).

Glauben ist Gott immerfort am Wirken, um sich selber vernehmbar zu machen, sich Gehör und Antwort zu verschaffen, um schließlich sein Ziel mit der Schöpfung zu erreichen. Eines der wirklichen Geheimnisse einer religiösen Geschichtsauffassung besteht in der Frage, inwieweit es Menschen gelingt, Gott (dessen Wesen dem Glaubenden als allmächtig gilt) an der Verwirklichung seiner Absichten zu hindern. Es ist jedenfalls Erfahrungstatsache, daß sehr viele Menschen sich der Erkenntnis des nahegekommenen Gottes, der Praxis seines geoffenbarten Willens verweigern. Von da her zeigt sich eine Abhängigkeit Gottes von den Menschen, die natürlich nicht besagt, daß er sich von Menschen manipulieren ließe. Die Weisen seiner Gegenwart jedoch sind gefährdet, Menschen können für sie blind sein, sie fehldeuten. Das ändert an der Realität der Gegenwart Gottes nichts, wohl aber behindert es seine Wirksamkeit. Damit soll nicht gesagt sein, die Erfahrungen der Abwesenheit Gottes seien nur subjektive Täuschungen. Der Juden und Christen abverlangte Glaube ist nicht einfach blind-optimistisches Vertrauen in einen »liebenden Gott«. Er sieht sich Dunkelheiten ausgesetzt, die nicht schlüssig auf menschliche Schuld zurückgeführt werden können, ist aber dazu aufgefordert, am Willen Gottes zu fortdauernder wirksamer Gegenwart und am Erweis der Geschichtsmächtigkeit Gottes wenigstens am Ende der Geschichte festzuhalten.

Nach diesen grundlegenden Glaubensvoraussetzungen[4] für ein Verständnis der Sakramente sollen nun dessen engere theologische Voraussetzungen zur Sprache kommen.

1.2   Gottes Bild und Symbole

Näherer Anknüpfungspunkt für eine Theologie der Sakramente ist die soeben genannte Glaubensüberzeugung, daß Gottes Offenbarung, Gottes Erkenntnis, Gottes Willensbekundungen und Gottes

---

[4] Sie werden in unterschiedlichen theologischen Teilbereichen näher erörtert. Zur Vertiefung sind daher Abhandlungen zu Religionsphilosophie und Fundamentaltheologie (vor allem zu den Wegen der Gotteserkenntnis und Offenbarung), aus der Dogmatik solche zur Schöpfungs- und Gnadentheologie beizuziehen.

Gegenwart uns Menschen nur vermittelt und nicht unmittelbar gegeben sind. Wie aber ist diese Vermittlung genauer zu denken? Gott gibt seine Gegenwart und seinen Willen kund, indem er den Weg über Menschen und/oder Ereignisse nimmt. Seine Mitteilung ist nicht »Kundgabe über«, »Information«, »Nachricht«, sondern sie ist – er selber. Gott wohnt Menschen oder Ereignissen inne, um den Menschen in Liebe nahe zu sein, um sie zu verändern, zu weiterem Handeln anzutreiben, um sie zu bewegen, zusammen mit der Schöpfung den Heimweg zu ihm, Gott, anzutreten. Dabei hören die Menschen nicht auf, Menschen zu sein, und die Ereignisse bleiben von Menschen gewirkte Ereignisse: In beiden ist Gott gegenwärtig und am Wirken, ohne ihre Eigenart zu zerstören. Das ist die »sakramentale Struktur« oder das »sakramentale Prinzip«, das die ganze Geschichte Gottes mit den Menschen durchwaltet, das auch jedes einzelne Menschenleben prägt, gleichgültig, ob es einem Menschen bewußt ist oder nicht.

Da das Wort »Sakrament«, von dem »sakramental« abgeleitet ist, ein von der Kirche geprägter Fachbegriff ist, dessen Erklärung eben nichts anderes als eine ganze Sakramententheologie wäre, ist an dieser Stelle zu fragen, ob es andere Begriffe gibt, mit denen »sakramentale Struktur« oder »sakramentales Prinzip« verdeutlicht werden könnte.

Aus ehrwürdigem Kulturerbe stammt die Auffassung, in einem *Bild* könne der Abgebildete (vor allem: eine heilige Person, ein Engel, ja Gott selber) gegenwärtig sein. Im Christentum wurde diese Auffassung nicht nur durch den Einfluß der platonischen Philosophie wirksam – in platonischer Anschauung ist das Abgebildete, das Urbild, im Abbild gegenwärtig –, sondern sie erlangte Geltung vor allem durch die Bildtheologie des Neuen Testaments. Sie hat bis heute konkreten Ausdruck gefunden in der Theologie und Verehrung der Ikonen in den Ostkirchen. Weihrauch und Kerzen vor den Ikonen gelten dem (den, der) im Abbild geistig-geheimnisvoll gegenwärtig Geglaubten. In westlicher Sprache könnte man eine Trinitäts- oder Christusikone durchaus »sakramental« nennen: göttliche geheimnisvolle Gegenwart in sichtbarer Gestalt. Wenn die Möglichkeit, »Sakrament« von der Bildtheologie her zu verstehen, hier nicht weiterverfolgt wird, so deswegen, weil das Bild nur ein begrenzter, gleichsam statischer Teil des Sakraments sein kann, weil ihm das lebendige Element fehlt, das in Menschen (auch mit ihren deutenden und antwortenden Worten) oder in Ereignissen gegeben ist. Dennoch muß bei der Erörterung der Sakramente immer wieder das Bildhafte genannt werden.

In der Sprache der Theologie und der Kirche wird für die Sakramente seit alter Zeit noch ein anderer Begriff verwendet: Sie werden »Symbole« genannt.[5] »Symbol«, das im Altertum ursprünglich ein Erkennungszeichen meinte, kann – wie auch das Wort »Zeichen« – als bloßer Hinweis, als eine Art Wegweiser oder Signal für etwas Fernes, für einen Abwesenden verstanden werden. Dann könnte es die »sakramentale Struktur« nicht wiedergeben. Karl Rahner († 1984) machte in einer grundlegenden Studie[6] darauf aufmerksam, daß im strengen und eigentlichen Sinn ein Symbol nie ein bloßer Hinweis, sondern immer »Realsymbol« ist. Dem liegt die philosophische Überlegung zugrunde, daß alles Seiende sich notwendigerweise einen »Ausdruck« schafft, um zu sich selber zu kommen, um sein eigenes Wesen zu finden; damit ist gesagt, daß alles Seiende notwendigerweise »symbolisch« ist. Indem ein Seiendes sich zum Ausdruck bringt, verwirklicht es sich. Oder anders gesagt: Ein Symbol bringt ein Seiendes zur Wirklichkeit, und so ist es wirksam. Das ist mit »Realsymbol« gemeint: Ein echtes Symbol bewirkt, was es bezeichnet. Das von Rahner am meisten geschätzte Beispiel ist das des menschlichen Leibes: Mensch ist erst im Ursymbol seines Leibes »wirklich«; der menschliche Geist »äußert« und verwirklicht sich in der Leiblichkeit. Die äußere Leiblichkeit »bedeutet« den in ihr wirkenden menschlichen Geist. Die weitere Entfaltung dieses Symboldenkens gehört in eine theologische Anthropologie hinein.[7] Wer das Wesentliche des Symboli-

---

[5] Dieser Sprachgebrauch geht auf die Zeichentheorie des Augustinus († 430) zurück. Über das Dekret Gratians (um 1142) gelangte er zum Konzil von Trient, das (1551) ein Sakrament »symbolum rei sacrae« nannte (DS 1639), von Neuner/Roos übersetzt: »sinnfälliges Zeichen einer heiligen Sache« (NR 571). Vgl. auch *M. Schmidt* (Hrsg.), Typus, Symbol, Allegorie bei den östlichen Vätern und ihre Parallelen im Mittelalter, Regensburg 1982.

[6] Zur Theologie des Symbols (1959) in: Schriften zur Theologie IV 275–311.

[7] Immer noch gültig: *F. P. Fiorenza/J. B. Metz*, Der Mensch als Einheit von Leib und Seele, in: MySal II, 1967, 584–632.

schen verstanden hat, der kann nicht das »bloß Symbolische« gegen das »Reale« ausspielen.

Ist alle menschliche Wirklichkeit Symbolwirklichkeit, so gilt das erst recht für die Beziehung, die Gott mit den Menschen eingehen wollte und will, die von Anfang bis Ende die menschliche Wirklichkeit entscheidend bestimmt. Wenn Gott den Menschen gegenwärtig sein will, muß sich seine Gegenwart symbolischen Ausdruck schaffen, damit sie für Menschen »wirklich« sein kann, da ja wegen der völligen Verschiedenheit von Gott und Menschen eine unvermittelte Gegenwart und Kundgabe Gottes nicht möglich ist. »Symbolischer Ausdruck« besagt hier also: Gott, insofern er zu Menschen gelangen, ihnen gesagt oder gegeben werden kann, ist in einem geschaffenen Medium gegenwärtig, das seine geschaffene Eigenständigkeit behält, das aber für das deutende Erkennen auf Gott hin transparent wird. Die Zuwendung zu diesem Medium bedeutet nicht gewöhnlichen Erkenntnis- oder Informationszuwachs, sie ist vielmehr das Sich-Öffnen des Menschen für die Selbstmitteilung Gottes, ein Öffnen, das nicht autonom vom Menschen geleistet, sondern von der zuvorkommenden Gnade Gottes bewirkt wird; *in* der Zuwendung zu diesem Medium geschieht also Innewerden der innigsten Nähe Gottes und geschieht Offenbarung.

Ein theologisches Denken, das solchen Überlegungen konsequent nachgeht, kommt zu dem Ergebnis, daß die ganze Wirklichkeit, der wir Menschen begegnen, von symbolischen oder sakramentalen Möglichkeiten durchprägt ist. Das uns geschenkte Leben, die uns begegnenden Menschen, das geliebte Du, die in Solidarität zu uns gehörenden Weggenossen, unsere Arbeit und ihre Produkte, die uns wirklich be-treffenden, erschütternden Lebensereignisse (an erster Stelle doch wohl der Tod), Erfahrungen von Befreiung, Gerechtigkeit und Versöhnung, die wahren Kunstwerke, die Schöpfung Gottes, die unsere Mitwelt und Umwelt bildet: alles kann so auf Gott hin transparent werden, daß es seine wirkliche Gegenwart anzeigt. Und so kann unser Leben als ganzes als das grundlegende Sakrament verstanden werden,[8] insofern als unser

---

[8] Vgl. hierzu *A. Schmied*, Perspektiven (s. Lit. I) Abschnitt VI: Sakramente und

Verstehen des Lebens, unsere Deutungen die Transparenz wahrnehmen und nicht an der banalen Oberfläche stehenbleiben. Theologiegeschichtlich war dieses Denken immer schon gegeben, seit Israel über die Selbstbekundungen Gottes nachdachte. Im Gefolge der Reformation kam in größerem Umfang Mißtrauen auf, ob Schöpfung und Menschenleben in diesem Sinn sakramental verstanden werden dürften. Sind die Menschen von Grund auf verdorben, dann können sie von sich aus Gott nur noch mehr verdunkeln. Sicherheit scheinen dagegen nur Gottes eigenes Wort (aber wie erkennen wir es als solches?) und die in ihm festgemachten Zeichenstiftungen zu gewähren. Demgegenüber haben Juden und Katholiken an der Transparenz des Geschaffenen festgehalten – bis Auschwitz. Dieses Schlüsselwort für die radikale Bedrohung von Menschheit und Schöpfung zeigt, wie sehr sakramentales Denken auf Glauben angewiesen ist, auf einen von extremer Finsternis gefährdeten Glauben. Er lebt von der Erinnerung und von der Hoffnung auf die Erfüllung der Verheißungen Gottes.

1.3 Das »sakramentale Prinzip« in der jüdisch-christlichen Überlieferung

Glaubensgemeinschaften leben von einer Einigung über Gotteserfahrungen, die gemeinsam als authentisch und verbindlich anerkannt werden. Da menschliche Gotteserfahrungen immer eine sakramentale Struktur haben, gibt es von da her zwei Grundarten von »Sakramenten« oder Symbolen, solche, die eher nur individuelle Gültigkeit und situationsbedingten Charakter haben und an sich bei allen Menschen zu allen Zeiten gegeben sein können, und solche, die innerhalb einer Glaubensüberlieferung als die besonde-

»Gottesdienst des Lebens«; die Zugänge in der Kleinen Sakramentenlehre L. Boffs gehen näher auf solche Überlegungen ein. Von dieser Erkenntnis aus erschließen sich Einsichten über Glaubensweisen und Heilsmöglichkeiten nichtchristlicher Menschen, wie sie K. Rahner unter dem Stichwort »Anonymes Christentum« erörtert hat. Das ist hier nicht weiter zu thematisieren. Vgl. E. Klinger (Hrsg.), Christentum innerhalb und außerhalb der Kirche, Freiburg 1976; N. Schwerdtfeger, Gnade und Welt. Zum Grundgefüge von Karl Rahners Theorie der »anonymen Christen«, Freiburg 1982.

ren Orte oder Ereignisse der Wahrnehmung der Gegenwart Gottes anerkannt sind. Von den letzteren soll hier zuerst die Rede sein.

Nach jüdisch-christlicher Überlieferung heißt ein bevorzugter Ort der Gegenwart Gottes: Mensch. »Und Gott sprach: Laßt uns Menschen machen als unser Bild, wie unsere Ähnlichkeit... Und Gott schuf den Menschen als sein Bild, als Gottesbild schuf er ihn, männlich und weiblich schuf er sie« (Gen 1,26f in der Übersetzung von Erich Zenger). Die Redeweise der Genesis (Priesterschrift) vom Menschen als Bild Gottes meint ein Dreifaches, wovon das zweite und dritte sich auf den Schutz und die liebevolle Gestaltung der Schöpfung beziehen. Das erste Aussageelement aber wird von Erich Zenger so wiedergegeben: »Von der Bedeutung des hebräischen Wortes ṣaelaem her sollen die Menschen wie eine Art lebendiges Götterbild oder lebendige Götterstatue in der Welt wirken. Nach der Vorstellung des Alten Orients und des Alten Ägyptens repräsentiert ein Götterbild die abgebildete Gottheit und ist Träger ihrer Macht. Es ist sozusagen der Ort, von dem aus die Gottheit wirkt. Das Götterbild signalisiert das Wo und Wie der göttlichen Lebendigkeit. Götterbilder werden deshalb behandelt, als ob sie belebte Wesen wären. Sie sind wie ein Leib, in den die lebendige Gottheit eintritt, um durch ihn in der Welt wirkmächtig gegenwärtig zu sein. Von diesem Verstehensansatz her sollen die Menschen als lebendige Bilder und Statuen des Schöpfergottes Medien göttlicher Lebenskraft auf der Erde sein.«[9] Diese Auffassung vom Menschen macht deutlich, warum es – nach dem Willen des Schöpfergottes – möglich ist, in der Begegnung mit Menschen Gott zu begegnen, in der Liebe zu Menschen Gott zu lieben, in der Ehrung

---

[9] *E. Zenger*, Das Geheimnis der Schöpfung als ethische Vor-Gabe an Juden und Christen, in: Damit die Erde menschlich bleibt, hrsg. v. W. Breuning / H. Heinz, Freiburg 1985, 36–60, das Zitat 44. Die genauere exegetische Begründung findet sich bei *E. Zenger*, Gottes Bogen in den Wolken. Untersuchungen zu Komposition und Theologie der priesterschriftlichen Urgeschichte, Stuttgart 1983, 84–96 (mit Diskussion anderer Übersetzungen und Interpretationen). Ebd. 87 beruft sich Zenger auf E. Otto: »Es ist deshalb sinnlos, nach einer besonderen Eigenschaft beim Menschen zu fragen, die ihn zum Bild Gottes macht. Der Mensch als solcher ist das Bild. Ferner: Wenn es der Sinn des ägyptischen Bild-Prädikates ist, daß der König als ›Bild‹ der Stellvertreter Gottes auf Erden ist, dann erscheint die Gottheit dort, wo der König erscheint. Entsprechendes gilt in der israelitischen Tradition vom Menschen. Wo der Mensch ist, da ist Gott.«

24

von Menschen Gott zu ehren. Das sakramentale Prinzip tritt hier zutage, daß Stellvertretung Gottes nicht die Vertretung eines Abwesenden (oder gar dessen Ersatz) meint, sondern die wahre – nicht nur gedankliche – Vergegenwärtigung dessen im sinnlich faßbaren Symbol bezeichnet, der von sich aus als er selber in unserer menschlichen Dimension nicht sichtbar werden kann. Deutlich wird auch, wie sehr Sakrament/Symbol dem Mißverständnis und dem Mißbrauch ausgesetzt sein kann: Es kann geschehen, daß Menschen nicht als vergegenwärtigende Bilder Gottes geehrt, sondern vielfach geschändet werden, sie können auch sich selber entehren und ihre Zeichenhaftigkeit damit zur Lüge machen.

Einen wesentlichen Aspekt dieser jüdisch-christlichen Auffassung vom Menschen als Sakrament/Symbol hat Hans Urs von Balthasar (* 1905) herausgearbeitet in seinen Überlegungen zum Menschen als Wort Gottes[10]: Da ein Mensch sein Wesen, das in der Sprache seinen Ausdruck findet, von Gott empfangen hat, ist er fähig, selber Gottes Wort zu werden. Diese Befähigung des Menschen vollendet sich in der Menschwerdung des Wortes Gottes, in der zugleich menschliche Antwort auf Gottes Wort erfolgt.

Die Glaubensaussage vom Menschen als Bild/Sakrament Gottes stützt sich natürlich nicht nur auf die (in der Tradition höchst einflußreiche) Genesis-Stelle. Sie ist im jüdisch-christlichen Menschenbild überhaupt begründet. Diese Menschenauffassung ist bis zur Gegenwart wirksam geblieben. Sie findet sich christlicherseits u. a. wieder in Karl Rahners These von der Einheit von Menschenliebe und Gottesliebe.[11] Sie liegt auf jüdischer Seite der dialogischen Philosophie Martin Bubers ebenso zugrunde wie dem Nachdenken über den Anderen als den eröffnenden Zugang zur Transzendenz bei Emmanuel Lévinas. Auf dem Hintergrund der Sensibilität des Alten Testaments für Fremdlinge, Witwen und Waisen

---

[10] *H. U. von Balthasar*, Gott redet als Mensch, in: ders., Verbum Caro, Einsiedeln 1960, 73–99.

[11] Ausführlich hinsichtlich ihrer Quellen und Konsequenzen dargestellt bei *A. Tafferner*, Die Einheit von Gottes- und Nächstenliebe in der Theologie Karl Rahners (Diss. Liz.), München 1986 (Lit.).

versteht Lévinas Gotteserfahrung als »Spurensuche im Antlitz des Anderen«[12].

Gottes Gegenwart verwirklicht sich nach dem »sakramentalen Prinzip« auch in geschichtlichen Ereignissen und Größen. Das vorzüglichste Ereignis, das hier aus der jüdischen Überlieferung zu nennen ist, ist der Exodus des Volkes aus der Knechtschaft in Ägypten.[13] An diesem Beispiel ist der Unterschied zwischen einem banal-oberflächlichen Verständnis und einer im Glauben tiefer blickenden Interpretation deutlich zu erkennen. Was dem flüchtigen Blick als geglückter Ausbruch einer kleinen Sklavengruppe durch Grenzbefestigungen erscheint, ist in Wirklichkeit ein Übersichhinauswachsen, das aus menschlichen Kräften allein nicht erklärbar ist, verbunden mit der Erkenntnis, daß Gottes Wille auf Gerechtigkeit und Freiheit gerichtet ist. In der feiernden Erinnerung an die Befreiung will Gott selber bewirken, »daß das *ganze Volk* die Herrlichkeit des in seiner Mitte gegenwärtigen Exodusgottes schaut und dankbar lobpreisend annimmt«[14].

Israel als Volk Gottes ist eine geschichtliche, sakramental/symbolische Größe, und zwar in mehrfacher Hinsicht. Wo das Volk zu festlicher Feier versammelt ist, wo es am Heiligtum Sühne- und Dankgottesdienst abhält, kommt der die befreite Gemeinde zusammenrufende Gott in seiner Herrlichkeit zur Erscheinung.[15] Diese Sakramentalität gilt zunächst Israel selber. Israel ist aber auch um der anderen Völker willen gesammelt und versammelt. Im gemeinsamen Fest »freier (und modern gesprochen: gleichberechtigter) Menschen« wird der Auftrag Gottes verwirklicht, »exemplarisch vorzuleben, worin letztlich Ziel und Sinn der allen Völkern vom Schöpfergott übergebenen Schöpfungswelt bestehen«[16].

FOOTNOTES

[12] Vgl. *J. Becker*, Im Angesicht des Anderen – Gott erfahren, Frankfurt 1981.
[13] *E. Zenger*, Das Buch Exodus, Düsseldorf ²1982; Concilium 23 (1987) H. 1.
[14] *E. Zenger*, Das Geheimnis der Schöpfung 54.
[15] Ebd.
[16] Ebd.

1.4 Christliche Theologie, »alttestamentliche Sakramente« und »Natursakramente«

Die bisherige Darstellung der »sakramentalen Struktur« verwendete die Begriffe »sakramental«, »Sakrament« in einem weiten, theologisch nicht eingeengten Sinn. Die klassische Sakramententheologie erkannte in der Geschichte Gottes mit den Menschen *vor* Jesus Christus auch Sakramente in einem engeren Sinn und nannte diese »Natursakramente« und »alttestamentliche Sakramente«. Wenn die christliche Theologie in Israel vor Jesus Christus Sakramente identifizierte, so orientierte sie sich enggeführt an institutionalisierten Riten und Materialien. Besondere Aufmerksamkeit galt der Beschneidung als Bundes- und Heilszeichen. Thomas von Aquin († 1274) nennt eine größere Zahl »alttestamentlicher Sakramente«,[17] zu denen vor allem auch das Pesachlamm zählt. Die Heilszeichen, die im Leben des Juden Jesus eine Rolle spielten, Beschneidung und Pesachlamm, mußten natürlich Anerkennung finden. Auf einer gedanklichen Linie, die schon mit Paulus und seinen Schülern einsetzt, werden die Sakramente des Alten Bundes als wahre Gnadenzeichen angesehen, die jedoch mit dem Inkrafttreten des Neuen Bundes ihre Wirksamkeit verloren hätten (Kol 2,11). In christlicher Sicht sind sie nur »Schatten« der zukünftigen Güter (Hebr 10,1). Dem entspricht eine noch weit verbreitete heilsgeschichtliche Konzeption, daß der Alte Bund vom Neuen abgelöst worden sei, die Kirche als das neue Israel das alte ersetzt habe. Damit wird nicht berücksichtigt, daß die Gnadenverheißungen und die Berufung durch Gott nicht bereut werden können (Röm 11,29) und daß Gott den Bund mit den Juden ebenso wie den mit den Völkern vor Israel (den Noahbund) nie widerrufen hat. Es ist zu hoffen, daß die christliche Theologie zu einer differenzierteren Auffassung findet. Eine Inkarnationstheologie, die von dem Willen Gottes ausgeht, in seine eigene Schöpfung einzugehen und sich im Menschen Jesus von Nazaret der Menschheit zuzusagen und zugleich ihre Annahme dieser Zusage zu bewirken, kann durchaus deutlich machen, daß alles auf Jesus Christus hin zu verstehen ist (Kol 1,15ff). Ein »typologi-

---

[17] Vgl. *K. Rahner*, Sakramente, alttestamentliche, in: LThK IX 239f.

sches« Bibelverständnis, wie es sich innerhalb des Neuen Testaments bekundet und das z. B. in Mose oder im Pesachlamm einen »Typos« (Vorausbild) Jesu Christi sehen will, muß den Typos nicht abwerten, sondern kann ihn in seinem Eigenwert gelten lassen. Die Aussage des Paulus,.»daß unsere Väter alle denselben geistlichen Trank tranken; denn sie tranken aus einem geistlichen Felsen, der nachfolgte, der Fels aber war Christus« (1 Kor 10,4), ist nicht notwendigerweise mit seinem folgenden Satz, daß Gott an den meisten von ihnen kein Wohlgefallen hatte, verbunden.

Unter dem Begriff »Natursakramente« diskutiert die Sakramententheologie die Frage, ob es (a) in der Menschheit *vor* der jüdisch-christlichen Gottesoffenbarung oder (b) in der nichtjüdischen, nichtchristlichen Menschheit bis heute – vorwiegend kultische – Symbole göttlicher Gegenwart und göttlichen Wirkens (»Verleiblichungen des allgemeinen Heilswillens Gottes«: Otto Semmelroth) gegeben hat und gibt.[18] Wird, so wie hier, in einem weiteren, nicht institutionell fixierten Sinn von Sakrament/Symbol gesprochen, so sind diese beiden Fragen natürlich zu bejahen. Zweifellos gibt es Ereignisse des individuellen und gemeinschaftlichen Lebens, die erschütternd und faszinierend wirken (wie: Geborenwerden, Mahlhalten, Sexualität, Sterben) und die deshalb Menschen bereit machen, sie mit Riten zu umgeben und so auf die tiefere Dimension ihres Daseins zu achten und Gottes Gegenwart wahrzunehmen. Angesichts der grundsätzlichen (wenn auch oft gefährdeten oder verschütteten) Symbolik von Menschenleben und Menschengeschichte ist es wohl überflüssig, nach juristisch greifbaren göttlichen Stiftungen einzelner besonderer Symbole in diesem Fragezusammenhang zu suchen. Von den Voraussetzungen aus, daß Gottes Heilswille *alle* Menschen meint und von sich aus wirksam ist und daß Gott allein alle seine wirksamen Heilswege bekannt sind, muß der christliche Glaube mit Gottes Heilsgegenwart an allen Orten und zu allen Zeiten rechnen, ohne über nichtchristliche Symbole ein aufgeregtes Urteil zu fällen.

---

[18] Vgl. *O. Semmelroth*, Natursakramente, in: LThK VII 829f. Zur klassischen Theologie der vorchristlichen Sakramente: *J. Finkenzeller* I 66–68 (Vorscholastik). 90–93, 99f. (Frühscholastik), 148–157 (Hochscholastik).

1.5 Christologische, pneumatologische und trinitätstheologische Voraussetzungen

Zu den Voraussetzungen, die zum Verständnis der Sakramenten-theologie gegeben sein müssen, gehört wesentlich die Glaubens-überzeugung, daß sich in Jesus von Nazaret in höchster und einma-liger Weise die Selbstmitteilung Gottes an Menschen ereignet hat. Die biblischen Zeugnisse über den »historischen Jesus« genügen dazu nicht. Ihre »implizite Christologie« ist natürlich für die Sakra-mententheologie unverzichtbar. Daß Jesus sich von Gott gesandt wußte, sich in Gebet und Tun ständig und völlig auf Gott bezog, daß seine den Menschen helfend, befreiend und versöhnend zuge-wandte Praxis mit dieser Gottesbeziehung untrennbar verbunden war, daß Jesus sich als authentischer Offenbarer des Gotteswillens wußte, daß er die Sinne der Menschen ansprach und darin eine tiefere Dimension aufschloß, daß er bei aller prophetischen Kult-kritik ein positives Verhältnis zu den Symbolhandlungen seines Volkes hatte: diese für die Person und das Wirken Jesu charakteri-stischen Eigenarten sind grundlegend für die Sakramententheolo-gie. Aber entstehen konnte sie erst aus der Glaubensmeditation der Ostererfahrung. Aus ihr erwuchs[19] die ausdrückliche christolo-gische und soteriologische Deutung der Person und des Wirkens Jesu, die schließlich zum Dogma von Chalkedon, zur Aussage der ungetrennten und unvermischten Einheit von Gottheit und Menschheit in Jesus von Nazareth führte. Von der Auferweckung Jesu her fiel neues Licht auf sein Leben und Sterben. Es wurde verstanden – im Glauben –, daß dieses Leben die transparente Ge-stalt der Gegenwart und des Wirkens Gottes war und ist. Die an sich allen Menschen zugedachte Möglichkeit, »Sakrament« zu sein, eine so oft verdunkelte und blockierte Möglichkeit, wurde hier, in dem Menschen, der keine Widerstände gegen Gott setzte, der völlig von Gott besessen und so sündlos war, aufs höchste ver-wirklicht.

An Jesus, wie er im Licht des christologischen Dogmas gesehen wird, ist deutlich, wie der zu intimster Nähe gekommene, sich mit-

---

[19] Vgl. *H. Vorgrimler*, Theologische Gotteslehre (s. Anm. 1) 62–68.

teilen wollende Gott – Gott in dem, was überhaupt an ihm aussagbar ist, das heißt als »Logos« – der geschaffenen Gestalt, des menschlichen Ausdrucks bedarf, um sich Menschen vernehmbar zu machen. An Jesus ist zu erkennen, wie die größte Nähe Gottes die Eigenständigkeit des Kreatürlichen gerade nicht verringert oder vernichtet, sondern zu sich selber befreit. Die ungetrennte und unvermischte Einheit von Gottheit und Menschheit durchzieht das ganze Leben Jesu von seinen allerersten Anfängen bis zu seiner Vollendung in Gott, besagt das christologische Dogma. Damit ist gegeben, daß nicht nur die »offiziellen« Höhepunkte dieses Lebens (Geburt und Tod) Verwirklichungen und Ausdruck der Gegenwart Gottes, seiner Liebe, seines Heils, sind, sondern sich auch im Geringsten und Banalsten dieses Lebens Gott »äußert«. Daraus ergeben sich zwei wichtige Voraussetzungen der Sakramententheologie. Zum einen: Eine Einteilung der Wirklichkeit in einen sakralen und einen profanen Bereich ist im christlichen Glaubensverständnis nicht möglich. Ein sakraler (das heißt auf das »sacrum«, das Heilige, bezogener) Bereich würde Menschen und Dinge aufnehmen, die dem »Weltlichen« entzogen, ausschließlich Gott zugeordnet, ihm vorbehalten, ihm exklusiv nahe wären. Die Menschwerdung Gottes in Jesus von Nazaret besagt demgegenüber, daß der Bereich, in dem Gott den Menschen sich selber mitteilend und bleibend nahe kommt, nicht aus der Welt – und sei diese noch so negativ geprägt – ausgegrenzt ist. Die christliche Distanz zum Bösen in dieser Welt äußert sich darum nicht in der Schaffung eines Sakralbereichs, und der religiöse Vollzug des Christentums kann nicht in Sakralhandlungen bestehen. Zum andern: Selbst die einzigartige Gegenwart Gottes in Jesus bedurfte, um erkannt zu werden, der »Augen des Glaubens« und der Deutung, sie war von sich her nicht evident, und sie wurde nur wahrgenommen, wo Menschen sich nicht gegen die von Gott geschenkte Einsicht sperrten. So schließt die Offenbarung Gottes sogar in Jesus eine wirkliche Verborgenheit Gottes nicht aus, sondern ein. Seine Nähe ist nicht nur in der Bescheidenheit eines Menschenlebens verborgen (kreatürliche Verhüllung), sondern auch im schrecklichen Tod am Kreuz verfinstert (schuldhafte Verhüllung). Das »Wort vom Kreuz« (1 Kor 1,18–30) bleibt als Wegweisung über der Sakramententheologie bestehen.

Zu den Glaubensvoraussetzungen des Sakramentenverständnisses gehört die Überzeugung, daß Gott den von ihm gesandten Jesus im Tod nicht im Stich gelassen, sondern in seine göttliche Dimension hineingenommen hat. Nach den Glaubenszeugnissen bewirkte er die Rettung des Menschlich-Vergänglichen an Jesus durch seinen Geist, der fähig ist, allem Irdisch-Vergänglichen eine neue unvergängliche Daseinsweise zu geben. Die Menschheit, die Leiblichkeit Jesu ist fortan geistgeprägt, geistgewirkt, pneumatisch und damit den Einengungen durch Raum und Zeit enthoben.

Derselbe göttliche Geist ist nach dem Weggang Jesu zu Gott die Art und Weise, wie Gott den Menschen gegenwärtig bleibt, sich ihnen mitteilt, ihnen Jesus vergegenwärtigt und sie antreibt, in die Sendung Jesu einzutreten.[20] Er gibt ihnen – uns – die Fähigkeit, Leben und Wirken Jesu auf das göttliche Geheimnis hin zu verstehen und so ihre tieferen Dimensionen zu erfassen, die Nurhistorikern verborgen bleiben müssen. Was Kirche in ihrem innersten Wesen ist, was die Sakramente ausmacht, ist ohne das göttliche Pneuma überhaupt nicht zu verstehen. Der Geist bewirkt nicht nur ein persönliches, individuelles Verstehen Jesu und seiner Sendung, er macht auch dazu bereit, daß der Glaubende Jesus gleichsam von der Kirche entgegennimmt, deren Einsichten in die Jesusgestalt immer umfassender sind als jedes private Jesusbild. Das hat sehr konkrete Folgen für den Umgang mit dem Neuen Testament im Hinblick auf Kirche und Sakramente; es beinhaltet den Willen, jene bleibende, vom Geist bewirkte Verbindung des erhöhten Jesus mit der Kirche zu akzeptieren, die »Leib Christi« heißt; es bedeutet, die theologischen Vertiefungen als authentisch anzunehmen, die über die Synoptiker hinausführen und mit den Namen Paulus und Johannes verbunden sind; es führt auch dazu, die sakramentalen Zeugnisse des Neuen Testaments, die der Forschung nach gewiß Gemeindebildungen der kirchlichen Frühzeit sind, als geistgewirkt und legitim anzuerkennen. Der Geist Gottes ist es, der als der Lebendigmacher die Kirche in der Geschichte vorantreibt, der ihr die richtige Weise des Glaubenszeugnisses einzuge-

---

[20] Vgl. dazu die Pneumatologien: *Y. Congar*, Der Heilige Geist, Freiburg 1982; *Ch. Schütz*, Einführung in die Pneumatologie, Darmstadt 1985.

ben versucht, der sie also vor Stagnation und ausschließlich rück-
wärts gewandtem Blick bewahren möchte, der die von menschlicher Schuld bewirkten Verdunkelungen seiner Gegenwart auf-
hellen will. Ihn anzuerkennen heißt darum, die Notwendigkeit von
Veränderungen und Reformen auch im sakramentalen Bereich zu
akzeptieren.

Der Geist hält die Menschheit, die von Anfang an Kirche ist,[21] und
die aus Israel erwachsene institutionell eingerichtete Kirche als ihren Vortrupp[22] in Bewegung, in jener Bewegung, die im ewigen,
unbegreiflichen Geheimnis Gottes ihren Ausgang nahm und in es
einmünden soll. Die Trinitätstheologie nennt diesen göttlichen Ur-
grund alles dessen, was ist und wird, mit der Anrede Jesu »Vater«.
Er ist die sich selbst verströmende Liebe, aus ihm gingen, auf unterschiedliche Weise, Wort, Geist und Menschheit hervor, damit
Schöpfung und Menschheit zum Reich seiner Herrlichkeit bereitet
würden. Die Sakramententheologie bedenkt, auf den Bereich der
Symbole konzentriert, die zweifache Richtung dieser Bewegung,
von Gott her auf die Menschheit hin, in der Sendung des Sohnes
und des Geistes, von der Menschheit her, zusammen mit dem Sohn
und dem Geist, zur Ehre Gottes des Vaters.

---

[21] Hierzu ist noch immer wichtig: *Y. Congar*, »Ecclesia ab Abel«, in: R. Reding
(Hrsg.), Abhandlungen über Theologie und Kirche, Düsseldorf 1952, 79–108.
[22] Vgl. *J. Daniélou / H. Vorgrimler* (Hrsg.), Sentire Ecclesiam (Festschrift für Hugo
Rahner), Freiburg 1961.

2 Bestimmung des Ortes der Sakramente

2.1 Die Sakramente als Liturgie der Kirche

Es ist jetzt möglich, den genaueren theologischen Ort der Sakramente anzugeben: Die Sakramente sind ein wesentlicher Teil der Liturgie der Kirche. Das ist im Folgenden zu erläutern.

Im Zug der Erneuerung des Nachdenkens über die Kirche, wie er in diesem Jahrhundert festzustellen ist, finden sich immer wieder Versuche, die Aufgaben der Kirche in wenigen prägnanten Begriffen auszusagen. Ökumenisch konsensfähig geworden ist sicher eine Formulierung wie die: Kirche sucht die Nachfolge Jesu zu verwirklichen durch Gottesdienst, Verkündigung, Dienst an Mitmenschen und Gesellschaft[1] oder durch leiturgia, martyria, diakonia. Eine solche Umschreibung der Grundaufgaben der Kirche ist sicher weniger problematisch als der Rückgriff des II. Vaticanums auf die abgeleiteten und sehr erklärungsbedürftigen Amtsbegriffe Priester-, Lehr- und Hirtenaufgabe, die Jesus Christus und der Kirche in ihrer Gesamtheit (Hierarchie und allen übrigen Mitgliedern) zukommen.[2] Die Versuchung ist jedoch immer wieder gegeben, eine dieser Aufgaben, nämlich die Liturgie, einseitig hervorzuheben und ihr gegenüber die beiden anderen abzuwerten. Wo die Kirche nicht als rein menschliche, soziologisch zu erklärende Gruppierung, sondern als Leib Christi, der nur zusammen mit seinem Haupt und von ihm her lebendig ist, begriffen wird, wo *alles* gelingende Wirken der Kirche – wie es sein muß – auf die Initiative und Hilfe des göttlichen Pneuma zurückgeführt wird, muß es Gott überlassen bleiben, welche konkrete Aufgabe der Kirche er als die vornehmste ansieht. Die Liturgie mit ihrem wesentlichen Be-

---

[1] Vgl. *H. Häring*, Kirche/Ekklesiologie, in: NHthG II, 1984, 310. Der Artikel bietet in systematischer Sicht (309–323) eine gute Problemübersicht zur Ekklesiologie.

[2] Vgl. *L. Schick*, Das dreifache Amt Christi und der Kirche, Frankfurt / Bern 1982. Vgl. auch unten unter 11.

standteil, den Sakramenten, kann nicht von vornherein als höchste Verwirklichungsform von Kirche gelten. Die große Theologie hat das immer gewußt: Gott hat seine Gnade nicht an die Sakramente »gefesselt«.[3]

Solche Überlegungen sind zu berücksichtigen, wenn danach gefragt wird, was denn Liturgie sei, welche Definition sich anbiete. Emil Joseph Lengeling (1916–1986) formuliert, die amtliche katholische Tradition zusammenfassend, folgendermaßen: »Liturgie ist die von der kirchlichen Gemeinschaft durch Christus, den Mittler zwischen Gott und den Menschen, im Heiligen Geist unter wirksamen Zeichen und in rechtmäßiger Ordnung vollzogene Aktualisierung des Neuen Bundes«.[4] Eine Problematik tritt auch hier zutage: »Bund« ist eine nur mit Einschränkung brauchbare Bezeichnung für das Gottesverhältnis;[5] bei der Verwendung des Begriffes »Neuer Bund« ist darauf zu achten, daß er nicht zur Abwertung des »Alten Bundes« mißbraucht wird; das von Gott selbst gewollte richtige Verhältnis zu ihm wird von der Kirche auch durch »martyria« und »diakonia« aktualisiert. Auch sie sind in einem weiteren Sinn »sakramental« insofern, als sie greifbar und faßbar Gottes wirkliche Gegenwart bezeugen. Davon abgesehen ist die Definition zur Annäherung an die Sakramententheologie gut geeignet. Im Folgenden werden die Ausführungen des II. Vaticanums immer mit zugrunde gelegt. Dieses Konzil hat nicht nur das Erbe der Liturgischen Bewegung dieses Jahrhunderts aufgenommen, sondern selber auch eine beachtliche Liturgietheologie entwickelt.[6]

Von erstrangiger Bedeutung ist die Einsicht (die sich aus den gna-

---

[3] *Thomas von Aquin*, S. th. III q. 64 a. 7c.

[4] NHthG III, 1985, 29. *Lengelings* ganzer Artikel »Liturgie / Liturgiewissenschaft« (ebd. 26–53) ist sehr informativ.

[5] Die alttestamentliche Forschung hat gezeigt, daß in der Endredaktion des Deuteronomiums die Vorstellung, Gott verhalte sich zu seinem Volk Israel im Rahmen eines (Vasallen-)Vertrags, wieder aufgegeben wurde: Jahwe ist ein treuer Gott, dessen unbeschreibliche Treue nicht mit menschlicher Vertragserfüllung verbunden ist. Der Bundesbegriff ist juristisch eingefärbt und schließt Liebe und Gnade nicht schon in sich ein.

[6] Vgl. *F. Eisenbach*, Die Gegenwart Jesu Christi im Gottesdienst. Systematische Studien zur Liturgiekonstitution des Zweiten Vatikanischen Konzils, Mainz 1982.

dentheologischen Voraussetzungen ergibt), daß Liturgie ermöglicht und getragen ist von Gott selber, der die, die sich ihm im Gottesdienst anvertrauen, in die große Bewegung der Heimkehr zu ihm selber versetzt. Zwar sprechen Liturgiewissenschaftler gern von den zwei Aspekten oder Komponenten der Liturgie,[7] und das mit Recht. Der »absteigende« oder »katabatische« Aspekt meint das »Herabsteigen«, das heilshafte Kommen Gottes im Heiligen Geist; mit dem »aufsteigenden« oder »anabatischen« Aspekt wird die Verherrlichung Gottes des Vaters, der Gottesdienst oder Kult im engeren Sinn, bezeichnet. Die beiden Komponenten dürfen jedoch nicht so aufgefaßt werden, als beträfe nur die erste Gott, während die zweite den rein menschlichen Anteil benennte. Und das »Kommen« Gottes darf natürlich nicht so verstanden werden, als wäre er »vorher« nicht gegenwärtig gewesen. Verherrlichung Gottes ist Menschen nur möglich durch den ihnen innewohnenden göttlichen Geist (Röm 8,26; 5,5). Zu beachten ist in diesem Zusammenhang, daß Jesus Christus und die Kirche auf keinen Fall identifiziert werden dürfen (gegen die im 19. Jahrhundert aufgekommene Behauptung, die Kirche sei der auf Erden »fortlebende Christus«), daß aber der göttliche Geist ein und derselbe im Haupt und in den Gliedern des Leibes Christi ist.[8]

»Aktualisierung des Neuen Bundes«, wie sie in der Liturgiedefinition gemeint ist, greift zurück auf die Bundesterminologie der Abendmahlsberichte (speziell 1 Kor 11,25; Lk 22,20). Der »Neue Bund« bezeichnet die Gesamtheit der Heilstaten Jesu Christi, seines Erlösungswerkes (um in der Theologie geläufige Kurzbegriffe für das, was Jesus für uns war und tat, zu verwenden). In der Liturgiekonstitution des II. Vaticanums heißt das »Erlösungswerk« (SC 2; 5) auch »Heilswerk« (SC 6) oder »Mysterium Christi« (SC 35; 102). Zu ihm gehört sein ganzes Leben bis zu seiner Ankunft in der Parusie (SC 102) mit dem Höhepunkt im »Pascha-Mysterium« (SC 5). Die Liturgiedefinition, die, wie gesagt, eine ganze kirchliche

---

[7] *E. J. Lengeling*, a. a. O. 30ff. Das II. Vaticanum nennt diese beiden Komponenten »Heiligung« und »Verherrlichung« (SC 7).
[8] *H. Mühlen*, Una mystica persona, München / Paderborn [3] 1966, 359–598 (zur pneumatologischen Ekklesiologie des II. Vaticanums).

Tradition in sich begreift, meint mit »Aktualisierung des Neuen Bundes« die heilschaffende Vergegenwärtigung dieser Gesamtheit der Heilstaten Jesu. Da aber die Heilstaten Jesu von seiner Person nicht ablösbar sind, da ferner der Glaube davon ausgeht, daß Jesus und seine Heilstaten bei Gott lebendig sind, und da beide nicht durch menschliche Kraft wirklich vergegenwärtigt, in aktuelle Gegenwart versetzt werden können, ist es Jesus Christus selber, der im Heiligen Geist diese Gegenwart bewirkt (wie die Definition sagt: »durch Christus... im Heiligen Geist... vollzogen«). Damit ist ein altes Thema aufgenommen: Vor allem im Hinblick auf die Eucharistie wurden schon vor Jahrhunderten die Fragen diskutiert, wie ein vergangenes Geschehen wirklich Gegenwart werden und wie die Gegenwart Jesu Christi genauer gedacht werden könne.[9]

Für unsere sakramententheologische Thematik ist es an dieser Stelle wichtig zu erkennen, *wer* in der Auffassung der katholischen Kirche und ihrer Theologie das Subjekt (der aktive Träger) der Liturgie ist und *wie* die Gegenwart Jesu Christi in der Liturgie gesehen wird.

2.2   Das Subjekt der Liturgie der Kirche

Die theologische Aussage des Zweiten Vatikanischen Konzils zum Subjekt der Liturgie läßt sich folgendermaßen zusammenfassen[10]: Jesus Christus ist nicht bloßer Gegenstand der Erinnerung, nicht nur bleibende Grundlage (Ursache) der Liturgie; Jesus Christus ist vielmehr das gegenwärtige, aktuell wirkende Subjekt aller liturgischen Vollzüge, die für das Heil der Menschen relevant sind. Dabei gesellt er sich die Kirche zu als immer auf ihn bezogenes, immer von ihm abhängiges und nur sekundäres Subjekt der Liturgie.

---

[9] Das Thema ist von großer ökumenischer Bedeutung. Die verheißungsvollsten Perspektiven eröffnen sich von Überlegungen aus, die Odo Casel angestoßen hat, die vielfach aufgenommen und geklärt wurden und die auch auf evangelischer Seite Beachtung finden. Vgl. *F. Eisenbach*, a. a. O.; *A. Schilson*, Theologie als Sakramententheologie. Die Mysterientheologie Odo Casels, Mainz 1982. Vgl. auch unten 8.5.

[10] Ich beziehe mich hier, mit eigener Akzentsetzung, auf *F. Eisenbach*, a. a. O. 217f. Die Haupttexte sind: SC 7 und 47.

Daß Jesus Christus das primäre Subjekt der Liturgie, ihr aktiver Träger, der wesentlich Handelnde ist, geht zurück auf die Theologie der Kirchenväter und ihre Meditation der sakramententheologischen Texte bei Paulus, Johannes und vor allem im Hebräerbrief; an erster Stelle ist hier Augustinus zu nennen. Grundlage dafür ist natürlich die Glaubensüberzeugung, daß Jesus von den Toten auferweckt wurde, jetzt und für immer als Erhöhter bei Gott lebt und daß er seine Aufgabe, die Menschheit zu sammeln und zum Vater heimzuführen, aktiv zu Ende bringen will.

Abhängig von Jesus Christus, nicht selbständig tätig, ist die Kirche das sekundäre Subjekt der Liturgie. Das Zweite Vatikanische Konzil hat mehrfach Bemühungen unternommen, um das Bewußtsein zu stärken, daß *alle* Glaubenden Kirche sind. Dazu gehört die Betonung des Volkes Gottes (LG 9–16) als vorgeordneter, Klerus und Laien umfassender Größe, dazu gehören die Aussagen über das *gemeinsame* Priestertum aller Glaubenden (SC 14; 48; LG 9; 10; 26; 34). Daß das Konzil es für notwendig hielt, daneben die hierarchischen Unterschiede und Kompetenzen wiederholt hervorzuheben, ändert nichts an der grundlegenden Konzeption, daß alle Mitglieder der Kirche die Liturgie tragen.[11]

Eine solche Redeweise von »der Kirche« kann als zu abstrakt erscheinen. Wer ist konkret die Kirche, die Jesus Christus als sekundäre Trägerin der Liturgie dient? Nach einer konstanten Lehre, die sich mit vielen Zeugnissen bei den Kirchenvätern findet und vom II. Vaticanum wiederaufgenommen wurde, ist die Kirche konkret die versammelte Gemeinde, und sei sie noch so klein. Das konkrete sekundäre Subjekt der Liturgie ist die zur Liturgie versammelte Gemeinde. Was Kirche ist und was ihren auf das Heil der Menschen bezogenen Kern (ihr Wesen, ihr Geheimnis) ausmacht, wird in der (auch kleinsten) liturgischen Versammlung verwirklicht und auch nach außen hin bekundet. Gerade darin aber ereignet sich die Gegenwart Jesu Christi.[12]

---

[11] Vgl. *H. Vorgrimler*, Liturgie als Thema der Dogmatik, in: K. Richter (Hrsg.), Liturgie – ein vergessenes Thema der Theologie? Freiburg 1986, 113–127, bes. 125 ff., mit den Bedenken gegen eine ausschließlich »von oben« verordnete Liturgie.

[12] *K. Rahner*, Über die Gegenwart Christi in der Diasporagemeinde nach der Lehre des Zweiten Vatikanischen Konzils, in: Schriften VIII 409–425. Ein wirklicher Akt

2.3　Die Gegenwart Jesu Christi in der Liturgie

Die Praxis der Liturgie und damit der Sakramente lebt von der Glaubensüberzeugung, daß Jesus, in dem Gottheit und Menschheit vereint waren und sind, als Lebendiger und Erhöhter denen wirklich gegenwärtig werden will und kann, die an ihn glauben und auf ihn hin orientiert sind. Diese Glaubensüberzeugung ist ihrerseits begründet in den Erfahrungen der Gegenwart des vom Tod auferweckten Jesus: »Wo zwei oder drei in meinem Namen versammelt sind, da bin ich mitten unter ihnen« (Mt 18,20).

Die Vorstellung von der Gegenwart Gottes in der versammelten Gemeinde gehört zu dem Gedankengut, das Juden und Christen gemeinsam haben. Die Volksversammlung Israels (qahal, in der griechischen Übersetzung des Alten Testaments: ekklesia, Herausgerufenheit, Kirche) lebt im Bewußtsein der Gegenwart Gottes. In der Weise der geheimnisvoll glanzerfüllten schechina wohnt Gott bei oder in den Menschen. »Wo zwei beieinander sitzen und Worte der tora sind zwischen ihnen, da weilt die schechina unter ihnen«, konnte die Mischna sagen (Sprüche der Väter III 2). Es ist nicht die christliche Konzeption des Gottesdienstes und nicht die katholische Auffassung von Liturgie, daß die versammelte Gemeinde die Gegenwart Gottes *bewirkt*. Die Gemeinde als (abhängiges) Subjekt der Liturgie ist in Glaube, Hoffnung und Liebe auf die Ankunft Gottes hin orientiert und kann um dieses Kommen nur bitten. Dieses Gebet traut der Verheißung des Auferweckten.

Was aber heißt hier Gegenwart? Karl Rahner hat Überlegungen vorgetragen,[13] nach denen Gegenwart für Menschen immer vermittelte Gegenwart ist, immer eines »Mediums« bedarf, das auf

---

der Kirche kommt dort zustande, wo Mitglieder der Kirche, befähigt und getragen von Gottes Gnade allein, das Gebet an Gott richten. Wie K. Rahner (unter dem Widerspruch von J. Pascher) gezeigt hat, ist für ein Gebet »im Namen der Kirche« keine Beauftragung durch eine kirchliche Autorität notwendig. Vgl. dazu *F. Eisenbach*, a. a. O. 273f. Das neue Kirchenrecht von 1983 hat dementsprechend auch den Unterschied zwischen privatem und kirchlichem Segen aufgegeben, vgl. unten 13.

[13] *K. Rahner*, Die Gegenwart des Herrn in der christlichen Kultgemeinde, in: Schriften VIII 395–408.

menschliche Weise faßbar ist. Das gilt auch für die Gegenwart Gottes, sobald diese, aus einem schweigend-ruhenden Anwesendsein in der Schöpfung, in den Herzen der Menschen durchbricht in das menschliche Bewußtsein. Theologisch gesehen gibt es nur *eine* Gegenwart Gottes, nämlich die Selbstmitteilung Gottes an das Nichtgöttliche. Erfahren und bewußt wird diese Gegenwart jedoch in verschiedenen Gegenwarts*weisen,* in denen Gottes Gegenwart als Gnade dynamisch auf Menschen einwirkt, wobei durchaus verschiedene Intensitätsgrade dieses Einwirkens gegeben sein können. Das Ziel ist immer dasselbe: wirkliche gnadenhafte, personale Kommunikation des Menschen mit Gott.

Diese bisherigen Gedanken zur vermittelten Gegenwart Gottes bedürfen nochmaliger Präzisierung auf die Liturgie hin. Trinitätstheologisch ist zu sagen, daß die Verheißung der Gegenwart Gottes in der liturgischen Versammlung nicht einfach jenes ewige, unbegreifliche göttliche Geheimnis meint, das Jesus als seinen und unseren Vater ansprach. Es wäre falsch zu denken: Die Liturgie macht Gott den Vater gegenwärtig. Vielmehr werden *wir* (auch) in der Liturgie und mit ihrer Hilfe Gott dem Vater gegenwärtig gemacht, vor sein Angesicht gebracht: *durch* seinen Sohn Jesus *im* Heiligen Geist. Der göttliche Geist als das Jesus und den Glaubenden Gemeinsame ist in der Liturgie das Medium der Gegenwart Jesu,[14] seiner Person und seines ganzen Lebensschicksals. Die genaueren Weisen, wie dieses Medium – Gottes Pneuma – in der Liturgie wirksam wird, nämlich die Gegenwart Jesu in seiner Person und in seinem Tun bewirkt, sind die Symbolhandlungen der Kirche (oder »wirksame Zeichen«, wie die oben angeführte Liturgiedefinition sagt, in vorzüglicher Weise die Sakramente), in denen Jesus der eigentlich Handelnde ist, das Wort, in dem, wenn es als Gottes Wort verkündet, gelesen oder meditiert wird, er der eigentlich Sprechende ist, sowie das Gebet und das Singen der versammelten Gemeinde (SC 7).

Aus dem Gesagten ist wohl deutlich geworden, daß die Vergegenwärtigung Gottes durch Jesus im Heiligen Geist von der Initiative des göttlichen Geistes getragen ist, die auch den Glauben der die

---

[14] Ebd. 398.

Liturgie feiernden Kirche erwirkt. Das *Ziel* erreicht diese Vergegenwärtigung Gottes jedoch nur, wenn die Vermittlungsmöglichkeiten, vor allem der Liturgie, auch bewußtseinsmäßig und emotional wahrgenommen werden. Das Sich-Einlassen auf die Liturgie, deren Träger immer Jesus Christus ist, bedeutet jedesmal (und so auch bei jedem Sakrament) Erinnerung an Jesus, ihre Mitfeier ist Gedächtnisfeier Jesu, deren Intensität von der Jesusmystik des feiernden Menschen abhängt. Ihre Mitfeier ist immer Sich-Einlassen auf den in Jesus bekundeten Willen Gottes, so daß ihre Intensität sich auch an dem Willen zu einer Jesus gemäßen Lebenspraxis zeigt.

3 Die sakramentale Heilsökonomie

»Sakramentales Denken« ist eine Verstehensweise. Das Wort »sakramental« in diesem Satz ist weit gefaßt. Es meint die Glaubenserfahrung, daß ein sinnenhaft erfaßbarer Sachverhalt, eine äußere Wirklichkeit oder ein äußeres Geschehen, »mehr« ist, »Tieferes« enthält, als die Oberfläche auf den ersten Blick zeigt. Da es sich um eine Sehweise des christlichen Glaubens handelt, wurde das Wort »sakramental« bewußt gewählt, weil die tiefere, innere Wirklichkeit, die sich der äußeren vermittelnd bedient, die Wirklichkeit des transzendenten Gottes ist. Das Wort »sakramental« ist in unserem Zusammenhang genauer als das Wort »symbolisch«, denn alles Sakramentale ist symbolisch (im Sinn des Realsymbols), aber nicht alles Symbolische ist sakramental, da ja nicht jedes (Real-)Symbol Gottes Gegenwart vermittelt.

In einer spezifisch katholischen Auffassung hat die Geschichte Gottes mit den Menschen eine sakramentale Struktur, und zwar in dem Sinn, daß die von Gott ausgehende und durch die ganze Menschheitsgeschichte hindurch zu ihm heimkehrende Bewegung immer präzisere sakramentale Züge annimmt. Für das Glaubensverständnis heißt »präziser« hier: sakramentale Züge, die nicht nur auf menschlichem Verstehen und menschlicher Deutung beruhen, sondern mit ausdrücklicher Verheißung und wirksamer Zusage Gottes verbunden sind.

Diese Sicht geht zurück auf die Konzeption des christozentrischen geschichtlichen Heilshandelns Gottes, die in der neutestamentlichen Theologie begründet ist und im Symbolum, im Glaubensbekenntnis, ihren prägnantesten Ausdruck besitzt. Dieses geschichtliche Heilshandeln Gottes, die oikonomia, ist gewiß theo-logisch umrahmt: Sie nimmt ihren Ausgang von der sich selbst verschwendenden Liebe des Vaters und führt, ihn verherrlichend, zu ihm zurück, damit er »alles in allem« sei (1 Kor 15,28). »Dazwischen« aber ist alles auf die geschichtliche Aussage des Aussagbaren an

Gott, die radikale Selbstmitteilung Gottes an das Nichtgöttliche, das Kommen Gottes ins Fleisch des Menschen konzentriert. »Die ganze Oikonomia ist Christusgeschehen. Christus teilt sich nicht mit dem Geist darin, sondern ihm gehört das Ganze (als objektiv-historisches Werk, wie es im Symbolum beschrieben ist), wie es dann auch ganz dem Geist, der Christi ist, gehört – als Anzueignendes.«[1]

Das mit dem Anfang der Schöpfung beginnende Geschehen ist Christusgeschehen und darum in einem nichtinstitutionellen Sinn sakramental. Das vom Geist Jesu Christi ausgehende Aneignungsgeschehen dagegen ist im institutionellen Sinn sakramental. Dieser Sicht entspricht eine schlichte Einteilung der sakramentalen Heilsökonomie: Schöpfung und Erwählung als Sakrament – Jesus Christus als Ursakrament – Kirche als Grundsakrament – die Einzelsakramente als aktualisierende Vollzüge des Grundsakraments.

3.1   Schöpfung und Erwählung als Sakrament

Schöpfungsglaube besagt, daß der ewige und unerschaffene Gott in souveräner Freiheit das ganz andere werden läßt und, indem er es bejaht, im Dasein hält. Das Verhältnis Gottes zu den Menschen, von dem der jüdisch-christliche Glaube überzeugt ist, meint bereits etwas anderes, als mit dieser kurzen Umschreibung des Schöpfungsglaubens gesagt ist. Zunächst: Gott will sich den Menschen bemerkbar machen, sich mit ihnen verständigen, ihnen den Sinn und das Ziel ihres Lebens aufschlüsseln. Das geschieht, indem Gott sich mittels geschaffener Wirklichkeiten als Vater und an den Menschen Interessierter bekundet. Anders als durch sinnenhafte Vermittlung könnten Menschen die so ganz andere, in anderer Dimension lebende geistige Wirklichkeit Gott gar nicht wahrneh-

---

[1] *A. Grillmeier*, Christologie, in: LThK II 1156–1166, hier 1161. Der ganze Artikel ist sehr erhellend für das Verhältnis von theologia und oikonomia in der christlichen Tradition. Vgl. auch die gute Übersicht über Neuentdeckung und -erforschung der sakramentalen Heilsökonomie im 20. Jahrhundert bei *C. E. O'Neill*, in: Bilanz der Theologie im 20. Jahrhundert, III, hrsg. von H. Vorgrimler / R. Vander Gucht, Freiburg 1970, 252–261.

men. Wenn so Geschaffenes auf Gott hin transparent wird und Menschen ihre entsprechenden Erfahrungen religiös deuten, kommt es zu einem fundamentalen Glauben. Er besteht nicht darin, daß Menschen meinen, sich der jenseitigen Kraft bemächtigen zu können – das wäre Magie –, er besteht vielmehr in der Anerkennung der völligen kreatürlichen Abhängigkeit von Gott, in der demütigen Einwilligung in das von Gott gesetzte Ziel. Menschen können diesem Glauben in anschaulichen Zeichen oder Zeichenhandlungen leibhaftigen Ausdruck geben und dabei Situationen der Gotteserkenntnis wiederholen. Wer würde leugnen, daß Gott, den keiner sucht, ohne daß er ihn schon gefunden hätte, bei solchen Gelegenheiten gnadenhafte Begegnung mit sich gewähren könnte? Dies wären die von der klassischen Theologie so genannten »Natursakramente«.

Die jüdische Glaubensüberlieferung bekundet darüber hinaus die Erfahrungen, daß Gott mittels der Erwählung eines Volkes der ganzen Menschheit seinen konkreten Willen bekunden wollte, auf Dauer Wohnung zu nehmen inmitten von Menschen, die in der Einheit von Gottes- und Menschenliebe die Zustände gottgerecht machen würden, so daß die Menschenwelt Reich Gottes werden könnte. Wenn wegen des fundamentalen Unterschieds von Gott und Menschen die Gottbegegnung seiner Erwählten nach wie vor vermittelt sein mußte, so zeigen sich nun zwei herausragende Weisen »sakramentaler Struktur«: die Vermittlung des Gotteswortes im Menschenwort und die erinnernde, dankende, Gott rühmende und sühnende Versammlung. Es versteht sich, daß beide Weisen dialogisch geprägt, in antwortendes und bittendes Gebet eingebunden sind. Vor allem in den liturgischen Versammlungen der Kinder Israels sind doch wohl, wenn schon von christlicher Seite theologisch darüber geredet werden soll, die »alttestamentlichen Sakramente« zu erblicken.

Die spätere christliche Fixierung auf isolierte Riten bei »alttestamentlichen Sakramenten« war bereits vom Schemadenken, was die »Materie« eines Sakraments sei, beherrscht. Daß ein ritueller Vorgang wie die Beschneidung, die zugleich nationalen und hygienischen Interessen entsprungen ist, nicht den gleichen Rang beanspruchen kann wie eine Gottesdienstversammlung des erwählten

Volkes, dürfte deutlich sein. Das Beispiel zeigt, wie problematisch es ist, wenn Christen von »außerhalb« über jene nichtchristlichen Zeichen und Zeichenhandlungen urteilen, in denen möglicherweise Gottbegegnung stattfindet. Darum sei hinsichtlich anderer nichtchristlicher Religionen nur gesagt, daß kein Grund ersichtlich ist, warum es bei ihnen keine »außerchristlichen Sakramente« geben sollte.

Mit den Sakramenten Israels aber verhält es sich noch einmal anders. Nicht nur, weil die Juden das von Gott erwählte Volk bleiben und seine Gaben ohne Reue sind, sondern auch, weil das in Menschenwort in Israel ergangene Gotteswort seine Verbindlichkeit für die Kirche behält und weil die im Gebet Gottes Gegenwart anrufende liturgische Versammlung Israels in mehr als einer Hinsicht mit der kirchlichen Liturgie verbunden bleibt.

3.2   Jesus Christus als Ursakrament

Die Glaubensüberzeugung, daß Jesus das Sakrament Gottes ist, hat tiefe Wurzeln im Neuen Testament. Die Zeugnisse über die Ereignisse seines Lebens, über seinen Umgang mit den Menschen, zeigen, wie sehr er in Person ein »Zeichen«, eine Veranschaulichung der Gegenwart Gottes war. (Das Gefährdete eines Sakraments scheint gleichfalls in diesem Leben auf: die Versuchung, die Angst...) Sein Leben im ganzen, insbesondere aber dessen Höhepunkte oder großen Stationen, und sein Tod sind Realsymbole konkreter Gottesgegenwart. Verbunden damit war die von Jesus selber gegebene Deutung: Auch das Wortgeschehen, das sich in ihm ereignete, hatte sakramentalen, Gott vergegenwärtigenden Charakter.[2]

Das spätere Christusverständnis des Neuen Testaments hat diese Sakramentalität Jesu erst recht hervorgehoben. Ohne sein persönliches Gepräge zu verlieren, sagt Augustin Schmied, hat Jesus als der Christus die Macht menschlicher Ursymbole (Licht, Quelle, Hirt, Tür, Brot) an sich gezogen.[3] Er konnte als die Ikone, das Bild

[2] Vgl. dazu die Hinweise bei A. Schmied, Perspektiven (s. Lit. I).
[3] A. Schmied, a.a.O. 19.

Gottes schlechthin (2 Kor 4,4; Kol 1,15) bezeichnet werden,[4] als die sichtbare Epiphanie des unsichtbaren Wesens Gottes (Hebr 1,1f; 1 Joh 1,1; auch Joh 14,9).

Das christologische Dogma von Chalkedon 451 (NR 178/DS 301) hat dieses sakramentale Verständnis Jesu noch einmal vertieft. Gerade wenn Gottes Absicht mit der Menschheit darin zu sehen ist, daß Gott sich zu eigen mitteilen wollte, sich selber in die Menschheit hinein aussagen wollte, ist deutlich, daß Gott mit dieser Absicht erst ungebrochen und ungefährdet am Ziel war, wenn der Mitteilung und der Zusage eine reine Annahme auf menschlicher Seite entsprach. Die intimste Nähe Gottes (sein Wesen, die ungeschaffene Gnade) und die ihn aufnehmende Menschennatur als deren Realsymbol (wirksames Zeichen) sind in Jesus ungetrennt und unvermischt gegeben. Mit dieser Formulierung wird allerdings auch die Grenze des christologischen Dogmas offenkundig: Das Ereignishafte, der Geschehenscharakter dieser unübertroffenen Einung von Gott und Mensch, ihre Dynamik kommen in der eher statischen Aussage von zwei geeinten Naturen höchstens implizit zum Ausdruck.

Die *Bezeichnung* Jesu Christi als Sakrament geht auf die neutestamentliche Theologie des mysterion zurück.[5] Im Epheser- und Kolosserbrief bezeichnet »mysterion« nicht ein Geheimnis, sondern die Heilsabsichten Gottes, wie er sie im Zug seiner oikonomia offenbarte und verwirklichte. Ihre volle Offenbarung und erstmalige Verwirklichung erfolgte in Jesus Christus (Eph 1,9f; 2,11–3,13; Kol 1,20. 26f; 2,2; vgl. auch Röm 16,25f). Deshalb nennen ihn viele Kirchenväter, darunter auch der einflußreiche Augustinus, das »mysterium Dei«. Da »mysterium« in altlateinischen Bibelübersetzungen mit »sacramentum« wiedergegeben wurde (siehe 4.1), lag es nahe, Jesus Christus als »sacramentum Dei« zu bezeichnen. Thomas von Aquin verstand Jesus Christus als »das fundamentale Sakrament, insofern seine menschliche Natur als Instru-

---

[4] *Ch. von Schönborn*, L'Icône du Christ, Fribourg ²1978 (hier wird gezeigt, daß es eine genuin heilsgeschichtlich-typologische und trinitätstheologisch-christologische Urbild-Abbild-Theologie gibt, die nicht platonischer Herkunft ist).

[5] Bis heute grundlegend: *G. Bornkamm*, mysterion, in: ThWNT IV, 1942, 809–834.

ment der Gottheit das Heil wirkt« (Wolfgang Beinert).[6] Wohl von Augustinus her[7] konnte Martin Luther sagen: »Nur ein einziges Sakrament kennt die Heilige Schrift, das ist Christus der Herr selbst.«[8] Als bei der großen Erneuerung der Kirchentheologie im 19. Jahrhundert (vgl. hier 3.3) die Sakramentalität der Kirche und deren Verhältnis zur Sakramentalität Jesu Christi näher bedacht wurden, nannte man Jesus Christus zunächst »das große Sakrament«[9]. Bei der Wiederaufnahme dieser Gedanken im 20. Jahrhundert scheint als erster Carl Feckes († 1958) im Jahr 1934 Jesus Christus als »Ursakrament« bezeichnet zu haben, auf das die »sakramentale Welt« der Kirche und der Einzelsakramente zurückzuführen sei.[10] Im Geist eines erneuerten Thomismus und von einer existentialistischen Philosophie der Begegnung (Erfahrung des Anderen) beeinflußt, beschrieb Edward Schillebeeckx (* 1914) Jesus Christus als Sakrament der Gottbegegnung.[11] Genauerhin sah er das Ursakrament im Menschsein Jesu Christi, da sich gerade in diesem die Doppelbewegung ereignet habe: Einbruch der Gnade »von oben«, Kult der Liebe zu Gott »von unten«. In der Christologie Karl Rahners wird – ebenfalls noch vor dem Konzil – Jesus Christus verstanden als »die geschichtliche Realpräsenz des eschatologisch siegreichen Erbarmens Gottes in der Welt« oder auch als »das sakramentale Urwort Gottes in der Geschichte der einen Menschheit«.[12] Das Zweite Vatikanische Konzil hat die Sakramentalität Jesu Christi in Anlehnung an die Christologie von Chalke-

---

[6] S. c. G. IV a.41. *W. Beinert*, Die Sakramentalität der Kirche im theologischen Gespräch, in: Theologische Berichte 9, Zürich 1980, 13–66, hier 17f.

[7] »Non est enim aliud dei mysterium nisi Christus« (Ep. 187, 9, 34; CSEL 57/4, 113).

[8] Disp. de Fide infusa et acquisita (WA 6, 86, 5ff.).

[9] *W. Beinert*, a. a. O. 22.

[10] Ebd. 23. – Ebd. 17 der Hinweis, daß der evangelische Kirchenrechtler Rudolf Sohm († 1917) in einem erst 1918 erschienenen Forschungsbeitrag feststellte: »Das Ursakrament ist der altkatholischen Kirche Christus selbst.«

[11] *E. Schillebeeckx*, Christus, Sakrament der Gottbegegnung, Mainz 1959. Es handelt sich um die gekürzte Fassung des II. Bandes einer Sakramententheologie im Geist des Thomas und angesichts heutiger Sakramentenproblematik, deren I. Band unter dem Titel »De sacramentele heilseconomie«, Antwerpen 1952, nur in niederländischer Sprache vorliegt; dieser I. Band enthält wertvolle Materialien der kirchlichen Tradition zu unserem 3. Kapitel im ganzen.

[12] *K. Rahner*, Kirche und Sakramente, Freiburg 1960, 99.

don und bei Thomas von Aquin ausgesprochen, ohne die Begriffe »Sakrament« oder »Ursakrament« zu verwenden. In der neueren katholischen Theologie ist das Verständnis Jesu Christi als Ursakrament meines Wissens überall akzeptiert.

3.3   Kirche als Grundsakrament

Ist Jesus Christus der Lebendige und führt er seine Sendung im Heiligen Geist fort, die Menschheit umzugestalten, bis die Schöpfung vollendet ist zur Ehre Gottes des Vaters, so setzt das ein Einwirken des Erhöhten in die Menschheit voraus. Die Kirchentheologie des Neuen Testaments versteht von Anfang an die Kirche als die Nachfolgegemeinschaft, die, vom göttlichen Pneuma erfüllt und geleitet, die Sendung Jesu Christi weiterführt. Diese Fortsetzung des Heilswirkens Jesu wird vom Neuen Testament nirgendwo so gedacht, daß die Kirche sich die Aufgabe Jesu anmaßte, daß sie einen Abwesenden verträte und bestrebt wäre, ihn zu ersetzen. Vielmehr besagt schon das früheste Selbstbewußtsein der Kirche, daß sie sich in völliger Abhängigkeit von Jesus Christus weiß, vom Heiligen Geist zu einem tauglichen Werkzeug der bleibenden Gegenwart Jesu Christi geformt. Die Beschreibung der Ortskirche als Leib Christi aus vielen Gliedern, die der göttliche Geist zur Einheit zusammenfügt nach Röm und 1 Kor, mit Jesus Christus als Haupt nach Eph und Phil, ist mehr als nur ein Bild; dazu kommen die Kirchenbilder des Neuen Testaments, die alle die völlige Abhängigkeit der Kirche von ihrem wahren, nicht menschlichen Hirten, Bräutigam, Weingärtner, Baumeister usw. aussagen.[13] Gerade wegen dieser Unterordnung und Abhängigkeit hatte schon die früheste Kirche das Bewußtsein, einen wirklichen Dienst am Heil der Menschen als Gottes Werkzeug verrichten zu können und zu müssen, einen Dienst durch Wort und Sakrament (wie man später sagte), bei dem im Selbstvollzug oder in der Aktualisierung der

---

[13] Zusammengestellt in LG 6f des II. Vaticanums. In diesem Zusammenhang wird man die Ekklesiologie von Miguel M. Garijo Guembe zu beachten haben, deren Erscheinen für 1988 geplant ist. Zur evangelischen Auffassung: *U. Kühn*, Kirche, Gütersloh 1980.

Kirche (wie man später sagte) Jesus Christus der gegenwärtige und eigentlich Sprechende und Wirkende war.

Das Neue Testament bezeugt auch, daß schon die früheste Kirche diesem Dienst nur in sehr unvollkommener Weise nachkam. In vielfacher Weise machten sich Christen schuldig, ihre Sünden beschädigten die Kirche selbst (die mit ihrem Bußverfahren ihre von Gott gewollte Gestalt wiederzuerlangen suchte). Die Kirche war von Anfang an von der Versuchung bedroht, eine eigenständige Größe sein zu wollen, sich selber zum Gegenstand der Verkündigung zu machen, sich nicht nach dem von Jesus geoffenbarten Willen Gottes zu verhalten, sondern wie »diese Welt« zu reagieren, sich nicht der vom göttlichen Pneuma ausgelösten Bewegung anzuvertrauen, sondern auf ihre eigenen Traditionen fixiert zu sein.

Der Ort der Kirche in der Geschichte Gottes mit der Menschheit, in der oikonomia, war von Anfang an durch Relativierung und Vorläufigkeit gekennzeichnet (und gerade darin lag und liegt ihre radikale Verschiedenheit von Jesus Christus): Ihr Dienst galt letztlich der Ehre Gottes, zunächst aber den Menschen und ihrer Verbindung mit Gott; sie hatte und hat dabei nur zu vermitteln, was ihr selber geschenkt worden war; sie war und sie ist von Gott nicht als die Endgestalt der Menschheit gedacht, da sie im Reich Gottes aufgehoben sein wird.

Mit diesen kurz beschriebenen theologischen Komponenten der Kirche ist deutlich, daß sich in ihnen jene sakramentale Struktur fortsetzt, von der bisher die Rede war: Als Gemeinschaft der glaubenden und Jesus nachfolgen wollenden Menschen besitzt die Kirche eine äußere, sichtbare Dimension, die auf Tieferes verweist. Ihre innere Dimension besteht darin, daß Jesus Christus sie im Heiligen Geist zu seinem Zeichen und Werkzeug macht, deren er sich bedient, um sein Werk der Erneuerung und Umgestaltung der Menschheit zu Ende zu führen, zur Verherrlichung seines Vaters. Die äußere Dimension ist somit wie ein – geschichtlich und gemeinschaftlich strukturiertes – Zeichen, das nicht auf eine fremde, abwesende Größe, sondern auf den Gegenwärtigen hinweist, der der eigentlich Wirkende ist. Die Menschengemeinschaft, die das Äußere konstituiert, kann von sich aus noch nicht einmal hoffen und beten, daß sie zu diesem Dienst tauglich sei, wenn ihr nicht Hoffnung und Gebet vom göttlichen Geist geschenkt werden. Immer ist die äußere Dimension von Mißbrauch bedroht und damit in Gefahr, die innere gnadenhafte Wirklichkeit zu verdunkeln und zu beeinträchtigen.

Angesichts dieser sakramentalen Struktur der Kirche war es naheliegend, daß die Kirche auch selber als Sakrament bezeichnet wurde. Dabei wurde der weitere Sakramentenbegriff auf sie übertragen, zu einer Zeit, als es den engeren, »fachlichen« Sakramentenbegriff noch gar nicht gab.

Zur *Geschichte* dieser Bezeichnung müssen hier einige Andeutungen genügen.[14] Noch mannigfaltiger als im Neuen Testament wurde die Sakramentalität der Kirche von den Kirchenvätern in Bildern ausgesprochen. Hugo Rahner († 1968) faßte einige von ihnen schön zusammen: »Die Kirche ist auf Pilgerschaft und doch schon daheim. Es gehört zu ihrer unaufhebbaren Doppelgestalt ihre sozusagen himmlische Erdhaftigkeit. Sie ist, wie die neueste Theologie wieder betont und die Väter der alten Zeit schon genau wußten, das große Sakrament auf das Reich Gottes hin, die Mutter, die im Spenden des Lebens stirbt, der Mond, der in der Annäherung an die Sonne Christus abnimmt, die Arche, die die gerettete Gottesfamilie entläßt, wenn sie im Königreich des Friedens gelandet ist.«[15] Der Sakramentenbegriff wird auf dem Weg über »mysterion« (Eph) auf die Kirche übertragen, wobei im Osten das erste Zeugnis die Didache ist (Syrien/Palästina, erste Hälfte des 2. Jahrhunderts), die die Kirche »kosmisches Mysterium« nennt, während Cyprian († 258) als erster Zeuge im Westen vom »sacramentum unitatis« spricht.[16] Bedeutende Kirchenväter, unter ihnen

---

[14] Näheres bei *W. Beinert*, a. a. O. (s. Anm. 20); *J.-M. R. Tillard*, in: Initiation à la pratique de la théologie II, Paris 1983, 387–391 (die Sakramentalität der Kirche); *W. Kasper*, Die Kirche als universales Sakrament des Heils, in: Glaube im Prozeß, hrsg. von E. Klinger / K. Wittstadt, Freiburg 1984, 221–239 (Lit.); *Th. Schneider*, Die dogmatische Begründung der Ekklesiologie nach dem Zweiten Vatikanischen Konzil. Dargestellt am Beispiel der Rede von der Kirche als dem Sakrament des Heils für die Welt, in: Renovatio et reformatio, hrsg. von M. Gerwing / G. Ruppert, Münster 1985, 80–116 (Lit.)
[15] *H. Rahner*, Symbole der Kirche. Die Ekklesiologie der Väter, Salzburg 1964, 653.
[16] Patristische Zeugnisse bei *W. Beinert*, a. a. O. 15–17.

Augustinus, sprachen vom Sakrament (oder Mysterium) Kirche im Rahmen einer Darstellung der ganzen sakramentalen Heilsökonomie.[17] Eine bis heute zur Liturgie gehörende, vom II. Vaticanum (SC 5) zitierte Oration aus dem 5. Jahrhundert bittet Gott, gnädig auf »das wunderbare Sakrament deiner ganzen Kirche« zu schauen.

Nach der Ausprägung eines fachlichen, engeren Sakramentenbegriffs Mitte des 12. Jahrhunderts tritt diese sakramentale Kirchensicht zurück (im Gegensatz zur Christologie, vgl. 3.2); die äußere, institutionelle Dimension der Kirche wurde als Reaktion auf alle Reformbewegungen »von unten« überbetont.[18] Mit dem Aufkommen eines erneuerten Kirchendenkens im 19. Jahrhundert wird der Begriff »Sakrament« als Bezeichnung der Kirche in ihrer tieferen Dimension neu entdeckt, und zwar nicht nur in der Romantik der ersten Hälfte, sondern auch bei den Neuscholastikern in der zweiten Hälfte des Jahrhunderts. Die Theologen Johann E. Kuhn († 1887),[19] Johann H. Oswald († 1903)[20] und Matthias J. Scheeben († 1888)[21] sind hier besonderer Erwähnung wert. Nach einer Unterbrechung bis in die dreißiger Jahre des 20. Jahrhunderts setzt die Ekklesiologie ein, die über das II. Vaticanum bis in die Gegenwart bestimmend ist.

In der Neuscholastik finden sich gelegentlich Versuche, die Unterschiede zwischen Jesus Christus, der Kirche und den kirchlichen Einzelsakramenten begrifflich deutlich zu machen. Wird Jesus Christus »Ursakrament« genannt, so gilt die Kirche jetzt als das »Übersakrament«[22]. Erich Przywara bezeichnete sie als »Ganzsakrament«[23]. Mit dem Willen, die Ekklesiologie aus dem Geist der

---

[17] Ebd. 16f.

[18] Ebd. 18 weist *W. Beinert* auf Louis de Thomassin († 1695) hin, der als erster Theologe der Neuzeit die Sakramentalität der Kirche wieder thematisierte, im Rahmen einer heilsökonomischen Sicht, in der für ihn auch der Mensch schlechthin, dann Adam und Jesus Christus sakramental sind.

[19] Zu seiner sakramentalen Ekklesiologie: *J. Finkenzeller II*, 139–143.

[20] Ebd. 145–148.

[21] Ebd. 148–153.

[22] So bei dem ekklesiologisch einflußreichen C. Feckes um 1934: *W. Beinert*, a. a. O. 23f.

[23] In einem Text von 1942: *E. Przywara*, Ignatianisch, Frankfurt 1956, 98.

Kirchenväter zu erneuern, übernahmen die französischen Theologen Yves Congar (1937) und Henri de Lubac (1938) die sakramental-heilsökonomische Sicht und das Verständnis der Kirche als »Sakrament«.[24] Die Bezeichnung »Ursakrament« wandten nach dem Krieg Otto Semmelroth und Karl Rahner auf die Kirche an.[25] Um die begriffliche Konfusion zu vermeiden, die mit der gleichzeitigen Bezeichnung Jesu Christi als »Ursakrament« gegeben war, und um den bleibenden qualitativen Unterschied zwischen Jesus Christus und der Kirche zu markieren, sprach Semmelroth später von der Kirche als »Wurzelsakrament«,[26] Rahner von ihr als »Grundsakrament«[27].

Das Zweite Vatikanische Konzil übernahm den Begriff »Sakrament« zur Bezeichnung der Kirche.[28] Walter Kasper faßt Aussageabsicht und -inhalt gut zusammen: »So wie der Begriff auf dem II. Vatikanischen Konzil für die Kirche gebraucht wird, ist er ein begriffliches Mittel neben anderen, um den ekklesiologischen Triumphalismus, Klerikalismus und Juridismus zu überwinden und das in der sichtbaren Gestalt verborgene und nur im Glauben faßbare Geheimnis der Kirche herauszustellen, um auszudrücken und auszudeuten, daß die Kirche einerseits ganz von Christus herkommt und bleibend auf ihn bezogen ist, daß sie andererseits als Zeichen und als Werkzeug aber auch ganz für den Dienst an den Menschen und an der Welt da ist. Der Begriff eignet sich vor allem für eine differenzierende Zuordnung und Unterscheidung der sichtbaren Struktur und des geistlichen Wesens der Kirche.«[29] Die sakramentale Ekklesiologie des Konzils hat also ganz die Absicht, die Kirche

[24] W. Beinert, a. a. O. 24f. – Auch H. U. von Balthasar versteht die Kirche als Sakrament; vgl. zuletzt Theodramatik II/2, Einsiedeln 1978.
[25] W. Beinert, a. a. O. 25–29; zu K. Rahner auch J. Herberg, Kirchliche Heilsvermittlung. Ein Gespräch zwischen Karl Barth und Karl Rahner, Frankfurt 1978.
[26] MySal IV/1, 1972, 318–348.
[27] Grundkurs des Glaubens, Freiburg 1976 u. ö., 396; E. Jüngel / K. Rahner, Was ist ein Sakrament? Freiburg 1971, 75.
[28] Die wichtigsten Stellen: LG 1, 9, 48; GS 42, 45; AG 1, 5; dazu in Zitaten aus der Kirchenväterzeit SC 5, 26. Zur genaueren Deutung vgl. W. Kasper, a. a. O. (s. Anm. 14). Kasper macht darauf aufmerksam, daß das »veluti« (»gleichsam ein Sakrament«) zur Beruhigung solcher verwendet wurde, die sich um die Siebenzahl sorgten; »Sakrament« ist nicht im fachtheologischen Sinn gemeint.
[29] W. Kasper, a. a. O. 228f.

relativ zu sehen, das heißt bezogen auf den wahren und einzigen Urheber des Heils, Jesus Christus im Heiligen Geist entsprechend dem Willen des Vaters. Weil das Konzil in keiner Weise die Begründung des menschlichen Heils in der Kirche sehen wollte, hat es wohl den Begriff »Ursakrament« bewußt nicht auf die Kirche übertragen und mit dem Hinweis auf die bloße Analogie, das heißt Ähnlichkeit bei größerer Unähnlichkeit, zwischen dem Mysterium Jesus Christus und dem Mysterium Kirche, zwischen der Menschheit Jesu und dem sichtbaren Gefüge der Kirche (LG 8), auf die Grenzen einer sakramentalen Ekklesiologie hingewiesen. Das Sakrament Kirche steht nach dem II. Vaticanum im Dienst des Heils der ganzen Menschheit. Das Konzil hat in seinen theologisch anspruchsvollsten Dokumenten diesen Dienst genauer beschrieben: als »martyria« oder Dienst am Wort Gottes (Konstitution über die göttliche Offenbarung, Missionsdekret), als »leiturgia« (Liturgiekonstitution), als »diakonia« (Pastoralkonstitution). In betonten Ausführungen hat das Konzil erklärt, daß die Kirche diesen Dienst nicht vollenden wird, daß sie selber vielmehr vorläufig ist und zusammen mit ihren Sakramenten vergehen wird (LG 48): Gott allein bleibt der Vollender wie der Urheber des Heils.

Mehrfach bekannte das Konzil auch, daß die Kirche der Sünde ausgesetzt bleibt. Es gehört zur Sakramentalität der Kirche, daß die Kirche mit der in ihr enthaltenen Heilswirklichkeit nicht identisch ist, ihre Dienstaufgabe als Zeichen und Werkzeug nur unzulänglich erfüllen kann und sich selber dabei im Weg steht. Darum mußte das Konzil auch eingestehen, daß zwar alle Menschen auf die sakramentale Heilsökonomie und damit auf den von Gott gewollten, die Kirche in Dienst nehmenden Weg hingeordnet sind, daß die Heilsmöglichkeit aber auch für solche besteht, die der Kirche nicht als Mitglieder angehören (LG 12–16).

Das Verständnis der Kirche als Sakrament ist von beträchtlicher ökumenischer Relevanz. Für die Ostkirchen bedeutet die Aussage dieser Sakramentalität eine wichtige Annäherung.[30] Sie haben aus dem Erbe der Kirchenväter eine Denkform bewahrt, die

---

[30] *W. Beinert*, a. a. O. 41–44, und vor allem *R. Hotz* (s. Lit. I.).

vom Kosmos als dem universalen Sakrament sprechen kann und die ganze Ekklesiologie eucharistisch-sakramental versteht. Die Theologie der aus der Reformation hervorgegangenen Kirchen reagiert unterschiedlich auf die Lehre von der Sakramentalität der Kirche.[31] Die große Sorge der evangelischen Theologie besteht darin, daß die Differenz zwischen Gottes Reden und Handeln auf der einen und kirchlichem Reden und Handeln auf der anderen Seite offengehalten wird.[32]

In der Theologie Karl Rahners werden die großen Möglichkeiten, aber auch Grenzen der Konzeption einer sakramentalen Heilsökonomie deutlich.[33] Wenn die Schöpfung durch Gott nicht nur auf das Werden der Menschheit (etwa: als Partnerschaft Gottes), sondern von vornherein auf die Selbstmitteilung Gottes hin angelegt wurde, Selbstmitteilung dabei radikal verstanden als Kommen Gottes selbst in das Nichtgöttliche, ist alle Wirklichkeit schon immer auf Jesus Christus hin angelegt, in dem sich die Selbstmitteilung des dreifaltigen Gottes schlechthin, in Wahrheit und Liebe, ereignen sollte und ereignet hat. Dieses zentrale Heilsereignis »Menschwerdung« ist dann der Sinn der ganzen Schöpfung und der menschlichen Geschichte überhaupt. Das zentrale Heilsereignis wurde nicht ausgelöst durch die Schuld der Menschen und wurde nicht zu ihrer Tilgung (erlösenden Wiedergutmachung) verwirklicht. Rahner steht mit dieser Sicht in einer großen christlichen Tradition, die mit dem Epheser- und Kolosserbrief ansetzt und über die Pädagogie-, Aufstiegs- und Vergöttlichungstheologie der griechischen Theologen, über Gedanken bei Augustinus zur großen Franziskanertheologie des Mittelalters (Skotismus) führt. Sie hat,

---

[31] *W. Beinert* registriert a. a. O. 44–49 Sympathie z. B. bei P. Tillich, K. Barth, W.Pannenberg, H. Ott; Ablehnung z. B. bei R. Bultmann, E. Käsemann, P. Brunner. Vgl. auch *H. Döring*, Grundriß der Ekklesiologie, Darmstadt 1986: Die sakramentale Struktur der Kirche ebd. 100–166 (auch in ökumenischer Sicht), Lit. dazu ebd. 324–327.

[32] *U. Kühn*, Sakramente (s. Lit. I) 213. Ebd. 208–211 Darstellung des ekklesiologischen Sakramentenverständnisses, 211 ff. der evangelischen Kritik daran.

[33] Vgl. besonders *K. Rahner*, Überlegungen zum personalen Vollzug des sakramentalen Geschehens, in: Schriften X 405–429, ein sehr wichtiger Aufsatz nach dem Konzil, in dem Rahner auch erklärt, warum die Sakramente »noch« das bewirken können, was sie »schon« bezeichnen. Vgl. *W. Kaspers* Zustimmung dazu: a. a. O. 236 f.

was Rahner nicht bewußt war, eine ihrer Wurzeln in der schöpfungsoptimistischen Sicht der jüdischen Weisheit.

Kirche und Einzelsakramente (über diese letzteren unten 3.4) sind in dieser Perspektive nicht als medizinelle Eingriffe Gottes von außen zu sehen, sondern sind Erscheinungen dessen, was Welt und Menschheitsgeschichte in ihrem wahren Innern – durch die Selbstmitteilung Gottes – bereits sind, Erscheinungen der »Liturgie der Welt«, Realsymbole der gelungenen Absicht Gottes, Heilsereignisse für die Welt. Die Bewegung führt dann, wie Rahner (der von einer »kopernikanischen Wende« in der Sakramentenauffassung spricht[34]) selbst sagt, nicht vom Sakrament einwirkend auf die Welt hin, sondern als »geistliche Bewegung« *von der Welt* zum Sakrament.

Zwei Bedenken sind jedoch zu berücksichtigen. Die evangelische Sorge ist absolut ernst zu nehmen, daß die fundamentale Differenz zwischen Gott und der Kirche nicht verwischt, daß Gottes absolute Souveränität nicht durch einen neuen kirchlich-sakramentalen Triumphalismus verdunkelt wird. Gott und Kirche werden bei Rahner manchmal in gefährliche Nähe zueinander gebracht, wie die folgenden Sätze zeigen: »Gott, Jesus und die Kirche – alle drei gewissermaßen als *ein* handelndes Subjekt gedacht – setzen ein Zeichen, eine Geste, welche das gnadenhafte Verhältnis des diese Geste entgegennehmenden Menschen zu Gott nicht nur ausdrückt, sondern dieses gnadenhafte Verhältnis auch bewirkt«,[35] und: »Die Kirche ist der große, einmalige Gestus Gottes und Gestus der annehmenden Menschheit, in welchem die göttliche Liebe, die Versöhnung und die Selbstmitteilung Gottes ewig angezeigt und gegeben werden.«[36]

Das zweite Bedenken findet seine wirksamste Formulierung in den Anfragen, die z. B. Johann Baptist Metz an die heilsgeschichtlich-optimistische Sicht bei Rahner stellt, den Anfragen, die dem »apokalyptischen Stachel« gelten. Auch Metz kann sich auf eine große

---

[34] *K. Rahner*, a. a. O. 405.

[35] *K. Rahner*, Fragen der Sakramententheologie, in: Schriften XVI 398–405, hier 398. Vgl. auch meinen Einwand gegen eine zu triumphale Sicht der Kirche bei Rahner, in: Schriften XIV 60 f.

[36] *K. Rahner*, Schriften XVI 401.

biblische und christliche Tradition, die der Apokalyptik, berufen. Gewiß behält Rahner insofern recht, als nach allgemeiner jüdischer und christlicher Überzeugung Gott am Ende recht behalten wird. Die Bedrohung der Menschheitsgeschichte ebenfalls von innen her, durch das Böse (das »negative Existential« in der Sprache Rahners), ist aber nicht nur eine außerhalb der Kirche wirksame Drohung, sondern auch eine Bedrohung der Kirche und ihrer Sakramentalität.

3.4 Die Einzelsakramente als aktualisierende Vollzüge des Grundsakraments

Ist die Kirche das universale Heilssakrament Jesu Christi, wie das II. Vaticanum sagte, dann bleibt die Frage, wie dieses Sakrament-Sein (Symbol-, Zeichen-, Werkzeug-Sein) verwirklicht wird. Es muß realisiert werden, denn der Satz »die Kirche ist Sakrament« ist zunächst abstrakt; er könnte konkret auch mit falschen Inhalten verbunden werden. Kirche muß ebenso konkret existieren, wie Sakrament konkret seine Zeichen- und Werkzeugfunktion wahrnehmen muß. Die Verwirklichung geschieht in der martyria, leiturgia und diakonia, da in allen drei Formen des kirchlichen Dienstes der wirksame Heilswille Gottes zur Anschauung kommen soll. Die herausragende Gestalt, in der die Liturgie der Kirche verwirklicht wird, ist die Praxis der Einzelsakramente in konkreten liturgischen Versammlungen (und seien sie noch so klein).

Diese Sicht, die Einzelsakramente als Vollzüge, Aktualisierungen oder Ausfaltungen des Grundsakraments Kirche, immer natürlich im Heiligen Geist auf der Basis des Ursakraments Jesus Christus, zu verstehen, wurde kurz vor dem II. Vaticanum – vorbereitet durch das erneuerte Nachdenken über die sakramentale Heilsökonomie – in die katholische Theologie eingebracht. Dabei war den Beteiligten zunächst nicht bewußt, daß die Ostkirchen immer schon die vorzügliche konkrete Verwirklichung der Kirche in der Eucharistiefeier gesehen hatten.

Zwei Theologen sind wegen des Einflusses ihres Denkens besonders zu nennen. Edward Schillebeeckx verstand in seiner von 1952 an erarbeiteten Sakramententheologie die Einzelsakramente als

»kirchliche Manifestation der göttlichen Menschenliebe Christi (Gnadengabe) und der menschlichen Gottesliebe (Kult)«,[37] er begründete sie also zugleich christologisch und ekklesiologisch. Karl Rahner behandelte in einer zuerst 1955 vorgelegten Studie[38] die verschiedenen »Aktualitätsstufen« und »Selbstvollzüge« der Kirche; die Einzelsakramente galten ihm dabei als Selbstvollzüge der Kirche auf deren höchster Aktualitätsstufe, der der »amtlich-gesellschaftlich verfaßten Öffentlichkeit«. So konnte er die Einzelsakramente auch »die wesentlichen Grundvollzüge der Kirche selbst« nennen,[39] die bei entscheidenden Heilssituationen des einzelnen Menschen ihren Ort haben.

Die entscheidende theologische Frage, die bei dieser Sicht vorgebracht wurde, war die nach der Vermittlung der Gnade Gottes durch die Kirche. Die katholische Theologie, die Rahner weitgehend gefolgt ist, betonte die völlige Abhängigkeit des kirchlichen Wirkens vom göttlichen Geist, der Jesus Christus als das Haupt mit den Menschengliedern seines Leibes verbindet.[40] Wie sehr es in diesem sensiblen Bereich auf Sprachnuancen ankommt, zeigt Ulrich Kühn: Während er als evangelischer Theologe keine Schwierigkeiten hat zu sagen: »Sakramente sind Handlungen bzw. Lebensvollzüge der Kirche«,[41] möchte er den Begriff der *Selbst*vollzüge der Kirche vermeiden, da er geeignet sei, den Sinn der Sakramente »als Geschehen göttlicher, dem Menschen zuvorkommender Heilszuwendung« zu verdunkeln.[42]

---

[37] *E. Schillebeeckx*, Christus, Sakrament der Gottesbegegnung, Mainz 1959, 74. – Von großem Einfluß war auch: *ders.*, Sakramente als Organe der Gottbegegnung, in: Fragen der Theologie heute, hrsg. von J. Feiner / J. Trütsch / F. Böckle, Einsiedeln 1957, 379–401. Vgl. dazu *C. E. O'Neill* in: Bilanz der Theologie im 20. Jahrhundert III 256–259 (gute Zusammenfassung); *J. Ambaum*, Glaubenszeichen. Schillebeeckx' Auffassung von den Sakramenten, Regensburg 1980; dazu *H. Häring* in: Theol. Revue 78 (1982) 221–223.

[38] Als Buch: *K. Rahner*, Kirche und Sakramente, Freiburg 1960.

[39] Ebd. 21.

[40] Vgl. *R. Schulte*, Einzelsakramente als Ausgliederung des Wurzelsakraments, in: MySal IV/2, 45–155; *H. Denis*, Les sacrements font l'Eglise-sacrement, in: La Maison Dieu 152 (1982) 7–35 (das christologische und pneumatologische Prinzip der Sakramententheologie).

[41] *U. Kühn*, Sakramente 197.

[42] Ebd. 212.

Die von Rahner vorgenommene Zuordnung der Einzelsakramente zum umfassenden Sakrament Kirche brachte Licht in Probleme, die später im einzelnen zu besprechen sind. Diese Sicht erlaubte es der Dogmatik, die Sakramente (wieder) als Liturgie und nicht als Rechtsakte zu verstehen. Die Begriffe »vollziehen«, »aktualisieren« oder auch »feiern« verhindern die Auffassung, die Sakramente seien als starre Größen der Kirche von Gott gleichsam ausgehändigt worden. In dem Wort »Vollzug« kommt ohne weiteres das Tätigsein aller, die an der liturgischen Versammlung teilnehmen, der Gemeinschaft der Getauften, zum Ausdruck; es erlaubt, die unglückliche Teilung der Feiernden in »Spender« und »Empfänger« in den Hintergrund zu rücken. Die Frage, warum Gott nach katholischer Auffassung gerade sieben Einzelsakramente gewollt hat, nicht eins mehr und nicht eins weniger, entschärft sich, wenn das Institutionell-Sakramentale in den Rahmen der allgemein-sakramentalen Heilsökonomie eingebettet wird. Die Siebenzahl selber kann symbolisch verstanden, braucht nicht als zwingend nachgewiesen zu werden. Die Rückführung der einzelnen Sakramente auf den historischen Jesus erweist sich als ein Irrweg, auf den sich die Theologie durch Martin Luthers Beharren auf der Stiftung sichtbarer Zeichen durch Jesus selbst hat verlocken lassen: Die neutestamentliche Pneumatologie, die johanneische Theologie des Entstehens der Kirche und ihrer Sakramente aus der Seitenwunde des Gekreuzigten haben den Weg gewiesen, die Möglichkeiten der Kirche zur Gestaltung der Sakramente und zur Festlegung ihrer Zahl positiv zu sehen, ohne die Gnade Jesu, des eigentlich in der Liturgie und in den Sakramenten in seinem Geist Wirkenden, der Verfügung der Kirche auszuliefern.

4 Die Sakramente im allgemeinen

4.1 Der allgemeine Begriff eines Sakraments

Es gibt keinen zufriedenstellenden allgemeinen Begriff »Sakrament«, weil es kein Sakrament im allgemeinen, sondern nur konkrete Einzelsakramente gibt. Wohl aber gibt es Versuche, das Gemeinsame aller Einzelsakramente auf *einen* Begriff zu bringen, Versuche, die bei aller Unzulänglichkeit doch auch etwas zum Verständnis des Verhältnisses Gottes zu den Menschen beitragen. Einige wichtige Stationen dieser versuchten Begriffsbildung sollen zunächst zur Sprache kommen.[1]

Für den Bereich der im Neuen Testament bezeugten Gemeinden ist von einem zweifachen Befund auszugehen. Zum einen gibt es Zeugnisse für eine breitgefächerte liturgische und rituelle Praxis, gewiß mit gestuften Bedeutungen: An vorrangiger Stelle stehen Taufe und Eucharistie, sodann werden Bußverfahren, Handauflegung und Salbung thematisiert. Für diese unterschiedlichen Vollzüge gibt es im Neuen Testament keine einheitliche (Sammel-)Bezeichnung (und natürlich auch keine gemeinsame Theologie). Zum andern gibt es den Begriff »mysterion«, der (wie oben 3.2 erwähnt) die Verwirklichung und Offenbarung des Heilsratschlusses Gottes meint. Er war von Ewigkeit her in Gott gefaßt, in der Geschichte in Jesus Christus wirksam und offenkundig geworden. Für die Verfasser von Eph (Kap. 3) und Kol (Kap. 1) ist die Kirche die Gestalt, in der dieser göttliche Heilsratschluß weiterhin verwirklicht und offenkundig gemacht wird. Das Ziel dieses »mysterion« ist die völlige Einheit aller Menschen mit Gott und miteinander, die Verwirklichung dessen, was in Jesus Christus grundgelegt ist, die Schaffung einer gerechten und versöhnten Menschheit, in der die trennenden Unterschiede aufgehoben sind, eben das-

---

[1] Vgl. zu dieser Geschichte *J. Finkenzeller* I und II sowie *ders.*, Sakrament, in: LThK IX 220–225, mit Lit.

jenige, was in der Verkündigung Jesu »Reich Gottes« heißt. In diesem Begriff des mysterion ist somit die sakramentale Heilsökonomie gegeben, insoweit, als sie Jesus Christus, die Kirche und deren Lebensvollzüge umfaßt.

In der altlateinischen Bibel wurde »mysterion« entweder mit dem Lehnwort »mysterium« (Itala, Vulgata) oder mit »sacramentum« (afrikanische Bibeln) wiedergegeben. Der sprachliche Zusammenhang von »sacramentum« ist mit den Worten »sacrare« und »sacrum« gegeben. »Sacrare« bedeutet im Verständnis der römisch-heidnischen Religion die rechtsgültige Übereignung einer Person oder Sache in den Bereich des »sacrum«, des Heiligen, also ihre Absonderung aus der profanen Welt, ihre Zuweisung an einen Sonderbereich, in dem besondere, von den Göttern gesetzte Rechte und Pflichten gelten. »Sacramentum« bedeutet in diesem Zusammenhang das Gelöbnis eines Rekruten (»Fahneneid«), das eine staatliche Autorität entgegennimmt, durch das der Rekrut in die »heilige Armee« (»sacra militia«) aufgenommen wird und durch das er sich selber zu einer entsprechenden ethischen Haltung verpflichtet. »Sacramentum« kann auch, wieder mit dem Element religiös-ethischer Selbstverpflichtung, eine Geldsumme bezeichnen, die Prozeßparteien im Tempel deponieren mußten; der Betrag der Verlierer fiel an den Tempel und wurde zum Kult verwendet.

Die Übernahme von »sacramentum« in den kirchlich-theologischen Wortschatz erfolgte durch die afrikanischen Theologen Tertullian († nach 220), Cyprian († 258) und Augustinus († 430). In Auslegung des »mysterion« von Eph und Kol heißen die Verwirklichung des Heilsratschlusses, Jesus Christus, die Menschwerdung (»sacramentum incarnationis«), die Kirche (Cyprian: »sacramentum unitatis«), der Glaube, das Glaubensbekenntnis »sacramentum«. Tertullian nannte, soviel wir wissen als erster, Taufe und Eucharistie »sacramenta«; bei der Taufe wies er auf die Ähnlichkeit mit der religiös-ethischen Selbstverpflichtung des Rekrutengelöbnisses hin. Insgesamt wurden in der Kirchenväterzeit die unterschiedlichsten Riten dann »sacramenta« genannt.

Bei der Auslegung des Neuen Testaments im Licht des philosophischen, neuplatonischen Verstehens gelangte erstmals Augustinus zu einer Theorie der Sakramente.[2] Er zählte das »sacramentum« zur Gattung der »signa«, der sichtbaren Zeichen, die eine unsichtbare Wirklichkeit darstellen. Ein »sacramentum« ist ein »sacrum signum«, das heißt ein auf Gott zurückgehendes Zeichen, das auf eine göttliche Wirklichkeit (»res divina«) hinweist und sie in sich enthält (Weiteres bei 4.2.2).

Der Einfluß des Augustinus auf die westliche Theologie war und blieb überragend. Sein Gedankengut wurde über den Untergang der antiken Welt in die neuen Kulturen (Westgoten, Angelsachsen, Franken usw.) weitergegeben. In seinem Geist verstanden bedeutende vorscholastische Theologen[3] unter »sacramentum« die sichtbare Gestalt der unsichtbaren Gnade (»invisibilis gratiae visibilis forma«), eine auf sehr vieles zutreffende Umschreibung, nicht aber eine eigentliche Definition.

Versuche, einen für die kirchlichen Sakramente zutreffenden Oberbegriff »Sakrament« zu definieren, wurden dann in der Scholastik unternommen. Die zwei wichtigsten seien hier genannt.[4]

Hugo von St. Viktor († 1141) definierte Sakrament als körperliches oder materielles Element, das äußerlich sinnenhaft angewendet wird und das eine unsichtbare und geistliche Gnade in einer gewissen Ähnlichkeit vergegenwärtigt, kraft der Einsetzung (durch Jesus Christus) bezeichnet und (den Menschen) heiligend enthält. Diese Definition offenbart in mehreren Teilen die Problematik eines solchen Versuchs: Sie legt »Sakrament« auf das Vorhandensein eines körperlichen oder materiellen Elements und auf eine Einsetzung (»institutio«) durch Jesus Christus fest, sie kann nichts Genaues über die Gnade sagen, und sie bietet keinen Hinweis darauf an, *wie* diese Gnade im Zeichen »enthalten« sein kann. Daß eine wesentlich von Mönchen für Mönche erstellte Theologie den Weltbezug vermissen läßt, der im biblischen »mysterion« noch mit enthalten ist, trug mit dazu bei, daß eine sakramentale Sonderwelt neben dem »gewöhnlichen« Leben her entstand. Weniger ver-

---

[2] *J. Finkenzeller* I 38–61.
[3] Zusammenfassend ebd. 62–64.
[4] Eine Darstellung dieser Versuche für die Frühscholastik: ebd. 84–88, für die Hochscholastik: ebd. 127–137.

ständlich ist, daß aus der von Liturgie und Gebet geprägten Welt der Kloster- und Kathedralschulen nicht eine Sakramentendefinition zu erstellen versucht wurde, die das Sakrament in die Liturgie und das Gebet einordnet.

Der Pariser Bischof Petrus Lombardus (†1160) definierte, »Sakrament« sei so das Zeichen der Gnade Gottes und Gestalt der unsichtbaren Gnade, daß es zugleich das Bild und die Ursache (»causa«) dieser Gnade sei. Hier wurde das körperliche Element (ebenso wie die Einsetzung durch Jesus Christus) weggelassen und statt dessen unter bewußter Bezugnahme auf Augustinus das Sakrament als »signum« (Zeichen und Bild) verstanden. Erstmals wird hier gesagt, das Sakrament sei die Ursache oder der Grund der göttlichen Gnade. Da die »Sentenzen« des Petrus Lombardus *das* Lehrbuch der Universitätstheologie vom 13. bis ins 16. Jahrhundert wurden, war der Beitrag des Lombarden zum Sakramentenverständnis sehr einflußreich.[5] Jedoch meldeten sich auch schon zur Zeit der Scholastik Stimmen, die bezweifelten, daß eine Sakramentendefinition überhaupt möglich sei, da zu viele unterschiedliche Dinge zusammengefaßt werden müßten.[6] In der Tat blieben die inskünftig angebotenen Sakramentendefinitionen so weit, daß nicht von einem exakten Begriff die Rede sein kann, etwa wenn Thomas von Aquin Sakrament definierte als »Zeichen einer heiligen Wirklichkeit, insofern sie die Menschen heiligt«,[7] oder man verzichtete auf Definitionsversuche und bot statt dessen zusammenhängende Erläuterungen an.

4.2 Geschichtliches zur allgemeinen Sakramententheologie

In diesem kurzen Überblick kommt es darauf an, die wesentlichen *theologischen* Themen einer allgemeinen Sakramentenlehre anzugeben, ohne sie schon eingehender darzustellen.

---

[5] Über die Anerkennung seiner Formel durch bedeutende Theologen der Hochscholastik wie Bonaventura, Albertus Magnus und Thomas von Aquin: ebd. 131 f.
[6] Ebd. 127.
[7] S. th. III q. 60 a. 2.

4.2.1 Neues Testament

In der »mysterion«-Theologie der neutestamentlichen Spätschrif-
ten geht es nicht um eine Reflexion des kirchlichen Lebens und
so auch nicht der Sakramente, wenn auch unschwer zu erkennen
ist, daß im Heilsratschluß Gottes alles mit eingeschlossen ist,
wodurch sich das Gnadengeschehen Gottes durch Jesus Christus im Heiligen Geist sinnenhaft wahrnehmbar und wirksam bekundet.

Für die späteren sieben Sakramente der katholischen Kirche bietet
das Neue Testament theologische Grundelemente, wie später im
einzelnen zu zeigen sein wird; bei Taufe und Eucharistie mehr als
nur Grundelemente; bei der Handauflegung kann eine Verbindung mit der Mitteilung des Heiligen Geistes gegeben sein, bei der
Krankensalbung werden die Vergebung der Sünden und die Ge-
sundung genannt, bei der Ehe wird die religiöse Zeichenhaftigkeit
hervorgehoben, beim Bußverfahren ist deutlich, daß das Verhältnis des Sünders zur kirchlichen Gemeinde seine religiöse Situation
bei Gott beeinflußt. Bei der Ausprägung sakramententheologi-
scher Grundelemente im Neuen Testament waren und blieben jüdische Anschauungen bestimmend. Die beiden wichtigsten seien
hier genannt.[8]

Jüdischem Denken entspringt und entspricht es, im *Gedenken*
(hebr. zkr) ein vergangenes Geschehen in die Gegenwart hereinzu-
holen und es hier, auch im Sinn von Handlungsimpulsen, wirksam
werden zu lassen. Dieses Gedenken ist echte Vergegenwärtigung,
nicht rückwärtsschauende Erinnerung. Die jüdischen Gedenktage
waren, unter der Anrufung des Namens Jahwes, mehr als nur
Rückschau. Jene, die am Pesach-Fest teilnahmen, erhielten gegenwärtigen Anteil am befreienden und erlösenden Ereignis des Exodus. Die beiden großen christlichen Gedenkfeste, die im Neuen
Testament theologisch dargestellt werden, Eucharistie (1 Kor
10,14–22; 11,26–29) und Taufe (1 Kor 6,11; Röm 6,2–11), verbinden Ritus und Wortgeschehen und lassen dabei den Tod Jesu als

---

[8] Vgl. dazu *B. van Iersel*, Einige biblische Voraussetzungen des Sakraments, in: Concilium 4 (1968) 2–9.

Heilsgeschehen gegenwärtig werden (die Eucharistie: 1 Kor 11,26; die Taufe: Röm 6,3). Daß bei diesen Gedenkfesten die Machttaten Gottes, der Jesus von den Toten erweckt und den Heiligen Geist gesandt hat, gepriesen werden, ergibt sich aus dem ganzen Textzusammenhang, ebenso ist nicht zu übersehen, daß die Glaubenden in Taufe und Eucharistie eine Gabe empfangen, die unmittelbar konkrete religiös-ethische Auswirkungen in ihrem Leben haben muß.

Jüdischem Denken entstammt die Vorstellung der »korporativen« (oder »kollektiven«) Persönlichkeit: eine Person wird real mit der Gemeinschaft identifiziert, zu der sie gehört; das Tun einer Person hat konkrete Auswirkungen auf die Gemeinschaft; was der Person von Jahwe her widerfährt, hat zugleich Geltung für die Gemeinschaft. Wieder läßt sich diese Überzeugung bei den neutestamentlichen Hauptsakramenten Taufe und Eucharistie finden. Wer getauft wird, gehört im Sinn realer Eingliederung in die korporative Christus-Persönlichkeit (Röm 6,3–8) und zugleich zu jener korporativen Persönlichkeit, zu der Jesus Christus gehört, zu Abraham (Gal 3,26–29; vgl. Kol 2,11 ff.). Die paulinische pneumatologische Leib-Christi-Theologie steht in engstem Zusammenhang damit (1 Kor 12,12–31, vgl. besonders VV. 12.13.27; vgl. auch 1 Kor 10, wo Paulus indirekt-typologisch Taufe und Eucharistie zusammen thematisiert), ebenso der so wichtige Gedanke, daß das Sterben Jesu anderen zugute kommen konnte (vgl. den Hintergrund der jüdischen Märtyrer- und Gottesknechtthematik).

Dieses jüdische Denken prägt den Ursprung des sakramentalen Lebens der Kirche; es läßt die Sakramente als gegenwärtiges Heilsgeschehen in der Vergegenwärtigung Jesu Christi im Heiligen Geist unter dem Lobpreis der Machttaten des Vaters verstehen; es zeigt den konstitutiven Zusammenhang von Kirche und sakramentaler Praxis ebenso wie die ethisch-konkreten, auch gesellschaftlichen Auswirkungen der Sakramente.

Das Johannesevangelium spricht in seiner eigenen, zum Teil nur andeutenden, zum Teil symbolerfüllten Sprache mit Sicherheit von Taufe und Eucharistie im Sinn von Sakramenten, das heißt so, daß durch sie nach der Sendung des Heiligen Geistes das einmalige Heilswirken Jesu im Bereich der Kirche gegenwärtig und fruchtbar

wird.[9] Die vor allem festzuhaltenden Texte beziehen sich auf die
Taufe (Joh 3) und die Eucharistie (Joh 6,52–58), auf den Ursprung
beider Sakramente und ihrer Heilswirkung aus dem Tod Jesu am
Kreuz (Joh 19,34 mit 1 Joh 5,6–8), auf die Vergebung der Sünden
kraft des von der Kirche empfangenen Heiligen Geistes (Joh 20,
22 f). Diese Sakramententheologie ist, wohl unter zunehmendem
hellenistischem Einfluß, so stark an der bleibenden Vereinigung
der Glaubenden mit Jesus Christus und dem damit gegebenen
»ewigen Leben« interessiert, daß sie leichter als die früher genannte heilsegoistisch und weltlos mißverstanden werden kann.

4.2.2 Kirchenväter

Die Kirchenväter vor Augustinus verhielten sich durchaus ähnlich
wie die Verfasser des Neuen Testaments: Sie sprachen von den einzelnen kirchlichen Handlungen, hoben dabei Taufe und Eucharis-
stie ganz besonders hervor, thematisierten dabei die Vergegenwärtigung des Heilsgeschehens in Jesus Christus und die daraus erflie-
ßenden Heilsgüter, setzten sich mit heidnischen Kulthandlungen
auseinander, erstellten aber keine »allgemeine Sakramententheologie«. Unter den Begriffen »mysterion/mysteria« verstanden sie
eine Vielzahl von Inhalten: Glaubenswahrheiten, Heilsereignisse
oder Institutionen des Alten Testaments in ihrer typologischen Bedeutung, Verheißungen und Erfüllungen durch Jesus Christus und
auch den liturgisch-sakramentalen Bereich der Kirche; eine ähnliche Deutungsbreite erfuhr bei den lateinischen Theologen von
Tertullian an der Begriff »sacramentum«.[10]
Die höchst einflußreiche Sakramententheologie des Augustinus –
die keine allgemeine Sakramententheologie ist, sondern an den
Beispielen Taufe und Eucharistie dargelegt wird, obwohl Augustinus auch andere Riten mit sakramentalen Wirkungen kannte, z. B.

---

[9] *J. Finkenzeller* I 14–16 mit Lit. und einer Übersicht über kontroverse minimalisierende, kultische und »mittlere« Positionen. Weiteres zur neutestamentlichen Sakramententheologie (Thesen der religionsgeschichtlichen Schule, der Mysterientheologie) in Kurzfassung bei *R. Schnackenburg* in: LThK IX 218–220; *R. Tragan*
(Hrsg.), Fede e sacramenti negli scritti giovannei, Rom 1985.
[10] Eine gute Übersicht bei *J. Finkenzeller* I 16–37.

das Bußverfahren – ist aus mehreren Gedankengängen zusammengesetzt.

Auszugehen ist von der Zugehörigkeit der Sakramente zur Gattung der Zeichen, genauer: jener sichtbaren Zeichen, die in sich und aus sich, also von Natur aus, nicht aus Konvention (Übereinkunft), noch etwas anderes erkennen lassen, als ihre äußere Erscheinung zunächst zeigt, die also leicht Rückschlüsse eröffnen wie den von einem Rauch auf ein Feuer. Dieses »andere« ist eine unsichtbare Wirklichkeit (»res«, ein wichtiger Begriff der späteren Sakramententheologie). Vornehmstes Zeichen ist das Wort, denn durch es läßt sich die unsichtbare Wirklichkeit von sich aus vernehmen. Diese Philosophie der Zusammengehörigkeit unterschiedlicher Größen wandte Augustinus sodann auf den Bereich der Güter an. Die materiellen Güter sind Zeichen höherer, geistiger Güter; die sichtbare Welt ist Zeichen des ewigen Universums. Den Menschen wurde die Aufgabe gestellt, sich um die tiefer blickende Erkenntnis zu bemühen und mit den Gütern den richtigen Umgang zu pflegen, die materiellen nämlich nur zu gebrauchen, die geistigen aber zu genießen. In der theologischen Deutung stellte Augustinus nun fest, Adam habe den von Gott angeordneten Umgang mit Zeichen und Gütern pervertiert, Gott aber habe in seinem Heilsratschluß begonnen, die richtige Ordnung wiedereinzuführen. Dazu gehört das Geschenk der »sacramenta«, der heiligen Zeichen, die Göttliches anzeigen und in sich enthalten. Ihre äußere Seite ist dabei dem heiligen Inhalt ähnlich, so daß die Sakramente nicht Zeichen durch Konvention, sondern »natürliche«, von sich aus zeigende Zeichen sind. Die »sacramenta«-Zeichen setzen sich aus einem sinnenhaft wahrnehmbaren Element und aus dem es deutenden Wort zusammen. Da das Wort aber das Vornehmste ist, bewirkt erst es, daß das Element Sakrament wird; so kann das Sakrament auch »sichtbares Wort« (»visibile verbum«) heißen. Dieses das Sakrament bewirkende Wort ist das Glaubenswort der Kirche. Die im sakramentalen Zeichen bezeichnete und gegenwärtige unsichtbare Wirklichkeit ist nicht einfach die Gnade, sondern ist der »Christus totus«, der ganze Christus aus Haupt und Gliedern im Heiligen Geist, der eigentlich Wirkende, der als der aktiv Handelnde in den Sakramenten Gnade bewirkt, aber so, daß es sich dabei immer auch um kirchliche Vollzüge handelt. Weil jedoch Jesus Christus der eigentlich in den Sakramenten Wirkende ist, kann ihre innere heilige Wirklichkeit und Wirkung durch unheilige Amtsträger nicht beschädigt werden.[11]

4.2.3 Mittelalter

Die Wirksamkeit der augustinischen Sakramententheologie in der westlichen Kirche läßt sich durch das ganze Mittelalter über die Neuzeit bis in die Gegenwart verfolgen. Sie wurde in ihren leitenden Gedanken im Mittelalter bis ins 12. Jahrhundert ohne wesentliche inhaltliche Erweiterung weitergegeben. Das Frühmittelalter war eine Zeit ohne Theologie,[12] in der jedoch entscheidende Weichenstellungen für die Sakramententheologie erfolgten. Allgemein war das Streben nach dem richtigen Ritus im Sakramentenvollzug. Ihn fand man wegen der überragenden Autorität des Apostels Petrus, des himmlischen Schlüsselbewahrers, in der römischen Liturgie, die man in den jüngeren Kulturen, die nun an die Stelle der antiken Welt traten, nach Kräften einzuführen und nachzuahmen versuchte. Damit wurde aber nicht auch der weitere, großzügige römische Geist übernommen! War in Rom das Denken auf die Symbolik der Gnadenmittel konzentriert, so wurde anderswo (für Mailand bei Ambrosius im 4. Jahrhundert bezeugt) das Sakrament als konsekrierte Materie aufgefaßt. Von da aus gelangte die Auffassung in die Frühscholastik, die Gnade sei im Sakrament enthalten wie die Medizin in einem Gefäß.[13]

Waren in der römischen (und östlichen) Liturgie Spender und Empfänger der Sakramente dialogisch vereint, so galt jetzt die Konsekration der Elemente (Brot, Wein, Wasser, Öl) als der

---

[11] Siehe Anm. 2; *W. Simonis*, Ecclesia visibilis et invisibilis. Untersuchungen zur Ekklesiologie und Sakramentenlehre in der afrikanischen Tradition von Cyprian bis Augustinus, Frankfurt 1970; hier 103–109: Christus als der eigentliche Taufspender bei Augustinus.

[12] *A. Angenendt*, Bonifatius und das Sacramentum initiationis. Zugleich ein Beitrag zur Geschichte der Firmung, in: Römische Quartalschrift 72 (1977) 133–183, besonders 159–169; *ders.*, Religiosität und Theologie. Ein spannungsreiches Verhältnis im Mittelalter, in: Archiv für Liturgiewissenschaft 20–21 (1978–79) 28–55.

[13] *A. Angenendt*, Bonifatius 159f.

eigentliche konstitutive Akt beim Zustandekommen des Sakraments. Waren die Elemente früher nur »symbolisierende« Elemente der Gnadenmitteilung, so waren sie als Gnadenträger jetzt selber verehrungswürdig.[14] Auf breiter Basis setzte sich im Frühmittelalter die Auffassung von der Existenz heiliger, gesegneter Gegenstände durch. Die ursprüngliche liturgische Sakramentenfeier wurde »zu einer Austeilung zuvor bereiteter Heilsmaterie entleert.«[15]

Überaus wichtig waren der frühmittelalterlichen Theologie ferner die Fragen nach der Qualifikation der konsekrierenden Person und nach dem richtigen Aussprechen der heiligen, vom Gottessohn selber stammenden sakramentalen Worte.[16] »Nur eine buchstäblich korrekte Ausübung garantiert die Gültigkeit.«[17] Wenn die Hochscholastik auch in manchem eine weitere Sicht wiedergewann, so blieb doch die verrechtlichte und ritualisierte Auffassung auch weiterhin für die Sakramententheologie bestimmend.

Von den übrigen diskutierten Fragen ist vor allem ein beträchtliches Schwanken in der Zählung der Sakramente von allgemeinerem Interesse. Zunächst geht eine Tendenz dahin, die Zahl der Sakramente und damit auch die Kompetenz der Kirche auszuweiten (so nannte Petrus Damiani, † 1072, unter zwölf Sakramenten die Königssalbung und die Ehe); im Gefolge des Investiturstreits wurden Kirche und Welt schärfer voneinander geschieden, wurde der kirchliche Bereich noch stärker klerikalisiert (so daß Einsiedler-, Nonnen- und Königsweihe nicht mehr als Sakramente zählten), der Sakramentenbereich noch mehr zu einer Sonderwelt.

Mitte des 12. Jahrhunderts setzte sich unter dem maßgeblichen Einfluß des Petrus Lombardus die Siebenzahl der Sakramente durch, nicht zuletzt deshalb, weil man die Sakramente des Neuen Bundes nun endlich genau geschieden wissen wollte von dem breiten »sakramentalen Bereich« der Natursakramente, der alttestamentlichen Sakramente, der sakramentenähnlichen Weihen und

---

[14] Ebd. 160f.
[15] Ebd. 161, auch unter Berufung auf J. Ratzinger.
[16] Ebd. 163.
[17] Ebd. 164.

Segnungen. Den neutestamentlichen Sakramenten wurden definitiv die herausragende Würde und die sichere Wirkung zuerkannt. In diesem Zusammmenhang wurden die Lehren über das »opus operatum«, über die Intention und bei Taufe, Firmung und Priesterweihe diejenige über den »sakramentalen Charakter« entwickelt.

»Opus operatum« (das bewirkte Werk; »ex opere operato« = kraft des vollzogenen Ritus) bezeichnet seit dem 12. Jahrhundert die objektive Wirksamkeit eines Sakraments, das gleichsam ohne Beachtung des »Spenders« und »Empfängers« von Gott her betrachtet wird. »Opus operantis« (früher »operans«), das Werk des Wirkenden, meint dann das menschliche, subjektive Tun beim Vollzug des Sakraments. Ursache der Gnade ist ausschließlich das »opus operatum«; das »opus operantis« ist nur die Bedingung für das Ankommenkönnen der Gnade. Die Diskussion darüber war immer geprägt vom Gedanken an unwürdige Amtsträger. Um die Wirksamkeit des Sakraments zu wahren, wurden außer der Lehre vom »opus operatum« weitere Minimalbedingungen thematisiert: das Bestehen einer Vollmacht im Spender und das Vorhandensein der Absicht (Intention), das zu tun, was bei dem betreffenden Sakrament die Kirche tut. Die Lehre vom »sakramentalen Charakter« entstand auf augustinischer Basis, ausgehend von der Überlegung, daß die Wirkung mancher Sakramente (insbesondere der Taufe) nicht auf den kurzen Moment der sakramentalen Handlung beschränkt sein könne, vielmehr eine unauslöschliche Dauerwirkung sein müsse, gleichsam ein der Seele eingeprägtes Siegel. (Augustinus hatte, um das Bleiben der Taufwirkung auch im Sünder und Abgefallenen zu veranschaulichen, den Vergleich mit dem »character«, dem Brandstempel der römischen Legionäre, gebraucht.) Gleichzeitig mit dieser Ansicht wurde die Lehre entwickelt, daß gerade wegen dieser eingeprägten Dauerwirkung bestimmte Sakramente nicht wiederholbar seien (Weiteres unter 4.3).

Eine wesentliche Erweiterung erfuhr die allgemeine Sakramententheologie durch den Einfluß des neu entdeckten aristotelischen Denkens im 13. Jahrhundert. Die hylemorphistische Lehre, daß alle körperhaften, sinnlich faßbaren Dinge eine Wesenseinheit von

Wandelbarem (= Materie) und Bestimmtsein dieses Wandelbaren durch ein gestaltgebendes, bestimmendes Prinzip (= Form) darstellen, wurde seit Anfang des 13. Jahrhunderts auf die Sakramente übertragen. Mit diesem Versuch, sich denkerisch genauer zu erklären, was eigentlich das »signum« (Zeichen) beim Sakrament sei, setzte sich die Schematisierung aller Sakramente durch: Bei allen mußten auf irgendeine Weise Materie, also sichtbares, wandelbares und bestimmbares Element,[18] und Form, die deutenden, bestimmenden Worte des »Spenders«, vorgefunden werden.

Damit wurde zwangsläufig das Interesse am liturgischen Gesamtzusammenhang kleiner. Die Konzentration auf das »Wesentliche« eines Sakraments mußte zur Suche nach Minimalbedingungen seines Zustandekommens führen. Sie konnten auch in einem Notritus gegeben sein. Dieses Absicherungsdenken rief eine Reihe weiterer Fragen hervor: Was genau bewirkt das Sakrament? Wann genau tritt diese Wirkung ein? Wer genau kann sie herbeiführen?

Die hochscholastische Theologie suchte diese Fragen ausgehend von der Christologie zu klären. Darum galt die Aufmerksamkeit der Einflußnahme Jesu Christi auf die Sakramente. Wichtig war ihre »Einsetzung« durch Jesus Christus, wichtig auch die Weitergabe von Vollmachten hinsichtlich der Sakramente durch ihn an die Apostel, denen Jesu Christus auch die Bekanntgabe einer Sakramentenstiftung überlassen haben konnte, wenn keine Einsetzungsworte von ihm selber erhalten sind.

Die erstmals bei Petrus Lombardus greifbare Lehre, das Sakrament sei Ursache (»causa«) der Gnade, wurde nun, insbesondere durch Thomas von Aquin, im einzelnen reflektiert. Es war den

---

[18] Noch in der Hochscholastik wurde genauer unterschieden zwischen dem bloßen materiellen Element und der Geste, die mit diesem Element vollzogen wurde. Wo das bloße materielle Element fehlte wie beim Bußsakrament, konnte die rituelle Handlung mit dem Wort genügen (man sprach auch von Quasi-Materie). Es sei hinsichtlich der Entwicklung der einzelnen Lehrstücke im Mittelalter noch einmal auf die materialreiche Darstellung *J. Finkenzellers* hingewiesen. Zur Thematik »Materie«–»Form«: ebd. I 138–142. Zur weiteren Aufhellung bedarf es allerdings ausgedehnter frömmigkeits- und sozialgeschichtlicher Studien, wie sie Arnold Angenendt unternimmt.

hochscholastischen Theologen durchaus bewußt, daß eine direkte Verbindung zwischen der Setzung der Ursache, des Sakraments, durch die Kirche und dem Eintritt der Wirkung, der Gnade Gottes, eine Verfügung von Menschen über Gottes Gnade bedeuten würde. Gott, der mit der »Stiftung« der Sakramente durch Jesus Christus ihre Gnadenwirksamkeit verheißen, also selber die Garantie für ihr Wirksamwerden übernommen hatte, ist und bleibt die Hauptursache (»causa principalis«) seiner Gnade; die durch Jesus Christus der Kirche anvertrauten Sakramente sind in Gottes Hand werkzeugliche Ursache (»causa instrumentalis«) dieser Gnade.[19]

Wichtig wurde eine dreifache Unterscheidung: Das äußere, aus Materie und Form bestehende Zeichen ist nur Zeichen und ist nicht auch schon sein Inhalt. Es heißt »sacramentum« oder äußeres Sakrament. Der Inhalt, die letzte Wirkung des Sakraments, nämlich die Gnade Gottes, ist ihrerseits nicht auch Zeichen. Sie heißt »res sacramenti«. Schließlich gibt es ein Mittleres zwischen beiden, es wird vom ersten, vom äußeren Zeichen, im sichtbaren Bereich hervorgebracht und bewirkt unmittelbar das zweite, die Gnade. Dieses Mittlere heißt »res et sacramentum« oder inwendiges Sakrament.[20]

Schließlich sei auch noch der Versuch des Thomas erwähnt, die Siebenzahl der Sakramente dadurch zu begründen, daß sie eben in dieser Zahl das individuelle und gesellschaftliche Wesen des Menschen abbildeten und in dieser doppelten Bildhaftigkeit darauf hinwiesen, daß das ganze Leben des Menschen in das Leben Gottes hineingenommen werde. Die wichtigsten Vollzüge bei der Entwicklung des Menschen, Geburt, Erwachsenwerden, Ernährung, würden geheilt und vervollkommnet durch Taufe, Firmung und Eucharistie; was den Menschen bedrohe und krank mache, werde ebenso zum Heilen gewendet durch Buße und Krankensalbung;

---

[19] Genaueres bei *J. Finkenzeller* I 203–207, auch zu einer Entwicklung der Lehre bei Thomas selbst. Ebd. 199–203 die abweichende Meinung der Franziskanertheologen, die ein »Enthaltensein« der Gnade in den Sakramenten ablehnten und den Sakramenten zuschrieben, sie bereiteten nur auf den Empfang der von Gott direkt gegebenen Gnade vor.

[20] *J. Finkenzeller* I 142–144.

die gesellschaftliche Existenz des Menschen werde zum Gedeihen vor Gott geführt durch Weihe und Ehe.

Die scholastischen Beiträge zur Sakramententheologie haben diese bis heute entscheidend geprägt. Daß sie von einer bestimmten Philosophie geprägt waren, hat ihr Schicksal mit dem dieses Denkens verbunden. Daß den präzisen Fragestellungen und Antwortversuchen eine noch größere Verrechtlichung und Klerikalisierung entsprach, als die Kirchengeschichte sie ohnehin mit sich brachte, ist offensichtlich. Die Heraus-Isolierung der Sakramente aus dem liturgischen Gesamtzusammenhang kommt auch dadurch zum Ausdruck, daß die Sakramentengebete (das Herabrufen des Heiligen Geistes) durch indikative Formeln ersetzt werden. Die Sakramente wurden aus liturgischen Symbolhandlungen und Lebensgeschehnissen zu extrem kurzen, punktuellen Gesten. In dieser Kurzform konnten auch die Äußerungen der Selbstverpflichtung zum Zeugnis und Dienst für die Welt nicht mehr untergebracht werden.

Der Einspruch der Reformatoren gegen die kirchliche Sakramententheologie erklärt sich zum großen Teil von solchen praktischen Folgen her.

4.2.4 Die Sakramententheologie der Reformatoren

Bei Martin Luther und in den lutherischen Bekenntnisschriften gibt es keinen Versuch, einen allgemeinen Sakramentenbegriff aufzustellen.[21] Luther äußerte sich im Zusammenhang mit seiner Beschäftigung mit konkreten Sakramenten (Taufe und Abendmahl) über »das Sakrament«. Was er dazu theologisch sagte, ist ganz christologisch geprägt, von Jesus Christus als dem einzigen biblisch bezeugten Sakrament und von dem Sakrament seines Kreuzes her. Für Luthers Auffassung der sakramentalen kirchlichen Zeichenhandlungen wurde die Verheißung Gottes, der nicht lügen und nicht täuschen kann, höchst bedeutsam: daß in dem im

---

[21] Zu Luther und den lutherischen Bekenntnisschriften (vor allem Confessio Augustana) zusammenfassend mit Lit.: *J. Finkenzeller* II 2–25; ausführlicher *U. Kühn*, a. a. O.

Sakrament ergehenden Wort das Heilshandeln Gottes in Jesus Christus auf den Menschen treffe. Ist dieser gläubig, das heißt, nimmt er Christi Wort als Grund und Fels an, läßt er sich ohne Vertrauen auf menschliches Tun beschenken, so wirkt der im Sakrament bekundete Glaube das Heil. Der Zusammenhang Verheißung – Wort – Glaube ist also entscheidend (dabei sind wesentliche Elemente der augustinischen Wort-Theologie enthalten). Trotz dieses Vorrangs ist das kirchlich-sakramentale Zeichen unentbehrlich: wegen Gottes Willen und Anordnung. Wenn sie befolgt werden, kommt das Sakrament sogar ohne Glauben gültig zustande, wenn es auch nicht heilswirksam wird. Das »opus operatum« verstand Luther als verdienstliches Werk des Menschen, er lehnte diesen Begriff daher ab. Hinsichtlich der Zahl der Sakramente sah Luther das entscheidende Kriterium in der Verbindung eines Verheißungswortes Jesu Christi mit einem sichtbaren Zeichen, die er nur bei Taufe und Abendmahl mit Sicherheit gegeben sah, während er hinsichtlich der Absolution schwankend blieb; die biblischen Jesuszeugnisse allein, vermeintlich also ohne kirchlich-menschliche Tradition, garantieren diese sichere Verbindung und damit das Sakrament.

Die lutherischen Bekenntnisschriften verstehen unter Sakramenten Zeichen (»signa«, auch »ritus« oder »ceremonia«), die wegen der Einsetzung durch Gott und Jesus Christus nicht von Menschen eingeführte, wirkliche Zeichen der Gnade, sichtbare Zeugnisse des Heilswillens Gottes gegenüber den Menschen, nicht bloße Bekenntniszeichen sind. Wenn durch die Einsetzung (»institutio«) Gottes Gebot und Verheißung (»mandatum« und »promissio«) gegeben sind und der Verheißung geglaubt wird, vermittelt ein Sakrament die göttliche Gnade mit Gewißheit. Von Augustinus her wird das Zeichen aus Wort und Element konstituiert gesehen, die beide wesentlich sind, wobei aber dem Wort der Vorrang gebührt. Der Empfänger, nicht aber der Spender muß den Glauben haben, der auf die Verheißung vertraut. Sakramente im eigentlichen Sinn sind nur jene Riten, die auf Gottes Gebot hin eingeführt wurden und die mit einer Verheißung der Gnade verbunden sind; von solchen lassen sich allenfalls drei erkennen; die übrigen, an denen die katholische Kirche festhält, sind keine *sicheren* Gnadenzeichen.

Calvin, der sich in seiner Sakramentenauffassung auf Augustinus stützte, verstand unter Sakrament ein äußeres, sichtbares Zeichen oder Symbol, das eine mit ihm unvermischte, heilige Gabe bezeichnet; in diesem Zeichen handelt Gott an uns, indem er unseren Glauben stärkt und seine Verheißung besiegelt. Ein natürliches Element oder »signum« wird zum Sakrament, wenn Gott durch die Einsetzung seine Verheißung an dieses Zeichen gebunden hat. Das Sakrament ist die sichtbar gewordene Verheißung und hat durch seine Herkunft von Gott objektiven, vom Glauben unabhängigen Wert.

Calvin zufolge gibt es, wie Augustinus unter Berufung auf die Seitenwunde Christi gesagt habe, zwei Sakramente (wenn auch die alttestamentlichen Sakramente wahre Sakramente waren und durch den Glauben an die Verheißungen wirksam wurden). Mit dem Glauben werden die Sakramente durch den Heiligen Geist zu Gnadenmitteln oder -instrumenten, die bewirken, was sie bezeichnen (im Unterschied dazu sagte Zwingli, die Sakramente seien nur Erinnerungs- und Bekenntniszeichen). Ihre Funktion ist darin zu sehen, daß sie uns in Jesus Christus und in die Geheimnisse seines Lebens einfügen; die Kraft des Heiligen Geistes überwindet den Abstand zwischen ihm und uns. Entsprechend seiner Prädestinationslehre sagte Calvin, die Sakramente seien nur in den positiv Vorherbestimmten wirksam; notwendig seien sie nicht für die Vermittlung der Gnade, sondern wegen der sinnlichen Natur der Menschen und der Schwachheit des menschlichen Glaubens.

Die Sakramentenauffassung der reformierten Bekenntnisschriften ist ganz von der Theologie des Wortes Gottes her bestimmt. Durch das verkündigte Wort Gottes ereignet sich reale, lebendige Gegenwart Jesu Christi in der Gemeinde und in den einzelnen Glaubenden; zum verkündigten Wort gehört das Sakrament als »sichtbares Wort«. Es kann auch »äußeres Zeichen der Gnade Gottes« oder »Versiegelung im Heiligen Geist« heißen. Es wirkt, was es bezeichnet; der eigentlich Wirkende und der eigentliche Spender des Sakraments ist sein Stifter Jesus Christus. Das Heilsgut in Wort und Sakrament ist identisch, nur im Hinblick auf die Wahrnehmung und auf die Wirksamkeit unterschieden: Das Wort will den Glauben an sich wecken, das Sakrament will den schon geweckten

Glauben an das Wort kräftigen. Das Sakrament ist daher vornehmlich für die Schwachen im Glauben bestimmt; man darf es zwar nicht verachten, wohl aber entbehren.

4.2.5 Die amtliche kirchliche Sakramentenlehre

Die ersten amtlichen kirchlichen Stellungnahmen zu Fragen der allgemeinen Sakramententheologie verteidigen die seit Augustinus festgehaltene Lehre, daß die Gültigkeit und Wirksamkeit eines Sakraments nicht von der Würdigkeit seines Spenders abhänge (Papst Innozenz III. 1208: NR 498/DS 793; Konzil von Konstanz 1415 und 1418: NR 499f/DS 1154, 1262). Eine eingehendere Darlegung der allgemeinen Sakramentenlehre erfolgte durch das Konzil von Florenz. Bei der – zeitlich begrenzten – Wiedervereinigung der armenischen und der koptischen Kirche mit der römischen Kirche mußten Vertreter dieser Ostkirchen Dekrete unterschreiben, die unter anderem die römisch-katholische Sakramentenauffassung enthielten. Es war den Ostkirchen nicht gelungen, ihr kostbares Erbe, die Einordnung der Sakramente in die Liturgie mit der Bitte um das Kommen und Wirken des Heiligen Geistes, in die Konzilstexte einzubringen. Der ausführlichere Text für die Armenier (1439: NR 501–504/DS 1310–1313) ist zum überwiegenden Teil der kleinen Schrift »De articulis fidei et Ecclesiae sacramentis« des Thomas von Aquin entnommen; er bezeugt also sowohl das Ansehen dieses Theologen als auch die Sprache der scholastischen Sakramententheologie:

»[…] Zur leichteren Unterweisung der Armenier […] legen wir die kirchliche Sakramentenlehre in folgender knapper Fassung vor: Es gibt *sieben Sakramente* des Neuen Bundes: Taufe, Firmung, Eucharistie, Buße, Letzte Ölung, Weihe, Ehe. Sie unterscheiden sich weit von den *Sakramenten des Alten Bundes.* Denn diese wirkten nicht die Gnade, sie wiesen nur darauf hin, daß die Gnade durch Christi Leiden einmal gegeben werde. Diese unsere Sakramente aber *enthalten die Gnade* und teilen sie denen mit, die sie würdig empfangen.

Die ersten fünf dieser Sakramente sind zur *eigenen geistigen Vervollkommnung* eines jeden Menschen bestimmt, die letzten zwei zur *Leitung und Mehrung der Gesamtkirche.* Denn durch die Taufe werden wir geistig wiedergeboren; durch die Firmung wird unsere Gnade gemehrt und unser Glaube gestärkt; wiedergeboren und gestärkt, werden wir genährt durch die göttliche Speise der Eucharistie; wenn wir durch die Sünde in Krankheit der Seele fallen, werden wir durch die Buße geistig geheilt; geheilt werden wir auch geistig, und, falls es der Seele nützt, körperlich durch die Letzte Ölung; durch die Weihe aber wird die Kirche gelenkt und geistig gemehrt; durch die Ehe wird sie leiblich gemehrt.

Alle diese Sakramente werden *in drei Stücken* vollzogen: durch den dinglichen Vollzug als *Materie,* durch die Worte als *Form,* durch die Person des *Spenders,* der das Sakrament erteilt in der Absicht, zu tun, was die Kirche tut. Wenn eines von diesen drei Stücken fehlt, so wird das Sakrament nicht vollzogen.

Unter diesen Sakramenten sind drei, Taufe, Firmung und Weihe, die der Seele *ein Merkmal* einprägen, das heißt ein *unzerstörbares* geistiges *Zeichen,* das sie von den übrigen unterscheidet. Deshalb werden sie an derselben Person nicht wiederholt. Die übrigen vier Sakramente prägen kein Merkmal ein und lassen eine Wiederholung zu.«

(Zum Dekret für die »Jakobiten« genannten Kopten 1442: nur lat. DS 1348.)

Das Konzil von Trient sah sich veranlaßt, auf die Stellungnahmen der Reformatoren zu Praxis und Theologie der Sakramente zu reagieren und ihnen gegenüber die Lehre der Kirche zu bekräftigen. Die Sakramente im allgemeinen wurden auf der 7. Sitzung 1547 behandelt. Die Dekrete von Florenz galten als Richtlinien, es wurde aber vereinbart, scholastische Fachausdrücke zu vermeiden, sich auf das Notwendige zu beschränken, die reformatorischen Lehren über die Zahl der Sakramente und über ihre Wirksamkeit nur durch den Glauben zurückzuweisen, ohne die Reformatoren unter Namensnennung zu verurteilen. Ebenso kam man überein, bei gegensätzlichen theologischen Schulmeinungen, die den Glauben nicht gefährdeten, nicht Stellung zu beziehen. Das »Dekret über die Sakramente«, 1547, das von allen anwesenden Konzilsteilnehmern gutgeheißen wurde, beschränkt sich hinsichtlich der Sakramente im allgemeinen auf eine Einleitung und 13 Lehrsätze (NR 505–518/DS 1600–1613):

»Einleitung

Zum Abschluß der heilsamen Lehre von der Rechtfertigung, welche die Väter in der letzten Sitzung einstimmig verkündeten, schien es angemessen, von den heiligen Sakramenten der Kirche zu handeln, durch die jede wahre Gerechtigkeit beginnt, wächst oder nach dem Verlust wiederhergestellt wird. Deshalb hat die heilige Allgemeine Kirchenversammlung von Trient [...] beschlossen, um Irrtümer auszuschließen und Irrlehren über die heiligen Sakramente auszurotten, die, obwohl schon von unseren Vätern einst verurteilt, in unserer Zeit wieder erweckt oder auch neu erfunden wurden und der Reinheit der katholischen Kirche wie dem Heil der Seelen großen Schaden zufügen, in treuem Anschluß an die Lehre der Heiligen Schrift, die apostolische Überlieferung und die gemeinsame Überzeugung der andern Kirchenversammlungen und Väter, folgende Lehrsätze aufzustellen und zu beschließen: [...]

Lehrsätze über die Sakramente im allgemeinen

1. Wer sagt, die Sakramente des Neuen Bundes seien nicht alle von Christus Jesus, unserm Herrn, eingesetzt, oder es seien mehr oder weniger als sieben, nämlich: Taufe, Firmung, Eucharistie, Buße, Letzte Ölung, Weihe und Ehe, oder eines von diesen sieben sei nicht eigentlich und wirklich Sakrament, der sei ausgeschlossen.

2. Wer sagt, eben diese Sakramente des Neuen Bundes seien von den Sakramenten des Alten Bundes nicht verschieden, außer eben, weil Zeremonien und äußerer Ritus anders seien, der sei ausgeschlossen.

3. Wer sagt, eben diese Sakramente des Neuen Bundes seien untereinander so gleich, daß unter keiner Rücksicht eines bedeutsamer sei als das andere, der sei ausgeschlossen.

4. Wer sagt, die Sakramente des Neuen Bundes seien nicht zum Heil notwendig, sondern überflüssig, und die Menschen könnten ohne sie oder ohne das Verlangen nach ihnen durch den Glauben allein von Gott die Gnade der Rechtfertigung erlangen – freilich sind nicht alle für jeden einzelnen notwendig –, der sei ausgeschlossen.

5. Wer sagt, diese Sakramente seien allein dazu eingesetzt, den Glauben zu nähren, der sei ausgeschlossen.

6. Wer sagt, die Sakramente des Neuen Bundes enthielten nicht die Gnade, die sie bezeichnen, oder sie teilten nicht die Gnade selbst denen mit, die kein Hindernis entgegensetzen, als ob sie nur äußere Zeichen der durch den Glauben erlangten Gnade oder Gerechtigkeit seien und gewisse Kennzeichen des christlichen Bekenntnisses, nach denen sich vor den Menschen Gläubige und Ungläubige unterscheiden, der sei ausgeschlossen.

7. Wer sagt, die Gnade werde durch diese Sakramente, soweit es auf Gott ankommt, nicht immer und allen gegeben, auch wenn man sie richtig empfängt, sondern nur manchmal und einigen, der sei ausgeschlossen.

8. Wer sagt, durch die Sakramente des Neuen Bundes werde die Gnade nicht kraft des vollzogenen Ritus mitgeteilt, sondern zur Erlangung der Gnade reiche der bloße Glaube an die göttliche Verheißung hin, der sei ausgeschlossen.

9. Wer sagt, durch drei Sakramente, nämlich Taufe, Firmung und Weihe, werde der Seele nicht ein Merkmal eingeprägt, d. h. ein geistiges und unauslöschliches Zeichen, weshalb sie nicht wiederholt werden können, der sei ausgeschlossen.

10. Wer sagt, alle Christen hätten Vollmacht über das Wort und zur Ausspendung aller Sakramente, der sei ausgeschlossen.

11. Wer sagt, bei den Ausspendern sei nicht wenigstens die Absicht erfordert, zu tun, was die Kirche tut, wenn sie die Sakramente zustande bringen und mitteilen, der sei ausgeschlossen.

12. Wer sagt, der Ausspender, der sich im Stand der Todsünde befinde, bringe kein Sakrament zustande oder teile keines mit, obwohl er alles Wesentliche beobachtet, was zum Zustandebringen und Mitteilen des Sakramentes gehört, der sei ausgeschlossen.

13. Wer sagt, man dürfe die überkommenen und gutgeheißenen Riten der katholischen Kirche, die bei der feierlichen Spendung der Sakramente gebraucht werden, geringschätzen, oder der Spender dürfe sie ohne Sünde nach eigenem Belieben auslassen, oder jeder Hirte der Kirche könne sie in neue und andere umändern, der sei ausgeschlossen.«

In positivem Sinn wird nur weniges gesagt. Vielfach werden hier frühere Lehrentscheidungen wiederholt (Siebenzahl, Enthaltensein der Gnade, Intention und nicht notwendige Würdigkeit des Spenders, sakramentaler Charakter). Eine Definition oder Wesensbeschreibung des Sakraments wird hier nicht angeboten; in der Eucharistielehre von 1551 sagt das Konzil vom Sakrament im allgemeinen, es sei »sinnfälliges Zeichen einer heiligen Sache und sichtbare Gestalt der unsichtbaren Gnade« (NR 571/DS 1639). Die Gegenposition zu den Reformatoren wird unmißverständlich kenntlich gemacht: hinsichtlich der Zahl der Sakramente[22] (can. 1), des Verhältnisses zum Glauben (can. 4,5,8), des »opus operatum« (can. 8), der notwendigen Vollmacht (can. 10), der Intention des Spenders (can. 11). Aus der scholastischen Diskussion wurde die von den Reformatoren abgelehnte These übernommen, auf seiten des Empfängers genüge als Voraussetzung (Disposition) zum Empfang der Gnade, daß der Empfänger kein Hindernis (»obex«) entgegenstelle (can. 6). Das Konzil wollte nicht ein Mehr an persönlicher Vorbereitung verlangen, um die Praxis der Säuglingstaufe nicht zu gefährden, die hier zur Norm für das Schema des Sakraments im allgemeinen wurde. Eine Folge dieser Minimalbedingung war, daß der liturgische Zusammenhang der Sakramente erst recht nicht mehr beachtet wurde: Ein Sakramentenempfänger ohne Bewußtsein – wie eben der Säugling – kann ja nicht liturgiefähig sein.

---

[22] Zur Zahl der Sakramente: *M. Seybold*, Die Siebenzahl der Sakramente (Conc. Trid. sessio VII, can. 1), in: Münchener Theol. Zeitschrift 27 (1976) 113–138; zur Siebenzahl in den Ostkirchen: *J. Finkenzeller* II 166–172.

Das Konzil machte keinen Versuch, die Auffassungen der Reformatoren positiv zu würdigen, vor allem gilt das für das Thema des Glaubens. Probleme, die auch schon damals gesehen wurden, blieben offen, weil das Konzil sie nicht klären konnte und wollte: Was genauer unter »Einsetzung« durch Jesus Christus zu verstehen sei (dazu nahm das Konzil bei manchen Einzelsakramenten noch Stellung), wie das »Verlangen« (»votum«) nach den Sakramenten konkret aussehen könne (can. 4), was man sich genauer unter dem »sakramentalen Charakter« vorzustellen habe und wie dieser zu begründen sei.

Manches von dem, was hier im Geist der Darstellung vermißt wurde, hat 400 Jahre nach dem Konzil von Trient das Zweite Vatikanische Konzil in einer imponierenden theologischen und spirituellen Synthese gesagt. Es stellte das sakramentale Leben der Kirche als Werk des Heiligen Geistes dar, der die Glaubenden zu jenem Leib Christi vereint, in dem sie »durch die Sakramente auf geheimnisvolle und doch wirkliche Weise« mit Jesus Christus vereint werden (LG 7). Es verstand die Sakramente als Wesensvollzüge der Kirche (ebd. 11) und als »Sakramente des Glaubens« (ebd. 21). Es sah die Sakramente im Gesamtzusammenhang der Liturgie (SC 6,7,27). Es widmete einen wichtigen Text dem Wort Gottes (Offenbarungskonstitution), hob mehrfach den Vorrang seiner Verkündigung hervor und betonte das Wirken des Heiligen Geistes »durch die gläubige Predigt des Evangeliums und die Verwaltung der Sakramente« (UR 2, zum Wort Gottes ebd. 21). Es stellte wesentliche Gemeinsamkeiten der getrennten Kirchen hinsichtlich der Sakramente fest (ebd. 15,22). Es vermied die philosophisch einseitige Sprache der Scholastik und zeigte sich ausgesprochen bild- und symbolfreudig. Nicht zuletzt legte es wiederholt die Verbindung von sakramentalem Leben und weltlicher Praxis nahe.

4.2.5 Die Entwicklung der Sakramententheologie nach Trient

Die einseitig scholastisch geprägte Sakramententheologie bestand in der katholischen Kirche nach dem Konzil von Trient weiter bis weit ins 20. Jahrhundert hinein. Sie war sehr theoriefreudig, aber es geschieht ihr kein Unrecht, wenn festgestellt wird: »Die nachtridentinische Theologie hat die Sakramentenlehre nicht mehr wesentlich befruchtet«,[23] und wenn man behauptet, die Theorien über die Intention und über die Art der Wirksamkeit der Sakramente seien nur noch von historischem Interesse. Infolge der von Trient selber praktizierten und danach immer weiter ausgebauten Lehre von Minimalvoraussetzungen und -bedingungen war die Sakramententheologie unter die Herrschaft des Kirchenrechts geraten, womit sie immer mehr aufhörte, Theologie zu sein.

Die Erneuerungsbewegungen des 20. Jahrhunderts (Liturgie, Ökumene, Bibel, Neuzugänge zur Tradition, vor allem der patristischen) haben die Sakramententheologie dann neu belebt.[24] Da aktuelle Überlegungen unter 5 (in gebotener Kürze) eingebracht werden, sollen hier einige Themenüberblicke genügen.

1. Die bedeutendsten Vorgänge im Bereich der Sakramententheologie zwischen den beiden Weltkriegen waren die Mysterientheologie und die Erneuerung der Auffassung von der Kirche als dem Leib Jesu Christi.[25] Hinsichtlich der Mysterientheologie sei die Zusammenfassung Colman E. O'Neills zitiert: »Von der Erwägung der Beziehung zwischen den heidnischen Mysterienkulten und den christlichen Sakramenten her (wobei ihm, wie das in der Kontroverse mit seinen Gegnern klar wurde, die heidnischen Mysterien nur eine formale, nicht kausale Analogie lieferten) kam Odo Casel (1886–1948) zu der Auffassung, daß der Kult einen geheimnisvollen Weg zum Eintritt in die Heilsmysterien Christi darstelle. Der wesentliche Gedanke, den er zu neuem Leben erweckte, war: um an der Erlösung teilzuhaben, muß der Mensch Christus gleichförmig werden, indem er an seinen Heilsgeheimnissen teilnimmt. Damit dies möglich ist, muß die Liturgie die Heilsakte Christi uns real gegenwärtig machen. Die Grundintention stimmt offensichtlich

[23] J. Finkenzeller, in: LThK IX 224.
[24] C. E. O'Neill in: Bilanz der Theologie im 20. Jahrhundert III, 1970, 244–294 (Lit.; immer noch wertvolle Übersicht); Ch. Schütz in: MySal Ergänzungsband, 1981, 347–353; A. Schilson, Sakrament als Symbol (s. Lit. I) 122–150; A. Schmied, Perspektiven.
[25] C. E. O'Neill, a. a. O. 248.

mit Paulus und der authentischen Überlieferung überein... Nach der Ansicht Casels werden in den kultischen Symbolhandlungen der Kirche die Heilstaten Christi selbst gegenwärtig – der Heilsakt selbst, nicht seinen geschichtlichen Umständen nach, sondern ›sakramental‹. Da nämlich im Heilsereignis Gott heilschaffend in die Zeit eingreift, transzendiert es die Zeit und vermag in den Sakramenten eine neue Seinsweise anzunehmen. Diese Mysteriengegenwart ist durch die Zeichen verborgen, und doch geschieht durch die Zeichen eine objektive Gegenwart. Sie ist zunächst eine Gegenwart des Todes Christi, folglich auch des ganzen Paschamysteriums und damit des ganzen Heilswerkes von der Menschwerdung bis zur Parusie.«[26] Durch die intuitiven Impulse dieser Theologie – die ihrerseits viele Fragen offenließ und die in erster Linie für Eucharistie und Taufe, nicht so sehr für die Sakramente im allgemeinen von Bedeutung ist – wurde der Sinn für das Mysterium in der Liturgie neu geweckt, die Jesusmystik wurde (ebenso wie durch die Bibelbewegung) gefördert und damit die kirchenrechtliche Verengung und Minimalisierung der Sakramententheologie überwunden. In der Liturgiekonstitution des II. Vaticanum sind mindestens Impulse der Mysterientheologie nachweisbar. Die Thematisierung der Gegenwart Jesu Christi in *allen* liturgischen Vollzügen (SC 7) bietet eine gute Grundlage, um die Sakramente konsequent von ihrer Eigenart als Liturgie her zu verstehen.

2. Zur Erneuerung der Ekklesiologie und zur Wiederentdeckung der sakramentalen Heilsökonomie: Siehe oben 2.1 und 3.

3. Zur Wiederentdeckung der Sakramente als Wortgeschehen: Siehe unten 5.2.

4. Seit dem fundamentalen Versuch Helmut Peukerts, Kommunikations- und Interaktionsgeschehen als grundlegende theologische Kategorien zu entdecken,[27] wurden die Sakramente wiederholt als

---

[26] Ebd. 250f. Vgl. die umfassende wissenschaftliche Darstellung und Einordnung der Mysterientheologie und ihrer Diskussion: *A. Schilson*, Theologie als Sakramententheologie (s. Lit. I); vgl. auch *Th. Maas-Ewerd*, Odo Casel OSB und Karl Rahner SJ, in: Archiv für Liturgiewissenschaft 28 (1986) 193–234 (weitere Lit.).

[27] *H. Peukert*, Wissenschaftstheorie – Handlungstheorie – Fundamentale Theologie, Düsseldorf 1976; vgl. zur Wirkungsgeschichte Peukerts: *H. U. von Brachel / N. Mette* (Hrsg.), Kommunikation und Solidarität, Fribourg / Münster 1985.

»kommunikative Handlungen« beschrieben, sei es mehr im allgemeinen als Kommunikationsräume der Wirklichkeit Gottes und der Wirklichkeit der Menschen,[28] sei es in mehr kommunikationstheoretischen Ansätzen.[29] Christian Schütz weist mit Recht darauf hin, daß diese Deutungen einen gekünstelten Eindruck machten, da sie sich nicht der Frage stellen, »ob und bis zu welcher Reichweite sich das Modell zwischenmenschlicher Kommunikation und die darauf fußenden kommunikationstheoretischen Folgerungen auf die Beziehung Gott – Mensch übertragen lassen«.[30] Diese Beziehung scheint allzu technisch beschrieben zu werden, wenn Alexandre Ganoczy Kirche als das »Kommunikationskollektiv Gottes unter den Menschen«[31] versteht und Sakramente definiert als »Systeme verbaler und nonverbaler Kommunikation, durch welche zum Christusglauben berufene Menschen in die Austauschbewegung der je konkreten Gemeinde eintreten, daran teilnehmen und auf diese Weise, getragen von der Selbstmitteilung Gottes in Christus und seinem Geiste, auf dem Weg zu ihrer Selbstwerdung vorankommen«.[32] Die Umschreibung der Mitteilung der Gnade Gottes geschieht bei diesen Versuchen auf zweideutige und mißverständliche Weise, sei es, daß davon gesprochen wird, daß »die menschlichen Vollzieher« »in die Nachfolge des schöpferischen Vorsprechers eintreten« und »Gottesworte nachspre-

---

[28] *L. Lies*, Sakramente als Kommunikationsmittel, in: G. Koch u. a., Gegenwärtig in Wort und Sakrament, Freiburg 1976, 110–148.

[29] *P. Hünermann*, Sakrament – Figur des Lebens, in: R. Schaeffler / P. Hünermann, Ankunft Gottes und Handeln des Menschen, Freiburg 1977, 51–87; *A. Ganoczy*, Einführung in die katholische Sakramentenlehre, Darmstadt 1979, 106–135. Zu einer kritischen Bewertung: *Ch. Schütz* in: MySal Erg.Bd. 349ff.; *U. Kühn*, a. a. O. 220f. (Lit.); *A. Schilson*, Sakrament 137.

[30] *Ch. Schütz* in: MySal Erg. Bd. 351.

[31] A. a. O. 114.

[32] Ebd. 116; ausdrückliche Ablehnung des Verständnisses der Sakramente als »Selbstvollzüge der Kirche«, da diese Kirche empirisch kaum faßbar sei. Vgl. auch Aussagen wie: Der Christ »bewegt sich von Kommunikationsetappe zu Kommunikationsetappe«; die Praxis der Sakramente soll im Modus »einer prozeßhaften ›Zukunftsstrategie‹ vor sich gehen« (ebd. 127); für das sakramentale Geschehen soll nicht die scholastische Vorstellung der Kausalität, sondern sollen eher »Denkfiguren der Kybernetik« gelten (ebd.); der Sakramentenspender sei als »dienender Katalysator interaktiver Bezüge«, das sakramentale Zeichen »als wesentlich adressatbezogene, realitätsträchtige Information« verstanden (ebd. 134).

chen«,[33] sei es, daß »eine Wiederholung des Anfangs«, der Konstitution der Kirche in Leben, Tod und Auferstehung Jesu,[34] für möglich gehalten wird.

5. Zwei entgegengesetzte Versuche deuten die Sakramente vom kultischen Bereich her. Die Schwäche liegt vor allem darin, daß »Kult« eine einseitig menschliche Leistung im Unterschied zu dem theologisch gefüllten Begriff der Liturgie meint. So kann zwar ein wichtiger Aspekt der Sakramente aufscheinen, wenn sie als menschliche Deutungen des Daseins erscheinen[35] oder wenn sie – ganz berechtigt – als Imperative gesellschaftlicher Umgestaltung und als Antizipationen eines (gerade auch im »materiellen« Bereich) versöhnten Lebens verstanden werden.[36] Die christologischen und trinitätstheologischen Wesenszüge der Sakramente werden bei diesen Darstellungen jedoch nicht zur Sprache gebracht.

6. Zu erwähnen sind hier schließlich noch die unterschiedlichen »Zugänge«, die von anthropologischen Überlegungen aus die Sakramente erschließen wollen. Als Karl Rahner die Einzelsakramente interpretierte als die von der Kirche in absolutem Engagement gesprochene Heilszusage Gottes auf den einzelnen Menschen hin, und zwar gerade in entscheidenden Situationen der Heilsgeschichte dieses einzelnen Menschen, handelte es sich um eine neue Formulierung der durch Thomas von Aquin vorgenommenen Deutung der Siebenzahl der Sakramente aus der individuellen und kollektiven Lebensgeschichte.[37] Diese Sicht wurde, zum Teil in vereinfachter Form, in pastoraltheologischen Publikationen übernommen. Die Würzburger Synode der westdeutschen Bistümer sagte z. B.: »In den einzelnen Sakramenten entfaltet sich das sakramentale Wesen der Kirche in die konkreten Situationen des menschlichen Lebens.«[38] Manche sprechen nun davon, daß »Kno-

---

[33] Ebd. 121.
[34] *P. Hünermann*, a. a. O. 76.
[35] *R. Schaeffler*, Kultisches Handeln (s. Anm. 29) 9–50.
[36] *F. Schupp*, Glaube – Kultus – Symbol. Versuch einer kritischen Theorie sakramentaler Praxis, Düsseldorf 1974. Vgl. dazu *Ch. Schütz*, a. a. O. 353 ff.; *U. Kühn*, a. a. O. 227.
[37] *K. Rahner*, Kirche und Sakramente 37–67.
[38] Schwerpunkte heutiger Sakramentenpastoral, in: Gemeinsame Synode der Bistü-

tenpunkte« des leib-geistigen Daseins des Menschen zu Symbolen seiner Verwiesenheit auf die Transzendenz würden.[39] Bei solchen Versuchen scheint es leichter zu sein, die schöpfungsmäßige Sakramentalität des Menschen, seinen Charakter als Bild und Realsymbol Gottes, wiederzuentdecken, als zu den einzelnen Sakramenten der Kirche zu finden. Denn auch wenn ursprüngliche biologische Situationen des Menschenlebens religiös gedeutet werden, ja sogar wenn ein ausdrücklich christologischer Hinweis erfolgt, daß in Jesus Christus ein Menschenleben zur höchsten Ausdrucksgestalt Gottes wurde, ist der gnaden- und trinitätstheologische Gehalt der Sakramententheologie noch nicht erreicht.

4.3 Abgrenzung und Struktur der allgemeinen Sakramententheologie und der Lehre über die Einzelsakramente

Die Sakramententheologie als theologisches Lehrstück (»Traktat«)[40] ist ein Teil der Dogmatik (Glaubenslehre) und somit der systematischen Theologie, jedoch mit stark praktisch-theologischer Orientierung. Wo die Liturgiewissenschaft als theologische und daher weder als rein historische noch als rein praktische Wissenschaft verstanden wird, kann sie natürlich auch die Sakramententheologie in ihre Obhut nehmen. Gegenüber der amtlich-kirchlichen Verkündigung und Praxis hat die Sakramententheologie eine kritische Funktion. Zu ihr »gehört gewiß auch die Warnung, die Sakramente nicht einfach zum ersten und adäquaten Leitfaden der Darstellung des ganzen christlichen Lebens zu machen. Weder ist die Kirche bloß eine Kirche der Sakramente, noch deckt das sakramentale Leben des Christen sein ganzes Leben, noch hat Gott seine ganze Gnade an die Sakramente gebunden (Thomas

---

mer in der Bundesrepublik Deutschland. Offizielle Gesamtausgabe Bd. I, Freiburg 1976, 245–257.

[39] Vgl. z. B. die Literaturhinweise (auf W. Kasper, J. Ratzinger) bei *A. Schilson,* Sakrament 134. Es ist nicht möglich, hier auf die umfangreiche katechetische, religionspädagogische und pastoralliturgische Literatur zu den Sakramenten einzugehen.

[40] Hierzu ist immer noch gültig: *K. Rahner,* Sakramententheologie, in: LThK IX 240–243.

von Aquin, S. th. III q. 64 a. 7 c).«[41] Erst recht hat die Sakramententheologie diese kritische Funktion gegenüber dem Kirchenrecht und seinen normativen Ansprüchen.

Von der Einsicht in die sakramentale Struktur aller geschaffenen Wirklichkeit her und aufgrund der zunehmenden Verdeutlichung der Sakramentalität in der Heilsgeschichte hat Karl Rahner den Vorschlag gemacht, die einzelnen Sakramente nicht einfach hintereinander zu behandeln, sondern sie an jeweils ihrem entsprechenden Platz in einer Anthropologie des glaubenden, in der Kirche lebenden Menschen darzustellen.[42] Darin sind ihm »Mysterium Salutis« und die »Initiation à la pratique de la théologie« gefolgt. Eine eigene Zusammenschau der Sakramente in der traditionellen Folge behält trotzdem noch ihren praktischen Sinn.

Im gleichen Zusammenhang bestimmte Rahner als den Ort der allgemeinen Sakramententheologie die Ekklesiologie, die theologische Lehre von der Kirche.[43]

Es bleibt also sinnvoll, von der theologischen Einsicht in die sakramentale Struktur der Kirche und ihrer Liturgie her zusammenfassend von den Sakramenten im allgemeinen zu sprechen und dabei alle wesentlichen Inhalte der traditionellen Sakramententheologie zu bieten, wenn nur vermieden wird, später alle Sakramente einförmig unter ein und dasselbe Schema zu pressen.

Wo die Einzelsakramente nacheinander dargestellt werden, ist von der katholischen Tradition her eine (natürlich nicht verpflichtende) Reihenfolge vorgegeben: Taufe, Firmung, Eucharistie, Buße, Krankensalbung, Weihe, Ehe (vgl. Konzil von Trient: NR 501/DS 1310, und II. Vaticanum: LG 11). Hier entsprechen die ersten fünf der individuellen, die beiden letzten der kollektiven Lebenssituation, eine bei Thomas von Aquin geläufige Einteilung. Die Eröffnung der Reihe mit Taufe, Firmung und Eucharistie gibt die Abfolge der feierlichen Initiation in der alten römischen Kirche wieder,[44] hat also noch besonde-

---

[41] Ebd. 242.
[42] Schriften I 28, 42, 44–47.
[43] Ebd. 42; LThK IX 241 ff.
[44] *A. Angenendt*, Bonifatius (s. Anm. 12).

ren Traditionswert. Die Zusammengehörigkeit der beiden »Hauptsakramente« Taufe und Eucharistie wird durch die zur Taufe gehörende Firmung auch nicht eigentlich unterbrochen. In diesem Buch werden die Einzelsakramente daher in der traditionellen Folge besprochen.

5 Grundzüge einer allgemeinen Sakramententheologie

5.1 Liturgische Symbolhandlungen als Vermittlung der Gegenwart Gottes

5.1.1 Wirksames Symbolgeschehen

Sakramente werden, seit es eine sakramententheologische Reflexion gibt, als »Zeichen« verstanden (siehe oben 4.1 und 4.2.2). Ein solches Verständnis ist jedoch noch ungenau und erklärungsbedürftig. Es gibt Zeichen, die bloße Hinweise auf etwas Fernes, auf einen Abwesenden sind. Es gibt konventionelle Verständigungszeichen, Signale usw. Als genauere Bezeichnung der Sakramente bot sich der Begriff »Symbol« an. Das griechische Wort »Symbol« meint, seiner Herkunft von »symballein«, »zusammenwerfen«, nach das Zusammenbringen zweier Teile, die ursprünglich zusammengehörten, mit dem Ziel, etwas zu erkennen, es ist also ein »Erkennungszeichen« (von da her wird verständlich, warum das christliche Glaubensbekenntnis schon früh als »symbolum« bezeichnet wurde). Symbol hängt also wesentlich mit Erkennen, Verstehen und Verständigung zusammen. Einen einheitlichen Symbolbegriff der verschiedenen Wissenschaften und Gruppen, die sich heute mit Symbolen beschäftigen,[1] gibt es jedoch nicht. Es ist das unbestreitbare Recht der Theologie, an einem eigenen Symbolverständnis festzuhalten; für die Verständigung über Angelegenheiten des Glaubens ist es allerdings wichtig, nach Gemeinsamkeiten christlicher und nichtreligiöser Symbolauffassung zu fragen.

---

[1] Die wichtigsten von ihnen: Tiefenpsychologie (Symbole, Äußerungen des psychisch Unbewußten), Sprachphilosophie, Kulturanthropologie/Ethnologie (Rituale), Sozialpsychologie/Soziologie (Identitätsbildung oder -förderung durch symbolische Interaktion). Hauptwerke: *E. Ortigues*, Le Discours et le Symbole, Paris 1962; *T. Todorov*, Théories du symbole, Paris 1977; *L.-M. Chauvet*, Du symbolique au symbole, Paris 1979 (im Gespräch mit den Strukturalisten, Heidegger, Rahner); s. auch: Neue Zeitschrift für Systematische Theologie und Religionsphilosophie 27 (1985) H. 2 (Sondernummer über moderne Symboltheorien).

Solche Gemeinsamkeiten gibt es; sie bestehen vor allem in folgendem:

Symbole sind nicht einfach Bilder oder statisch ruhende Zeichen, Repräsentation von etwas Abwesendem. Sie gelten vielmehr als »Bezugsgeschehen«, stellen Beziehungen her, gehören zu einem »intentionalen Feld«, das heißt, sie führen zu einem Verständnis der Wirklichkeit, das relational, dynamisch, an Prozessen orientiert ist.[2] Sie haben also die Eigentümlichkeiten von bewußtem Geschehen, Handeln, und sie überbrücken Zeitabstände, auch in dem Sinn, daß sie Vergangenes vergegenwärtigen und so nicht in reinem Aktualismus aufgehen. Erkennen, Verstehen und Verständigung – die sich im Symbolgeschehen ereignen – sind undenkbar ohne Sprache und ohne deren kritische Funktion. Dabei können Symbole und Sprache in zwei ganz wesentlichen Aspekten übereinkommen: (1) Eine Wirklichkeit »äußert« sich in eine dramatische, ereignishafte »Vorstellung« hinein; die »Vorstellung« setzt sich aus Materialien unserer Erfahrungswelt zusammen, entspringt also nicht unmittelbar ihrer inneren Wirklichkeit und gehört doch engstens zu ihr; (2) die gemeinte innere Wirklichkeit ist in der ereignishaften Vorstellung selber »da« und »entbindet« sich dramatisch aus ihr.

Wenn eine Wirklichkeit sich *im Bereich der Symbole* als selber gegenwärtige in das Geschehen hinein äußert, heißt das Symbol »Realsymbol«. Äußert sich eine Wirklichkeit *im Bereich der Sprache* in eine ereignishafte Vorstellung hinein, dann heißt ein solcher Vorgang »Mythos«.[3] Unter dem Aspekt, daß die gemeinte Wirklichkeit im Sprachgeschehen selber gegenwärtig wird (die Sprache also nicht bloß informiert), heißt das Sprachgeschehen »performative

---

[2] *D. Zadra*, Symbol und Sakrament, in: Christlicher Glaube in moderner Gesellschaft 28, Freiburg 1982, 88–121, hier 94f.

[3] Damit ist aus der umfangreichen Diskussion über den Mythos (vgl. die Lit. hier Anm. 6) vorausgesetzt, daß sich in den Erzählungen des Mythos eine Wirklichkeit äußern *kann*, ebenso wie sich eine Wirklichkeit im Symbol äußern *kann*. Ob sie sich äußert, das hängt weder von Mythos noch von Symbol allein ab: Es sind noch andere Erfahrungen dieser Wirklichkeit nötig, um Gewißheit darüber zu erhalten, daß nicht bloße Projektionen vorliegen. Jedenfalls zeigt die gegenwärtige Diskussion, daß die rationalistische Abwertung des Mythos zu Ende ist. Vgl. *H. Blumenberg*, Arbeit am Mythos, Frankfurt [2]1981; *K. Hübner*, Die Wahrheit des Mythos, München 1985.

Rede«[4]. Gerade diese genannten Eigentümlichkeiten stellen die ausgezeichneten Gemeinsamkeiten nichtreligiöser und religiöser Symbolauffassung dar. Zunächst sind die Bemühungen der Religionswissenschaft um die Symbole zu erwähnen. Wenn es sich bei diesen Symbolen auch eher um Vergegenwärtigungen einer noch unbestimmt bleibenden Transzendenz handelt, so kann das Christentum darin doch gültige Werte erkennen, von denen es sich nicht gewaltsam abgrenzen muß. Bemerkenswert sind die Feststellungen Gerardus van der Leeuws: »Einige Ursymbole erscheinen immer wieder, sie bilden die im Wesen der menschlichen Existenz gegebene Brücke zwischen den beiden Welten, an denen der Mensch teilhat. Die Symbole sind die Grenzen, an denen die beiden Wirklichkeiten zusammenfallen. Der Mensch denkt sie nicht aus, sondern sie sind ihm gegeben«, und: »Jedes Geschehen kann ein Stattfinden des Heiligen sein. Wenn es ein solches ist, reden wir von ›Symbol‹.«[5] Auch hier gilt natürlich die Zusammengehörigkeit von Symbolik, Dichtung und vor allem Mythos.[6] In religionsphilosophischer Sicht ereignet sich die Gegenwart des Heiligen, wenn es symbolisch »vorgestellt«, von ihm erzählt wird. Was unterscheidet nun ein Sakrament im christlichen Glaubensverständnis von dieser Sicht?

Das Sakrament ist eine Symbolhandlung, bei der Menschen als Glaubende, als Liturgie Feiernde, als Erzählende, als symbolisch Handelnde tätig sind, der göttliche Geist aber dieses menschliche

---

[4] Der Begriff geht auf J. L. Austin und J. R. Searle zurück und bürgert sich langsam auch in der Theologie ein; vgl. *D. Zadra*, a. a. O. 101ff.; *J.-M. R. Tillard*, Les sacrements de l'Eglise, in: Initiation II (s. Lit. I) 392ff.

[5] *H. G. Hubbeling*, Der Symbolbegriff bei Gerardus van der Leeuw, in: Neue Zeitschrift für Systematische Theologie (s. Anm. 1) 100–110, hier 106 und 104.

[6] Vgl. die eingehenden Erwägungen zur Funktion des Mythos: *H.-P. Müller*, Mythos – Anpassung – Wahrheit. Vom Recht mythischer Rede und deren Aufhebung, in: Zeitschrift für Theologie und Kirche 80 (1983) 1–25; *ders.*, Das Motiv für die Sintflut. Die hermeneutische Funktion des Mythos und seiner Analyse, in: Zeitschrift für die alttestamentliche Wissenschaft 97 (1985) 295–316 (wichtige Ausführungen zur »Vorstellung« Gottes in der mythischen Anschauungsstruktur); *ders.*, Mythos und Kerygma. Anthropologische und theologische Aspekte, in: Zeitschrift für Theologie und Kirche 83 (1986) 405–435 (auch zur Wahrnehmung Gottes im Mythos). H.-P. Müller fordert zu Recht zur adäquaten Analyse und Interpretation des Mythos eine Wiedergewinnung der Metaphysik.

Tätigsein als Mittel und Weg benutzt, um Jesus Christus mit seinem geschichtlich einmaligen Heilswirken gedächtnismäßig, aktuell und real gegenwärtig werden zu lassen.

Diese Vergegenwärtigung geschieht also nicht ohne die Menschen, aber auch nicht einfach *durch* sie (wie das nach religionswissenschaftlicher Sicht der Fall ist), vielmehr durch Gottes Geist, der die Initiative ergreift, das ganze Geschehen trägt, die Wirkung in den Menschen herbeiführt, aber dabei die Menschen in ihrer eigenen Tätigkeit nicht entmündigt, sondern stärkt.

Die Art und Weise, wie die Sakramente als Symbolhandlungen die Gegenwart Gottes vermitteln, kann noch genauer bestimmt werden. Bei den theoretischen Widerständen gegen die christliche Sakramentenpraxis tauchen immer wieder die gleichen Zweifel auf: Wie können menschliche Symbole oder Gesten Gott »zwingen«, gerade hier anwesend zu sein? Wie können Menschen, die solche Symbolhandlungen vornehmen, den Anspruch erheben, über Gottes Gnade zu verfügen? Bei solchen Fragen handelt es sich um theologische Denkfehler. Die Sakramententheologie behauptet nicht, die Sakramente bewerkstelligten die Nähe Gottes, der »sonst« abwesend wäre. Die falsche Voraussetzung besteht darin, Gott eine räumliche Distanz zu Welt und Menschen zuzuschreiben, die durch die Sakramente überbrückt würde. Unter Umständen wird Gott auch eine intentionale Distanz zugeschrieben, als verhielte er sich gleichsam neutral und abwartend zu den Menschen, ehe das Sakrament ihn veranlaßt, gnädig zu sein. Im Hinblick auf das Heilsgeschehen in Jesus Christus nimmt dieses fehlgehende Denken häufig eine zeitliche Distanz an, als könne das Sakrament ein in grauer Vorzeit versunkenes Geschehen der Vergangenheit entreißen. Manchmal finden sich im kirchlichen Bereich noch Äußerungen, die einem solchen Denken Vorschub leisten, etwa, wenn von der Entbehrung und Ferne Gottes die Rede ist, die dort gegeben seien, wo Sakramentenspendung nicht möglich ist. Hier werden die grundlegenden theologischen Voraussetzungen vergessen: daß Gott in seinem Heiligen Geist seiner Schöpfung, seiner Menschheit real gegenwärtig ist, und dies nicht in Gestalt eines statischen Gegenüber, sondern in seinem dynamischen Liebeswillen, in stetiger Selbstmitteilung. Sein unüberbietbares Angekommensein in der Schöpfung und in der Menschheit in Jesus Christus ist für Gott, den Zeitüberlegenen, nicht Vergangenheit, sondern reine Gegenwart. In dieser »Haltung« bedarf Gott keiner jeweils neuen Motivierung, keiner Intensitätssteigerung, keiner sonstigen Änderung. Vielmehr ist Änderung auf seiten der Menschen notwendig, denen von ihrer Konstitution her Gottes Nähe, Gottes Selbstmitteilungswille, das Heilsgeschehen in Jesus Christus nie gleich gegenwärtig, gleich intensiv nahe sind. In den sakramentalen Symbolhandlungen – nicht nur in ihnen – bewirkt Gottes Geist die »Öffnung« der Schranken, die Menschen gegen Gottes Gegenwart errichten. Er aktualisiert und intensiviert, was »immer schon« ist. Zu diesem Vorgang gehört die schon mehrfach erwähnte Fähigkeit der Symbolhandlung, dasjenige nach außen hin bekunden, veranschaulichen zu können, was in ihr von innen her auf Aktualisierung drängt.

Mögen auch noch falsche Darstellungen von Sakramenten als materiellen Gefäßen oder »Kanälen« einer unbestimmt bleibenden göttlichen Gnade gegeben sein, in der Theologie wird das Verständnis der Sakramente als Gottes Gegenwart vermittelnder Symbolhandlungen immer mehr als zutreffende und beste Beschreibung des Gemeinten angenommen.[7] Zwei Theologen, die an der Entfaltung dieses Denkens besonderen Anteil haben, seien eigens erwähnt. Auf evangelischer Seite hat sich Paul Tillich (1886–1965) in ausgezeichneter Weise um die religiösen Symbole und das Sakramentale bemüht.[8] Tillich hob nicht nur den bewirkenden Charakter der Symbole und ihre Erschließungsfunktion hervor; er sprach auch ausdrücklich vom Wirken Gottes mittels der Symbole: »Indem Gott sich offenbart, schafft er Symbole und Mythen, durch die er erkennbar wird und durch die sich der Mensch ihm nähern kann«,[9] nicht durch autonome Initiative des Menschen, sondern weil sie »in die sakramentale Einheit mit dem göttlichen Geist auf-

---

[7] Vgl. die Übersichten bei *A. Schilson*, Sakrament als Symbol; *A. Schmied*, Perspektiven; *U. Kühn*, Sakramente.

[8] Vgl. *P. Lengsfeld*, Symbol und Wirklichkeit. Die Macht der Symbole nach Paul Tillich, in: W. Heinen (Hrsg.), Bild – Wort – Symbol, Würzburg 1969, 207–224; *U. Reetz*, Das Sakramentale in der Theologie Paul Tillichs, Stuttgart 1974.

[9] *P. Tillich*, Gesammelte Werke VIII, Stuttgart 1970, 79.

genommen sind«[10]. Symbol und Sakrament sind für Tillich synonyme Begriffe. Die endliche Welt verstand er als erfüllt von Symbolen; er war überzeugt, daß Menschen dem Sakramentalen überall begegnen können. Die kirchlichen Sakramente faßte er als Orte auf, an denen sich das allgemein antreffbare Sakramentale gleichsam konzentriert. Damit ist auch der Gedanke verbunden, daß nicht alle wirkenden religiösen Symbole in gleicher Weise menschlich erkannt und anerkannt sind. Das Sakrament ist auch dadurch charakterisiert, daß es von einer Gruppe – den Glaubenden – akzeptiert ist. Katholischerseits hat Karl Rahner (1904–1984) nicht nur den Begriff des Realsymbols entwickelt (siehe auch oben 1.2), der die »Äußerung« einer bestimmten gegenwärtigen Wirklichkeit im Symbol, im Unterschied zu einem willkürlich gewählten Zeichen, meint;[11] Rahner hat das Symbol auch als Geschehen verstanden, wie seine folgenden Beispiele für Symbolgeschehen zeigen: »Der Vater in der Dreifaltigkeit ist er selbst, indem er sich selbst im Sohn, ihn unterscheidend, aussagt. Die Seele ist, d. h. vollzieht ihr eigenes Wesen, indem sie sich in dem von ihr verschiedenen Leib, ihn informierend, verleiblicht und sich ausdrückt; eine bestimmte Haltung gelingt dem Menschen, indem er sie unter einer bestimmten Geste vollzieht: indem die Haltung sich ›äußert‹, wird sie selbst oder wächst sie in existentieller Tiefe.«[12] *Wenn* die Reformatoren behauptet haben sollten, das Sakrament sei nichts anderes als Anzeichen oder Verheißungszeichen des *allein* heilswirksamen Glaubens, würde diese Auffassung des Sakraments als eines komplexen, wirksamen Symbolgeschehens dem natürlich widersprechen.

Die hier dargestellte realsymbolische Sakramententheologie ist insofern ökumenisch offen, als die Symbolhandlung von dem durch Gott *allein* geschenkten Glauben getragen sein muß und nur in ihm ihre letzte Garantie findet.

[10] *Ders.*, Systematische Theologie III, Stuttgart 1966, 146.
[11] *K. Rahner*, Zur Theologie des Symbols, in: Schriften IV 275–311.
[12] *K. Rahner / H. Vorgrimler*, Kleines theol. Wörterbuch, Freiburg [15]1985, 398 (Symbol).

5.1.2 Herkunft der Sakramente von Jesus Christus

Der moderne Begriff einer »Stiftung« oder »Einsetzung« der Sakramente durch Gott in Jesus Christus ist irreführend, denn er legt einen punktuellen Rechtsakt nahe. So richtig es ist, daß Jesus mit dem Judentum seiner Zeit positiv zu Symbolhandlungen stand, sie selber praktizierte und dabei bestimmte bevorzugte, so unmöglich ist es, Rechtsakte bei ihm historisch auszumachen. Die Scholastik, von der das Konzil von Trient den Begriff der »institutio« übernommen hat (siehe oben 4.2.5), kannte einen engen, punktuellen Stiftungsbegriff nicht. Sie bettete die Sakramente vielmehr in einen bis weit vor Jesus Christus, ja zum Anfang der Schöpfung zurückreichenden Rahmen ein. Natürlich suchte sie nach Kräften Einsetzungsworte im Leben Jesu auszumachen; wo sie aber keine solchen vorfand, verwies sie auf die apostolische Überlieferung. »Institutio« konnte für die scholastische Theologie auch darin gesehen werden, daß Gott den Sakramenten die Kraft zu ihrer Wirkung mitteilte, was dem Zeitpunkt nach ebenfalls nicht genau festzulegen ist und unter Umständen dem Wirken des Erhöhten durch den Geist zugeschrieben wurde.[13]

Einer juristischen Engführung auf Stiftungsmoment und -worte entkommt die Sakramententheologie, wenn sie dem von Karl Rahner vorgeschlagenen Weg folgt: Vorausgesetzt ist ein innerer und ein äußerer Zusammenhang von Jesus Christus und Kirche, der im wesentlichen darin besteht, daß die Menschwerdung Gottes in Jesus das Ursymbol oder Ursakrament seiner Gnade konstituiert; daß Jesus die wirksame Zusage des Gnadenwortes Gottes ist; daß Gottes Geist ein Bleiben und eine greifbare Erscheinung dieser Heilszusage Gottes in Jesus will, die Kirche. »Die Kirche ist durch ihren glaubend gehörten und verkündeten Glauben an die in Jesus Christus eschatologisch siegreiche Gnade Gottes das Sakrament des Heils der Welt, weil sie jene Gnade in der Welt als eschatologisch siegreiche anzeigt und präsent macht, die aus dieser Welt nie mehr weichen wird und diese Welt unüberwindlich auf das voll-

---

[13] *J. Finkenzeller* I 173–184; *A. Schmied*, Was ist ein Sakrament? (s. Lit. I), hier 151f.

endete Reich Gottes hinbewegt.«[14] Auf der Basis dieser Voraussetzung können die einzelnen Sakramente als weitere Entfaltungen und als aktualisierende Vollzüge dieses sakramentalen Grundwesens der Kirche verstanden werden (siehe oben 3.4). Sie haben dann ihre Herkunft von Gott in Jesus Christus durch den Heiligen Geist insofern, als die Kirche ihre Herkunft von Gott hat. Dabei ist es leicht verständlich, daß die Kirche erst in einem allmählichen Prozeß zu ihren ureigenen Symbolhandlungen fand und dabei die zentral wichtigen von den weniger wichtigen zu unterscheiden lernte. Dieser Vorgang hat seine Parallele in der Erkenntnis des Kanons der biblischen Bücher: Meditation und Reflexion darüber, welche Schriften in der sakramentalen Gestalt menschlicher Worte das Wort Gottes enthalten, dauerten unter mannigfachem Schwanken bis zum Ende des 7. Jahrhunderts. Im Fall der einzelnen Sakramente dauerte dieser Prozeß bis ins 12. Jahrhundert. Nimmt man die ökumenischen Differenzen hinsichtlich der beiden Größen, des biblischen Kanons und der Zahl der Sakramente, hinzu, so ist zu sagen, daß dieser Klärungsprozeß bis heute nicht abgeschlossen ist.

Bei diesem Erkenntnisvorgang zeichnen sich jene Strukturen ab, denen wir im sakramentalen Zusammenhang schon mehrfach begegneten: Die Symbolhandlungen sind nicht »erfunden« und »verordnet« worden, sondern langsam gewachsen, mit erzählenden und deutenden Worten verbunden worden. Sie tragen daher manche Züge des Bedingten und Zufälligen an sich, aber das Wesentliche und absolut Bedeutsame an ihnen ist gerade in *dieser* Gestalt gegenwärtig. Von da her zeigt sich die Frage, welche Vollmacht die Kirche habe, verändernd in die gewachsene Gestalt der sakramentalen Symbolhandlungen einzugreifen. Die Antwort erfolgt sehr differenziert je nach den einzelnen Sakramenten; sie setzt historische Kenntnisse und Respekt vor der Überlieferung voraus.[15]

---

[14] *K. Rahner / H. Vorgrimler*, a. a. O. 366f. (Sakrament). »Eschatologisch« heißt hier: auch in Zukunft nicht zu überbieten und endgültig. Vgl. auch die Zusammenfassung der Sakramententheologie Rahners: *K. Rahner*, Das Grundwesen der Kirche, in: Handbuch der Pastoraltheologie I, Freiburg 1964, 118ff.; *ders.*, Die Sakramente als Grundfunktionen der Kirche: ebd. 323–332.

[15] Mit größter Behutsamkeit ging die Kirche bei der Eucharistie vor wegen der ehr-

5.1.3 Siebenzahl und Ungleichheit der Sakramente

Die Siebenzahl der Sakramente in der katholischen Kirche, auf die sich das Konzil von Trient definitiv festgelegt hat (siehe oben 4.2.5), ist das Produkt eines langen Reflexionsprozesses. Es gibt keine überzeugenden Gründe, die Siebenzahl als zwingend zu behaupten: Sie ist eben geschichtlich geworden und auch in ihrem Symbolwert (etwa: 3 innergöttliche Personen + 4 Elemente der Welt = 7 als Fülle des Heilshandelns Gottes) nicht überzeugend.[16] Sie ist auch nicht so starr, daß sie nicht durch mehrfache »Ausfaltungen« aus einem Sakrament faktisch erweitert werden könnte. Die Übergänge in den Bereich, in dem nicht mehr Sakramente im strengen römisch-katholischen Sinn, wohl aber immer noch sakramentale Strukturen gegeben sind, sind eigentlich nicht der Sache nach, sondern nur durch das Beharren der Tradition auf Stiftungsakten (also auf, wie man meinte, direkt göttlicher Herkunft) als Garantien für die Sicherheit der Wirkung versperrt. Einmal abgesehen von der problematischen Entwicklung der Firmung trifft Karl Rahners Ansicht wohl zu, daß die Einzelsakramente ihren Ort an konkreten Heilssituationen des einzelnen Menschen haben, der seine (neue) Entscheidung hineinbirgt in die liturgische Symbolhandlung der Kirche und der gerade von dort her die Heilszusage entgegenzunehmen bereit ist.

Mit der größeren Zahl der Sakramente bei den Katholiken ist ein Unterschied in ihrem Rang gegeben (siehe oben 4.2.5). Von der Tradition her gelten Taufe und Eucharistie als die »größeren« oder die »Hauptsakramente«.[17] Diese Hervorhebung, die im Hinblick auf die reformatorischen Kirchen wichtig ist, läßt sich auch der Sache nach begründen. Gerade ausgehend von den bedeutenden bi-

---

würdigen Tradition der Abendmahlsberichte; größte Flexibilität ließ sie beim Weihesakrament erkennen. Vgl. auch das Prinzip der Liturgiereform, daß die Riten ausdrucksfähig und verständlich sein müßten (SC 21; hier ist auch die Rede von einem »kraft göttlicher Einsetzung unveränderlichen Teil«).

[16] Einen neueren Versuch in solch spekulativer Richtung unternahm *J. Dournes*, Die Siebenzahl der Sakramente – Versuch einer Entschlüsselung, in: Concilium 4 (1968) 32–40.

[17] Vgl. *Y. Congar*, Die Idee der sacramenta maiora, in: Concilium 4 (1968) 9–15 mit vielen Materialangaben.

blischen Zeugnissen für Taufe und Eucharistie läßt sich für diese beiden Sakramente sagen, daß in ihnen wie nirgendwo sonst das ganze Heilswirken Jesu Christi und insbesondere das Pascha-Mysterium realsymbolisch vergegenwärtigt werden und daß bei ihrer Liturgie die Einladung zum Mitvollzug des Lebensschicksals Jesu Christi im Sinn einer Jesusmystik besonders intensiv ist. Auch dem kirchlichen Rang nach ragen Taufe und Eucharistie hervor, die Taufe als Symbolhandlung der Eingliederung in die Kirche, die Eucharistie als liturgische Aktualisierung der Glaubensgemeinschaft.

5.2 Sakrament – Ereignis des Wortes Gottes

Das Wort Gottes hat intensiven Anteil an der sakramentalen Struktur: Es bewirkt, was es auf seine sinnenfällige Weise »anzeigt«, nämlich die Gnade Gottes durch Jesus Christus im Heiligen Geist. Das Nachdenken über die heilschaffende Qualität des Wortes Gottes setzt naturgemäß bei der Heiligen Schrift an. Es richtet seine besondere Aufmerksamkeit auf den trinitarischen Ursprung: Schon vor aller Zeit ist mit der Aussagbarkeit Gottes selbst jener ewige Logos gegeben, der als Wort des Vaters Mensch wird, der die Zusage Gottes an die Menschheit und die Annahme dieses Zusagewortes durch die Menschheit in einer Person ist. Von da her sind Wort und Materialität bei allem Heilsgeschehen, auch beim sakramentalen, bleibend miteinander verknüpft. Das (immer im Menschenwort eingekleidete) Wort Gottes hat, auf welche Art es auch vorgetragen wird, nie nur anzeigenden, informierenden Charakter; es bewirkt, was es besagt, es bringt, was es bekundet.[18]

---

[18] Vgl. die Übersichten über die neuere Theologie des Wortes Gottes: *F. Sobotta*, Die Heilswirksamkeit der Predigt in der theologischen Diskussion der Gegenwart, Trier 1968 (Lit.); *H. Jacob*, Theologie der Predigt. Zur Deutung der Wortverkündigung durch die neuere katholische Theologie, Essen 1969; *F. Eisenbach* (s. Lit. I), 502–533 (Lit.); *U. Kühn*, Sakramente 218 Anm. 61 (Hinweise auf Lit. von L. Scheffczyk, O. Semmelroth, H. J. Weber); *J. Thomassen*, Überlegungen zur Heilswirksamkeit der Verkündigung, in: L. Lies (Hrsg.), Praesentia Christi, Düsseldorf 1984, 311–320 (Lit.); *ders.*, Heilswirksamkeit der Verkündigung. Kritik und Neubegründung, Düsseldorf 1986.

Nun ist, seit es Sakramente gibt, die sakramentale Symbolhandlung immer vom Wort begleitet gewesen, nicht nur vom liturgisch fürbittenden und von dem (in der Homilie usw.) deutenden Wort, sondern auch vom (erzählend, rezitierend) proklamierten Wort *Gottes*. Das führte von der frühen Sakramententheologie (Augustinus) an bis zur Gegenwart zu Reflexionen über das genauere Verhältnis dieses sakramentalen Wortes zum äußeren Zeichen. Schon in einer Zeit, als man den nicht worthaften Teil des äußeren Zeichens statisch als Element oder Materie auffaßte, galten die begleitenden sakramentalen Worte (die »forma«) als die für das Zustandekommen des Sakraments entscheidende Größe. Mit der Besinnung auf die ganze sakramentale Heilsökonomie trat der Vorrang des Wortes Gottes noch deutlicher hervor.[19] Christologisch fundiert, wurde die Verkündigung des Wortes als die wesentliche Funktion der Kirche gesehen und das Sakrament als die höchste und dichteste Form des Verkündigungswortes der Kirche erkannt. Karl Rahner konnte sogar sagen: »Das Grundwesen des Sakramentes ist das Wort«,[20] die absolute Heilszusage. Wenn bei diesen neueren Überlegungen sakramentale und außersakramentale Verkündigung des Wortes Gottes miteinander verglichen werden und im Sakrament der absolute Höhepunkt gesehen wird, dann ist es wichtig, nicht zu übersehen, daß der Unterschied nicht im Bewirkten, nicht in der Gabe liegt. Das wirksame Wort Gottes, wie es in der Kirche verkündet und vernommen wird, bewirkt, *insofern* es Wort Gottes (und nicht menschliche Mitteilung, Belehrung usw.) ist, in *allen* Verkündigungsgestalten die wahre Gegenwart der Gnade Gottes, des Heilsgeschehens in Jesus Christus, kraft des Heiligen Geistes. Unterschiedlich gerade auch im Hinblick auf die Intensität, die »Dichte« des Vollzugs ist die Art und

---

[19] *R. Schulte*, Die Wort–Sakrament-Problematik in der evangelischen und katholischen Theologie, in: Theologische Berichte 6, Zürich 1977, 81–122; *F. Eisenbach*, a. a. O. 542–555 (Lit., speziell auch zu K. Rahner und O. Semmelroth).

[20] *K. Rahner / H. Vorgrimler* (s. Anm. 12), 366. In Schriften XVI 389 sagt Rahner, Sakrament sei »der intensivste Fall des Offenbarungswortes Gottes«. – Verwandte Überlegungen auf evangelischer Seite bei G. Ebeling: *M. Raske*, Sakrament, Glaube, Liebe. Gerhard Ebelings Sakramentsverständnis – eine Herausforderung an die katholische Theologie, Essen 1973; *U. Kühn*, a. a. O. 215–218.

Weise der Mitteilung der Gabe,[21] unterschiedlich freilich nicht von der Gabe, sondern von ihrem Ankommen her.

Für die Sakramententheologie und -praxis ist es von entscheidender Bedeutung, das Wortgeschehen beim Sakrament nicht eingeengt auf das Sprechen einer kurzen »Formel« zu sehen, die höchstens im Notfall unter bestimmten Bedingungen ihre Berechtigung haben mag. Ein Sakrament ist immer Liturgie und damit immer in einem worthaften Gesamtzusammenhang zu sehen. Zu ihm gehört außer der Bitte um das Kommen des göttlichen Geistes, der Proklamation des wirksamen Wortes Gottes auch die menschliche Antwort.[22] Die Sakramente sind wesentlich auch »geistgewirkte Antworthandlungen aus Glauben«.[23]

Diese Überlegungen zum Sakrament als Wortgeschehen gelten natürlich in unterschiedlicher Weise je nach der Verschiedenheit der einzelnen Sakramente: Das Wortgeschehen in einem Sakrament betrifft eine bestimmte Situation einer Gemeinde und/oder eines konkreten einzelnen Menschen, es ist Heilszusage in diese Situation hinein, es vergegenwärtigt die ihr entsprechende Situation Jesu Christi, es bezieht die Glaubenden in diese Jesussituation ein und verändert damit deren Situation und durch die veränderten Glaubenden die der Welt.

5.3   Sakrament, Gebet und Nachfolge

Die lateinische Kirche hat im Lauf der geschichtlichen Entwicklung Spendeformeln der Sakramente geschaffen und diesen (mit Ausnahmen, über die bei den einzelnen Sakramenten zu sprechen ist) eine indikativische Form gegeben.[24] Als dann gefragt wurde, wann genau das Sakrament zustande komme, wurde geantwortet:

---

[21] Vgl. *U. Kühn,* a. a. O. 218f.

[22] Vgl. *E. Lessing*, Kirchengemeinschaft und Abendmahlsgemeinschaft, in: Wissenschaft und Praxis in Kirche und Gesellschaft 69 (1980) 450–462, hier 458f.; *A. Schmied*, Perspektiven 32.

[23] *U. Kühn,* a. a. O. 219.

[24] Die alte römische Liturgie hat damit lange Zeit gezögert. Das erste Aufkommen indikativischer Formeln ist dort erst Ende des 7. Jahrhunderts festgestellt worden: *A. Angenendt*, Bonifatius 135.

wenn der Spender zu der dinglichen Handlung diese Formel aus-
spricht.[25] Diese Minimalisierung wird dem sakramentalen Gesamtgeschehen nicht gerecht. Es sollte wieder bewußt werden, daß, den
bloßen Notfall ausgenommen, die *ganze* liturgische Symbolhandlung den Vollzug des Sakraments bildet und daß nicht einzelne ihrer Bestandteile willkürlich entbehrlich sind. Darüber hinaus ist zu
wünschen, daß auch die »Kernworte« der »Sakramentenspendung« die optativische Gestalt der Fürbitte (wieder-)gewinnen.
Das ist nicht ein zusätzlich spiritueller, im Grunde aber überflüssi-
ger Wunsch. Es handelt sich um die Grundform der Sakramente:
Sie sind Gebete, und zwar genauerhin Gebete »im Namen Jesu«,
gesprochen von der Gemeinde der Glaubenden, von »Spender«
und »Empfänger« mit einem Inhalt, der sich je aus der Situation
des einzelnen Sakraments ergibt. Ein solches Gebet beruft sich auf
den Gott, der einen heilbringenden Namen kundgegeben hat (Apg
4,12). *Diesem* Gebet[26] ist eine eigene Wirkmächtigkeit zugesi-
chert, Erhörung ist ihm gewiß (Joh 14,13f; 16,23f; vgl. Mk 11,24;
Mt 7,7–11; 21, 22 u. ö.). Es ist die Urgestalt der Liturgie. Bei der
Wiedergewinnung der Gebetsgestalt der Sakramente wäre reli-
giös-theologisch vieles von der ostkirchlichen Epiklese zu lernen,
der Bitte um das die irdische Materie heiligende Kommen des göttlichen Geistes. Der Geist Gottes würde so als der in den Sakramenten zum Heil der Menschen Wirkende neu bewußt werden. Das
Mißverständnis würde vermieden, jener Mensch, Frau oder Mann,
dem nach der Gottesdienstordnung das Sprechen dieser »Kernworte« zukommt, habe die Sakramente samt ihrer Gnadenwirkung
zu seiner Verfügung oder er besitze eine gleichsam magische, ihn
fundamental von den anderen Feiernden unterscheidende Kraft.
Die Erneuerung der Sakramente als Gebetsliturgie hätte große
ökumenische Bedeutung, im Hinblick auf die Ostkirchen und auf
die aus der Reformation hervorgegangenen Kirchen, ja sogar gegenüber dem Judentum (von dem die Kirche die Struktur ihres

---

[25] Vgl. Armenierdekret 1439: NR 503 / DS 1312.
[26] *R. Schwager*, Wassertaufe, ein Gebet um die Geisttaufe? in: Zeitschrift für kath.
Theologie 100 (1978) 36–61, hier 56–59 über das Gebet »im Namen Jesu«, gerade
auch im sakramentalen Zusammenhang.

höchsten Sakraments, die Gestalt des eucharistischen Hochgebets, empfangen hat).[27]

Solange die bisher übliche, eine mindestens »obrigkeitliche« Mentalität verratende Praxis[28] nicht geändert ist, muß die Aufmerksamkeit wenigstens den das Sakrament begleitenden Gebeten gelten. Sie sind nicht überflüssiges Rankenwerk. Sie sind eine besondere Möglichkeit, diejenigen, die das Sakrament feiern und sich von ihm etwas erhoffen, als Subjekte vor Gott zur Sprache zu bringen. Es wäre eine viel zu enge Auffassung, wollte man den subjektiven Anteil derer, die das Sakrament vollziehen, und insbesondere der sogenannten Empfänger, auf den Glauben beschränken. Die Sakramente sind Orte der Begegnung mit Jesus Christus, sagt die Sakramententheologie mit Recht. »Begegnung« heißt hier aber mehr als nur punktuelles Zusammentreffen. Es hat mystische Bedeutung, das heißt, es meint, daß sich Menschen denkbar intensiv mit der Person und dem Schicksal Jesu Christi verbinden. Die alte Theologie hat das gewußt, wenn sie die Sakramente als Nachvollzug der Lebensereignisse Jesu, der Mysterien des Lebens Jesu, verstand,[29] eine Dimension, die heute ganz verlorengegangen ist. Die Sakramente sind die Orte, an denen Lebens- und Sterbensereignisse des Menschen in Lebens- und Sterbensereignisse Jesu, Auferweckungshoffnungen in seine Vollendung hineingesagt werden. Auch damit wird eine Anregung Karl Rahners aufgegriffen, der gesagt hat, die Gnade sei nur dann christlich begriffen, wenn sie nicht als eine metaphysische Vergöttlichung, sondern als Angleichung an Jesus Christus verstanden wird, die sich existentiell umsetzt in seine Nachfolge.[30]

---

[27] Wichtige Gedanken zum Sakrament als Gebet *der Kirche* hat *K. Rahner* am Beispiel aller Sakramente und dann speziell der Krankensalbung vorgetragen: Kirche und Sakramente 22–30, 52–62. Vgl. dann vor allem zu einem epikletisch-pneumatologischen Sakramentenverständnis aus der Sicht der Ostkirchen: *R. Hotz* (s. Lit. I), 173–300. Vgl. ferner *B. McDermott*, Das Sakrament als Gebetsgeschehen, in: Concilium 18 (1982) 626–630.

[28] *A. Angenendt*, a. a. O. 161, auch unter Berufung auf J. Ratzinger.

[29] Vgl. dazu *G. Lohaus*, Die Geheimnisse des Lebens Jesu in der Summa theologiae des heiligen Thomas von Aquin, Freiburg 1985. Mehr einschlußweise Anregungen dazu auch bei *L. Lies*, Trinitätsvergessenheit gegenwärtiger Sakramententheologie? in: Zeitschrift für kath. Theologie 105 (1983) 290–314.

[30] *K. Rahner*, Schriften I 220f.

Diese Mystik nimmt ihren Anfang im Sprachgeschehen der Sakramente, sie ist in der Vergegenwärtigung der Lebens- und Sterbensereignisse Jesu (auch) sprachliche Anbetung des Vaters und zugleich (auch) ein Sich-zur-Verfügung-Stellen für die Impulse des göttlichen Geistes. Sie beschränkt sich aber nicht auf die Bereiche der Sprache und der gedanklichen Reflexion. Mit Recht bezeichnet Johann Baptist Metz die Sakramente als »sinnliche Praxis der Gnade, ohne die es keine Mystik der Gnade gibt«.[31] In ihrer leiblich greifbaren, wahrnehmbaren Gestalt fördern die Sakramente die mystische Vergegenwärtigung des zärtlichen Gottes, der leibfreundlichen Praxis Jesu, sie sind »Anrufung der Gnade in den Sinnen«.[32] Damit ist deutlich, daß diese Sicht nicht eine bloße Innerlichkeit und Weltlosigkeit meint, sondern daß sich mit dieser mystischen Dimension wie bei Jesus die konkrete, praktische, auch politische Dimension verbindet.

Zu diesem Gedanken kann auch die folgende Überlegung beitragen. Üblicherweise stellt sich das Bewußtsein betender Menschen die Dimension Gottes in einem fernen »Himmel«, eine himmlische Liturgie, entrückt von den Bedrängnissen dieser Erde, vor. Damit wird die wirkliche Nähe Gottes zu seiner Schöpfung, zu seiner Menschheit auch in ihren konkreten Notsituationen nicht ernst genug genommen. Diese Nähe bedeutet für Jesus, wie Pascal sagte, ein Fortdauern seines Todesleidens bis ans Ende der Geschichte. Gegenwärtig ist, auch in der Liturgie, nicht einfach durch den Geist der Verklärte in seiner Herrlichkeit, sondern der Mitleidende und der in den Kreaturen Geschundene.

5.4 Sakramente des Glaubens

Der Glaube wurde bereits unter den Voraussetzungen der Sakramententheologie angesprochen (oben 1.5). Der Zusammenhang von Glaube und Sakrament ist nun noch genauer zu bedenken. Glauben heißt in einem ganz allgemeinen Sinn, die Äußerungen

---

[31] *J. B. Metz*, Jenseits bürgerlicher Religion, München / Mainz 1980, 78.
[32] Ebd. 73, vgl. den ganzen Abschnitt 73–79.

einer Person im Vertrauen auf sie frei anzunehmen.[33] Er gehört also als wesentlicher Bestandteil zu der Beziehung von Personen, er hat Antwortcharakter und beruht auf der Glaubwürdigkeit dessen, der sich äußert. Ist Gott derjenige, der sich äußert, so geschieht die Äußerung immer vermittelt (oben 1.1), so daß vom Menschen her gesehen die Kundgabe Gottes dunkler ist als die eines Menschen. Wegen des unendlichen Abstands zwischen Gott und den Menschen hält die jüdisch-christliche Tradition daran fest, daß Menschen diese Kundgabe Gottes nur dann frei anzunehmen vermögen, wenn Gott selber die Annahme ermöglicht. Davon zeugen mannigfach überlieferte Erfahrungen. Das im Alten Testament am meisten für den Glauben verwendete Wort besagt: »sich sicher wissen«. Dem Anruf Gottes und der Erfahrung der Geborgenheit entspricht zugleich der Anspruch Gottes auf den Menschen in allen seinen Dimensionen, ein Anspruch, der letztlich die Liebe des Menschen zu Gott einfordert (also nicht bloß Zustimmung und Gehorsam ist) und der in der Einheit von Gottes- und Menschenliebe seine Erfüllung findet. Im neutestamentlichen Glaubensverständnis geht es nirgendwo darum, zusätzlich zu Gott oder gar an der Stelle Gottes den Glauben auf die Kirche zu gründen, sich ihr ganz und gar anzuvertrauen. Der Glaube gilt immer und ausschließlich Gott. Aber er gilt eben von Gottes ersten Kundgaben an immer auch dem, *was* Gott als seinen Willen bekundet; der Glaube ist nicht nur eine Haltung felsenfesten Vertrauens, sondern er hat auch Inhalte. Nach christlicher Überzeugung gehört die Kirche zu diesen Inhalten,[34] die Kirche weder als autonome Größe noch als Selbstzweck, sondern als die ganz von ihrem wahren Haupt, das Jesus Christus ist, her und im Heiligen Geist Lebende. Aus dieser Sicht ergibt sich ein schon im Neuen Testament bezeugter Zusammenhang von Glaube und Sakrament, bei dem das Sakrament als greifbare Vollendung oder als Bekenntnis des Glaubens verstanden werden kann (Röm 6,1–11; Gal 3,26 f.; Apg 8,35 ff; Mk 16,16; Joh 6,47–51).

---

[33] *K. Rahner / H. Vorgrimler* (s. Anm. 12), 149–155 (Glauben).
[34] *H. de Lubac*, Credo Ecclesiam in: J. Daniélou / H. Vorgrimler (Hrsg.), Sentire Ecclesiam, Freiburg 1961, 13–16.

Die kirchliche Tradition hat darum in der bejahenden Annahme der Sakramente, in ihrem Mitvollzug zunächst das Bekenntnis des Glaubens gesehen und in diesem Sinn von »Sakramenten des Glaubens« gesprochen.[35] Wenn in der kirchlichen Tradition bis hin zum Zweiten Vatikanischen Konzil (SC 59) von den Sakramenten dann auch gesagt wurde, daß sie ihrerseits den Glauben nähren und stärken, so ist das keine unangemessene Ausweitung: Warum sollte die leiblich-greifbare, sichtbare Bezeugung des Glaubens die innere Haltung, die nie rein geistig ist, nicht verstärken, zumal der in beiden Wirkende identisch ist, der Heilige Geist Gottes? Die ursprüngliche Zusammengehörigkeit von Glaube und Sakrament ist so eng, daß die Frage, ob der Glaube zum Zustandekommen des Sakraments notwendig sei, absolut befremdlich wirken muß. Diese Frage liegt aber einer Lehre zugrunde, die in der katholischen Kirche allgemein ist, wenn sie auch nur aus ihrer geschichtlichen Herkunft verstanden werden kann. Es ist die Lehre von den Mindestanforderungen beim Vollzug eines Sakraments. Zu dieser Lehre gehören verschiedene problematische Unterscheidungen oder Einteilungen.

Die erste Unterscheidung, die in diesem Zusammenhang zur Sprache zu bringen ist, ist die von »Spender« und »Empfänger« des Sakraments. Dieses Begriffspaar kommt in dieser technischen Häßlichkeit nur im Deutschen vor; im lateinischen »minister« statt »Spender« schwingt noch etwas vom dienenden Helfer mit. Infolge der Entwicklung der Sakramententheologie ist es jedoch unmöglich geworden, auf das Begriffspaar ganz zu verzichten. Stand am Anfang der Sakramentenpraxis die gemeinsam vollzogene Liturgie, die gemeinsame Feier der sakramentalen Symbolhandlung, so stellte sich mit dem Aufkommen des Bischofs- und des Priesteramtes im Zusammenhang mit der Wahrung der Einheit und Ordnung in den Gemeinden schon bald die Kompetenzfrage bei den Sakramenten, mit Gewißheit greifbar bei Hippolyt von Rom (†um 236).

---

[35] Das Standardwerk: *L. Villette*, Foi et Sacrement I, Paris 1959 (vom Neuen Testament bis Augustinus), II, Paris 1964 (von Thomas von Aquin bis K. Barth). Vgl. auch: Fides sacramenti sacramentum fidei. Studies in honour of Pieter Smulders, hrsg. von *H. J. Auf der Maur* u. a., Assen 1981 (darin 10 dogmengeschichtliche und 4 systematische Beiträge zum Zusammenhang von Glaube und Sakrament).

Entsprechend dem lateinischen Rechtsdenken wurde als die eine Bedingung, die der Sakramentenspender erfüllen muß, das Vorhandensein einer *Vollmacht* gefordert.[36] Mit den innerkirchlichen Spaltungen und dem Auftauchen häretischer, aber von früher her mit wirklicher Vollmacht ausgestatteter Amtsträger erhob sich die weitere Frage, ob nicht Sakramente, die von einem Häretiker gespendet werden, nichtig seien. Augustinus beantwortete das Problem, das sich für ihn selbst wegen der Donatisten ergab, mit der These, auch ein solches Sakrament sei gültig, wenn es nur in der von der Kirche anerkannten Form gespendet worden sei.

Damit tritt eine weitere Unterscheidung auf den Plan, die zwischen »gültiger« und »ungültiger« Spendung eines Sakraments. Die Kirche sprach sich die Fähigkeit zu, darüber urteilen zu können, ob ein Sakrament überhaupt zustande komme oder nicht. Aus der augustinischen Position zum Sakramentenspender entwickelte sich im 13. Jahrhundert die Lehre von der richtigen *Intention* als der zweiten Bedingung, die der Sakramentenspender erfüllen muß.[37] Die Probleme waren damals weniger bedrängend als bei Augustinus: man fragte sich theoretisierend, was geschehe, wenn eine Mutter ihr Kind beim Baden spaßhaft im Namen des dreifaltigen Gottes taufe oder wenn ein Priester nur zum Scherz absolviere. Der theologische Konsens lautete, unter der Voraussetzung, daß ein Sakramentenspender das Sakrament überhaupt spenden *könne* (die nötige Vollmacht habe), spende er es gültig, wenn er die Intention, das heißt die Absicht habe, »zu tun, was die Kirche tut«. Diese Sicht machte sich auch das Konzil von Trient zu eigen (oben 4.2.5).

Die katholische Kirche hat sich damit auf ein Minimum festgelegt, das dem sakramentalen Geschehen im ganzen nicht gerecht wird: Sie fragt nicht nach dem Glauben des Sakramentenspenders, sie sieht den Glauben des einen Hauptakteurs der Sakramentenliturgie nicht als notwendig an. Sie ist im kritischen Fall sogar bereit, das Fehlen einer Vollmacht beim Sakramentenspender hinzuneh-

[36] *J. Finkenzeller* I 103 ff.
[37] Ebd. 108–111, 190–195; *J.-M. Tillard*, Zur Intention des Spenders und des Empfängers der Sakramente, in: Concilium 4 (1968) 54–61 (Lit.).

men, indem sie einem gutgläubig empfangenen, aber »ungültig« gespendeten Sakrament die Gnadenwirkung eines »gültig« gespendeten zuerkennt, weil sie selber, die Kirche, zugunsten des Gutgläubigen eintritt und das Fehlende ersetzt.[38] So befremdlich diese Position sein mag, so stark tritt in ihr doch die Überzeugung hervor, daß der wesentlich Wirkende beim Sakrament nicht der Mensch, sondern Jesus Christus durch das göttliche Pneuma ist, das sich auch durch die größte Unwürdigkeit, ja den Unglauben der Amtsträger nicht an seinem Wirken hindern läßt. Und diese Überzeugung ist doch wieder die des Glaubens – der Kirche im ganzen.

Eine parallele Fragestellung bezog sich auf den »Empfänger« des Sakraments. Ihr Ursprung liegt in den neutestamentlichen Gemeinden, die sich ihrerseits ganz auf jüdische Prinzipien beziehen konnten: Zur Gemeinde Gottes gehören zu wollen schließt den Willen ein, sein Leben am Glauben dieser Gemeinde zu orientieren. Umgekehrt kann die Gemeinde nicht jedes beliebige Verhalten ihrer Mitglieder hinnehmen. Vor diesem Hintergrund sind die paulinischen Ausführungen (1 Kor 11,27ff) über den »würdigen« Empfang der Eucharistie zu verstehen. Aus der häufigen Meditation dieser Aussagen, die in der altkirchlichen Bußinstitution ihren greifbaren Ausdruck fanden, ergab sich die Unterscheidung zwischen »würdigem« und »unwürdigem«, zum Unheil führendem Empfang eines Sakraments. Die alte Kirche hatte über das »Würdigsein« eines Sakramentenempfängers sehr konkrete Vorstellungen. Er mußte seinen Glauben in der Öffentlichkeit bekennen und greifbare Beweise einer christlichen Lebenspraxis vorbringen.

Für die Theologie stellte sich zunächst nicht die Frage, ob damit menschlichen Leistungen und Verdiensten zuviel Bedeutung beigemessen würde, denn aufgrund einer eindeutigen Gnadentheologie blieb die Überzeugung ungebrochen, daß kein Mensch Gutes erbringen könne, wenn Gott ihm nicht das Können, das Wollen und das Vollbringen schenkt. Theologisch wurde vielmehr darüber diskutiert, ob Menschen Sakramente »würdig« empfangen könnten, die nicht imstande sind, ihre Absicht (Intention) des Emp-

[38] *H. Herrmann*, Ecclesia supplet, Amsterdam 1968.

fangs ausdrücklich zu bekunden. Die Praxis, Säuglinge zu taufen oder Bewußtlose zu salben, hatte diese Frage nach der minimalen *Disposition* (angemessenen Bereitschaft) entstehen lassen. Die katholische Kirche machte sich eine Theorie zu eigen, die im wesentlichen von Albertus Magnus und Thomas von Aquin ausgearbeitet wurde und die besagt, daß eine negative Disposition zum gültigen und würdigen Empfang eines Sakraments genügt. Die negative Disposition besteht genauer gesagt darin, daß ein Mensch dem Heilswillen Gottes kein Hindernis (»obex«) entgegensetzt. Die eindeutigen Hindernisse wären der ausdrückliche Wille, das Sakrament nicht zu empfangen, und der Zustand nichtbereuter schwerer Schuld. Im Konzil von Trient wurde diese Lehre von der minimalen Disposition kirchlich offiziell übernommen (oben 4.2.5).

Auch diese Auffassung, die sich einseitig an Grenzfällen orientiert, wird dem Gesamtvorgang sakramentaler Liturgie nicht gerecht. Wohl bringt sie auf ihre Art zum Ausdruck, daß der Glaube der Kirche im ganzen, der vom göttlichen Pneuma geschenkt ist, die sakramentalen Vorgänge trägt und daß das Gnadenhandeln Gottes dem Menschen immer zuvorkommt und daß es auch Unmündige und Bewußtlose umfängt. Aber der Glaube, wie er von Gottes Offenbarungswort eingehend dargestellt ist, muß von den einzelnen, konkreten Subjekten angenommen und in die Gestalten des Bekenntnisses, der Liturgie und der Lebenspraxis gebracht werden. Aus dieser Einsicht entstand die allgemein akzeptierte Lehre vom »fruchtbaren« Empfang eines Sakraments, der erst dann gegeben ist, wenn ein Mensch unter dem Impuls der Gnade Gottes das Sakrament zum Zeichen seiner gläubigen Annahme der Heilszusage Gottes macht. Das kann auch dadurch geschehen, daß er das einmal an ihm, über ihm vollzogene Sakrament sich bewußt zu eigen macht, es »ratifiziert« oder »erneuert«. Das ist sinnvoll, ja für christliches Leben notwendig nicht nur bei der Taufe, sondern auch bei anderen Sakramenten, die nur einmal vollzogen werden können, aber über die ganze Lebensgeschichte hin Wirklichkeit bleiben wollen wie Ehe oder Weihe.[39] Die Sakramente werden von

---

[39] Zum Zusammenhang von Glaube und Sakrament auch: *K. Rahner*, Personale und

punktuellen oder mechanischen Vorstellungen befreit, wenn man sie dynamisch eingebettet sieht in die ganze dialogische Lebensgeschichte eines Menschen mit Gott, die nie in gleicher Intensität bleibt, sondern ihre Höhen und Tiefen hat. In diesem Sinn sagte das Trienter Konzil von den Sakramenten, daß durch sie »jede wahre Gerechtigkeit beginnt, wächst oder nach dem Verlust wiederhergestellt wird« (NR 505/DS 1600).

5.5   Sakrament, Vermittlung göttlicher Gnade

Wenn die Sakramente nach katholischer Glaubensüberzeugung Gottes Gnade vermitteln, und zwar »kraft des vollzogenen Ritus« (»ex opere operato«), dann ist diese Auffassung gegen verschiedene Möglichkeiten des Mißverständnisses zu schützen. Gottes Gnade ist da, wo Gott selber ist, und weil Gott in seiner Schöpfung und bei seinen Menschen ist, ist seine Gnade »immer schon« da, den Menschen gegenwärtig. Das wird erst recht deutlich, wo die Gnade vor allem als jene ungeschaffene Gnade verstanden wird, die Gott selber ist, der sich Schöpfung und Menschen mitteilen will und »immer schon« mitgeteilt hat. Sakramente sind also weder Mittel, um Gott zu einer Veränderung zu veranlassen, noch Mittel, um Gottes Gegenwart zu bewerkstelligen. Gottes Gegenwart, die »immer schon« gewährt ist, sucht jedoch konkrete Wege des Ankommens in einzelnen menschlichen Situationen. Konkret heißt: Wege, die für Menschen auf menschliche Weise einsichtig, vernehmbar und gangbar sind. In einzelnen menschlichen Situationen: weil Gott ja nicht nur unbegreifliche, transzendente Gegenwart ist, sondern in seinem menschgewordenen Wort und in seinem Heiligen Geist in der Menschheit bereits konkret angekommen ist, sein Angekommensein in der Menschheit bereits faßlichen Ausdruck gefunden hat im Vorhandensein der Gemeinschaft der

---

sakramentale Frömmigkeit, in: Schriften II 115–141; *ders.*, Glaube und Sakrament: ebd. XVI 387–397. Wichtig auch: *ders.*, Kirche und Sakrament 30, zu einem »Wiederaufleben« der Sakramente, wenn das »Hindernis« beseitigt ist. Diese Idee des »Wiederauflebens« ist hinsichtlich der Sakramente, die einen »Charakter« einprägen (s. unten 5.7) und nicht wiederholbar sind, schon bei Augustinus zu finden.

Glaubenden. Was immer wieder fehlt und immer neu deutlich werden muß, ist, daß das Angekommensein Gottes in bestimmten Situationen der Gemeinde, des einzelnen Menschen konkret wird. Diese Konkretion geschieht in den liturgischen Symbolhandlungen der Sakramente: Auf ihnen ruht die ausdrückliche Verheißung, weil in Gottes Offenbarung die Wirksamkeit des Gebets und die Wirksamkeit der Gemeindeversammlung (und sei sie noch so klein) verbürgt sind. Die Verschiedenheit der Situation bedeutet ein unterschiedliches Wirksamwerden der Gegenwart Gottes, so daß sich von da aus die Berechtigung ergibt, die sakramentale Gnade je nach dem Sakrament differenziert zu sehen.

»Kraft des vollzogenen Ritus« (»ex opere operato«) bedeutet also, daß das Sakrament von Gott her gültig und wirksam ist. Die religiöse Subjektivität des Menschen, sein Glauben, seine Bereitschaft, Vergebung und Heiligung von Gott anzunehmen, sind *nicht* die *Ursache* der Wirkmacht des Sakraments, sondern sind – die von Gottes Geist selber verwirklichte – *Bedingung* für das Wirksamwerden der im Sakrament angebotenen Gnade Gottes. Das Zeichen unter der Verheißung Gottes steht Gott zur Verfügung: Es ist von ihm her absolut ernst gemeint, es wird Menschen nie in die Irre führen, darum kann es auch durch die Verwahrlosung kirchlicher Amtsdiener seine echte Zeichenhaftigkeit – der unbedingten Heilszusage in Jesus Christus – nie verlieren.

Bei diesem Zusammenhang von Sakrament und konkretem Ankommen der Gnade Gottes liegt natürlich die Frage nahe, ob das bedeute, daß die Sakramente zum Heil des Menschen *notwendig* seien. Die Antwort auf diese Frage nach der Heilsnotwendigkeit der Sakramente muß behutsam differenzieren. Auf der einen Seite hätte Gott, wenn er gleichsam in einem Gesetzesakt die Heilsnotwendigkeit eines oder mehrerer Sakramente dekretiert hätte, zahllose Menschen zum Unheil vorherbestimmt, da ihm ja bekannt ist, wie mannigfache Hindernisse bei zahllosen Menschen einem sakramentalen Leben im Weg stehen. Eine solche negative Vorherbestimmung widerspräche der Offenbarung des göttlichen Heilswillens, der wirksam *allen* Menschen gilt (Röm 11,32; 1 Tim 2,1–6). Auf der anderen Seite zeigen die Impulse des göttlichen Geistes durch Offenbarung, Erwählung und Berufung, daß Gott seine Heilszusage und sein heilshaftes Ankommen auf dem Weg der Bildung von Volk Gottes und Kirche bewirkt, einem Weg, den die einen »für« die anderen gehen sollen, auf den sie als Gottes Zeugen die anderen einladen müssen. Von da her ist es nicht möglich, an mehrere Heilswege zu denken, die so unverbunden nebeneinanderher liefen, daß sie schlechterdings nichts miteinander zu tun hätten. So ergibt sich schließlich auch ein Zugang zu der katholischen Glaubensauffassung, daß die Sakramente im ganzen nicht als entbehrlich und überflüssig angesehen werden dürfen (Konzil von Trient: NR 509/DS 1604).

Die Frage nach der Heilsnotwendigkeit der Sakramente wurde von den hochscholastischen Theologen des 13. Jahrhunderts diskutiert und mit einem Konsens beantwortet.[40] Oft zitierten sie den Satz, daß Gott seine Gnade nicht ausschließlich an die Sakramente gebunden habe, und sie folgerten daraus: Die Sakramente sind nicht ein absolut notwendiger, sondern nur ein angemessener Heilsweg. Ihre Angemessenheit wird anthropologisch begründet: Es entspricht dem Menschen, durch sinnliche Dinge zu geistigen Wirklichkeiten zu gelangen. Dort, wo ein Mensch den kirchlichen Heilsweg nicht als verbindlich erkennt, kann auch keine Rede sein von einer Heilsnotwendigkeit der Sakramente. Dort freilich, wo ein Mensch Sinnhaftigkeit und Bedeutung eines Sakraments erkennt, darf er es nicht vernachlässigen. Ein bestimmtes Sakrament kann für einen einzelnen Menschen notwendig werden (Konzil von Trient, NR 509/DS 1604). Die Beschäftigung und Auseinandersetzung mit der Existenz von Sakramenten können ihm Anlaß sein, sein Menschsein mit seiner sinnlichen Natur, sein Angewiesensein auf andere, seine Hilfsbedürftigkeit vor Gott zu bejahen. Daß eine solche Auseinandersetzung prozeßhaft vor sich geht, je nach den Erfahrungen mit der konkreten Kirche und nach den Lebensphasen Schwankungen ausgesetzt ist, kurz, daß in einem individuellen Leben oft Distanz zu den Sakramenten eintreten kann, ist ebenso selbstverständlich wie die Angemessenheit der Sakramente für die Kirche, die als Glaubensgemeinschaft wie jede Gemeinschaft Symbolhandlungen braucht.

[40] *J. Finkenzeller* I 144–147.

Der Zusammenhang der verschiedenen Heilswege untereinander wird in der kirchlichen Lehre vom Verlangen (dem »votum«) nach den Sakramenten ausgesprochen: Auch ohne greifbare Zugehörigkeit zur Kirche, auch ohne Empfang eines Sakraments kann die sakramentale Gnade einem Menschen zuteil werden, wenn er – von Gottes Impuls getragen – einen ernsthaften, positiven, auf Kirche und Sakrament gerichteten Willen hat. Bei Taufe und Buße hat das Trienter Konzil ausdrücklich erklärt, daß diese Sakramente durch das Verlangen nach ihnen ersetzt werden können. Aber dieser verlangende Wille kann das Sakrament und die Kirche auch nur einschlußweise meinen, dann nämlich, wenn ein Mensch bereit ist, nach dem Spruch seines Gewissens den Willen Gottes zu erfüllen. Die Möglichkeit, in Gottes Gnade zu leben, gerechtfertigt zu sein und das ewige Leben zu erlangen, setzt also nicht notwendigerweise eine ausdrückliche Kenntnis der Kirche und der Sakramente voraus (NR 371/DS 3870ff.). Mit dieser Lehre ist eine einheitliche Konzeption der göttlichen Gnade nicht aufgegeben: Jene Gnade, die ein solches Verlangen bewirkt, ist die eine Gnade Gottes des Vaters *in Jesus Christus* durch den Heiligen Geist, die im Sohn und seinetwegen in der Menschheit schon angekommen und angenommen ist und weiterhin ihren greifbaren Ausdruck, ihre konkrete »Leiblichkeit« in der Kirche und in den einzelnen Sakramenten sucht, dieser Verleiblichung bei manchen Menschen aber schon, als ihr bleibender Grund, vorauswirkt.[41]

5.6   Sakrament und Geschichte

In den sakramentalen Symbolhandlungen werden konkrete Situationen eines individuellen Menschenlebens oder einer Gemeinde vor Gott gebracht, vor den nicht fernen, sondern in seiner zuvorkommenden Liebe gegenwärtigen Gott. Die Gegenwart Gottes ist anders als die jeweils aktuelle Gegenwart von Menschen: In Gottes Gegenwart sind zugleich Vergangenheit und Zukunft – Gegenwart. Wenn die Sakramente Zeichen sind, die das bewirken, was sie anzeigen – nämlich Heilsgegenwart Gottes durch Jesus Christus

---

[41] *K. Rahner / H. Vorgrimler* (s. Anm. 12), 439 (Votum).

im Heiligen Geist vermitteln –, dann vergegenwärtigen sie Vergangenheit, Gegenwart und Zukunft, und zwar nicht beliebiges historisches Geschehen, sondern die ganze von Gott qualifizierte Geschichte.

Der scholastischen Theologie war das bewußt.[42] Sie sprach von einer dreifachen Zeichenfunktion des Sakraments. Es ist sicher nicht falsch, die mittelalterliche Sicht trinitätstheologisch auszuweiten, wobei die Struktur Glaube–Liebe–Hoffnung deutlich wird. Ein Sakrament ist erstens immer Erinnerungszeichen (bei Thomas von Aquin: »signum rememorativum«). Das heißt: Es ist Gedenken, erinnerndes Erzählen[43] einer Vergangenheit, die durch das wirksame Zeichen Gegenwart wird. Es handelt sich um jene Vergangenheit, in der Quelle und Ursprung aller heiligenden und vergebenden Gnade zu finden sind. Die mittelalterliche Theologie nahm in ihrer mystischen Sicht das Leiden Jesu Christi als diese Gegenwart werdende Quelle an. Darüber hinaus gilt die Erinnerung dem ganzen Lebensschicksal Jesu, seiner Zugehörigkeit zu seinem Volk, seiner Herkunft als Sohn und Wort Gottes von Ewigkeit her, in dem »immer schon« das Heil der Schöpfung und Menschheit gemeint war. Ein Sakrament ist zweitens Zeichen der gegenwärtig wirkenden Gnade (»signum demonstrativum«). Es bezeichnet den im Menschen hier und jetzt Gottesliebe, Menschenliebe und Vergebung wirkenden göttlichen Geist. Ein Sakrament ist drittens wirksame Vorausschau auf die Zukunft (»signum prognosticum«). Es weist hin auf die Vollendung der Absicht Gottes, die gelungene Schöpfung, das universal verwirklichte Reich Gottes und, darin eingeschlossen, auf die Vollendung des individuellen Lebens im Tod und in der ewigen Seligkeit. Und so führt diese Vergegenwärtigung der Zukunft zu Ruhm und Anbetung Gottes des Vaters.

Die Sakramentenpraxis übersieht leicht diese Vergegenwärtigung der ganzen Geschichte als Heilsgeschichte in jedem einzelnen Sakrament. Besonders dort, wo ein Sakrament nur in einem reduzier-

---

[42] *J. Finkenzeller* I 128 f.

[43] *J. B. Metz*, Glaube in Geschichte und Gesellschaft, Mainz 1977 u. ö., 185, spricht von der narrativen Grundverfassung des sakramentalen Geschehens.

ten Ritus vollzogen wird, ist die ganze Aufmerksamkeit auf das aktuelle Gnadengeschehen gerichtet. Wo es wirklich als Liturgie gefeiert wird, wie das im allgemeinen nur bei der Eucharistie der Fall ist, gewinnt es seine Vollgestalt als Hereinholen des unvergangenen Früheren in die Gegenwart und als Auslangen in die schon begonnene Zukunft wieder.

5.7   Sakramente der Kirche

Aus dem bisher Gesagten ist wohl deutlich geworden, daß die Sakramente als Lebensvollzüge oder Aktualisationsformen der Kirche verstanden werden können, ohne daß die Souveränität Gottes in der Mitteilung seiner Gnade auch nur im geringsten angetastet würde. Unter der immer geltenden Voraussetzung, daß Gott allein das Ankommen seiner Gnade auf sakramentalen und außersakramentalen Wegen gewährt, wie er will, ist eine mannigfache Verflochtenheit der Kirche mit dem Bereich der Sakramente zu erkennen.

Zunächst ist hier noch einmal zu erwähnen, daß es nach katholischer Glaubensüberzeugung der Kirche zukommt, Bedingungen für die Gültigkeit und die Erlaubtheit eines Sakramentenvollzugs zu erkennen und normativ aufzustellen. Da die Sakramente Liturgie der Kirche sind, hat zweifellos die Kirche die Obhut über Gestaltung, Ordnung und Reform der sakramentalen Liturgie. Das schließt nicht aus, daß in der konkreten Anwendung dieses Grundsatzes vieles verbesserungsfähig ist, wie z. B. die minimalisierende und verrechtlichte Sicht, von der oben (4.2.3) gesprochen wurde, oder der Ausschluß der meisten Christen von der Gestaltung einer Liturgie, die noch stark die Liturgie einer klerikalen Hierarchie ist. Es muß anerkannt werden, daß die vom II. Vaticanum in Gang gesetzte Liturgiereform die Voraussetzungen zu einer Änderung dieser Engführungen geschaffen hat. Bei der Reform jedes sakramentalen Ritus (auf die bei den einzelnen Sakramenten später nochmals hingewiesen wird) wurden in den wesentlichen Ritus Segensgebete aufgenommen, die ihrem Aufbau nach dem eucharistischen Hochgebet als dem »Inbegriff« aller Liturgie entsprechen, also aus dem Gedenken des Heilshandelns Gottes, der Anamnese, aus Lobpreis und Dank sowie aus der Bitte um das Kommen und Wirken des göttlichen Geistes (Epiklese) bestehen. Wo der Grundvollzug die gemeinsame Bitte ist, wird die Frage nach dem »Spender« im Prinzip relativiert. Mindestens zeigen sich schon künftige Möglichkeiten, im sakramentalen Segensgebet das Konstitutivum des Sakraments zu sehen und hinsichtlich derer, die bitten können, keine unbegründeten Einschränkungen vorzunehmen. Daß dennoch die Schwerpunkte des kirchlichen Interesses vom Mittelalter an bis heute auf dem Vorhandensein der Vollmacht, auf der richtigen Intention des »Spenders« und Disposition des »Empfängers« liegen, ist nicht zu übersehen und wurde bereits (oben 5.4) besprochen. Die Überbetonung des Rechtlichen ist auch ein Ausdruck der Ehrfurcht vor dem Sakrament.

Außer dieser Ordnungsfunktion der Kirche hinsichtlich der Sakramente erkennt die Sakramententheologie eine innere kirchliche Prägung der Sakramente. Sie besteht darin, daß ein Mensch, der in den sakramentalen Vollzug eintritt (um den »Empfang« eines Sakramentes bittet), seinen Willen zu erkennen gibt, ein lebendiges Mitglied der Kirche zu sein; daß der, der Jesus Christus in den Sakramenten begegnen will, auch positiv der Kirche begegnen will und sie aus dieser Begegnung weder ausschalten kann noch will. Der theologische Grund dieser Zusammengehörigkeit der höchst ungleichen Größen Jesus Christus und Kirche ist in der neutestamentlichen Leib-Christi-Aussage zu finden (oben 4.2.1). Die Theologie hat diesen Zusammenhang im sakramentalen Vollzug mit dem scholastischen Begriff »res et sacramentum« (oben 4.2.3) bezeichnet. »Res et sacramentum«, eine Art mittlere Wirkung zwischen dem sakramentalen Zeichen (»sacramentum tantum«) und der letzten Gnadenwirkung (»res sacramenti«), muß sowohl an der letzten Wirkung als auch an der Sichtbarkeit des Zeichens partizipieren, jedoch in einer solchen (»mittleren«) Weise, daß »res et sacramentum« nicht mit einem der beiden identisch ist. Dieses »Mittlere« wird von manchen Theologen[44] im speziellen kirchli-

---

[44] Konsequent vorgenommen von *K. Rahner*, Kirche und Sakramente; manche sind ihm darin gefolgt. Vgl. *L. Bertsch / G. Gäde*, »Res et sacramentum«. Zur Wiederentdeckung der kirchlichen Dimension in der Sakramentenkatechese, in: W. Löser

chen Bezug gesehen, in dem auch die erste Wirkung des Sakraments einträte, zum Beispiel in der Taufe die Aufnahme in die Kirche als Leib Christi und *darin* die Vergebung aller Sünden, in der Eucharistie die Kommunion mit der Kirche als Liebesgemeinschaft und *darin* die Kommunion mit Jesus selbst, in der Buße die Versöhnung mit der durch die Sünde verletzten Kirche und *darin* die Tilgung der Schuld durch Gott. Ein Einzelsakrament aktualisiert jedenfalls immer das Grundsakrament Kirche und bezieht die das Sakrament Feiernden auf jeweils eigene Weise in das Grundsakrament ein. Eine Aufnahme dieser Gedanken, die nicht in scholastischer Terminologie erfolgen müßte, könnte den Sakramentenvollzug von heilsindividualistischen Vorstellungen befreien. Außerdem wird von da aus theologisch einsichtig, warum die Kirche solchen die Sakramente verweigern kann, die nicht den Willen haben, sich lebendig in der kirchlichen Gemeinschaft zu engagieren. Sie verweigert den Betroffenen damit ja nicht die Gnade Gottes, über die sie als Kirche überhaupt nicht verfügen kann.

Eine weitere Ausformung dieser Überzeugung von einem inneren Zusammenhang von Kirche und Sakramenten ist die katholische Lehre, daß drei Sakramente, Taufe, Firmung und Weihe, einen »sakramentalen Charakter« verleihen.[45] Mit dem griechischen Wort »charakter«, »Erkennungszeichen«, wird jenes »geistige und unauslöschliche Zeichen« benannt, das nach den Konzilien von Florenz (NR 504/DS 1313) und Trient (NR 514/DS 1609) die genannten drei Sakramente der menschlichen Seele einprägen. Die Lehre entstand aus der Überzeugung der alten Kirche des 3. und 4. Jahrhunderts, daß Taufen und Weihen, die durch häretische oder unwürdige Amtsträger erteilt wurden, nicht wiederholt werden dürfen. Sie ist auf ihre Art ein Zeugnis dafür, daß Gottes den Menschen ergreifende Initiative der menschlichen Entscheidung zuvorkommt, vor allem aber besagt sie, daß die Heilszusage Got-

u. a. (Hrsg.), Dogmengeschichte und katholische Theologie, Würzburg 1985, 451–478.
[45] *E. Ruffini*, Der Charakter als konkrete Sichtbarkeit des Sakraments in Beziehung zur Kirche, in: Concilium 4 (1968) 47–53 (Lit.).

tes im Sakrament auch den Anruf an den einzelnen Menschen darstellt, er möge seine »Christusförmigkeit« (Gal 3,27) über das Individuelle hinaus als kirchliche Existenz akzeptieren und innerhalb
der Kirche die ihm zukommenden Aufgaben wahrnehmen. Von
den drei genannten Sakramenten her ist das in erster Linie die Verpflichtung zur Liturgie, aber nicht nur zu ihr (der »Charakter«
schenkt nach Thomas von Aquin bei allen drei Sakramenten die
Teilnahme am Priestertum Jesu Christi, aber dieses Priestertum
schließt ja das Zeugnis durch das Wort und durch die Praxis des
Lebens ein).[46] Die Berufung dazu ist bleibend, das heißt auch in
Zukunft nicht zu überholen, so daß sie nicht verlorengehen kann
und nicht durch Größeres und Besseres zu überbieten ist.

Literatur I

Sakramente im allgemeinen

a) Bücher

Adam, A., Grundriß Liturgie, Freiburg 1985 (Lit.)
Ambaum, J., Glaubenszeichen. Schillebeeckx' Auffassung von den Sakra-
menten, Regensburg 1980
Auer, J., Allgemeine Sakramentenlehre und das Mysterium der Euchari-
stie, Regensburg ³1980
Ders., Die Sakramente der Kirche, Regensburg ²1979
Baudler, G., Korrelationsdidaktik: Leben durch Glauben erschließen, Pa-
derborn 1984 (auch zu Symbol und Sakramenten)
Beeck, F. J. van, Grounded in love: sacramental theology in an ecumenical
perspective, London 1982
Biemer, G., Katechetik der Sakramente, Freiburg 1983
Boff, L., Kleine Sakramentenlehre, Düsseldorf ⁵1982
Borobio, D., u. a., La Celebración en la Iglesia, I, Salamanca 1985 (litur-
gietheol. Grundlegung, in Band II sollen die einzelnen Sakramente be-
sprochen werden)
Browning, R. L./Reed, R. A., The sacraments in religious education and
liturgy: an ecumenical model, Birmingham/USA 1985
Chauvet, L.-M., Du symbolique au symbole, Paris 1979
Chauvet, L.-M., u. a., Sacrements de Jésus-Christ, Paris 1983
Denis, H., Sacrements, sources de vie, Paris 1982

---

[46] *K. Rahner*, Kirche und Sakramente, und *E. Schillebeeckx*, Christus, Sakrament der
Gottbegegnung 160, 170 u. ö.; II. Vaticanum, LG 11.

Duval, A., Des sacrements au Concile de Trente, Paris 1985 (über alle Sakramente mit Ausnahme der Firmung)

Eisenbach, F., Die Gegenwart Jesu Christi im Gottesdienst. Systematische Studien zur Liturgiekonstitution des Zweiten Vatikanischen Konzils, Mainz 1982

Finkenzeller, J., Die Lehre von den Sakramenten im allgemeinen. Von der Schrift bis zur Scholastik (HDG IV/1 a), Freiburg 1980

Ders., Die Lehre von den Sakramenten im allgemeinen. Von der Reformation bis zur Gegenwart (HDG IV/1 b), Freiburg 1982

Francesconi, G., Storia e simbolo. »Mysterium in figura«, Brescia 1981 (Sakramente bei Ambrosius)

Frenkle, N. J., u. a., Zum Thema Kult und Liturgie, Stuttgart 1972

Ganoczy, A., Einführung in die katholische Sakramentenlehre, Darmstadt 1979

Heumann, J., Symbol – Sprache der Religion, Stuttgart 1983

Hotz, R., Sakramente – im Wechselspiel zwischen Ost und West, Zürich 1979

Jetter, W., Symbol und Ritual. Anthropologische Elemente im Gottesdienst, Göttingen 1978

Jourjon, M., Les sacrements de la liberté chrétienne selon l'Eglise ancienne, Paris 1981

Jüngel, E. / Rahner, K., Was ist ein Sakrament?, Freiburg 1971

Kirchhoff, H. (Hrsg.), Ursymbole und ihre Bedeutung für die religiöse Erziehung, München ²1985

Klöckener, M. / Glade, W. (Hrsg.), Die Feier der Sakramente in der Gemeinde (Festschrift H. Rennings), Kevelaer 1986

Knoch, W., Die Einsetzung der Sakramente durch Christus. Eine Untersuchung zur Sakramententheologie der Frühscholastik von Anselm von Laon bis zu Wilhelm von Auxerre, Münster 1983

Koch, G., u. a., Gegenwärtig in Wort und Sakrament. Eine Hinführung zur Sakramentenlehre, Würzburg 1976

Kress, B., The church. Communion, sacrement, communication, New York 1985

Kühn, U., Sakramente (Handbuch Systematischer Theologie 11), Gütersloh 1985

Lligadas Vendrell, J., »Ex opere operato«. El significado de la doctrina tridentina sobre la eficacia de los sacramentos, Rom 1981

Ders., La eficacia de los sacramentos: »Ex opere operato« en la doctrina del concilio de Trento, Barcelona 1983

Lorizio, G. (Hrsg.), Ecclesiae sacramentum (Festschrift A. Marranzini), Neapel 1986

Luthe, H. (Hrsg.), Christusbegegnung in den Sakramenten, Kevelaer ²1984

Martimort, A. G. (Hrsg.), L'Eglise en prière. Ed. nouvelle. III: Les sacrements, par R. Cabié e. a., Paris / Tournai 1984

Martos, J., Doors to the Sacred. A historical introduction to sacraments in the christian church, London 1981

Mens concordet voci (Festschrift für A. G. Martimort), Paris 1983 (mehrere Beiträge zur Sakramententheologie)

Müller, A., Die Sakramente der Kirche, Fribourg 1975

Neue Zeitschrift für systematische Theologie und Religionsphilosophie 27 (1985) H. 2: Sondernummer über moderne Symboltheorien

Nocke, F.-J., Wort und Geste. Zum Verständnis der Sakramente, München 1985

O'Neill, C., Sacramental realism. A general theory of the sacraments, Wilmington 1983

Rahner, K., Kirche und Sakramente, Freiburg i. Br. 1960

Reetz, U., Das Sakramentale in der Theologie Paul Tillichs, Stuttgart 1974

Ries, J. (Hrsg.), Le symbolisme dans le culte des grandes religions, Löwen 1985

Rordorf, W., Liturgie, foi et vie des premiers chrétiens. Etudes patristiques, Paris 1986

Rosenberg, A., Einführung in das Symbolverständnis, Freiburg 1984

Ruster, Th., Sakramentales Verstehen, Frankfurt/Bern 1983 (besonders zum Verhältnis Wort–Sakrament wichtig)

Die Sakramentalität der Kirche in der ökumenischen Diskussion, hrsg. vom Johann-Adam-Möhler-Institut, Paderborn 1983

Scharfenberg, J. / Kämpfer, H., Mit Symbolen leben, Olten 1980

Schillebeeckx, E. H., Christus, Sakrament der Gottbegegnung, Mainz 1960

Schilson, A., Theologie als Sakramententheologie. Die Mysterientheologie Odo Casels, Mainz 1982

Schmid-Keiser, St., Aktive Teilnahme: Kriterium gottesdienstlichen Handelns und Feierns, 2 Bde., Bern/Frankfurt 1985

Schneider, Th., Zeichen der Nähe Gottes, Mainz [4]1984

Schönborn, Ch. von, L'Icône du Christ, Fribourg [2]1978

Schupp, F., Glaube–Kultur–Symbol. Versuch einer kritischen Theorie sakramentaler Praxis, Düsseldorf 1974

Semmelroth, O., Vom Sinn der Sakramente, Frankfurt 1960

Skowronek, A., Sakrament in der evangelischen Theologie der Gegenwart, Paderborn 1971

Snela, B., Das Menschliche im Christlichen. Elementare Strukturen der religiösen Zeichen, München 1986, bes. 42–59 (versucht einen strukturalistischen Zugang zu den elementaren Strukturen und semantischen Einheiten des sakramentalen Systems der Kirche)

Spiegel, Y., Glaube wie er leibt und lebt, Bd. 3, München 1984, 8–38 (zu den Symbolen)

Stöhr, J., Wann werden Sakramente gültig gespendet? Aschaffenburg 1980

Stock, U., Die Bedeutung der Sakramente in Luthers Sermonen von 1519, Leiden 1982

Symbolische und künstlerische Ausdrucksformen im Gottesdienst: Concilium 16 (1980) H. 2

Symbol und Kommunikation: Liturgisches Jahrbuch 35 (1985) H. 4

Zur Theologie der Sakramente: Concilium 4 (1968) H. 1

Theologische Berichte 9: Kirche und Sakrament, Zürich 1980

Tragan, R. (Hrsg.), Fede e sacramenti negli scritti giovannei, Rom 1985

Triacca, A. M. (Hrsg.), Trinité et liturgie, Löwen 1984

Villalón, J., Sacrements dans l'Esprit. Existence humaine et théologie sacramentelle, Paris 1977

Wehrle, P., Die Bedeutung des Symbols für die religiöse Erziehung, München 1980

Worgul, G. S., From magic to metaphor: a validation of Christian Sacraments, London ²1986

b) Artikel und Aufsätze

Baumer, I., Interaktion, Zeichen, Symbol. Ansätze zu einer Deutung liturgischen und volksfrommen Tuns, in: Liturg. Jahrbuch 31 (1981) 9–35

Beinert, W., Die Sakramentalität der Kirche im theologischen Gespräch, in: Theologische Berichte 9, Zürich 1980, 13–66

Borobio, D., Cristología y sacramentología, in: Salmanticensis 31 (1984) 5–47

Brinkman, B. R., For an aesthetic of sacramentology: a retrospective, in: Zeitschrift für kath. Theologie 107 (1985) 341–364 (viele Lit.)

Chauvet, L.-M., Sacrements et institution, in: M. Michel (Hrsg.), La théologie à l'épreuve de la vérité, Paris 1984, 201–235

Dalmais, I.-H., Le »Mysterion«, contribution à une théologie de la liturgie, in: La Maison Dieu 158 (1984) 14–50

Dulles, A., The Symbolic Structure of Revelation, in: Theological Studies 41 (1980) 51–73

Eijk, A. H. C. van, De Kerk als sakrament en het heil van de wereld, in: Bijdragen 45 (1984) 295–330

Fransen, P., Modellen in de theologie van de sacramenten, in: Collationes 12 (1982) 131–155

Ders., De sacramenten als gemeenschapsviering van de goddelijke mysteries, in: Collationes 13 (1983) 139–163

Ganoczy, A., Sakrament, in: Neues Handbuch theologischer Grundbegriffe IV, 1985, 94–104

Gamber, K., Die Christus- und Geist-Epiklese in der frühen abendländischen Liturgie, in: Praesentia Christi (Festschrift J. Betz), Düsseldorf 1984, 79–100

García Prada, J. M., Hermenéutica de los símbolos y crisis del lenguaje religioso, in: Ciencia tomista 111 (1984) 515–550

Garijo Guembe, M. M., Sakrament und Sakramentalität, in: Catholica 40 (1986) 110–124

Gottesdienst, in: TRE XIV (1985) 1–97 (Lit.)

Houssiau, A., La rédecouverte de la liturgie par la théologie sacramentaire (1950–1980), in: La Maison Dieu 149 (1982) 27–55

Hotz, R., Religion, Symbolhandlung, Sakrament, in: Liturgisches Jahrbuch 31 (1981) 36–54

Hünermann, P., Reflexionen zum Sakramentenbegriff des II. Vatikanums: Glaube im Prozeß, hrsg. v. E. Klinger/K. Wittstadt, Freiburg 1984, 309–324

Irwin, K. W., Recent sacramental theology, in: Thomist 47 (1983) 592–608

Jüngel, E., Die Kirche als Sakrament? in: Zeitschrift für Theologie und Kirche 80 (1983) 432–457

Lengeling, E. J., Wort, Bild, Symbol in der Liturgie, in: Liturgisches Jahrbuch 30 (1980) 230–242

Lies, L., Kultmysterium heute – Modell sakramentaler Begegnung, in: Archiv für Liturgiewissenschaft 28 (1986) 2–21

Margerie, B. de, Vers une relecture du Concile de Florence grâce à la reconsidération de l'Ecriture et des Pères grecs et latins, in: Revue Thomiste 94 (1986) 31–81

McKenna, J., u. a., The epiclesis, in: Ephemerides Liturgicae 99 (1985) 314–382

Oñatibia, I., De la dialéctica al simbolismo, in: Estudios eclesiásticos 56 (1981) 1398–1431

Paprocki, H., Le Saint Esprit dans les sacrements de l'Eglise, in: Istina 28 (1983) 267–281

Pesch, O. H., Das katholische Sakramentsverständnis im Urteil gegenwärtiger evangelischer Theologen, in: Verifikationen (Festschrift G. Ebeling), Tübingen 1982, 317–340

Rahner, K., Personale und sakramentale Frömmigkeit, in: Schriften II, 1955, 115–141

Ders., Theologie des Symbols, in: Schriften IV, 1960, 275–311

Ders., Überlegungen zum personalen Vollzug des sakramentalen Geschehens, in: Schriften X, 1972, 405–429

Richter, K., Riten und Symbole in der Industriekultur, in: Concilium 13 (1980) 108–113

Schillebeeckx, E., Sakramente als Organe der Gottbegegnung, in: J. Feiner/J. Trütsch/F. Böckle, Fragen der Theologie heute, Einsiedeln 1957, 379–401

Schilson, A., Sakrament als Symbol, in: Christlicher Glaube in moderner Gesellschaft 28, Freiburg 1982, 122–150

Schmied, A., Was ist ein Sakrament? in: Theologie der Gegenwart 20 (1977) 143–152

Ders., Perspektiven und Akzente heutiger Sakramententheologie, in: Wissenschaft und Weisheit 44 (1981) 17–45 (Lit.)

Schneider, Th., Die dogmatische Begründung der Ekklesiologie nach dem Zweiten Vatikanischen Konzil, in: Renovatio et Reformatio (Festschrift L. Hödl), Münster 1985, 80–116

Schütz, Ch., in: MySal Ergänzungsband 1981, 347–355

Schützeichel, H., Calvins Stellungnahme zu den Trienter Canones über die Sakramente im allgemeinen, in: Catholica 38 (1984) 317–339

Schulte, R., in: MySal IV/2, Einsiedeln 1973, 46–155

Ders., Die Wort-Sakrament-Problematik in der evangelischen und katholischen Theologie, in: Theologische Berichte 6, Zürich 1977, 81–122

Schulz, F., Die jüdischen Wurzeln des christlichen Gottesdienstes, in: Jahrbuch für Liturgik und Hymnologie 28 (1984) 39–55

Seybold, M., Die Siebenzahl der Sakramente, in: Münchener Theologische Zeitschrift 27 (1976) 113–141

Standart, B., u. a., Le mystère de l'Esprit, in: Questions liturgiques 67 (1986) 87–179

Strebel, A., Symboldenken und Symbolverständnis in der neueren evangelischen Theologie, in: Symbolon N. F. 6, Köln 1981, 129–144

Tillard, J.-M. R., Les sacrements de l'Eglise, in: Initiation à la pratique de la théologie II, Paris 1983, 385–466

Ders., Eglise et salut. Sur la sacramentalité de l'Eglise, in: Nouvelle Revue Théologique 106 (1984) 658–685

Zadra, D., Sakramente und Zeit, in: Probleme und Perspektiven dogmatischer Theologie, hrsg. von K. H. Neufeld, Düsseldorf 1986, 250–272 (zum Symbolsystem)

Literatur II

Ökumenische Sakramentendiskussion und speziell zu den Lima-Texten

Baciocchi, J. de, Les ministères ecclésiaux dans le Texte de Lima, in: Mélange de science religieuse 40 (1983) 73–90

Dantine, J., Zur Konvergenzerklärung, in: Ökumenische Rundschau 32 (1983) 12–17

Eham, M., Gemeinschaft im Sakrament? Die Frage nach der Möglichkeit sakramentaler Gemeinschaft zwischen katholischen und nichtkatholischen Christen, Frankfurt/Bern 1986

Ephemerides Theologicae Lovanienses 61 (1985) 327f., 62 (1986) 335f.: Bibliographie zu den Lima-Texten

Fahey, M. A. (Hrsg.), Catholic perspectives on Baptism, Eucharist and Ministry, London/New York 1986

Geldbach, E., u. a., Kommentar zu den Lima-Erklärungen, Göttingen 1983

Gemeinsame röm.-kath./ev.-luth. Kommission, Einheit vor uns. Modelle, Formen und Thesen katholisch/lutherischer Kirchengemeinschaft, Paderborn/Frankfurt 1985

119

Hinz, Ch., Kommentare zu den Lima-Erklärungen, in: Theol. Literatur-Zeitung 109 (1984) 173–180

Kerygma und Dogma 31 (1985) H. 1: zu den Lima-Texten

Kühn, U., Das reformatorische Proprium und die Ökumene, in: Kerygma und Dogma 32 (1986) 170–186 (zu negativen Reaktionen auf die Lima-Texte, speziell zu E. Herms)

Lehmann, K. / Pannenberg, W. (Hrsg.), Lehrverurteilungen – kirchentrennend? Teil 1: Rechtfertigung, Sakramente und Amt im Zeitalter der Reformation und heute, Freiburg/Göttingen 1986

Mélange de science religieuse 42 (1985) 3–19 zu den Lima-Texten

Neuner, P., Kleines Handbuch der Ökumene, Düsseldorf 1984, 141–177

Pfnür, V., Die Wirksamkeit der Sakramente sola fide und ex opere operato: Das Herrenmahl, Paderborn/Frankfurt 1979, 93–100

Regli, S., Ökumenische Konsenserklärungen mit röm.-kath. Beteiligung über Taufe, Eucharistie und Amt: Ergebnisse, in: Theologische Berichte 9, Zürich 1980, 129–171

Seybold, M. / Gläßer, A., Das »Lima-Papier«, Eichstätt 1985

Slenczka, R., Ökumenische Erklärungen und dogmatische Klärungen, in: Kerygma und Dogma 32 (1986) 207–232

Studia Liturgica 16 (1986) H. 1–2, S. 3–128 (zu den Lima-Texten)

Thurian, M. (Hrsg.), Churches respond to »Baptism, Eucharist and Ministry«, Bd. I, Genf 1986

Tillard, J.-M. R., Ecclésiologie de communion et exigence oecuménique, in: Irénikon 59 (1986) 201–230

Voigt, G., u. a., Lima und das reformatorische Proprium, Hannover 1984

6   Die Taufe

6.1   Biblische Grundlegung

Die Taufe ist jene christliche Symbolhandlung, die im Neuen Testament am häufigsten bezeugt ist. Zweimal findet sich eine Weisung Jesu, auf die Taufe bezogen, aber beide Male handelt es sich um Formulierungen, die nicht von Jesus selber stammen, sondern eine spätere Entwicklungsstufe wiedergeben: Mt 28,19 ist erkennbar von der Liturgie her geprägt; Mk 16,16 aus dem unechten Markusschluß entstammt erst dem 2. Jahrhundert. So ist für die Taufe keine Einsetzung oder Stiftung durch Jesus greifbar. Es kann aber kein Zweifel daran sein, daß schon die frühesten christlichen Gemeinden getauft haben. Das Aufkommen der christlichen Taufe ist nach heutigem Erkenntnisstand[1] weder auf hellenistische Einflüsse noch auf Reinigungsriten oder die Proselytentaufe innerhalb des Judentums zurückzuführen. Die christliche Taufe knüpft vielmehr an der Taufe »auf Grund der Buße zur Vergebung der Sünden« (Mk 1,4) des Täufers Johannes an.[2] Die Symbolik – Eintauchen in fließendes Wasser mit dem Charakter des Bedrohlichen, in diesem Fall des Untergangs einer alten, verfehlten Lebensorientierung – und der innere Gehalt, ein ernster Umkehrwille, eine neue Orientierung auf den Willen Gottes, auf das nahe Reich Gottes hin, sind von der Johannestaufe her Bestandteile der christlichen Taufe geblieben. Dabei war es für die früheste christliche Gemeinde zweifellos von entscheidender Bedeutung, daß Jesus selber sich von Johannes hatte taufen lassen und in dieser Geste der Solidarität mit »dem ganzen jüdischen Land« und »allen Bewohnern von Jerusalem« (Mk 1,5) zu erkennen gab, daß er das äußere An-

---

[1] G. Lohfink, Der Ursprung der christlichen Taufe, in: Theologische Quartalschrift 156 (1976) 35–54; R. Schwager, Wassertaufe, ein Gebet um die Geisttaufe? in: Zeitschrift für kath. Theologie 100 (1978) 36–61, hier 36 Anm. 3 Lit.; G. Barth, Die Taufe in frühchristlicher Zeit, Neukirchen 1981 (exegetisch).

[2] Vgl. G. Barth, a. a. O. 22 f., 38 ff.

schaulichmachen der inneren Gesinnung im Symbolhandeln für richtig und wichtig hielt. Damit soll freilich nicht behauptet werden, die Synoptiker hätten in der Absicht von der Taufe Jesu berichtet, das spätere Taufsakrament damit zu begründen und im voraus darzustellen. Von größter Bedeutung für die Sakramententheologie im allgemeinen und speziell für die Tauftheologie ist der Umstand, daß die Synoptiker in ihrer Gestaltung der Taufperikope[3] eine Offenbarungsszene an die Taufszene anfügen, nach der erst nach der Taufe der göttliche Geist auf Jesus herabgekommen ist und die Sendung Jesu bekundet wurde. Nicht nur das zeitliche Auseinandertreten (-können) von Wassertaufe und Geisttaufe ist theologisch interessant, sondern auch die Überlegung, daß die Synoptiker damit gewiß nicht bestreiten wollten, daß Jesus schon *vor* seiner Taufe vom göttlichen Geist ganz ergriffen war und von seiner Sendung wußte. Auch anderswo im Neuen Testament wird bezeugt, daß Geistmitteilung nicht auf ein isoliertes Geschehen punktförmig beschränkt zu denken ist. In diesem Sinn ist zwischen Geistmitteilung und deren Kundmachung (in der einen oder anderen, unter Umständen auch sakramentalen Art) zu unterscheiden.

Wenn das Neue Testament auch nirgendwo eine Theologie des (frühchristlichen) Taufsakraments bietet, so enthält es doch zahlreiche Feststellungen und Hinweise, die später zu einer solchen beitragen konnten.[4] Die wichtigsten von ihnen seien im Folgenden genannt.

1. Die Apg unterscheidet deutlich Wassertaufe und Geisttaufe; dabei kann die Geisttaufe auch vor der Wassertaufe erfolgt sein (10,47; 11,16). Der zeitliche Unterschied beider in 8,12–17 diente später als biblische Grundlage für die Abspaltung der Firmung von der Taufe. Die Taufe geschieht »im (auf den) Namen Jesu« (2,38; 8,16; 10,48; 19,5; vgl. 22,16). Nach der Namenstheologie im Neuen

---

[3] Mit größter Umsicht und gewohntem Scharfsinn wird die Perikope analysiert von *A. Vögtle*, Herkunft und ursprünglicher Sinn der Taufperikope Mk 1, 9–11, in: ders., Offenbarungsgeschehen und Wirkungsgeschichte, Freiburg 1985, 70–108, mit eingehender Diskussion der Lit., insbesondere auch der neueren Markuskommentare.

[4] Im Folgenden orientiere ich mich an der gründlichen Darstellung *R. Schwagers* (s. Anm. 1).

Testament und speziell in der Apg ist das Entscheidende an dem Vorgang, daß er ein Geschehen im Namen Jesu ist, denn in diesem ereignen sich Vergebung der Sünden und Rettung,[5] im Namen Jesu ist das Heilsgeschehen in Jesus in gedrängtester Kürze zusammengefaßt.

2. In Röm 6,1–11 geht es um eine umfassende Begründung für das neue ethische Leben der Christen, nicht aber um eine sakramententheologische Darlegung zur Taufe.[6] Aus der paulinischen Theologie im ganzen, nicht nur aus dieser Stelle, ergibt sich, daß das Heilsgeschehen in Jesus Christus unmittelbar alle Menschen betrifft, nicht erst jene, die zum Glauben kamen und sich taufen ließen; Paulus konnte sagen, »wir« seien schon *vor* der Taufe mit Jesus Christus am Kreuz gestorben (vgl. Röm 5,6–10; 7,4; 2 Kor 5,14). Paulus kennt sodann ein Mitsein der Glaubenden mit Jesus Christus, ein Verbundensein mit seinem ganzen Geschick – Leben, Tod und Auferweckung –, ein reales In-ihn-einbezogen-Sein, das Raum und Zeit übergreift und für das Christenleben entscheidend ist. Diese in einer starken persönlichen Liebe zu Jesus wurzelnde Meditation wurde früher »Christusmystik« genannt, ein Begriff, der zu Unrecht abgewertet wurde. In Röm 6,4–8 beschreibt Paulus ein Geschehen, in dem »wir« ganz konkret[7] mit Kreuzestod, Begräbnis und Auferweckung Jesu verbunden sind. Innerhalb dieses Geschehens stellt die Taufe auf den Tod Jesu ein Moment dar, nämlich das Verbundensein mit Jesu Begräbnis, ein wirkliches Mitbegräbnis (so auch die Taufaussage aus der Schule des Paulus: Kol 2,11 f). Das Begräbnis, selber kein eigenes Heilsereignis, weist auf das tatsächliche Gestorbensein hin, so daß sich als Gehalt der Symbolhandlung Taufe ergibt: In ihr erkennt der Täufling an, daß er schon längst *vor* diesem aktuellen Tun mit Jesus Christus am Kreuz gestorben ist. In dieser greifbar gemachten Jesusverbundenheit ist das Heil des Menschen gegeben, so daß die Taufe wirklich Heilser-

---

[5] Ebd. 39 f.

[6] Bei *R. Schwager*, a. a. O. 41 Anm. 14 und 15, exegetische Lit. zur Stelle. Zum Folgenden ebd. 41–47. Vgl. zu Röm 6, 1–11 auch *A. Schilson*, Theologie (s. Lit. I) 234–245 (Lit.).

[7] Röm 6,5 meint nicht Ähnlichkeit, Gleichbild oder Abbild, sondern ganz konkrete Gestalt: *R. Schwager*, a. a. O. 46.

eignis (und nicht bloße Erinnerung) ist. Das darf aber wiederum nicht punktuell verstanden werden, denn das Bekenntnis, mit dem Tod Jesu am Kreuz verbunden zu sein, geschieht aus dem bereits heilschaffenden Glauben. Im Glauben ist der Getaufte auch mit der Auferweckung Jesu verbunden, so daß sich im Glauben Mitauferweckung und der Beginn des neuen Lebens ereigneten. Paulus bietet hier einen wichtigen Hinweis auf die Zusammengehörigkeit (bei aller Unterschiedenheit) von Heilsgeschehen in Jesus Christus, Symbolhandlung und Praxis von Christen, die für die Sünde tot sind.

Andere Paulus-Stellen über die Taufe lassen ebenfalls erkennen, daß der heilschaffende Glauben der Taufe vorausgeht: Wenn es heißt, daß wir in einem Geist alle auf einen Leib getauft wurden (1 Kor 12,13), vermittelt nicht erst die Taufe den göttlichen Geist.[8] Nach Gal 3,26f bewirkt der Glaube, daß Menschen »Söhne Gottes« werden; die Taufe bekundet (öffentlich) das Mitbegrabensein mit Jesus und den Willen, mit ihm in einem neuen Leben zu bleiben.[9] Schon diese Übersicht zeigt, daß Paulus dem Glauben viel größeres Gewicht beimißt als der Taufe.[10] Wichtig ist in diesem Zusammenhang auch der Unterschied, den Paulus zwischen Versöhnung und Rettung macht: Versöhnung geschah am Kreuz, Rettung wird in der Zukunft erfolgen, durch den Glauben. Die Taufe stellt, wenn sie vom Glaubensbekenntnis unterschieden und als Symbolhandlung für sich genommen wird, den sinnenfälligen Ausdruck dafür dar, daß am Kreuz die Macht der Sünde vernichtet und die Welt mit Gott versöhnt wurde, *vor* der individuellen Umkehr im Glauben. Daß diese Symbolhandlung eine solche der Kirche ist (vgl. den Zusammenhang von 1 Kor 12), versteht sich für Paulus.

3. In 1 Petr 3,19–21 wird die Taufe als Gegenbild der Rettung durch das Wasser, das die Arche in der Sintflut trug, bezeichnet, mit der Erläuterung, sie sei »nicht ein Abtun der Unsauberkeit des

---

[8] Vgl. dazu ebd. 50f.

[9] Ebd. 52f.

[10] Dazuzunehmen wären seine Ausführungen über die heilschaffende Verkündigung und seine Pneumatologie, ferner die Bemerkungen zur »Kraft Gottes«, die von der Botschaft des Evangeliums, vom Kreuz, ausgesagt wird, nicht aber von der Taufe (ebd. 53).

Fleisches, sondern eine Bitte an Gott um ein gutes Gewissen durch die Auferstehung Jesu Christi« (V. 21). Damit ist der wichtige Gedanke der Anrufung Gottes, der bei der Formulierung »im (auf den) Namen Jesu« nur mit enthalten war, ausdrücklich ausgesprochen. Die spätere Ausprägung »im Namen des Vaters, des Sohnes und des Heiligen Geistes« (Mt 28,19) ist eine trinitarische Entfaltung des christologischen Bekenntnisses. In der Taufe auf den Namen des dreieinigen Gottes und in der Wortverkündigung geschieht, wie der Zusammenhang Mt 28,18 und 20 zeigt, Vergegenwärtigung Jesu, seiner Auferweckung und Herrschaft über Himmel und Erde, eine Vergegenwärtigung, die alle Räume und Zeiten umfaßt und daher pneumatisch ist.

4. Das *ganze* Geschehen, die Symbolhandlung der Wassertaufe und die Geisttaufe im Glauben zu neuem christlichem Leben, kann zusammengenommen »Wiedergeborenwerden« oder »Bad der Wiedergeburt« heißen (Joh 3,5; Tit 3,5).

Von diesem neutestamentlichen Befund her ist deutlich,[11] daß der Vorgang der Wassertaufe nicht *exklusiv* als die entscheidende Mitteilung der Gnade Gottes, des Heiligen Geistes, der Rechtfertigung usw. verstanden werden darf. Die Symbolhandlung der Wassertaufe, die sich zurückbezieht auf das Sterben Jesu am Kreuz für uns, ist dialogisch eingebettet in den Glauben an das jeder Umkehr, jedem Glauben zuvorkommende Tun Gottes und in das fürbittende Gebet zum Vater durch den Sohn im Heiligen Geist, das sich in besonderer Weise um die Hilfe des göttlichen Geistes beim neuen Leben bemüht und das sich in kürzester Form als Gebet »im Namen Jesu« bezeichnen läßt.[12] Es handelt sich um gemeinsames Glaubensbekenntnis, gemeinsames Gebet der Gemeinde, der Kirche, aber nicht um einen gemeinsamen Taufakt. In diesem Symbol

[11] Ebd. 58f.
[12] *R. Schwager* handelt ebd. 56–59 ausführlich vom wirkmächtigen, der Erhörung gewissen (Joh 14, 13f; 16,23f; vgl. Mk 11,24; Mt 7,7–11; 21,22; Jak 1,6; 1 Joh 3,22) Gebet »im Namen Jesu«. Vgl. auch *F. Courth*, Die Taufe »auf den Namen Jesu Christi« in den Zeugnissen der Dogmengeschichte bis zur Hochscholastik, in: Theologie und Glaube 69 (1979) 121–147. Mit Recht wünscht Courth hier 147, die Taufformel solle zusammenfassender Ausdruck der amtlichen Fürbitte (Epiklese) und der kirchlichen Annahme des Glaubens sein.

des Begrabenwerdens läßt der Täufling etwas an sich geschehen, verhält er sich als *Empfangender,* als der, der aus dieser Absage an das Alte die Kraft zum neuen Leben (beides vom Geist gewirkt) entgegennimmt, und als der, dem die Aufnahme in den Leib Christi, der die Kirche ist, gewährt wird. Die Schlußfolgerung Raymund Schwagers ist neutestamentlich begründet: Die Symbolhandlung der Wassertaufe ist ein kirchliches, der Erhörung gewisses »Urgebet« um die Geisttaufe, aber Gott kann einem Menschen die Geisttaufe auch ohne ein solches Gebet schenken.[13]

6.2 Der Initiationsritus

Das Heilsgeschehen, das den einzelnen Menschen betrifft und ihn mit der Praxis eines christlichen Lebens beginnen läßt, wird mit einem religionswissenschaftlichen Ausdruck auch als Initiation (Einweihung, Einweisung) bezeichnet. Als wirklich grundlegendes Geschehen ist es nicht auf einen punktuellen Akt beschränkt, es dauert lebenslänglich. Vom Neuen Testament her und so auch in heutiger theologischer Sicht kann es unter verschiedenen Aspekten angesprochen werden: als mystische Verbindung mit Jesus Christus, mehr als nur bildhaft beschrieben mit In-ihn-Eingehen, In-ihm-Sein, Ihn-angezogen-Haben, als Hineinnahme in den Mitvollzug seines Schicksals, als sprachlich-dialogisches Geschehen im Anruf der Wortverkündigung und in der Antwort des Glaubens, als Aufnahme in die Kirche als den Leib Christi, als Ergriffenwerden durch den vom erhöhten Jesus Christus gesandten Geist.

Der Begriff »Initiation« kann dazu beitragen, daß sich die Aufmerksamkeit nicht ausschließlich auf die Symbolhandlung der Taufe richtet, sondern sich dem grundlegenden Geschehen im ganzen zuwendet. Diese Zusammengehörigkeit kam im alten Initiationsritus noch zum Ausdruck.

Die ältesten nachbiblischen Zeugnisse[14] für die Tauffeier zeigen

---

[13] *R. Schwager,* a. a. O. 60.

[14] Gemeint ist vor allem Justin († 165). Die Didache (Kap. 7) ist m. E. spät zu datieren. Sie spricht von vorausgehendem Fasten, Unterweisung und enthält nur einen Hinweis auf Mt 28,19.

126

eine Verbindung von Tauchbad und dreimaliger (trinitarischer) Anrufung Gottes über den Täufling (Epiklese). Die feierliche Initiation erfolgte nach der ›Apostolischen Tradition‹ Hippolyts (um 215) nach einem dreijährigen Katechumenat.[15] Sie umfaßte die Taufe mit vorbereitenden und nachfolgenden Riten und die abschließende Eucharistiefeier. Zu den vorbereitenden Riten gehörten, um den »Herrschaftswechsel« auch äußerlich greifbar zu machen, Austreibungen des Teufels und Absagen an ihn[16] sowie eine »praebaptismale« Salbung. Die Taufe geschah in einer Verbindung von dreimaligem Tauchbad und einem Glaubensbekenntnis in drei (trinitarischen) Schritten und in dialogischer Form (»interrogative Taufspendung«). Aus dem Zeugnis Hippolyts ist deutlich, daß nicht der Taufende, etwa mit seiner Intention oder mit seiner moralischen Qualität, wichtig war, sondern der Täufling mit seinem Glaubenskonsens.[17] Nach der Taufe empfing der Getaufte eine (postbaptismale) Salbung durch den Priester, sodann eine Handauflegung, Stirnsignierung und Chrismasalbung durch den Bischof. Die Eucharistiefeier mit den Gebeten der Gemeinde für den Getauften gehörte wesentlich zur Initiation.

Von einer Taufformel, auf die sich das ganze Geschehen konzentriert hätte, kann keine Rede sein. Die indikativische Formel »ich taufe dich«, die sich leicht von der Praxis der Kindertaufe her erklärt, ist in der römischen Liturgie erstmals Ende des 7. Jahrhunderts bezeugt.[18] Schon im 3. und 4. Jahrhundert wurde die Taufwasserweihe ausgestaltet (bedeutende Zeugen: im Westen Tertullian, im Osten Basilius); sie geschah durch Austreibung des Bösen und Heiligung des Wassers durch eine Epiklese. Damit beginnen materiale Festlegungen die dynamische Auffassung des Gesamtgeschehens zu beeinträchtigen. Hinsichtlich der Taufenden (auf dem

---

[15] *A. Angenendt*, Kaiserherrschaft und Königstaufe, Berlin 1984, I. Teil: Das Sakrament der Initiation im frühen Mittelalter 21–164 (Lit.).

[16] *Ders.*, Der Taufexorzismus und seine Kritik in der Theologie des 12. und 13. Jahrhunderts, in: Miscellanea Mediaevalia, hrsg. von A. Zimmermann, Bd. 11, Berlin 1977, 388–409.

[17] *Ders.*, Kaiserherrschaft 27.

[18] *Ders.*, Bonifatius und das Sacramentum initiationis. Zugleich ein Beitrag zur Geschichte der Firmung: Römische Quartalschrift 72 (1977) 133–183, hier 135.

Land auch Diakone, Laien) entstanden Probleme im Zusammenhang mit Ketzertauf- und Donatistenstreit (s. 6.3). Die Handauflegung blieb jedoch Vorrecht des Bischofs.[19] Mit ihr war in der römischen Liturgie die zweite postbaptismale, dem Bischof vorbehaltene Salbung verbunden. Sie war sonst in der westlichen Kirche nicht bekannt, wohl aber war es überall üblich, für die Salbungen nur vom Bischof geweihtes Öl zu nehmen. Ähnlich wie beim Taufwasser konzentrierte sich die Aufmerksamkeit, weg vom liturgischen Gesamtgeschehen, auf dieses Öl, das als der eigentliche Gnadenträger galt.[20] Praktische Probleme entstanden aus den Fragen, ob der Bischof bei allen Taufen in seinem (oft sehr ausgedehnten) Bistum gegenwärtig sein müsse bzw. wie er zu vertreten sei. In der westlichen Kirche kam eine Vermehrung der Tauftermine hinzu, da die neu entstandene Erbsündenlehre eine Heilsangst erzeugte, die es nicht mehr ratsam erscheinen ließ, nur in der Osterzeit zu taufen. Ein erstes Zeugnis für das Auseinanderziehen von Taufe und bischöflicher Handauflegung mit Stirnsignierung findet sich bei Novatian Mitte des 3. Jahrhunderts.[21] Selbstverständlich wurde dieses Auseinandertreten durch die im 3. Jahrhundert schon längst übliche Kindertaufe gefördert. Große Bedeutung erlangte ein Brief des Papstes Innozenz I. 416 an den Bischof von Gubbio (nur lat. DS 215). Darin wird zwar den Priestern erlaubt, mit (nur) vom Bischof geweihtem Chrisma zu salben; die Stirnsignierung mit Öl wird ihnen dagegen verboten: Sie sei den Bischöfen vorbehalten, die dabei den Heiligen Geist mitteilten. Damit war offensichtlich die Einheit des Initiationsgeschehens zerbrochen und das Sakrament der Firmung geboren. Als die römische Liturgieauffassung von der karolingischen Reform übernommen wurde, war dieser Prozeß besiegelt.[22]

[19] Ebd. 143.
[20] Ebd. 145 f.
[21] Ebd. 157.
[22] Ebd. 157 f.

6.3   Geschichtliche Festlegungen

Die ersten Fragestellungen, bei denen verbindliche kirchliche Entscheidungen getroffen wurden, betrafen die Gültigkeit von Taufen, die, nach Abspaltungen, außerhalb der katholischen Kirche erteilt worden waren. Papst Stephan I. verteidigte 256 diese Gültigkeit gegen Bischof Cyprian von Karthago im sogenannten Ketzertaufstreit (nur lat. DS 110f.); ebenso verbot Silvester I. 314 eine Wiedertaufe von Donatisten, die zur Großkirche zurückkehrten, es sei denn, sie waren nicht auf die Trinität getauft worden (nur lat. DS 123). Dieses Thema wurde später erweitert: Nicht nur nach der Taufe durch unwürdige Priester wurde gefragt, gezweifelt wurde auch, ob Taufen durch Juden oder Heiden gültig seien. Nikolaus I. antwortete 866 nach Bulgarien, wo solche Fälle vorgekommen sein sollen, wo immer eine Taufe im Namen der heiligen Trinität oder im Namen Christi erfolgt sei,[23] dürfe eine Wiedertaufe nicht vorgenommen werden (nur lat. DS 644–646). In der Theologie ging diese Lehre Hand in Hand mit der von Augustinus entfalteten Auffassung vom sakramentalen »Charakter«, vom durch die Taufe ein für allemal eingeprägten Merkmal (s. oben 5.7).

Die Taufe kleiner, entscheidungsunfähiger Kinder wurde, seit Tertullian im 3. Jahrhundert immer wieder heftig kritisiert, von den kirchlichen Autoritäten, zum Beispiel Innozenz III. 1201 (NR 526/DS 780) und 1208 (NR 527/DS 794), mit dem Hinweis auf die Erbsünde verteidigt: Wie sich ein Mensch die Erbsünde ohne seine Zustimmung zugezogen habe, so werde sie ihm auch ohne seine Zustimmung kraft des Sakraments erlassen. In diesem Zusammenhang wurde aber auch gelehrt, es stehe im Widerspruch zur christlichen Religion, jemanden zur Annahme des Christentums zu zwingen;[24] wer gegen seinen Willen die Taufe empfange und dazu niemals seine Zustimmung gegeben habe, der empfange

---

[23] Zur Zurückhaltung der Theologen der Hochscholastik gegenüber einer Taufe im Namen Jesu Christi vgl. *F. Courth*, a. a. O.

[24] Von Augustinus war die Stelle Lk 14,23 mißgedeutet worden, als dürfe im religiösen Bereich Gewalt angewendet werden. Vgl. *O. Karrer*, Compelle intrare, in: LThK III 27f.

weder die Wirkung noch das Merkmal dieses Sakraments (Innozenz III. 1201: NR 526/DS 781).

Die erste zusammenhängende Lehräußerung über das Sakrament der Taufe ist im Armenierdekret des Konzils von Florenz 1439 enthalten (NR 528–531/DS 1314–1316). Dieser auf Thomas von Aquin zurückgehende Text lautet:

»Die erste Stelle von allen Sakramenten hat die heilige Taufe, *die Pforte des geistlichen Lebens*. Denn durch sie werden wir Glieder Christi und eingefügt in den Leib der Kirche. Und da durch den ersten Menschen der Tod über alle gekommen ist, so können wir nach dem Wort der Wahrheit (Joh 3,5) nicht eingehen in das Himmelreich, wenn wir nicht wiedergeboren werden aus dem Wasser und dem Geist.

Materie dieses Sakraments ist wahres und natürliches Wasser, gleichgültig ob warm oder kalt. Die *Form* ist: Ich taufe dich im Namen des Vaters und des Sohnes und des Heiligen Geistes. Doch leugnen wir nicht, daß die Taufe auch durch folgende Worte wirklich vollzogen wird: Es wird getauft der Knecht Christi N. im Namen des Vaters und des Sohnes und des Heiligen Geistes, oder: Durch meine Hände wird getauft N. im Namen des Vaters und des Sohnes und des Heiligen Geistes. Die *Hauptursache,* aus der die Taufe ihre Kraft hat, ist die heiligste Dreifaltigkeit, die *werkzeugliche Ursache* ist der Spender, der äußerlich das Sakrament vermittelt. Wenn deshalb, verbunden mit der Anrufung der heiligsten Dreifaltigkeit, die Handlung (auch durch die Worte) ausgesprochen wird, die der Spender ausführt, so wird das Sakrament gespendet.

Der *Spender* dieses Sakraments ist der Priester, dem es von Amts wegen zusteht, zu taufen. Im Notfall aber kann nicht nur Priester und Diakon, sondern auch ein Laie, eine Frau, ja sogar ein Heide und Irrgläubiger taufen, wenn er nur die Form der Kirche einhält und das tun will, was die Kirche tut. Die *Wirkung* dieses Sakraments ist die Vergebung jeder Schuld, der Erbschuld und der persönlichen Schuld, sowie jeder Strafe, die diese Schuld nach sich zieht. Deshalb darf man den Getauften für die vergangenen Sünden keine Genugtuung auferlegen, sondern sie kommen sogleich ins Himmelreich und zur Anschauung Gottes, wenn sie sterben, bevor sie eine Schuld begehen.«

Dieser Text spricht ganz so, als sei die Erwachsenentaufe noch der Normalfall von Taufe. Das Verhältnis von Glaube und Taufe wird nicht erörtert. Die Anspielung auf Joh 3,5 zeigt, daß das Bewußtsein dafür verlorengegangen ist, daß der Vorgang der »Wiedergeburt« das Kommen des göttlichen Geistes und das Gläubigwerden mit umfaßt und die Geisttaufe nicht einfach mit der Wassertaufe identisch ist.

130

Das Konzil von Trient nahm 1547 auf seiner 7. Sitzung 14 Lehrsätze (Canones) über die Taufe an, die keine zusammenhängende Tauflehre darstellen, sondern in Fragen Position beziehen, in denen man damals die katholische Auffassung als bedroht ansah (NR 532–545/DS 1614–1627). Manche von ihnen betreffen Themen, die eher in der Gnadentheologie zu erörtern sind, wie das Verhältnis von Glaube, Gesetz, Gnadenverlust (can. 6–10). Das Konzil wiederholte die Lehre, daß auch »Irrgläubige« die wahre Taufe spenden (can. 4), es erklärte, die Taufe sei zum Heil notwendig (can. 5) und sie dürfe nicht wiederholt werden (can. 11). Die Praxis der Kindertaufe wurde – auch gegen die »Täuferbewegung« des 16. Jahrhunderts – verteidigt (can. 12–14) mit dem Hinweis, daß die kleinen Kinder getauft werden ohne eigenen Glaubensakt, vielmehr aufgrund des Glaubens der Kirche (can. 13).

Was in diesen Lehrsätzen über den Glauben gesagt wurde, konnte der Glaubenstheologie der Reformatoren nicht angemessen entsprechen. Zu einer gerechten Würdigung der Bemühungen des Trienter Konzils ist sein bedeutendes Dekret über die Rechtfertigung beizuziehen. Immerhin ist bedauerlich, daß die Aufmerksamkeit hier den Fragen der Rechtmäßigkeit, Gültigkeit und Heilsnotwendigkeit der Taufe gilt, ohne daß theologische Gründe oder Zusammenhänge aufgeführt würden. Die Einbeziehung des Getauften in das Schicksal Jesu Christi und seine Eingliederung in die Kirche werden nicht erwähnt. Einen Teil dessen, was hier vermißt wird, hatte das Konzil 1546 in seinem Lehrtext über die Erbsünde gesagt (NR 356f./DS 1514f.). Dabei hatte es im ersten Abschnitt, der hier zitiert wird, einfach die Lehre einer Synode des Jahres 418 im nordafrikanischen Karthago wörtlich übernommen:

»4. Wer leugnet, daß die neugeborenen *Kinder* getauft werden müssen, auch wenn sie von getauften Eltern stammen; oder wer sagt, daß sie zwar zum Nachlaß der Sünden getauft werden, aber sich nichts von einer Erbsünde von Adam her zuziehen, was zur Erreichung des ewigen Lebens im Bad der Wiedergeburt getilgt werden müßte, woraus sich ergibt, daß bei ihnen die Form der Taufe ›zum Nachlaß der Sünden‹ nicht im wahren, sondern im falschen Sinne verstanden wird: der sei ausgeschlossen. Denn was der Apostel gesagt hat: ›Durch den einen Menschen ist die Sünde in die Welt eingetreten und durch die Sünde der Tod, und so kam der Tod über alle Menschen, in ihm haben alle gesündigt< (Röm 5,12), das darf man nicht anders verstehen, als wie es die katholische Kirche, die überall verbreitet ist, immer verstanden hat. Wegen dieser Glaubensregel nämlich werden nach apostolischer Überlieferung auch die Kinder, die selbst noch keinerlei Sünden begehen konnten, deshalb wahrhaft zur Vergebung der Sünden getauft, damit in ihnen durch die Wiedergeburt gereinigt werde, was ihnen durch die Zeugung anhaftet. Denn ›wer nicht wiedergeboren ist aus dem Wasser und dem Heiligen Geist, der kann nicht eintreten in Gottes Reich< (Joh 3,5).

5. Wer leugnet, daß durch die in der Taufe verliehene Gnade unseres Herrn Jesus Christus die *Schuld der Erbsünde nachgelassen wird,* oder auch behauptet, nicht all das werde hinweggenommen, was das wirkliche und eigentliche Wesen der Sünde ausmacht, sondern sagt, diese werde nur obenhin abgeschabt oder nicht angerechnet, der sei ausgeschlossen. Denn in den Wiedergeborenen haßt Gott nichts, weil ›nichts Verdammungswürdiges in denen ist<, die wirklich ›mit Christus durch die Taufe in den Tod mitbegraben sind< (Röm 6,4), ›die nicht nach dem Fleische wandeln< (Röm 8,1), sondern den alten Menschen ausgezogen und den neuen angezogen haben, der nach Gott geschaffen ist (Eph 4,22; Kol 3,9f), ohne Fehl, unbefleckt, rein, schuldlos und so von Gott geliebte Söhne geworden sind, Erben Gottes, Miterben Christi (Röm 8,17), so daß sie gar nichts mehr vom Eintritt in den Himmel zurückhält.«

Der wesentliche Beitrag des Zweiten Vatikanischen Konzils zum Thema der Taufe liegt im ökumenischen Bereich (s. 6.5). Jedoch muß hier auch die Liturgiereform genannt werden, die zu einem Ritus der Kindertaufe führte, der sich nicht an der Erwachsenentaufe orientiert, und die für Erwachsene eine eigene Initiationsform geschaffen hat.[25]

6.4 Die Kindertaufe

Praxis und Theologie der Kindertaufe sind für die Sakramententheologie von größter Bedeutung gewesen: Da die Kinder-(Säuglings-)Taufe den einheitlichen Vorgang, in dem ein Mensch zum Glauben kommt und eine christliche Lebenspraxis beginnt, ausein-

---

[25] R. *Kaczynski,* Enchiridion Documentorum Instaurationis liturgicae I (1963–1973), Turin 1976: 556– 572 Kindertaufe, 830–859 Initiation Erwachsener. Vgl. auch A. E. *Hierold,* Taufe und Firmung, in: HKR 659–675, hier 660f. über die Erwachsenentaufe (mit Katechumenat) seit 1972, in der alten Reihenfolge Taufe–Firmung–Eucharistie; ebd. 665f. über die Voraussetzungen für die Taufe, besonders bei Erwachsenen.

anderreißt und die im Neuen Testament bezeugte Reihenfolge von Hören des Wortes, Umkehr, Gläubigwerden und Symbolhandlung nicht beachtet, trug sie zu einem Auseinandertreten von Glauben / personalem Vollzug und Sakrament wesentlich mit bei. Sie unterstützte den Eindruck, das »eigentliche« Geschehen sei der Ritus. Kindertaufe wurde insofern zum klassischen Modell des Sakraments, als sich an ihr die Wirksamkeit des Sakraments unabhängig von der Würdigkeit des Spenders, unabhängig vom Bewußtsein des Empfängers, sofern dieser eben kein »Hindernis« gegen den Empfang setzte, das Verhältnis von gültiger Materie und korrekter Form deutlich machen ließen. Die Mängel und Gefahren aus dieser Entwicklung ließen immer wieder Diskussionen über die Legitimität der Kindertaufe, über berechtigte Möglichkeiten eines Taufaufschubs usw. entstehen.[26]

Dabei blieb eine ausgedehnte Auseinandersetzung seit der Mitte des 20. Jahrhunderts über den Befund des Neuen Testaments ergebnislos. Im Neuen Testament findet sich kein sicheres Zeugnis für die Wahrscheinlichkeit einer Kindertaufe; weder die Erwähnung einer Taufe des »ganzen Hauses« noch Jesu einladende Zuwendung zu Kindern (Mk 10,13–16) noch die Aussage bei Paulus, daß die Kinder gläubiger Eltern »heilig« sind (1 Kor 7,14), sind sichere Belege.[27] Eindeutige Zeugnisse für die Kindertaufe um die Wende vom 2. zum 3. Jahrhundert setzen eine schon eingebürgerte Praxis voraus. In den von da an bedeutenden Erwähnungen (Tertullian, Hippolyt, Augustinus) kommen auch schon Taufpaten vor, zunächst die Eltern.[28] Aus der Praxis entwickelte Augustinus in der gnadentheologischen Auseinandersetzung mit Pelagius und seinen Schülern die Lehre von der Heilsnotwendigkeit der Taufe für die Kleinstkinder: Weshalb, fragte er, werden denn Kinder getauft, wenn sie nicht mit einer Schuld behaftet wären und zu ihrem Heil der Vergebung bedürften? Der Gedanke, daß die Nahestehenden diesen Kindern zu Hilfe kommen müßten, war wichtiger als die

---

[26] Vgl. aus der Lit. IV besonders F. Reckinger, W. Molinski, H. Hubert, E. Nagel.

[27] Bei *A. Angenendt*, Kaiserherrschaft 67, findet sich der Hinweis, daß die christliche Familie am Anfang – im Unterschied zum Frühmittelalter – Kleinfamilie war, in der es unwahrscheinlich war, daß der Vater über die Taufe entschied.

[28] Ebd. 92.

Frage nach einer eigenen Entscheidung. So kam die Überzeugung auf, daß der Glaube der Kirche an die Stelle des Glaubens der Kinder treten könne und müsse. Die scholastische Theologie brachte hier die Unterscheidung zwischen Glaube als von der Gnade Gottes geschenkter, »eingegossener« Befähigung (»habitus«) und Glaube als eigenverantwortlicher Verwirklichung dieser Befähigung (»actus«) ein: Die Kinder erhielten in der Taufe den Glauben als »habitus«, womit sie aber nicht davon dispensiert seien, als später Erwachsene diesen »habitus« des Glaubens im »actus« selber zu erwecken und zu betätigen.

Die große Not der Theologie und Kirche um das ewige Heil solcher Kinder, die unter Umständen ohne Taufe sterben, ist durch ein vertieftes Nachdenken in unserem Jahrhundert behoben worden. Nicht als ob die Lehre von der Erbsünde und ihrer Bedrohlichkeit aufgehoben worden wäre. Sie ist aber auf ihren wirklichen Kern zurückgeführt worden.[29]

Die Erbsündenlehre auf der Basis der paulinischen Theologie (besonders in Röm 5) und des Konzils von Trient besagt, daß die Menschheit sich von Anfang an dem klar erkannten Willen Gottes verweigert hat und so von Anfang an ein Unheilszusammenhang entstanden ist, von dem alle Menschen betroffen sind. Jeder Mensch wird ungefragt in eine Situation hineingeboren, die von einem Nein zu Gott, von allgemeiner Friedlosigkeit, Ungerechtigkeit und Verführung geprägt ist. Sie ist nicht von selbst entstanden, sondern durch bewußte menschliche Fehlentscheidungen hervorgerufen und immerfort ausgeweitet worden. Insofern kann sie als »sündig« bezeichnet werden, und das Wort »erben« meint eben den Eintritt neugeborener Menschen in diese negativ vorgeprägte

---

[29] Vgl. *H. M. Köster*, Urstand, Fall und Erbsünde in der kath. Theologie unseres Jahrhunderts, Regensburg 1983 (Hauptwerk, Lit.); *ders.*, Urstand, Fall und Erbsünde. Von der Reformation bis zur Gegenwart (Handbuch der Dogmengeschichte II/3 c), Freiburg 1982; *ders.*, Paradies, Ur- und Erbsünde im Denken repräsentativer Theologen der Aufklärungszeit, in: Trierer Theologische Zeitschrift 91 (1982) 116–132, 195–205, 281–290; *ders.*, Urstand, Fall und Erbsünde in der evangelischen Theologie des 19. Jahrhunderts, Frankfurt/Bern 1983; ferner: *A. de Villalmonte*, El pecado original, Salamanca 1978 (kommentiert ca. 800 Veröffentlichungen seit 1950!); *N. Lohfink u. a.*, Zum Problem der Erbsünde, Essen 1981; *A.-M. Dubarle*, Le péché originel, Paris 1983.

Situation. Es handelt sich dabei aber nicht um eine persönlich verantwortbare Sünde der Neugeborenen. Zur anrechenbaren Schuld wird diese Situation erst dann, wenn ein Mensch sie sich bewußt zu eigen macht und seinerseits Täter des Unrechts wird. Nun wird jedoch kein Mensch nur und ausschließlich in eine Unheilssituation hineingeboren. Er steht vielmehr vom ersten Beginn seines Lebens an unter dem Anruf der Gnade und des Erbarmens Gottes, des Vaters, der in seinem universalen Heilswillen alle Menschen ohne Ausnahme umfaßt. Er wird in eine Menschheit hineingeboren, die als ganze durch die Menschwerdung des ewigen Sohnes Gottes geheiligt ist, auch schon im voraus zu dieser Menschwerdung. Er gehört zu einer Menschheit, in der Gottes Geist unablässig am Wirken ist. Von diesen beiden Vorprägungen (oder in der Sprache Karl Rahners: »Existentialien«) der Menschheit, einer negativen und einer positiven, darf nicht in der Weise einer gleich mächtigen und gleichrangigen Konkurrenz gedacht werden. Vielmehr sagt der Glaube, daß Gott ungleich mächtiger ist als das Böse und daß Gottes Gnade siegreich ist und bleiben wird.

In dieser Sicht ist die Taufe das wirksame Symbolhandeln, mit dem die Kirche bekundet, daß Gottes Gnade auch für den neugeborenen Menschen die siegreiche ist und daß dieser Mensch in jene mitmenschlichen Beziehungen eingegliedert wird, in denen Gottes Wille anerkannt ist, in denen den Unheilsmächten Widerstand geleistet wird. Sollte dem Neugeborenen aus irgendeinem Grund die Taufe nicht erteilt werden, so heißt das nicht, daß er Gottes Gnade entzogen und von Gott verworfen wäre.

Wird so die Taufe theologisch nicht überbewertet, so sprechen gewichtige Gründe zugunsten der Kinder-(Säuglings-)Taufe. Kein neugeborener Mensch wird in eine neutrale Familien-, Gesellschafts- und Menschheitssituation hineingeboren, kein Menschenleben beginnt an einem absoluten Nullpunkt, jedes steht unter den Einwirkungen und Entscheidungen anderer Menschen. Wenn die für das Kind Verantwortlichen von der positiven Qualität der christlichen Beziehungen überzeugt sind, werden sie den Wunsch haben, ihr Kind mit einzubeziehen; die Taufe bedeutet dann ihre Erkenntnis sowohl des bedrohlichen Unheilsraums, dem sie ihr Kind nicht ausgeliefert wissen wollen, als auch der bergenden

Glaubensgemeinschaft, in der sie ihr Kind wissen wollen: Da es ohnedies an einem konkreten Ort leben muß, entscheiden sie sich für den als gut erkannten und können dies nicht als Freiheitsberaubung ansehen. Taufe bedeutet so auch das Bekenntnis der Angehörigen zum Zuvorkommen der Gnade Gottes, zu Gottes Erwählung und Berufung. Wird das Sakrament der Taufe im Sinn des oben (6.1) Gesagten als Fürbitte verstanden, dann gilt bei der Kindertaufe die Fürbitte der Kirche dem Kind, damit es sich im Alter der Entscheidungsfähigkeit für den Weg Jesu Christi entscheiden möge. Eine vom Glauben geprägte, positive Begleitung des Kindes durch Erzieher schließt eine Erziehung zur Freiheit nicht aus und bedeutet nicht zwangsläufig seelische Vergewaltigung und Vorenthalten von Selbstbestimmung.

6.5   Ökumenische Perspektiven

Die Streitigkeiten des 3. und 4. Jahrhunderts hinterließen die Auffassung, die Taufe sei der letzte gemeinsame Rest getrennter Christen: Weil der Ersthandelnde in der Taufe Jesus Christus selber ist, muß die Gültigkeit einer Taufe innerhalb und außerhalb der Kirche anerkannt, darf die Taufe nicht wiederholt werden. Diese Überzeugung konnte auch durch die großen kirchlichen Spaltungen des 16. Jahrhunderts nicht erschüttert werden. Die seit 1910 immer deutlicher hervortretende ökumenische Bewegung hat erkennen lassen, daß die Taufe weniger ein verbliebener kümmerlicher Rest als vielmehr der Ausdruck für eine bereits bestehende Gemeinschaft im Glauben und ein verheißungsvoller Anfang ist.[30] So sah auch das Zweite Vatikanische Konzil die Taufe: »Der Mensch wird durch das Sakrament der Taufe, wenn es gemäß der Einsetzung des Herrn recht gespendet und in der gebührenden Geistesverfassung empfangen wird, in Wahrheit dem gekreuzigten und verherrlichten Christus eingegliedert und wiedergeboren zur Teilhabe am göttlichen Leben nach jenem Wort des Apostels: ›Ihr seid in der Taufe mit ihm begraben, in ihm auch auferstanden

---

[30] Vgl. *J. Trütsch*, Taufe, Sakrament der Einheit – Eucharistie, Sakrament der Trennung? in: Theologische Berichte 9, Zürich 1980, 67–95.

durch den Glauben an das Wirken Gottes, der ihn von den Toten auferweckt hat‹ (Kol 2,12). Die Taufe begründet also ein sakramentales Band der Einheit zwischen allen, die durch sie wiedergeboren sind. Dennoch ist die Taufe nur ein Anfang und Ausgangspunkt, da sie ihrem ganzen Wesen nach hinzielt auf die Erlangung der Fülle des Lebens in Christus. Daher ist die Taufe hingeordnet auf das vollständige Bekenntnis des Glaubens, auf die völlige Eingliederung in die Heilsveranstaltung, wie Christus sie gewollt hat, schließlich auf die vollständige Einfügung in die eucharistische Gemeinschaft« (UR 22, vgl. auch 3).

Bei den Bemühungen um ökumenische Konvergenzerklärungen, die 1982 in den sogenannten Lima-Texten gipfelten, bereitete die Taufe die geringsten Schwierigkeiten.[31]

6.6   Zusammenfassung

Die Taufe ist als erste Symbolhandlung der Kirche im Leben eines Christen Bestandteil eines umfassenden Prozesses, der im engeren Sinn aus dem Beginn des christlichen Lebensweges, im weiteren Sinn aus diesem ganzen Leben besteht. Innerhalb dieses Prozesses *bedeutet* die Symbolhandlung in erster Linie die Absage an einen von der Unheilssituation der Menschheit geprägten Lebensweg. Der Prozeß als ganzer und somit auch die Taufe ist aber zunächst ein Wirken Gottes und nicht eine Initiative des Menschen. Es besagt im einzelnen: (1) Die Taufe *bezeichnet* – und bewirkt dadurch, daß sie bezeichnet – die Einbeziehung eines Menschen in den Leib Jesu Christi, nämlich in die erneuerte Menschheit der an Jesus Christus Glaubenden. Dieser Vorgang spielt sich in unlösbarer Einheit auf der innerlich-spirituellen und auf der äußerlich gesellschaftlichen Ebene ab und umfaßt sowohl Zugehörigkeit zu und Solidarität mit der Vielzahl unbekannter Glaubender in Vergangenheit, Gegenwart und Zukunft als auch die rechtliche Eingliede-

---

[31] Textausgabe: Taufe, Eucharistie und Amt. Konvergenzerklärungen der Kommission für Glauben und Kirchenverfassung des Ökumenischen Rates der Kirchen, Frankfurt / Paderborn 1982 u. ö. (zur Taufe 9–17); vgl. dazu den Kommentar: Wachsende Übereinstimmung in Taufe, Eucharistie und Amt, hrsg. von *G.Voss*, Freising / Paderborn 1984 (zur Taufe 22–36), sowie Lit. II.

rung in die Kirche und die Zugehörigkeit zu einer bestimmten Gemeinde. – (2) Eben dadurch macht die Taufe anschaulich, daß das Heil Gottes in Jesus Christus durch den göttlichen Geist diesen Menschen ergriffen hat, so daß kraft der zuvorkommenden Gnade Gottes die Sünden (falls dieser Mensch ein Sünder ist) vergeben sind und ihm die Rechtfertigung geschenkt ist. – (3) Die Taufe stellt das ganze Leben dieses Menschen unter die Fürbitte der Kirche. Sie bezeichnet den Wunsch der Kirche, der Getaufte möge aus freier Entscheidung in den Glauben einstimmen, den Gottes Geist in der Kirche erweckt hat; er möge diesen Glauben in seinem Leben festigen und vertiefen. Die Taufe bezeichnet die bleibende Berufung des Getauften zum Zeugen (»sakramentaler Charakter«) dieses Glaubens nicht nur im Wort, sondern auch in der Praxis: in der Einheit von Gottes- und Menschenliebe, in der Nachfolge Jesu, im Dienst an der Gerechtigkeit. – Wo diese drei Wirkungen der Taufe miteinander gegeben sind, kann die Taufe mit Recht als Beginn eines neuen Lebens aus dem Heiligen Geist und mit dem biblischen Begriff einer »Wiedergeburt« bezeichnet werden.

Literatur III

Initiationssakramente

Angenendt, A., Bonifatius und das Sacramentum initiationis. Zugleich ein Beitrag zur Geschichte der Firmung, in: Römische Quartalschrift 72 (1977) 133–183

Baptism Confirmation. International Bibliography 1975–1984, Straßburg 1985

Bourgeois, H., L'initiation chrétienne et ses sacrements, Paris 1982

Brosseder, J., Taufe und Firmung, in: NHthG IV, 1985, 167–182

Farnedi, G. (Hrsg.), I simboli dell'iniziazione cristiana, Rom 1983

Schmitz, H., Taufe, Firmung, Eucharistie. Die Sakramente der Initiation und ihre Rechtsfolgen in der Sicht des CIC von 1983, in: Archiv für katholisches Kirchenrecht 152 (1983) 369–407

Sprinks, B. D. (Hrsg.), The Sacrifice of Praise, Löwen 1981 (Studien zu Taufe und Eucharistie)

Strukturen christlicher Initiation: Concilium 15 (1979) H. 2

Thurian, M. / Wainwright, G. (Hrsg.), Baptism and Eucharist, Genf 1983 (Textbuch zu liturgischen Traditionen)

Literatur IV

Taufe

Angenendt, A., Der Taufexorzismus und seine Kritik in der Theologie des 12. und 13. Jahrhunderts, in: Miscellanea Mediaevalia, hrsg. von A. Zimmermann, Bd. 11, Berlin 1977, 388–409

Ders., Kaiserherrschaft und Königstaufe, Berlin 1984

Aubin, P., Le Baptême, Paris 1980

Barth, G., Die Taufe in frühchristlicher Zeit, Neukirchen 1981

Burnish, R., The Meaning of Baptism, London 1985

Courth, F., Die Taufe »auf den Namen Jesu Christi« in den Zeugnissen der Dogmengeschichte bis zur Hochscholastik, in: Theologie und Glaube 69 (1979) 121–147

Delling, G., Die Taufe im Neuen Testament, Berlin 1963

Duggan, R. D., Conversion in the »Ordo initiationis christianae adultorum«, in: Ephemerides Liturgicae 96 (1982) 57–83, 209–252

Hierold, A. E., Taufe und Firmung, in: HKR 659–675

Hossiau, A., u. a., Le baptême, entrée dans l'existence chrétienne, Brüssel 1983

Hubert, H., Kirchenbild, Sakramentsverständnis und Kindertaufe, in: Münchener Theol. Zeitschrift 20 (1969) 315–329

Ders., Der Streit um die Kindertaufe. Eine Darstellung der von Karl Barth 1943 ausgelösten Diskussion um die Kindertaufe und ihre Bedeutung für die heutige Tauffrage, Frankfurt 1972

Jüngel, E., Barth-Studien, Zürich 1982, 246–314 (Taufe bei K. Barth)

Labourdette, M.-M., Le péché originel dans la tradition vivante de l'Eglise, in: Revue Thomiste 92 (1984) 357–398

Lienemann-Perrin, Ch. (Hrsg.), Taufe und Kirchenzugehörigkeit, München 1983 (auch historisch)

Lohfink, G., Der Ursprung der christlichen Taufe, in: Theol. Quartalschrift 156 (1976) 35–54

Mäki, P. (Hrsg.), Taufe und Heiliger Geist, Helsinki 1979

Molinski, W. (Hrsg.), Diskussion um die Taufe, München 1971

Nagel, E., Die »Heiligkeit« der Christenkinder nach Tertullian, in: Zeitschrift für kath. Theologie 100 (1978) 62–68 (Lit. zur Kindertaufe)

Ders., Kindertaufe und Taufaufschub. Die Praxis vom 3.–5. Jahrhundert in Nordafrika und ihre theologische Einordnung bei Tertullian, Cyprian und Augustinus, Frankfurt 1980

Nepper-Christensen, P., Die Taufe im Matthäusevangelium, in: New Testament Studies 31 (1985) 189–207

Neunheuser, B., Taufe und Firmung (Handbuch der Dogmengeschichte IV/2), Freiburg ²1982

Orbanic, Z., L'atteggiamento e la prassi della chiesa sull'età del battesimo, Rom 1983

Quesnel, M., Baptisés dans l'esprit. Baptême et Esprit Saint dans les Actes des Apôtres, Paris 1985

Reckinger, F., Kinder taufen – mit Bedacht. Eine Darstellung der Diskussion um die Kindertaufe im katholischen Raum seit 1945 mit kritischen Stellungnahmen und pastoralen Ausblicken, Steinfeld-Kall 1982

Schenke, L., Zur sog. »Oikosformel« im NT, in: Kairos 13 (1971) 226–243

Schillebeeckx, E., Begierdetaufe, in: LThK II 112–115

Schulte, R., Die Umkehr (metanoia) als Anfang und Form des christlichen Lebens, in: MySal V, 1976, 117–221

Schulz, H.-J., »Wann immer einer tauft, ist es Christus, der tauft!«, in: Praesentia Christi (Festschrift J. Betz), Düsseldorf 1984, 240–260 (griechische Patristik)

Schwager, R., Wassertaufe, ein Gebet um die Geisttaufe? in: Zeitschrift für kath. Theologie 100 (1978) 36–61

Stenzel, A., Die Taufe. Eine genetische Erklärung der Taufliturgie, Innsbruck 1958 (historisch wichtig)

Trütsch, J., Taufe, Sakrament der Einheit – Eucharistie, Sakrament der Trennung? in: Theologische Berichte 9, Zürich 1980, 67–95

7 Die Firmung

7.1 Biblische Grundlegung

Da das Sakrament der Firmung jene gottesdienstliche Symbolhandlung ist, die nach katholischem Glauben den göttlichen Geist sinnenfällig vermittelt, sind zum Verständnis dieses Sakraments und auch seiner Problematik die biblischen Aussagen über den Heiligen Geist vorauszusetzen. Von besonderer Bedeutung für den Zusammenhang von neutestamentlicher Pneumatologie und Firmung ist dabei das lukanische Doppelwerk.[1] Gottes Geist ist es, der den Menschen Jesus bewirkte (Lk 1,35) und auf ihn sinnenfällig herabgekommen war (Lk 3,22), der ihn – gewiß auch schon *vor* dieser »Herabkunft« – erfüllte (Lk 4,1). In der Kraft dieses Geistes nahm Jesus sein öffentliches Wirken auf sich (Lk 4,14); auf ihn führte er seine zugleich religiöse und diesseitige Sendung im Sinn des Propheten Jesaja zurück (Lk 4,18f). Von diesem göttlichen Geist lehrte Jesus, daß Gott der Vater ihn denen geben werde, die ihn bitten (Lk 11,13). Damit zeigt sich eine zweifache Sicht des göttlichen Geistes: Er kommt auf einzelne Menschen, erfüllt und begeistert sie zu einer bestimmten Sendung, er ist aber zugleich notwendig für alle, die in Gottes erneuerter Menschheit das Leben schlechthin haben wollen, denn Gottes Geist ist *die* prophetisch verheißene messianische Heilsgabe.[2] Die Apg greift ausdrücklich auf die Verheißung des göttlichen Geistes beim Propheten Joel (2,28–32) zurück und läßt Petrus die Geisterfahrung des ersten Pfingstfestes so deuten: »Diesen Jesus hat Gott auferweckt, wofür wir alle Zeugen sind. Nachdem er nun zur Rechten Gottes erhöht

---

[1] Vgl. dazu die Kommentare zu Lk und Apg; *M. Rese*, Das Lukas-Evangelium. Ein Forschungsbericht: Aufstieg und Niedergang der römischen Welt, Teil II, Bd. 25, Berlin 1985, 2258–2328 (Lit.); *F. Hahn*, Der gegenwärtige Stand der Erforschung der Apostelgeschichte, in: Theologische Revue 82 (1986) 177–190 (Lit.).

[2] Belege dafür finden sich leicht in den Pneumatologien, z. B. von Y. Congar und Ch. Schütz (s. oben 1 Anm. 20) oder in Lexikonartikeln zu »Pneuma«.

worden ist und den verheißenen heiligen Geist vom Vater in Empfang genommen hat, hat er das ausgegossen, was ihr da seht und hört« (Apg 2,32f; die ganze Petruspredigt ebd. 17–36). Der Empfang des göttlichen Geistes ist notwendig, um aus den Bedrängnissen des Todes zu Gott gerettet zu werden; dabei bestimmt zwar niemand als Gott allein, bei wie vielen die Verheißung dieser Rettung verwirklicht wird, aber Petrus versichert, daß die, die umkehren und sich »auf den Namen Jesu Christi zur Vergebung der Sünden« taufen lassen, die Gabe des Heiligen Geistes empfangen werden (ebd. 38ff). Hier wird die zweifache Weise des Kommens des göttlichen Geistes deutlich: Er kommt spontan, aus der unbegrenzten Souveränität des ihn durch Jesus schenkenden göttlichen Vaters, und er wird gegeben im Zusammenhang mit dem Vollzug von Neuorientierung des Lebens und Sakrament. Keine der beiden Weisen wird exklusiv verstanden. Beide Male ist Gott der Gebende; er bleibt souverän auch im sakramentalen Vollzug, da er es ist, der über sein Ankommen beim Menschen und über sein Wirksamwerden entscheidet. So bieten diese neutestamentlichen Geisttexte keinen Anhaltspunkt für die Meinung, die Kirche maße sich an, über den göttlichen Geist zu verfügen und ihn zu »kanalisieren«.

Diese Feststellungen sind auch zu beachten bei jener Stelle, die in der katholischen Theologie als das klassische Zeugnis für das Firmsakrament gilt: Apg 8,14–17. In Samaria[3] fanden sich Glaubende, die das Wort Gottes angenommen hatten und getauft worden waren, ohne daß der Heilige Geist auf sie »gefallen« war. Die Jerusalemer Apostel sandten Petrus und Johannes zu ihnen; die beiden beteten um das Kommen des göttlichen Geistes, legten den Glaubenden die Hände auf, und auch diese Christen empfingen den Heiligen Geist. Im Folgenden wird gesagt, der göttliche Geist sei »durch die Auflegung der Hände der Apostel« verliehen worden (ebd. 18f). Eine solche Aussage darf gewiß nicht exklusiv verstan-

---

[3] Hier kann nicht auf die Absicht eingegangen werden, in der die Apg eine solche Erzählung vorträgt. Die Auffassung, der prophetisch für die Endzeit verheißene Heilige Geist sei gerade über die früheste christliche Gemeinde ausgegossen worden, und die Inanspruchnahme der Handauflegung durch Beauftragte dieser Gemeinde sind zweifellos im Zusammenhang mit der Ablösung der Kirche von Israel zu sehen.

den, der Ritus der Handauflegung nicht gegen die Fürbitte um das Kommen des Geistes ausgespielt werden. Die uralte Segensgeste der Handauflegung (Gen 48,15) war mit Gebet verbunden.[4] Sie wird in Apg ohne theologische Reflexion wie selbstverständlich erwähnt (vgl. 6,6: Handauflegung nach Gebet; 9,12–18; 19,6), aber sie verdrängt nirgendwo die heilschaffende und geistverleihende Qualität des Glaubens an das Evangelium (vgl. 15,7f).

So berechtigen diese neutestamentlichen Geistzeugnisse zu der Schlußfolgerung, daß Gottes Geist als Gabe des Vaters durch den Sohn einerseits den Menschen verheißen und auch zu ihnen gekommen ist, die Gottes neue Menschheit darstellen und in denen kraft des Geistes ewiges Leben begonnen hat, daß die Kirche aber andererseits wirksam um das Kommen des göttlichen Geistes mit einer bestimmten Zielsetzung bitten kann. Die Apg weist unsystematisch auf bestimmte Aufgaben hin, zu deren Erfüllung es des göttlichen Geistes bedarf: Zeugnis für den Glauben abzulegen (2,22–36; 4,8–12 u. ö.), missionarisch neue Menschen für den Glauben zu gewinnen (8,29.39; 13,2ff u. ö.), wichtige Entscheidungen im Lebensinteresse der Kirche zu fällen (10,19; 11,12; 15,28; 20,28).

Die anderen neutestamentlichen Geistzeugnisse – es sind in erster Linie Paulus und Johannes – widersprechen dieser Sicht des lukanischen Doppelwerkes nicht. Sie konzentrieren sich allerdings auf den göttlichen Geist, der schöpferisch neues Leben schenkt, Menschen verwandelt, sie zum Glauben und zu immer tieferer Einsicht führt, der unablässig praktische »Früchte des Geistes« in menschlichem Verhalten aus ihnen hervorbringen will, sie zum Gebrauch der geschenkten Freiheit ermutigt, unterschiedliche Gaben zum Aufbau der christlichen Gemeinde schenkt und dabei die Einheit der Glaubenden garantiert. Kurz: Sie beschreiben den Geist als das Wesen Gottes (Joh 4,24), als die Art und Weise, wie Gott nach

---

[4] Vgl. das Standardwerk über Handauflegung: K. *Groß*, Menschenhand und Gotteshand in Antike und Christentum, Stuttgart 1985. Auch anläßlich der Erörterung des Weihesakraments ist die bis heute unbeantwortete Frage zu stellen, ob die vom Neuen Testament erwähnten Handauflegungen sämtlich oder doch zum größten Teil nicht Segensgesten, sondern Erwählungszeichen (Handerheben) waren. Vgl. auch *A. T. Hanson u. a.*, Handauflegung, in: TRE XIV, 1985, 415–418.

der Erhöhung Jesu Christi in der Menschheit gegenwärtig ist. In dieser Weise seines Kommens und Bleibens ist Gott, der Geist, absolut frei, unverfügbar und unkalkulierbar. Es widerspräche dem Neuen Testament, wollte man die Gegenwart des göttlichen Geistes im Herzen des Menschen vom Vollzug eines Sakraments abhängig machen. Es widerspräche ihm aber nicht, in einem Sakrament die Fürbitte um ein besonderes Kommen und Wirksamwerden des Geistes zu sehen.

7.2   Geschichtliche Festlegungen

In der lateinischen Kirche entstand durch die zeitliche Loslösung der (postbaptismalen) Salbung – als Symbol der Kräftigung und der Inanspruchnahme eines Menschen für Gott (Weihe) – und der Handauflegung durch den Bischof vom Akt der Wassertaufe (s. oben 6.2) die Firmung als eigenes Sakrament. Diese Abspaltung wurde mit der karolingischen Reform endgültig.[5] Die theologischen Reflexionen, die diesen Ablösungsprozeß spärlich begleiteten, konzentrierten sich auf das Geschehen der Salbung (auch sie wurde pneumatologisch verstanden) und der Handauflegung, dabei blieb der Bezug zur Taufe erhalten: Der abgelöste Ritus galt als die dem Bischof vorbehaltene Vollendung der Taufe, so eine Synode von Elvira, heute Granada, um 300 (nur lat. DS 120f.). Daß diese Handauflegung dem Bischof vorbehalten sei, wurde erstmals von Cyprian von Karthago (†258) mit Apg 8,14–17 begründet. Auch die Weihe des (aus Olivenöl und Balsam hergestellten) Chrisams blieb immer dem Bischof vorbehalten.

In der Kirchenväterzeit finden sich Zeugnisse, die den der Taufe folgenden Ritus nicht nur als äußere Ergänzung oder Vollendung, sondern als Verstärkung des Taufgeschehens begreifen. Die theologische Meditation galt zwei Symbolbegriffen, »Chrisam« und »Sphragis«. Die Salbung galt als sinnenfällige Vermittlung innerer Kraft bis hin zu jener Stärke, aus der das Martyrium, das Glaubenszeugnis bis in den Tod hinein, möglich wird. Die Taufe in ihrer durch bischöfliche Handauflegung vollendeten Gestalt wurde als

---

[5] Vgl. A. Angenendt, Kaiserherrschaft und Königstaufe, Berlin 1984, 75–91.

Übereignung eines Menschen in das Eigentum und in den Dienst Jesu Christi verstanden, als Besiegelung (»sphragis«) einer ein für allemal getroffenen Entscheidung. Von da her wird erklärlich, daß man jenes unauslöschliche Prägemal (Charakter), das man der Taufe zuschrieb, auch der von der Taufe abgelösten Firmung zusprach. Von dieser Sicht her erhielt die Firmung in der lateinischen Theologie ihren Namen: »confirmatio«.

Die scholastische Theologie mühte sich um den inneren Gehalt der Firmung: sie zeige an, daß ein Mensch geistlich-religiös erwachsen sei, vermittle ihm die Kraft zum Glaubenszeugnis im umfassenden Sinn und erteile ihm den unwiderruflichen Auftrag der Teilnahme an Leben und Sendung der Kirche (daher die mit dem »Charakter« ausgesprochene Nichtwiederholbarkeit der Firmung). Der Bezug zur Taufe wurde stets gewahrt, und nie wurde gesagt, die Firmung sei der exklusive oder auch nur ein bevorzugter Weg des Heiligen Geistes zum Menschen.

Kirchliche Lehräußerungen zur Firmung ergaben sich aus den Einigungsbestrebungen, die im 14. und 15. Jahrhundert auf die getrennten Ostkirchen gerichtet waren. Im kirchlichen Osten wurde die »Myronsalbung« theologisch durchaus von der Taufe unterschieden, sie blieb aber, bis heute in den Ostkirchen, mit ihr verbunden, wurde und wird also dem Säugling durch den einfachen Priester erteilt. 1351 erwartete der Papst von den Armeniern das Bekenntnis, der Chrisam könne nur vom Bischof geweiht werden (NR 548/DS 1068), das Firmsakrament könne »von Amts wegen« und »ordentlich« (das heißt nach der gewöhnlichen Ordnung) nur vom Bischof gespendet werden (NR 549/DS 1069), der Papst aber, und nur dieser, könne die Spendung auch einfachen Priestern gestatten (NR 550/DS 1070); Firmlinge, die nicht nach diesen Regeln gefirmt wurden, müßten noch einmal von einem Bischof gefirmt werden (NR 551/DS 1071). Auch das Konzil von Florenz suchte 1439 in seinem Lehrentscheid für die Armenier diesen die lateinische Sicht der Firmung aufzuzwingen (NR 552f./DS 1317f.). In diesem Thomas von Aquin entlehnten Text ist auch von der besonderen Wirkung des Firmsakraments die Rede. Es heißt: »Durch die Firmung wird unsere Gnade gemehrt und unser Glaube gestärkt« (NR 502/DS 1311), und weiter: »Die Wirkung dieses Sakramentes besteht darin, daß in ihm der Heilige Geist zur Stärkung gegeben wird, wie er den Aposteln am Pfingstfest gegeben wurde, damit der Christ mit Mut Christi Namen bekenne. Deshalb wird der Firmling auf der Stirn, wo sich die Beschämung kundtut, gesalbt, auf daß er sich nicht schäme, Christi Namen zu bekennen und besonders sein Kreuz, das nach dem Apostel den Juden ein Anstoß und den Heiden eine Torheit ist. Deshalb wird er mit dem Zeichen des Kreuzes gezeichnet« (NR 554/DS 1319). Mit der Lehre vom sakramentalen Charakter der Firmung betonte dieses Konzil deren Nichtwiederholbarkeit (NR 504/DS 1313).

Der nächste Anlaß zu kirchenamtlichen Äußerungen über die Firmung war die Ablehnung dieses Sakraments durch die Reformatoren: Sie sahen in der Firmung eine Abwertung der Taufe und konnten sie, entsprechend ihrem Prinzip, daß ein Sakrament ausdrücklich von Jesus Christus eingesetzt und mit einer Verheißung der Gnade versehen sein müsse, nicht als Sakrament anerkennen. Das Konzil von Trient zählte auf seiner 7. Sitzung 1547 in den Lehrsätzen über die Sakramente im allgemeinen die Firmung unter den sieben von Jesus Christus eingesetzten Sakramenten auf (NR 506/DS 1601) und wiederholte die Lehre von dem durch die Firmung eingeprägten sakramentalen Charakter (NR 514/DS 1609). Auf der gleichen Sitzung stellte es drei Lehrsätze über die Firmung auf:

»1. Wer sagt, die Firmung der Getauften sei eine leere Zeremonie und nicht ein wahres und eigentliches Sakrament, oder sie sei ehedem nichts anderes gewesen als eine Art Katechese, in der die Heranwachsenden vor der Kirche von ihrem Glauben Rechenschaft gaben, der sei ausgeschlossen.
2. Wer sagt, diejenigen täten ein Unrecht wider den Heiligen Geist, die dem heiligen Salböl der Firmung eine bestimmte Kraft zuschrieben, der sei ausgeschlossen.
3. Wer sagt, der ordentliche Spender der heiligen Firmung sei nicht nur der Bischof, sondern jeder einfache Priester, der sei ausgeschlossen« (NR 555 ff./DS 1628 ff.).

Mit dem dritten Satz sollte der ostkirchliche Brauch der Firmung durch den Priester nicht verurteilt, aber als ein »außerordentlicher« Weg verstanden werden.

In den evangelischen Kirchen kam schon im 16. Jahrhundert die

Konfirmation als nichtsakramentale, gottesdienstliche Handlung auf, in der die Herangewachsenen (etwa mit 14 Jahren) von der Gemeinde als kirchliche Vollmitglieder anerkannt werden, verbunden mit einem Taufgedächtnis und einer ausdrücklichen bekenntnismäßigen Verpflichtung der Konfirmanden auf den Weg Jesu Christi. Dieser seit dem 18. Jahrhundert allgemein verbreitete Brauch zeigt ein Bedürfnis an, das sich ebenso in der katholischen Kirche findet, das Bedürfnis, von den Herangewachsenen eine eigene, verantwortete Stellungnahme zum Taufgeschehen zu erbitten, das an Säuglingen vollzogen worden war, und im Fall einer positiven Annahme die jungen Christen auf einen Lebensweg bewußter Zeugenschaft zu verpflichten. Die Einsicht, daß die Taufe in diesem Sinn eine Ergänzung und Vollendung braucht, führte katholischerseits zu ausgedehnten praktisch-theologischen Diskussionen über das richtige Firmalter. Je mehr man in der Firmung einen öffentlichen Akt des bewußten inneren Ja zu Umkehr und Glaube, eine Vergegenwärtigung des Taufgeschehens, den freiwilligen und überzeugten Eintritt in eine kirchlich-missionarische Existenz sehen wollte und will, um so näher rückt das vorgeschlagene Firmalter an die Schwelle des wirklichen Erwachsenseins.

Das Zweite Vatikanische Konzil äußerte sich zu verschiedenen einzelnen Aspekten der Firmung. In der Liturgiekonstitution heißt es: »Der Firmritus soll überarbeitet werden, auch in dem Sinne, daß der innere Zusammenhang dieses Sakraments mit der gesamten christlichen Initiation besser aufleuchte; daher ist es passend, daß dem Empfang des Sakramentes eine Erneuerung der Taufversprechen voraufgeht« (SC 71). In der dogmatischen Konstitution über die Kirche liegt der Äußerung über die Wirkungen der Firmung offensichtlich ein Vergleich mit der Taufe zugrunde. Von den Gläubigen wird gesagt: »Durch das Sakrament der Firmung werden sie vollkommener der Kirche verbunden und mit einer besonderen Kraft des Heiligen Geistes ausgestattet« (LG 11); die speziell kirchliche Sendung wird auch dort ausgesprochen, wo die Bestellung zum Apostolat der Laien durch Taufe und Firmung auf den erhöhten Herrn zurückgeführt wird (LG 33). Die praktische Situation hat in der katholischen Kirche dazu geführt, daß nicht nur Bischöfe, sondern auch von ihnen beauftragte einfache Priester (im Notfall jeder

Priester, auch ohne Auftrag) das Firmsakrament spenden. Das II. Vaticanum klärte die Frage nach dem »Spender« insofern, als es von den Bischöfen sagte: »Sie sind die erstberufenen Firmspender« (LG 26), also keineswegs die ausschließlichen Spender, und die ostkirchliche Praxis der Firmung durch Priester mit vom Patriarchen oder Bischof geweihtem Chrisam ausdrücklich anerkannte (OE 13f). Nach der Reform des Firmritus[6] wird die Firmung nach einer Bitte um das Kommen des göttlichen Geistes gespendet durch Salbung mit Chrisam auf der Stirn unter Auflegung der Hand, dabei werden die Worte gesprochen: »Sei besiegelt durch die Gabe Gottes, den Heiligen Geist.« Werden Erwachsene getauft und gefirmt, so gilt die alte Initiationsordnung: Taufe – Firmung – Eucharistie.

7.3   Zusammenfassung

Von der Entstehung des Firmsakraments her ist es möglich, dieses Sakrament als jene Symbolhandlung aufzufassen, in der die Kirche für einen getauften Menschen ein besonderes Wirksamwerden des Heiligen Geistes erbittet. Die Kirche ist grundsätzlich frei, die Zielrichtung dieser Fürbitte genauer zu bestimmen. Von der Tradition her legt sich die Vollendung der Taufe nahe, in dem Sinn, daß der getaufte Mensch sich der Taufe erinnert, sich ein innerstes Verbundensein mit Jesus Christus vergegenwärtigt, die Orientierung seines ganzen Lebens an Jesus Christus (»Umkehr«) und die Annahme des Glaubens der Kirche in der Firmung bekräftigt. Damit kann eine neue und eigene Verpflichtung zum Zeugnis für diesen Glauben in der Öffentlichkeit, die Annahme einer kirchlichen Sendung (»Mission«, »Apostolat«) verbunden werden. Alle diese inhaltlichen Füllungen sind keine menschlichen Eigenleistungen; sie werden von Gott gewährt durch den erhöhten Sohn, insofern die-

---

[6] Neuordnung der Firmung durch die Apostolische Konstitution »Divinae consortium naturae« (15. 8. 1971): AAS 63 (1971) 657–664, die entsprechende liturgische Ordnung: *R. Kaczynski*, Enchiridion Documentorum Instaurationis liturgicae I (1963–1973), Turin 1976, 814–820; vgl. dazu *A. E. Hierold*, Taufe und Firmung, in: HKR 659–675, hier 671 – 675 über die Firmung, speziell zur Neuordnung des »Firmspenders« 672f.

ser seine Sendung von der Gemeinde der Glaubenden fortgeführt wissen will, in der Kraft des gegenwärtigen Heiligen Geistes. Hält die Kirche daran fest, daß Jesus Christus der eigentlich in diesem Sakrament Wirkende ist, da er den Bittenden den ihm vom Vater gegebenen Geist zur Erfüllung bestimmter Aufgaben schenkt, so bedeutet das nicht, daß die Kirche sich des göttlichen Geistes bemächtigte und über ihn verfügte.

Zwei Mißverständnisse sind zu vermeiden. (1) Die Firmung darf nicht aufgefaßt werden als erste und grundlegende Mitteilung des Heiligen Geistes an einen Menschen. Da Gottes Gnade in erster Linie nichts anderes ist als Gott selber und da Gottes Kommen zum Menschen, sein Wohnen in der innersten Mitte des Menschen, ausschließlich von Gottes freier Initiative abhängt, ist der Zeitpunkt der Mitteilung des göttlichen Geistes an den Menschen mit dieser gnadenhaften Ankunft Gottes identisch, aber grundsätzlich nicht vom Menschen ausfindig zu machen. In der Firmung als Gnadengeschehen bewegt der im Menschen gegenwärtige Geist Gottes den Glaubenden in eine bestimmte Richtung der Erfüllung des Willens Gottes. (2) Die Firmung darf dabei aber nicht als das Sakrament des Laienapostolats verstanden werden. Sie bezeichnet den Beginn des Christseins in der kirchlichen und weltlichen Öffentlichkeit als Gabe und Aufgabe, die Stärkung des Glaubens und die Befähigung, für ihn Zeugnis abzulegen, und ist somit, zusammen mit der Taufe, grundlegend für *alle* »Stände« und Dienste in der Kirche. Die Firmung gehört zu den »kleineren« Sakramenten; sie wurde nie als heilsnotwendig betrachtet. Dennoch kommt ihr als sinnenfälligem Ausdruck des Angewiesenseins auf Gottes Heiligen Geist große Bedeutung zu. Als Bekenntnis zu prophetischer Geistverheißung und ihrer Erfüllung nach dem geheimnisvollen Willen Gottes, als Symbolhandlung mit den ehrwürdigen Gesten der Salbung und der Handauflegung dokumentiert sie die bleibende Verbundenheit der christlichen Kirche mit Israel. Das Bedürfnis nach der Konfirmation in den reformatorischen Kirchen zeigt, daß die Existenz dieses Sakraments den ökumenischen Bemühungen nicht im Weg stehen muß.

Literatur V.

Firmung

Amougou-Atangana, J., Ein Sakrament des Geistempfangs? Freiburg 1974

Barral-Baron, N., Renouveau de la confirmation, Paris 1983

Biemer, G., Firmung. Theologie und Praxis, Würzburg 1973 (Lit.)

Ferrari, G., Teologia e liturgia della confirmazione in Oriente e Occidente, in: Nicolaus 12 (1985) 295–316

Firmung: Internationale kath. Zeitschrift 11 (1982) 409–456

Halleux, A. de, Confirmation et Chrisma, in: Irénikon 57 (1984) 490–515

Il sacramento della confermazione, Bologna 1983

Kretschmar, G., Firmung, in: TRE XI, 1983, 192–204

Lanne, E. Les sacrements de l'initiation chrétienne et la confirmation dans l'Eglise d'Occident, in: Irénikon 57 (1984) 196–215, 324–346

Larrabe, J. L., La Confirmación, sacramento del Espíritu en la teología moderna, in: Lumen 32 (1983) 144–175

Ligier, L., La Confirmation, Paris 1973 (bedauert das Zurücktreten der Handauflegung gegenüber der Salbung; materialreich)

Meyer, H. B., Aus dem Wasser und dem Heiligen Geist, Aschaffenburg 1969

Mühlen, H., Firmung als sakramentales Zeichen der heilsgeschichtlichen Selbstüberlieferung des Geistes Christi, in: Theologie und Glaube 57 (1967) 263–286

Nordhues, P. / Petri, H. (Hrsg.), Die Gabe Gottes. Beiträge zur Theologie und Pastoral des Firmsakraments, Paderborn 1974

Schützeichel, H., Katholische Calvin-Studien, Trier 1980, 9–27 (Calvins Kritik an der Firmung)

Zerndl, J., Die Theologie der Firmung in der Vorbereitung und in den Akten des Zweiten Vatikanischen Konzils, Paderborn 1986

8 Die Eucharistie

8.1 Einführung

Die Eucharistie nimmt unter den sieben Sakramenten der Kirche den höchsten Rang ein. Sie ist für römisch-katholische und orthodoxe Christen *die* Liturgie schlechthin. Bei ihr sind wie bei keinem anderen Sakrament objektiver Ritus und tiefe subjektive, auch emotionale und mystische Frömmigkeit verbunden, werden die bedeutendsten menschlichen Fähigkeiten (Musik, Architektur, Kunsthandwerk, Malerei, Dichtung) in Dienst genommen, mühten und mühen sich alle theologischen Disziplinen um Kenntnis, Einsicht und würdigen Vollzug, berühren sich von der Schöpfungstheologie bis zur Eschatologie alle wesentlichen Glaubenslehren. Diese intensive und extensive Zuwendung macht es unmöglich, in einer kurzen Übersicht angemessen von diesem Sakrament und seiner Geschichte zu sprechen.

Auch die Krisen, die die Eucharistie erfahren mußte, können hier höchstens angedeutet werden. Wenn in der Gegenwart von Hemmungen und Desinteresse gegenüber Liturgie und Symbolen die Rede ist, gehört die Eucharistie in erster Linie zu den davon betroffenen Gottesdiensten. Ebenso gilt ihr neu erwachtes Interesse: »Abendmahl als Vergewisserung von Zugehörigkeit, als Erfahrung von Geborgenheit; Abendmahl als Neuanfang in den Verstrickungen von Schuld und Gewalt; Abendmahl als das Geschehen geteilten Lebens, weil einander mitgeteilten Brotes; Abendmahl als Mahl der Hoffnung, als Traum.«[1] Eucharistie soll in neuen Gestaltungen die Kirche als immer jung und dynamisch, als politisch und sozial engagiert, als einladend und missionarisch darstellen; sie soll, weit über den Zirkel der Eingeweihten hinaus, »öffentliches und offenes Gemeinschaftsmahl für den Frieden und die Gerechtigkeit Gottes in der Welt«[2] sein, an dem auch Nichtge-

---

[1] *U. Kühn*, Sakramente 264.
[2] *J. Moltmann*, Kirche in der Kraft des Geistes, München 1975, 270.

taufte essend und trinkend teilhaben können. In dem Bemühen, Eucharistie möglichst deutlich vor dem Eindruck des Kultischen zu bewahren – das freilich in Massenfeiern unter großem Zulauf seine Lebenskraft beweist –, wird die anthropologische und soziologische Bedeutung gemeinsamen Essens und Trinkens besonders hervorgehoben.[3]

Eine solchermaßen offene Praxis (die in bescheidenerer Form aus »Eigenmächtigkeiten« in der Liturgie besteht) und die dazugehörigen Überlegungen führen nicht nur zu Mahnungen und Warnungen von kirchenamtlicher und theologischer Seite; sie vertiefen auch bestehende Gräben innerhalb ein und derselben Kirche, ja rufen sektenhafte Abspaltungen hervor[4]: das Vermächtnis Jesu als Quelle von Streit und Uneinigkeit. Solche und ähnliche Beobachtungen lenken die Aufmerksamkeit auf jene Voraussetzungen, die gegeben sein müssen, damit wirklich von Eucharistie die Rede sein kann. Welchen Wert Jesusgedächtnisse in lockerer Form für neue Zugänge zu Praxis und Glauben des Christentums auch haben mögen, die christliche Feier kann nur unter bestimmten Voraussetzungen Anspruch auf jenen Namen erheben, der dem Sakrament vorzugsweise von katholischen bzw. evangelischen Christen gegeben wird: Eucharistie bzw. Abendmahl.

Eine erste Voraussetzung ist der wirkliche und aktive Wille zur kirchlichen Einheit. Sie ist zunächst bedroht von unversöhnten Zuständen, von Aggressivität und Rechthaberei (auf allen Seiten!). Nach einem von Jesus überlieferten Wort setzt Liturgie Versöhnung voraus (Mt 5,23 f). Zu einer Zeit, als noch viele Augen- und Ohrenzeugen Jesu lebten, sprach Paulus von der Unmöglichkeit, bei bestehenden Spaltungen in der Gemeinde Eucharistie zu feiern (1 Kor 11, bes. 17–20; vgl. auch 10,17). Augustinus nannte in einem bis heute oft zitierten Wort die Eucharistie »das Zeichen der Einheit, das Band der Liebe« (II. Vaticanum, SC 47). Mit Recht sagt Walter Kasper: »Sicherlich ist es gegen das Wesen der Euchari-

---

[3] *M. Josuttis / G. M. Martin* (Hrsg.), Das heilige Essen. Kulturwissenschaftliche Beiträge zum Verständnis des Abendmahls, Stuttgart / Berlin 1980.

[4] Als ein Beispiel aus mehreren sei die folgenreiche Aktivität der Lefebvre-Gruppe genannt; vgl. die unter meiner Anleitung entstandene Dissertation von *A. Schifferle*, Marcel Lefebvre – Ärgernis und Besinnung, Kevelaer 1983, bes. 131–166.

stie und gegen die entsprechenden Entscheidungen der Urkirche, aus der Eucharistie eine Rassen- oder Klasseneucharistie zu machen, sei es, daß man sie zur exklusiven Eucharistiefeier der Privilegierten, sei es, daß man sie zur revolutionären Feier der Unterprivilegierten macht. Es widerspricht dem Wesen der Eucharistie aber ebensosehr, wenn man die ethischen Voraussetzungen und Konsequenzen der gemeinsamen Feier der Eucharistie verkennt: die konkret realisierte Agape (vgl. Mt 5,23f), deren *Minimum* (Hervorhebung von mir, H. V.) die Erfüllung der Forderungen der sozialen Gerechtigkeit darstellt.«[5]

Die Eucharistie als Inbegriff des Glaubensbekenntnisses legt dann natürlich die Frage nach dem Glauben der Feiernden nahe. Bei manchen Jesusgedächtnissen wird offensichtlich überhaupt nicht bewußt, daß Jesus der »fromme Jude« schlechthin war, ein Mensch, der ganz aus Gott und auf Gott hin lebte, erfüllt von seiner Sendung und gewillt, ihr, dem sendenden Vater, bis zum Ende gehorsam zu sein. Wie ließe sich Jesu gedenken, ohne Gottes inne zu werden? Von Eucharistiefeier kann sinnvollerweise nur dort gesprochen werden, wo der Glaube an Gott und seine alles erfüllende Gegenwart gegeben ist. Das klingt vielleicht selbstverständlicher, als es für manche ist. Schwingt nicht doch in manchen Eucharistievorstellungen die Meinung mit, durch dieses Sakrament werde Jesus – und mit Jesus Gott – gegenwärtig, der sonst fern, in den »Himmel« entrückt sei? Er werde gar durch einen Menschen gegenwärtig »gemacht« oder »gesetzt«? Zu den Voraussetzungen der Eucharistiefeier wie jedes Sakraments gehört die feste Glaubensüberzeugung von Gott als der alles bestimmenden Wirklichkeit, die immer und überall gegenwärtig ist.

Die Gegenwart des dreieinigen Gottes ist eine *reale* Gegenwart. Der Unterschied zu einer realen, also höchst wirklichen Gegenwart wäre eine nur gedachte, vielleicht illusorische, jedenfalls unsichere Gegenwart. Wie aber könnte Gott in räumlicher Ferne gedacht werden, jenseits eines Abgrunds, den unser Denken vielleicht überbrückte? Gott ist allem und allen real gegenwärtig, und

---

[5] W. *Kasper*, Einheit und Vielfalt der Aspekte der Eucharistie, in: Internationale kath. Zeitschrift 14 (1985) 196–215, hier 212f.

selbst dann, wenn Jesus nichts anderes wäre als nur ein zu Gott geretteter Mensch, wäre er dort, wo die zu Gott geretteten Toten sind, nämlich bei Gott. Und so wäre er auf jeden Fall für die, die an Gottes reale Gegenwart glauben, real gegenwärtig. Nun aber ist Jesus ungleich mehr als nur ein aus dem Tod zu Gott geretteter Mensch, da er jener Mensch ist, mit dem sich das Aussagbare an Gott, der ewige »Logos«, unvermischt und unlösbar verbunden hat. Wo Gott wirklich gegenwärtig ist, ist die Realpräsenz Jesu gegeben.

Diese Gegenwart Gottes läßt sich durch räumliche und zeitliche Vorstellungen nicht bestimmen. Die Frage, wann Gottes Gegenwart anfange und aufhöre, ist ebenso sinnlos wie die Frage, »wo« sich Gott befinde. Von den biblischen Gotteszeugnissen ausgehend bezeichnet der christliche Glaube Gott als Geist oder Pneuma (Joh 4,24), seine Gegenwart für uns daher als pneumatische Gegenwart (siehe oben 2.3 und 5.1.1). Wenn wir von einem Menschen sagen, daß er durch Gott vom Tod zum ewigen Leben erweckt wurde und als ganzer gerettet, also von den Toten auferstanden ist, meinen wir damit selbstverständlich auch seinen Leib. Aber der in Gottes Herrlichkeit endgültig hineingenommene Leib ist, wie in 1 Kor 15,35−55 eindringlich dargelegt wird, von ganz anderer Qualität als unser auf Raum und Zeit angewiesener Leib. Der in Gott geborgene Leib ist ein »geistgewirkter« (pneumatikos: nicht ein geistiger oder geistlicher, wie viele Übersetzungen sagen, sondern ein geistgewirkter) Leib. So können die Gegenwart Gottes und die Gegenwart Jesu – als Sohn Gottes und als verherrlichter Mensch – immer nur *pneumatische* Gegenwart sein.

Es gehört zu den Grundlagen des christlichen Glaubens und so auch zu den Glaubensvoraussetzungen der Eucharistie, daß sich uns Gottes Gegenwart nur erschließt durch sein heiliges Pneuma, den göttlichen Geist. Dieser Geist ist nicht da oder dort zu suchen, sondern zuinnerst in uns selber, in unserem »Herzen« (Röm 5,5). Dort geschieht durch ihn, nicht durch unsere Anstrengung und Leistung, jene Eröffnung, die wir »Glauben« nennen, und jenes Innewerden Gottes in einer Vereinigung oder communio, die mit Worten nicht mehr beschreibbar ist. Sie ist das Ziel des christlichen Glaubens und seiner Praxis, aller Frömmigkeit, aller Liturgie und so auch aller Sakramente, zuhöchst aber der Eucharistie. Wo eine christliche Feier nicht auf die reale, pneumatische Gegenwart Gottes in Jesus durch seinen Geist hinorientiert wäre, wo sie diese Gottesvereinigung nicht als ihr letztes und höchstes Ziel hätte, sollte sie nicht »Eucharistie« genannt werden.

Noch eine andere pneumatologische Voraussetzung der Eucharistie ist zur Sprache zu bringen. Gottes Geist ist es, der im Herzen der Menschen Glauben erweckt, sie zum Zeugnis und Bekenntnis dieses Glaubens bringt und so Kirche bildet. Die Grundvollzüge der Kirche sind vom Geist Gottes gewirkt. Er führt in ihnen nicht nur zur individuellen Gottesbegegnung, sondern fügt durch sie auch immer neu Kirche als Gemeinschaft zusammen. Zu einer sakramentalen Feier gehört ein bestimmtes Vertrauen in dieses Wirken des Geistes: daß die Feiernden nicht in die Irre gehen, keinem Wahn unterliegen. Ein Aspekt dieses Vertrauens in den Heiligen Geist ist die Zuversicht, daß sich die Kirche bei ihren *Grundvollzügen* nicht durch die historische Forschung erschüttern zu lassen braucht. Historische Befunde können im Zusammenhang des Glaubens nie so eindeutig und gesichert sein, daß ein Mensch durch sie förmlich zur Annahme einer bestimmten Überzeugung genötigt würde: dann könnte von der Freiheit des Glaubens nicht mehr die Rede sein. Bei der Eucharistie hat die historisch-kritische Exegese begründete Zweifel vorgebracht, ob wir von einer direkten, unmittelbaren »Stiftung« oder »Einsetzung« durch den historischen Jesus sprechen können, ob er aufgetragen hat, »dies« zu seinem Gedächtnis zu feiern, ob die deutenden Worte zu Brot und Becher bei ihm so gelautet haben können usw. Die uns überlieferten Zeugnisse führen in den wesentlichen Eucharistieaussagen zeitlich und inhaltlich in eine so große Nähe zu Jesus, daß der Glaube gerade noch genug historische Anhaltspunkte hat, um intellektuell redlich sein zu können. Historiker können nicht erklären, wie die früheste christliche Gemeinde das Wesentliche an der Eucharistieüberlieferung so kurze Zeit nach Jesu Weggang einfach hätte erfinden können. Daß ein »Stiftungszusammenhang« gerade zwischen Jesus und der Eucharistie besteht, garantieren indes nicht Historiker, sondern bewirkt der Geist Gottes.

Aus dem bisher Gesagten geht hervor, daß die Kirche grundsätzlich das Recht hat, Zulassungen zur Eucharistie zu beschränken, und daß darin keine objektive Ungerechtigkeit liegen kann. Mit einer Nichtzulassung entscheidet sie ja nicht darüber, ob Gott in seiner Liebe und Gnade einem Menschen zuinnerst nahe ist, und diese Nichtzulassung muß nicht zwangsläufig bedeuten, daß sich die kirchlichen Christen auch auf der Ebene menschlicher Beziehungen und kirchlicher Diakonie von Andersdenkenden distanzieren. Für Atheisten oder Anhänger nichtchristlicher Religionen kann sich die Kirche in vielfältiger Weise menschenfreundlich und einladend darstellen; sie kann und darf dazu nicht die Eucharistie zu einem weltoffenen Abendmahl umfunktionieren.

Anders verhält es sich mit der Abendmahlsgemeinschaft der Christen, die noch in getrennten Kirchen existieren.[6] Muß von ihnen ein gemeinsames Glaubensbekenntnis verlangt werden? Daß sie im trinitarischen Glauben übereinstimmen und sich zur realen Gegenwart Gottes durch seinen Sohn Jesus im Heiligen Geist bekennen, ist selbstverständlich Voraussetzung der Eucharistiefeier und -gemeinschaft. Darüber hinaus fordern manche Kirchen, z. B. die orthodoxen und die römisch-katholische, die Herstellung der vollen Kircheneinheit als Voraussetzung einer vollen Eucharistiegemeinschaft.[7] Obwohl der ökumenische Dialog in den letzten 25 Jahren erstaunliche Fortschritte gemacht hat, gibt es im geschichtlichen Erbe dogmatische Festlegungen, die nach der Meinung mancher Kirchenleitungen nicht aufgegeben werden können, ohne daß die Kirche ihre Identität verlöre. So verlangt die römisch-katholische Kirche hinsichtlich der Eucharistie das Bekenntnis zu einer besonderen Art und Weise der realen Gegenwart Jesu Christi (siehe dazu unten 8.4.2; 8.4.3) und fordert sie zum Zustandekommen einer »gültigen« Eucharistiefeier deren Leitung durch einen »gültig« geweihten Priester,[8] wobei das Fehlen dieser »Gültigkeit«

---

[6] Es gibt gute Übersichten über den aktuellen Stand, z. B. von *U. Kühn*, in: TRE I, 1977, 145–212; *G. Wainwright* in: EKL I, 1986, 29–32, jeweils mit Lit. – Vgl. auch *Th. Schneider*, Zeichen (s. Lit. I) 173–183.

[7] Eucharistische Gastfreundschaft ohne Gegenseitigkeit gewährt die katholische Kirche eher als die Orthodoxen, darüber unterrichtet die Lit. Vgl. auch *A. Mayer*, Die Eucharistie, in: HKR 676–691.

[8] *U. Kühn*, Sakramente 302, stellt mit Freude fest, das II. Vaticanum habe den Begriff

gewiß nicht bedeuten kann, daß Gottes gnädige Gegenwart fehle und die priesterlose Feier ohne Wert sei. Kleine Gruppen oder einzelne Theologen sind gegenüber solchen Forderungen machtlos. In der christlichen Tradition gibt es jedenfalls Zeugnisse, die eine volle Kirchen- und Bekenntniseinheit nicht zur Voraussetzung der Eucharistiegemeinschaft machen und in der Eucharistie nicht nur ein Zeichen der vollen Einheit sehen, sondern sie auch als Mittel und Weg verstehen, um eine schon grundsätzlich – durch Glauben und Taufe – bestehende Einheit immer mehr zu vertiefen: die Eucharistie *bezeichnet* und *bewirkt* die kirchliche Einheit (Papst Innozenz III. † 1216: PL 217, 879).

8.2   Biblische Grundlegung

8.2.1   Die Abendmahlsberichte

Die im Neuen Testament enthaltenen Abendmahlsberichte gelten in allen christlichen Kirchen als historische und theologische Grundlagen der Eucharistie / des Abendmahls.[9] Historische Berichte im Sinn der heutigen Geschichtswissenschaft sind sie allerdings nicht. Sie setzen die früheste christliche Liturgie, das Zusammenkommen »im Namen Jesu«, im Glauben an seine wirkliche Gegenwart, in der Erinnerung an das, was Gott in ihm wirkte, in der Erfahrung wirklicher Gemeinschaft mit ihm, in der Hoffnung auf ein bleibendes Zusammensein mit ihm voraus. Sie wollen offensichtlich der konkreten Gestaltung dieser Liturgie und ihrem

»Gültigkeit« nicht verwendet, es spreche hinsichtlich des evangelischen Abendmahls von einem Mangel, nicht von einem vollständigen Fehlen. Der »Katholische Erwachsenen-Katechismus« der Deutschen Bischofskonferenz von 1985 spricht jedoch unter Verweis auf NR 920 und 713 wieder von der allein »gültigen« Feier durch den »gültig« geweihten Priester (359).

[9] Vgl. zum Folgenden als Erstinformation: *G. Delling*, Abendmahl III, in: TRE I, 1977, 47–58; *H. Frankemölle / B. J. Hilberath / Th. Schneider*, Eucharistie, in: NHthG I, 1984, 297–317, bes. 297–305; *J. Roloff*, Abendmahl 2, in: EKL I, 1986, 10–13, jeweils mit Lit. – Zur Vertiefung: *Th. Schneider*, Zeichen 128–173; *X. Léon-Dufour*, Das letzte Mahl Jesu und die testamentarische Tradition nach Lk 22, in: Zeitschrift für kath. Theologie 103 (1981) 33–55; *ders.*, Le partage du pain eucharistique selon le Nouveau Testament, Paris 1982; *H.-J. Klauck*, Herrenmahl und hellenistischer Kult. Eine religionsgeschichtliche Untersuchung zum ersten Korintherbrief, Münster 1982; *U. Kühn*, Sakramente 266–278.

religiös-theologischen Verständnis dienen.[10] Historisch geht die Eucharistie auf jenes letzte Mahl zurück, das Jesus am Abend vor seinem Tod mit seinem engeren Jüngerkreis hielt. Daß Jesus von seinem bevorstehenden gewaltsamen Sterben wenigstens eine sichere Vorahnung hatte, nachdem er im Gehorsam gegenüber seiner Sendung die Tempelhierarchie aufs äußerste provoziert hatte, darf ebenfalls als historisch gesichert gelten. Kaum wird bestritten, daß sich gerade durch Jesu deutenden Vorausblick auf seinen gewaltsamen Tod dieses letzte Mahl von den früheren Mahlzeiten Jesu unterschied. »Das letzte Mahl Jesu gehört zwar eng zusammen mit den Mahlzeiten, die er mit seinen Jüngern sowie mit Zöllnern und Sündern hielt (Mk 2,16; Lk 15,2) und in denen er in Vorwegnahme der messianischen Heilszeit heilvolle Gemeinschaft mit Gott gewährte, aber es stellt ihnen gegenüber zugleich einen Wendepunkt dar: War bisher die Gemeinschaft durch Jesu Gegenwart ermöglicht, so blickt das Abschiedsmahl auf die durch sein bevorstehendes Sterben bestimmte neue Situation aus.«[11] Daß Jesus auch dieses Mahl mit der jüdischen Tischliturgie umrahmte, daran kann kein vernünftiger Zweifel sein. Nach den Abendmahlsberichten hat er das Brechen und Geben des Brotes und die Darreichung des Segensbechers mit deutenden Worten verbunden. Sie lassen sich zwar in ihrem genauen Wortlaut nicht mehr rekonstruieren, aber es gibt keine vernünftigen Gründe dafür, daß solche Worte *nicht* von Jesus gesprochen wurden und sich auf ihn selber und sein Geschick bezogen.[12] In ihrem Kernbestand dürfen sie daher als historisch gesichert gelten. Für die Brotgabe könnte Jesu Deutewort gelautet haben: »Dies ist mein Leib«, für die Bechergabe: »Dieser Becher ist mein Blut für viele.«[13] Das Brotwort

---

[10] Formgeschichtlich gehören sie, mit einem wenig schönen Begriff, zur Gattung der Kultätiologien, doch vgl., was X. Léon-Dufour zu Lk 22 erhoben hat.

[11] *J. Roloff*, a. a. O. 11.

[12] Vgl. z. B. *J. Roloff*, a. a. O. 10f., gegen entsprechende Versuche bei H. Lietzmann und W. Marxsen. Mit der These einer Herkunft aus dem Hellenismus setzt sich detailliert *H.-J. Klauck* auseinander. Nach seiner Untersuchung hat Jesus seine Todeshingabe in der Brot- und Becherhandlung als einem prophetischen Erfüllungszeichen den Jüngern übereignet, das diese im Licht der Ostererfahrung verstanden: a. a. O. 365–374.

[13] *J. Roloff*, a. a. O. 10, hinsichtlich einer möglichen »Urfassung«.

meint mit dem aramäischen »gufa« die ganze geschichtlich existierende Person; das Becherwort »verlängert« die Lebensbewegung Jesu für andere und gerade zugunsten der Gott Fernen bis in den Tod hinein: auch dieses Sterben wird den vielen, den Gott Fernen, zugute kommen. Die Darreichung der so gedeuteten Gaben im Mahlzusammenhang verheißt, daß über den Tod Jesu hinaus Gemeinschaft mit ihm, seiner ganzen Person und nicht nur seiner »Sache«, und Gemeinschaft der Mahlteilnehmer im Hinblick auf das, wofür Jesus lebte und starb, die Gottesherrschaft, möglich sein wird.

»Die nachösterliche Gemeinde hat, indem sie – von dem im Geiste gegenwärtigen erhöhten Herrn geleitet – die vorösterlichen Mahlzeiten und speziell das Todesmahl Jesu mit den Jüngern in neuer Weise (nämlich danksagend, ›zum Gedächtnis‹ und den Geist anrufend) fortsetzte, diese vorösterlichen Feiern (und speziell das letzte Mahl) mit Recht als eine der Kirche gestiftete Gabe ihres Herrn in Anspruch genommen.«[14]

In die Abendmahlsberichte, wie sie uns heute vorliegen, sind sowohl die liturgische Praxis der frühchristlichen Gemeinden als auch religiös-theologische Ausdeutungen eingegangen. Der Bericht bei Markus (Mk 14,22–25) und der bei Paulus (1 Kor 11,23–26) gelten der heutigen Forschung als alte, voneinander unabhängige Fassungen einer nicht erhaltenen Urfassung.[15] Ob Jesu letztes Mahl ein Pesachmahl war, wie die Synoptiker im Unterschied zu Joh (18,28; 19,14) sagen, wird sich nicht mehr klären lassen. Eine Deutung Jesu speziell zum Pesach ist nicht überliefert. Erst eine spätere Theologie meinte, das jüdische Pesach als bloßes Vorausbild des »Pesach-Mysteriums« Jesu abwerten zu sollen. Das Becherwort bei Mk (14,24): »Das ist mein Blut des Bundes, das für viele vergossen wird« deutet den gewaltsamen Tod Jesu in Anlehnung an Ex 24,5–8 als neuen Bundesschluß und versteht Jesus als den bei Jesaja vor Augen gestellten Knecht Jahwes, der als Bundesmittler (vgl. Jes 42,6; 49,8) die Sünde »der Vielen«, das heißt aller, trug und für die Schuldigen vor Gott eintrat (Jes 53,12). Der

[14] *U. Kühn*, Sakramente 269.
[15] Vgl. *J. Roloff*, a. a. O. 10.

eschatologische Ausblick (Mk 14,25; Mt 26,29; Lk 22,18) ist auch dann, wenn er nicht auf Jesus selber zurückgehen sollte, ganz in seinem Geist geformt: Er gibt die Sicherheit wieder, mit der Jesus von der Verwirklichung des Reiches Gottes überzeugt war, und er zeigt jene Zuversicht, mit der Jesus als gerechter Jude auf seinen Tod zuging, im festen Glauben, daß Jahwe den ihm Getreuen nicht im Stich lassen wird.[16]

Der Bericht bei Matthäus (Mt 26,26–29) ist ganz von Mk abhängig, aber noch stärker liturgisch stilisiert.[17] Er erweitert das Vergießen des Bundesblutes für die vielen um die Verdeutlichung »zur Vergebung der Sünden«.

In dem alten Abendmahlsbericht bei Paulus (1 Kor 11,23–26) ist wohl als früheste Tradition erhalten, daß das Deutewort direkt dem Becher, nicht dem Blut gilt.[18] Sonst aber handelt es sich um einen theologisch gefüllten, stilisierten Text, der in den Dienst der Absicht des Paulus gestellt ist, gegen Mißstände bei der Eucharistiefeier in Korinth anzugehen. Gerade so aber ist er aufschlußreich für ein sehr früh entwickeltes Eucharistieverständnis. Das »Mahl des Herrn« ist bereits deutlich unterschieden von gewöhnlichen Mahlzeiten. Ohne Zweifel teilen Paulus und die Briefadressaten den Glauben an eine reale, »sakramentale« Vergegenwärtigung Jesu (vgl. 11,27). Die Briefempfänger hatten offenbar über einem massiven Sakramentsverständnis vergessen, daß es sich beim eucharistischen Mahl um eine personale Begegnung mit dem Gekreuzigten handelt, die ein mitmenschlich-solidarisches Verhalten voraussetzt und zur Folge haben muß. In seiner eindringlichen Ermahnung verwendet Paulus den Begriff »Gedächtnis« (anamnesis), um damit zu sagen, daß in diesem Mahl das Kreuzesgeschehen gegenwärtig gesetzt wird, an dem die Essenden und Trinkenden Anteil haben sollen. Die unmittelbare Wirkung des Kreuzesgeschehens ist nach dem Deutewort zum Becher der »neue Bund«, in der Erfüllung der Prophetie von Jer 31,31–34. Diesen Bundes-

---

[16] Vgl. *H. Vorgrimler*, Hoffnung auf Vollendung, Freiburg [2]1984, 41f. (Lit. zur Eschatologie Jesu).

[17] *J. Roloff*, a. a. O.

[18] Ebd.

schluß setzen sie liturgisch immer neu gegenwärtig und halten sich damit vor Augen, daß Gott von den Bundespartnern ein bestimmtes ethisches Verhalten erwartet. In diesem vergegenwärtigenden Gedenken verkünden die Teilnehmer – wenn sie »würdig« die Eucharistie feiern – »den Tod des Herrn, bis er kommt« (11,26): In dieser Form ist der eschatologische Ausblick Jesu hier erhalten.

In der neueren Forschung[19] wird darauf hingewiesen, daß in diesem Bericht eine Annäherung der Eucharistie an hellenistische Totengedächtnismähler zum Vorschein komme. Von größerer Bedeutung seien zwar der Rückgriff auf eine historische Stiftung Jesu und der Einfluß jüdisch-geschichtlichen Denkens, aber eine Hellenisierung auf vielen Ebenen sei nachweisbar. Dazu rechneten insbesondere die Entwicklung der Eucharistie zu einem stilisierten Kultakt und, im Hinblick auf die »Anamnese«, die Annäherung an hellenistische Totengedächtnismähler. Zu diesem Befund darf wenigstens der Hinweis angebracht werden, daß bereits das jüdische Festmahl liturgisch stilisiert war (die Begriffe »Kult« und »kultisch« sollten dem heidnischen Gottesdienst vorbehalten bleiben) und daß das vergegenwärtigende Gedenken der Machttaten Gottes ein wesentlicher Bestandteil der jüdischen Liturgie war und ist. Daß die Eucharistie eine Gedächtnisfeier ist, hängt nicht vom Begriff »Anamnese« ab. Auch wenn Jesus nicht in hellenistischem Stil gesagt hat »Das tut zu meinem Gedächtnis«, kann seine Zeichenhandlung im Rahmen eines jüdischen Festmahls die Gedächtnisstruktur der Eucharistie begründet haben. Es scheint allerdings ein Irrweg der Forschung zu sein, die »Stiftung« der Eucharistie durch den Juden Jesus dadurch historisch glaubhafter zu machen, daß man im Judentum zur Zeit Jesu festgeformte Rituale, möglichst mit Brot und Wein, erkennen will, die Jesus dann nur mit einer neuen Sinngebung hätte versehen müssen, sei es den Tischsegen (berakha),[20] sei es das historisch zweifelhafte Lobopfer (toda)[21].

---

[19] Vgl. *H.-J. Klauck*, a. a. O. 285–364.

[20] Eine Ableitung der Eucharistie aus der berakha (beracha) versuchte, auf katholischer Seite einflußreich, *L. Bouyer*, Théologie et spiritualité de la prière eucharistique, Paris 1966.

[21] Eine Herkunft aus der toda behauptete *H. Gese*, Die Herkunft des Herrenmahls, in: ders., Zur biblischen Theologie, München 1977, 107–127; zustimmend: *J. Rat-*

Der lukanische Bericht (Lk 22,15–20) enthält in den Deuteworten Begriffe aus der Opfertheologie (»hingegeben« V. 19, »vergossen« V. 20) und, wie Paulus, die Aussage, daß der »neue Bund« im Blut Jesu geschlossen sei (V. 20). Die bei Paulus zweimal vorkommende Aufforderung »Das tut zu meinem Gedächtnis« findet sich hier einmal. Xavier Léon-Dufour hat mit einer Studie zum lukanischen Bericht eine wichtige Beobachtung vorgetragen.[22] Danach hat es in den frühesten christlichen Gemeinden eine zweifache Antwort auf die Fragen gegeben, wie eine wirkliche und wirksame Erinnerung an den in den Tod gegangenen Jesus aufrechterhalten werden könne, wie eine persönliche Verbindung mit dem lebendigen, aber abwesenden Jesus möglich sei. Die eine Antwort hat ihren Widerhall in einer Kulttradition, die andere ihr Echo in einer testamentarischen Tradition gefunden. Beide Antworten schließen einander nicht aus. Die Kulttradition – die besser »liturgische Tradition« hieße – konzentriert sich auf die neue Art der Gegenwart Jesu und des Geschehens am Kreuz; die Jüngergruppe wird zu einer bei einem liturgischen Mahl um Jesus versammelten Gemeinde. Diese liturgische Konzentration findet sich in den Abendmahlsberichten bei Mk und Mt. Die testamentarische Tradition legt das Gewicht dagegen auf das »Testament«, das der Scheidende hinterlassen hat. Léon-Dufour kann auf mehrere Beispiele einer testamentarischen Tradition im jüdischen Schrifttum aufmerksam machen. Im Neuen Testament findet sie sich seiner Ansicht nach in der literarischen Gattung der Abschiedsreden Jesu. Das Johannesevangelium habe die liturgische Tradition absichtlich ganz durch die testamentarische ersetzt. Lukas dagegen hat die liturgische Tradition (Vergegenwärtigung Jesu 22,19 und, in einer präsentischen, symbolischen Handlung, seines Todes 22,20) in eine Abschiedsrede eingefügt und so dem Ganzen testamentarische Form gegeben (die von 22,15 bis 22,38 reicht). Dem Evangelisten kommt es darauf an zu betonen, daß die Einsetzung der sakramentalen Handlung allein nicht

---

zinger, Das Fest des Glaubens, Einsiedeln 1981, 47–54; ablehnend: *H.-J. Klauck*, a. a. O.

[22] *X. Léon-Dufour*, Das letzte Mahl Jesu, zu Lk 22; auch *ders.*, Le partage 211–317 (s. Anm. 9).

das Testament Jesu ausmacht, sondern daß die dringenden Ermahnungen zum Dienen in Gesinnung und Tat (22,24–30), zur Wachsamkeit in Bedrängnissen (22,31–38) und zur Erwartung der Vollendung des Mahles im Reich Gottes (22,15f) dazugehören. Damit hat der Evangelist den Christen seiner Zeit in Erinnerung gerufen, worauf es Jesus wesentlich ankam, nämlich: daß sich die Gottesbeziehung nicht in liturgischer Frömmigkeit erschöpfen darf.

8.2.2 Andere neutestamentliche Texte

Die Erfahrung, daß der von den Menschen getötete Jesus lebt und in einer auch sinnenfälligen Weise gegenwärtig werden kann, spiegelt sich in den Erzählungen von Tischgemeinschaft mit dem von Gott Auferweckten (Lk 24,13–35; Joh 21,1–14). Diese Tischgemeinschaften haben Erschließungsfunktion: So, wie Jesu Mahlzeiten mit den Ausgestoßenen und öffentlichen Sündern Gottes Erbarmen und Vergebungswillen deutlich machten, so ermöglichen die nachösterlichen Erfahrungen, die Machttaten Gottes in und an Jesus immer tiefer zu verstehen; sie ermutigen, wie die Emmausgeschichte besagt, zur Zeugenschaft (vgl. auch Apg 10,41).

Die neutestamentlichen Texte, die die Eucharistie bereits theologisch reflektieren, setzen ganz eindeutig ein verwandelndes Geschehen an den Gaben voraus, aber sie sprechen nicht darüber, *was* an den Gaben geschehen ist. Ihr Interesse gilt vielmehr jener Gemeinschaft mit Jesus Christus, die gerade durch die Teilhabe an diesen Gaben möglich ist. Für Paulus ist diese Gemeinschaft soteriologisch und christologisch bestimmt: sie ist rettende Gemeinschaft mit dem Blut Christi (1 Kor 10,16) und Zugehörigkeit zum Herrschaftsbereich des göttlichen Herrn (1 Kor 10,21); sie ist weiter aber auch ekklesiologisch bestimmt: Die Gemeinschaft mit dem einen Brot bewirkt (nicht: »krönt«) die Einheit jenes Leibes Christi, der die Kirche ist (1 Kor 10,17). Das Johannesevangelium läßt theologisch die beiden Hauptsakramente und damit die Kirche ihren Ursprung im Gekreuzigten nehmen (Joh 19,33–37). Von der Eucharistie spricht dieses Evangelium in der großen Brotrede (Joh 6,22–65), die in einen Zusammenhang mit dem Pesachfest (6,4) und der Speisung der Fünftausend (6,5–15) gestellt ist. Das

»wahre Brot Gottes« wird mit dem Manna in der Wüste verglichen, das zwar nährte, aber den Tod nicht verhindern konnte und damit allenfalls ein Vorausbild (Typos) des wahren Brotes war. In der Rede sind ein christologischer und ein sakramentaler Aspekt zu unterscheiden. Gemeinsam ist ihnen die Aussage: Wer in lebendiger (»personaler«) Beziehung zu Jesus steht, der hat jetzt schon ewiges Leben und der wird aus dem leiblichen Tod auferweckt werden. Im christologischen Abschnitt (32–51 b) wird das wahre Brot des Lebens als Gabe des göttlichen Vaters dargestellt; das Essen, das ewiges Leben gibt, ist der Glaube an den Sohn (ein Glaube, der seinerseits vom Vater geschenkt wird: 6,44). Im sakramentalen Abschnitt ist es Jesus, der sich selber in den beiden Gaben der Eucharistie gibt, die sein Fleisch und sein Blut sind (51 c–59). Das Essen und Trinken dieser Gaben bewirkt gegenseitiges Ineinanderbleiben (56). Der Blick wird aber schon zu Beginn soteriologisch ausgeweitet: »Aber das Brot, das ich geben werde, ist zugleich mein Fleisch, das ich geben werde für das Leben der Welt« (51 c). Dem Realismus des Inkarnationsdenkens in diesem Evangelium entspricht der Realismus des sakramentalen Denkens. Beides ist in seiner starken Akzentuierung auf die letzte, antidoketische Redaktion des Evangeliums zurückzuführen. Die Rede begnügt sich aber nicht mit dem Blick auf den heilwirkenden Gehalt der sakramentalen Gaben; sie hat stark dynamischen Charakter, da sie die Sendung Jesu, sein Kommen und sein Gehen zum Vater vor Augen stellt und den Glaubenden und am Sakrament Teilhabenden versichert, daß sie in diese Bewegung einbezogen sind. Diese Bewegung, die zum Leben führt, ist getragen vom göttlichen Geist, denn »Der Geist ist es, der lebendig macht, das Fleisch hilft nichts« (63).

8.2.3 Zusammenfassung und Probleme

Die Eucharistie tritt im Neuen Testament als gestaltete Liturgie vor unsere Augen, die sich von normalen Gemeindemahlzeiten unterscheidet,[23] auch wenn sie mit diesen die Riten des Segens und

---

[23] Vgl. *W.-D. Hauschild*, Agapen. I. In der Alten Kirche, in: TRE I, 1977, 748–753.

des Lobpreises gemeinsam hat. Was die Eucharistie von allen anderen Liturgien unterscheidet, ist die auf Jesu Handeln während seines letzten Mahles zurückgehende Gabe.[24] In der Zeit zwischen dem Tod Jesu und der endgültigen, vollkommenen Vereinigung mit ihm gewährt sie (sakramentale) Gemeinschaft mit Jesus, erklärt sie die Bedeutung von Tod und Auferstehung Jesu Christi und bewirkt sie die Gemeinschaft der Glaubenden.

Im Rahmen der Gabenhandlung sind drei Worte von grundlegender Bedeutung, das Wiederholungs- und Gedächtniswort, das Brot- und das Becherwort. Das Wiederholungs- und Gedächtniswort besagt, daß Gott in Jesus der eigentlich Wirkende dieses Geschehens ist; seine Kraft allein vermag Vergangenes gegenwärtig zu setzen, die Kirche wird mit diesem Wort stets auf Jesus zurückverwiesen. Das Brotwort besagt, daß Jesus sich selber – in seiner ganzen geschichtlich-persönlichen Wirklichkeit – im Austeilen dieses Brotes gibt; es lädt dazu ein, sich im Nehmen und Essen dieses Brotes aufs tiefste mit Jesus zu verbinden; es redet eine Mehrzahl von Menschen an und besagt so, daß unter denen, die bewußt von diesem Brot essen, echte Gemeinschaft entsteht. Das Becherwort will den tieferen Sinn des Tuns Jesu erschließen: Durch sein Blut hat er ein neues und endgültiges Verhältnis der Menschengemeinschaft mit Gott begründet, in das die hineingenommen werden, die bewußt von diesem Becher trinken.

Natürlich stehen diese Aussagen in innerer Verbindung mit anderen biblischen Zentralthemen, mit denen, die vom menschenfreundlichen Verhalten Gottes, von seiner Gegenwart, von seiner gemeinsamen Geschichte mit den Menschen sprechen. Unmittelbar berührt ist die Eucharistie von dem, was über das lebendig machende Wirken des göttlichen Geistes geoffenbart wurde, was von der schöpferischen Kraft des göttlichen Wortes gesagt ist. So gehören Wortverkündigung und Bitte um das Wirken des Geistes von Anfang an zur kirchlichen Eucharistiefeier auf biblischer Grund-

---

[24] Im Folgenden stützte ich mich auf X. *Léon-Dufour*, Le partage, und die zustimmende Rezension von M. *Rese* in: Theologische Zeitschrift (Basel) 40 (1984) 423–425.

lage. Vor allem aber zeigt die – gerade von Xavier Léon-Dufour herausgearbeitete – Testamentstradition, daß Eucharistie nicht isoliert vom konkreten Leben der Menschen gefeiert werden darf. Sie setzt nicht nur ethisch-solidarische Gesinnung und Praxis voraus, sondern fordert auch zu praktischen Konsequenzen auf: »Die verwirklichte Nächstenliebe ist die einzige ›Realität‹, die in der Kirche authentisch von Christus her lebt.«[25] Wichtiger als die theologischen Ausdeutungen sind für das Neue Testament die Lebenszugänge zur Eucharistie. Léon-Dufour nennt Bedingungen und Wege zu einem besseren und tieferen Verständnis der Eucharistie auf biblischer Basis. »Die Bedingungen: Die Eucharistie meint wesentlich Gemeinschaft und nicht das Verhältnis des einzelnen zum ›heiligen Sakrament‹, und die Einsetzungsworte gelten nicht isoliert der Sache an sich, sondern gehören zu einem Bericht, der fundamental auf Beziehungen zwischen allen Beteiligten zielt. Was die Wege betrifft, so verweist Léon-Dufour erstens auf den Rhythmus von Kult und Alltag im Leben der Christen, zu dem Kult- und Testamentstradition der Berichte über das letzte Mahl Jesu hinführen können, weil in ihnen die Gabe, die Jesus durch sein persönliches Opfer in Kreuz und Auferstehung selbst ist, verbunden wird mit der von nun an geltenden Aufgabe der Christen, einander zu lieben. Zweitens nennt Léon-Dufour eine symbolische Interpretation der Eucharistie: Brot und Wein bezeichnen die beiden Dimensionen Alltag und Fest im menschlichen Leben, und die Nahrung überhaupt steht für das der Gemeinde geschenkte neue Leben. Drittens vermögen für Léon-Dufour die Realitäten des Bundes, des vergossenen Blutes und der Teilhabe auf das Mysterium der Beziehung von Gott zu den Menschen hinzuweisen, sind sie doch alle drei zuerst und vor allem Gabe.«[26]

Versucht man nun, sich diese neutestamentlichen Grundgegebenheiten mit Kategorien der theologischen Tradition noch weiter zu verdeutlichen, so läßt sich folgendes sagen: Eine gewisse Vielfalt der theologischen Interpretationen der Eucharistie im Neuen Te-

[25] *X. Léon-Dufour*, a. a. O. 114.
[26] *M. Rese*, a. a. O. 425, unter Bezug auf *X. Léon-Dufour*, a. a. O. 321–340.

stament und vor allem die Zweizahl der Deuteworte für Brot und Becher haben es »erleichtert«, daß die theologische Darstellung der Eucharistie lange Zeit in Stücke auseinanderfiel. In der amtlichen Lehre der katholischen Kirche sind das, wie später darzulegen ist, die drei Stücke von der Realpräsenz, dem Meßopfer und der sakramentalen Kommunion. Aus dem bisher Gesagten ist deutlich, daß die Kommunion in neutestamentlicher Sicht die geringsten Schwierigkeiten bietet. Wenn die neutestamentlichen Texte auch nicht an einer genaueren Erklärung des Wie der Gegenwart Jesu in den Gaben interessiert sind, so bezeugen sie doch einen sakramentalen Realismus, das heißt, sie halten unverrückbar an Jesu wirklicher Gegenwart in seiner ganzen lebendigen Person fest. Sie setzen außerdem voraus, daß die Gaben genossen werden, um mit ihm in innigste Gemeinschaft zu treten, und nicht, um sich zu sättigen, das heißt, daß sie in dieser Feier zu etwas anderem verwandelt sind, als sie vorher waren. Selbstverständlich sind es in den Augen der Eucharistie feiernden Christen, die aus dem Judentum kommen, nicht die menschlichen Teilnehmer, die diese Verwandlung bewirken. Der alles Gute Bewirkende ist Gott, der Allgegenwärtige, dem ohnedies alles gehört. Auch Brot und Wein sind sein Eigentum, über das er verfügt, seine Gaben. Der Segen über sie ruft ihn an, und der Glaube vertraut auf sein Wirken an den Gaben.

Die meisten Probleme bereitet die Thematik, die in Kürze »Opferthematik« genannt werden kann (wobei es hier im biblischen Zusammenhang nur um das Opfer Jesu geht). Die Schwierigkeiten gehen auf die neutestamentliche Grundlage und die dort angebotenen disparaten Interpretationen zurück. Gewiß vergegenwärtigt die Eucharistie die Auferweckung Jesu, da er ja als Auferweckter, Lebendiger zugegen geglaubt und dem Vater für seine Erhöhung gedankt wird. Aber wie das Becherwort ausweist, vergegenwärtigt die Eucharistie primär den Tod Jesu und seine Heilsbedeutung für uns und für alle. Damit ist unweigerlich die Frage verbunden, wie Jesus selber seinen Tod verstanden hat. Am einfachsten wäre die Antwort, wenn es genügen würde, seine Einwilligung in den Tod einfach als gehorsame Konsequenz seiner Sendung durch den Vater und seiner Menschenliebe zu sehen, sein Sterben als Höhepunkt seiner »Pro-Existenz«.[27] Damit wären die vielen Einwände nicht nötig, die Anton Vögtle und andere gegen die Auffassung erheben, Jesus habe seinen Tod als stellvertretendes Sühneopfer verstanden und das sei eine Heilsbedingung zusätzlich zur früheren Gottesverkündigung Jesu gewesen.[28] Noch im Rahmen dessen, was wir vom historischen Jesus wissen, liegen die Bezeichnungen »Opfer« und »Selbsthingabe« für seine konsequente Annahme des Todes: Sie umfassen, wenn auch in mißverständlicher, weil passiv klingender Form, den radikalen Gehorsam Jesu gegenüber seiner Sendung, seine Identifizierung mit allen Menschen, die Opfer des Bösen sind, und sein fürbittendes Eintreten für alle.[29] Hat aber Gott von Jesus am Ende seines Lebens stellvertretende Sühne als Vorbedingung für Versöhnung gefordert? Dagegen wird eingewandt, die Preisgabe menschlichen Lebens in den Tod zur Sühne sei dem Gott der biblischen Offenbarung absolut fremd.[30] Anderseits sind im Neuen Testament in manchen Zeugnissen der Tod Jesu und der Stellvertretungs- und Sühnegedanke eng miteinander verbunden.[31] Helmut Merklein nimmt einen früher von Rudolf Pesch geäußerten Gedanken auf, daß im Tod Jesu Gott selber Sühne für das sich verweigernde Israel leistete.[32] Die Gottesverkündigung Jesu wäre somit nicht zu korrigieren: Gott ist der immer schon Versöhnte, von dem alle Versöhnung ausgeht. Jeder menschlichen Umkehr geht zeitlich und logisch die Vergebung Gottes voraus.[33] Gott ist es, der das Gesetz, daß die Sünde auf den

---

[27] Vgl., seine früheren Studien zusammenfassend, *H. Schürmann*, Pro-Existenz als christologischer Grundbegriff, in: Analecta Cracoviensia 17 (1985) 345–371. Vgl. auch *H. Merklein*, Der Tod Jesu als stellvertretender Sühnetod, in: Bibel und Kirche 41 (1986) 68–75, hier 68.

[28] *A. Vögtle*, Offenbarungsgeschehen und Wirkungsgeschichte, Freiburg 1985, 141–168 (Grundfragen der Diskussion um das heilsmittlerische Todesverständnis Jesu. Argumente der beteiligten Autoren).

[29] *R. Schwager*, Der Tod Christi und die Opferkritik, in: Theologie der Gegenwart 29 (1986) 11–20 (Lit.).

[30] *H. Frankemölle* in: NHthG I, 1984, 303. – Vgl. zum Problemzusammenhang *F.-L. Hossfeld*, Versöhnung und Sühne, in: Bibel und Kirche 41 (1986) 54–60 (Lit.).

[31] *A. Weiser*, Der Tod Jesu und das Heil der Menschen: ebd. 60–67 (Lit.).

[32] *H. Merklein*, a. a. O., bes. 69f. (Lit.).

[33] *Ders.*, Die Gottesherrschaft als Handlungsprinzip, Würzburg 1978, 204. – Vgl. 2 Kor 5,19.

Täter zurückschlagen muß, außer Kraft setzt. »Sühne« ist demnach nicht eine geforderte Genugtuung für eine Beleidigung Gottes, sondern die von Gott gewährte Möglichkeit für jene, die in Israel Jesus abgelehnt haben, dem angekündigten Gericht zu entrinnen. Was in die Abendmahltradition eingetragen wurde, die Bezugnahme auf den Gottesknecht von Jes 53, das eschatologische Bundesopfer im Anschluß an Ex 24,8 oder als Erfüllung von Jer 31,31–34, würde damit die unverbrüchliche Treue Gottes zu Israel bezeugen. Es würde aber nicht den Tod Jesu als zusätzliche Heilsbedingung für alle zum Ausdruck bringen.[34]

8.3 Grundgestalt und Begriff der Eucharistie

8.3.1 Die liturgische Grundgestalt

Wie die Kirche die Eucharistie versteht, das bezeugt sie am tiefsten und umfassendsten in der Liturgie selbst.[35] Darum ist es von großer Bedeutung, daß die neueste Forschung der theologischen Struktur der eucharistischen Liturgie große Aufmerksamkeit widmet.[36]

Eine Rekonstruktion des Abendmahls Jesu ist, wie früher gesagt, unmöglich. Die Gestalt der christlichen Eucharistiefeier der ersten Jahrhunderte ist in allen ihren Einzelheiten ebenfalls nicht mehr rekonstruierbar; zu vieles wurde der mündlichen Tradition und über das 4. Jahrhundert hinaus der freien Formulierung überlassen. Aus den vom Neuen Testament an erhaltenen Zeugnissen läßt

[34] Die Fragestellung, ob – wie bei der Eucharistiefeier in deutscher Sprache – gesagt werden dürfe, der Tod Jesu sei »für alle« geschehen, oder ob es bei der wörtlichen Übersetzung »für viele« bleiben müsse, wäre damit entschärft. Aus dem wirksamen Liebeswillen Gottes ist von vornherein niemand ausgeschlossen, und der Noah-Bund Gottes mit der *ganzen* Menschheit wurde nie gekündigt.

[35] *J. Betz* in: Sacramentum Mundi I, Freiburg 1967, 1224. Vgl. *H.-J. Schulz*, Ökumenische Glaubenseinheit aus eucharistischer Überlieferung, Paderborn 1976, 24–32 (das eucharistische Hochgebet als normatives Glaubenszeugnis); *K. Richter* (Hrsg.), Liturgie – ein vergessenes Thema der Theologie? Freiburg 1986 (bes. die dogmatischen Beiträge von *M. M. Garijo Guembe* und *H. Vorgrimler*).

[36] *C. Giraudo*, La struttura letteraria della preghiera eucaristica, Rom 1981; *H. B. Meyer*, Das Werden der literarischen Struktur des Hochgebets, in: Zeitschrift für kath. Theologie 105 (1983) 184–202 (Lit.); *E. Mazza*, Le odierne preghiere eucaristiche, 2 Bde., Bologna 1984, dazu *H. B. Meyer*, in: Zeitschrift für kath. Theologie 108 (1986) 170–174; *J.-M. R. Tillard*, Segen, Sakramentalität und Epiklese, in: Concilium 21 (1985) 140–149.

sich jedoch mit Sicherheit erschließen, daß sich die Gestaltung immer an einem Strukturschema orientierte. In der theologie- und liturgiegeschichtlichen Forschung besteht schon lange ein Konsens darüber, daß dieses Strukturschema alttestamentlich-jüdischer Herkunft ist. Cesare Giraudo ist es gelungen, die theologisch-gedankliche Struktur dieses Schemas und seine Übernahme in das Christentum im einzelnen nachzuweisen.[37] Es handelt sich um ein an Gott (in der christlichen Tradition: grundsätzlich an den Vater) gerichtetes Gebet. Es besteht aus zwei Hauptteilen: aus einem geschichtlich gedenkenden Teil, in dem Gott unter Lobpreis an seine Heilstaten erinnert wird, wobei entsprechend dem hebräischen Denken in dieser Erinnerung schon gottgewirkte Vergegenwärtigung liegt (anamnetischer Teil), und aus einem fürbittenden Teil, der Gott anruft, er möge seines Volkes / des Betenden auch weiterhin gedenken (epikletischer Teil).[38]

Manchmal ist in den einen oder anderen Teil eine Erweiterung in Form eines Schriftzitats eingefügt, die sich auf eine bestimmte Heilstat bezieht (Embolismus, Einschub, genannt). Giraudo konnte aufzeigen, daß das Eucharistiegebet der Kirche genau diese Zweierstruktur aufweist und daß in den anamnetischen Teil der Einsetzungsbericht als Schriftzitat in direkter Rede eingefügt ist. Dieses Zitat des Einsetzungsberichts ist »zentraler Höhepunkt der Gebetsdynamik«, der die ganze Feier trägt und begründet (wobei dieser innere Grund der Feier von ihrem äußeren Anlaß zu unterscheiden ist).[39] Das besondere Ereignis, dessen durch das Zitat vergegenwärtigend gedacht wird, ist das Heilswerk Gottes in Jesus Christus, das Pascha-Mysterium Jesu, das, was Gott in Tod und Auferweckung Jesu gewirkt hat. Der gemeinsame und primäre Be-

---

[37] C. Giraudo, a. a. O. 11–177, 179–269: Strukturen des Betens im Alten Testament und im Judentum; 271–355: ebendiese Strukturen in den (östlichen und westlichen) eucharistischen Hochgebeten. Giraudos Befunde sind auch dann gültig, wenn er hinsichtlich der Existenz einer »toda« auf der Basis von Neh 9,6-37 zu optimistisch ist.

[38] Das Gedächtnis ist oft durch ein »und jetzt« mit der Bitte verbunden: es begründet die Bitte. Die Struktur ist im Alten Testament gelegentlich noch erweitert durch eine »Eröffnungseulogie« und eine »Schlußdoxologie«. Vgl. die 45 Texte, die C. Giraudo, a. a. O. 155–159, vorstellt.

[39] H. B. Meyer, Das Werden (s. Anm. 36) 198.

zugspunkt des Abendmahls Jesu und der Eucharistiefeier der Kirche ist *dieses* Wirken Gottes an und in Jesus; die Eucharistiefeier ist daher *primär* nicht das Gedächtnis des Abendmahls Jesu.[40] Der Sinn der lobpreisenden, anamnetischen Vergegenwärtigung des Heilshandelns Gottes in Jesus Christus liegt *primär* nicht in der Verwandlung der Gaben; der Sinn liegt vielmehr in erster Linie darin, die Teilnehmer (die vollen Teilnehmer: die Kommunikanten) in eine einzigartige Gemeinschaft mit Jesus zu bringen, und zwar in eine Gemeinschaft, die für Menschen eine durch die eucharistischen Gaben vermittelte Teilhabe an seinem Pascha-Mysterium *und* an seiner jetzigen Herrlichkeit ist.

Aus der Liturgie der Kirche selber wird nun deutlich, daß die Fragen, zu welchem »Zeitpunkt« die Wandlung / Konsekration erfolge und welche Worte sie genau bewirkten (welches die »forma« dieses Sakraments sei), ein liturgiegeschichtlich und theologisch falsch gestelltes Problem kennzeichnen. Das Eucharistiegebet insgesamt mit seinen drei wesentlichen Teilen (Anamnese unter Danksagung von »Gratias agamus« an; Einsetzungsbericht; Epiklese) ist nicht auf die Gaben gerichtet; es ist ein an Gott den Vater gerichtetes Gebet.[41] »Darin kommt die Eucharistiefeier mit dem überein, was Jesus beim Letzten Abendmahl tat, als er über den Mahlgaben zum Vater betete. Weil und insofern die Kirche das auf Jesu Geheiß hin ebenfalls tut, nimmt ihre Eucharistiefeier an der ›sakramentalen‹ Wirkung des Handelns Jesu teil, der durch sein ein für alle Male geltendes wirksames Wort beim Abendmahl sein Pascha vorausverwirklicht hat. Das bedeutet: das Hochgebet als solches und im ganzen ›eucharistisiert‹ Brot und Wein.«[42] Auch auf den

---

[40] Vgl. *E. Dekkers*, L'Eucharistie, imitation ou anamnèse de la Dernière Cène? in: Recherches de science religieuse 58 (1984) 15–23. – *H. B. Meyer* (1986) (s. Anm. 36) 172 nennt das Abendmahl einen (proleptisch-sakramentalen) Vorausvollzug, die Eucharistie einen (anamnetisch-sakramentalen) Nachvollzug des Pascha-Mysteriums Jesu.

[41] *E. Mazza*, a. a. O. I 283–317; *C. Giraudo*, a. a. O. 361–365. *H.-J. Schulz* verdeutlicht a. a. O. 78–87, wie sich eine solche Sicht zu den Erklärungen der Konzilien von Florenz und Trient verhält. Vgl. auch *A. Angenendt*, Bonifatius (s. Lit. III) 163 f.: Ursprünglich hatte der ganze Kanon (einschließlich der Präfation) konsekrierende Wirkung; die engere Auffassung setzt bei Ambrosius ein.

[42] *H. B. Meyer* (1986) (s. Anm. 36) 173.

Priester, der zur »Gültigkeit« des sakramentalen Geschehens notwendig ist, fällt neues Licht: Er handelt »in persona Ecclesiae«, das heißt als autorisierter Sprecher der Gemeinde, wenn er in ihrem Namen und durch ihr »Amen« bestätigt, die Machttaten Gottes verkündet (anamnetischer Teil) und um deren Wirksamwerden in der jetzigen Feier (epikletischer Teil) bittet.[43]

Die eucharistische Liturgie enthält noch weitere, theologisch bedeutsame Elemente. Der anamnetische Teil gedenkt ja nicht nur und nicht sogleich der Heilstaten Gottes in Jesus Christus. Er ist Gedächtnis des Namens Gottes, der Schöpfung, aller früheren Machttaten und darin eingebettet jenes Wirkens in und an Jesus, das sich in der Verherrlichung Jesu Christi vollendet. Diese ist ihrerseits prophetisches Vorzeichen der kommenden, endgültigen Vollendung der ganzen Schöpfung. Im Einsetzungsbericht und in der ihm folgenden Anamnese (er ist ja »Einschub« in die Anamnese) wird dieses Vorzeichen »liturgisch aktualisiert«, fortgeführt im Gebet für die Toten,[44] in der Erwartung, daß Gott auch an ihnen seine Schöpfung vollende.

Die kirchliche Eucharistiefeier hat, von dem ihr vorausgehenden Wortgottesdienst abgesehen, zwei Zentren oder Kristallisationspunkte. Beiden ist eine Epiklese, eine Bitte an Gott den Vater um das Wirken des Heiligen Geistes, zugeordnet.[45] Der Einsetzungsbericht ist das Zentrum der vergegenwärtigenden Anamnese. Ihm ist die erste Epiklese zugeordnet, die Bitte um Annahme der Gaben, um das Wirken des Geistes zu ihrer Verwandlung und, in der »Verlängerung« dieser Epiklese, die Fürbitten im Kanon, die um den göttlichen Geist bitten, er möge wirksam sein bei allen, deren im Hinblick auf ihre Vollendung gedacht wird.[46] Dem zweiten Zentrum ist die Kommunionepiklese zugeordnet, damit die Eucharistie, dieses Gebet, ihr Ziel erreiche, die Gemeinschaft mit Jesus Christus in der Form des Ineinanderseins (nicht nur seine Gegen-

---

[43] *C. Giraudo*, a. a. O.; *H. B. Meyer*, Das Werden (s. Anm. 36) 200 Anm. 58.

[44] *H. B. Meyer*, ebd. 199 Anm. 53. Zur Eucharistie als eschatologischem Zeichen: *G. Wainwright*, Eucharist und Eschatology, New York 1981.

[45] Es ist theologisch falsch, die Zweiteilung der Epiklese als »unglücklich« zu bezeichnen, wie es *K.-H. Bieritz* in: EKL I, 1986, 9 tut.

[46] *H. B. Meyer*, Das Werden 200.

wart), sodann die Einheit der Kirche und das »Vorauskosten der Speise der Unsterblichkeit«.[47] Die beiden Geistbitten zeigen wiederum, daß der Leib Jesu Christi und seine Gegenwart in der Eucharistie ebenso wie die Gemeinschaft mit ihm geistgewirkt (pneumatisch) sind.[48]

8.3.2 Der Begriff der Eucharistie

Ein Wort, das alle Sinngehalte und Bedeutungen der Eucharistie von sich aus zum Ausdruck bringt, gibt es nicht.[49] Alle bezeichnen einen Teilaspekt, der für das Ganze steht (pars pro toto). Der katholischerseits in neuester Zeit geläufigste Name »Eucharistie« ist abgeleitet von »eucharistein«, sich wohlbeschenkt verhalten, dankbar sein. Er ist eine Wiedergabe des jüdischen »berakha« und meint die Danksagung beim Tischgebet (Lk 22,19 par.). Er bürgert sich an der Wende vom 1. zum 2. Jahrhundert als fester Begriff für den ganzen eucharistischen Gottesdienst und speziell für das Hochgebet ein (wichtige Zeugnisse bei Ignatius von Antiochien und im 2. Jahrhundert bei Justin). Bei Paulus findet sich »Herrenmahl« (1 Kor 11,20), ein Wort, das in den ökumenischen Gesprächen der neuesten Zeit als konfessionell unbelastet empfunden wurde. Es bezeichnet mit »Mahl« nur einen Aspekt des Geschehens und verwendet den im Deutschen problematischen Hoheitstitel »Herr«. Die evangelischerseits seit Luther 1522 beliebteste Bezeichnung »Abendmahl« ruft die Herkunft vom letzten Mahl Jesu in Erinnerung, so daß das gegenwärtige Ereignis nicht so gut mit angesprochen wird; außer der Einseitigkeit von »Mahl« wird auch

---

[47] Ebd. und *ders.* (1986) (s. Anm. 36) 174. Vgl. auch *C. Giraudo*, a. a. O. 366–370, wo sich beachtliche Überlegungen zur Eucharistie als Sakrament der Sündenvergebung finden.

[48] Vgl. *J.-H. Nicolas*, in: H. Luthe (s. Lit. I), 316 f.; *F. X. Durrwell*, Der Geist des Herrn, Salzburg 1986, 140–145 (die Eucharistie: in eminenter Weise das Sakrament des Heiligen Geistes).

[49] Vgl. *J. A. Jungmann*, »Abendmahl« als Name der Eucharistie, in: Zeitschrift für kath. Theologie 93 (1971) 91–94; *J. Talley*, Von der Berakha zur Eucharistie, in: Liturgisches Jahrbuch 26 (1976) 93–115; *L. Lies*, Eulogia – Überlegungen zur formalen Sinngestalt der Eucharistie, in: Zeitschrift für kath. Theologie 100 (1978) 69–97; *C. Giraudo*, a. a. O. 260–269; *J. Roloff* in: EKL I, 1986, 11 f.

geltend gemacht, daß die alte Kirche schon vom 1. Jahrhundert an ihre eucharistische Feier vorzugsweise am frühen (Sonntag-)Morgen abhielt. Die frühchristlichen Begriffe »Brotbrechen« (auch als Bezeichnung einer gewöhnlichen Mahlzeit möglich) und »Versammlung« setzten sich nicht durch. Bei bedeutenden griechischen Theologen des 3. und 4. Jahrhunderts wurde die Eucharistie »eulogia« genannt. Das Wort meint Segensgeschenk, Verherrlichung und Selbstverherrlichung Gottes, dankbares Gedächtnis der Gottesgaben. Die früher katholischerseits beliebten Begriffe »allerheiligstes Altarsakrament« und »Meßopfer« geben, mit offensichtlicher Tendenz gegen reformatorische Auffassungen (wenn auch der Herkunft nach älter), nur einzelne Aspekte des Ganzen wieder. Das ebenfalls früher geläufige »Messe«, das auch in »Meßopfer« enthalten ist, kam als »missa«, auch verstärkt »missarum sollemnia«, vom 6. Jahrhundert an auf; es bezeichnete zuerst den Schlußakt eines Gottesdienstes mit dem Segen, konnte im profanen Latein auch »Verzicht« bedeuten und damit an das Opfer erinnern und wurde auf die ganze Eucharistiefeier übertragen.

8.4 Geschichtliche Etappen und Festlegungen

8.4.1 Die Entwicklung einer Eucharistie-Theologie

Die Geschichte des theologischen Nachdenkens und der Verkündigung über die Eucharistie ist in einer so umfangreichen Literatur erforscht und bis in die Einzelheiten dargestellt, daß jede Kurzfassung als sehr oberflächlich erscheinen muß.[50] Die Theologen des kirchlichen Altertums, die zum großen Teil selber Liturgen waren, haben sich überwiegend in Predigten und Katechesen über die Eucharistie geäußert. Der wesentliche eucharistietheologische Ertrag der ersten Jahrhunderte ergab sich aus der Vermittlung der biblischen Eucharistieaussagen mit dem platonischen Denken. Dabei wurde nicht einfach ein geschlossenes philosophisches System in

---

[50] Beste, leicht zugängliche Darstellung: *A. Gerken*, Theologie der Eucharistie, München 1973, 61–156. Für eine Vertiefung im einzelnen die Arbeiten von *J. Betz* in: LThK III 1142–1157; Eucharistie als zentrales Mysterium, in: MySal IV/2, 1973, 185–319 (mit der ganzen Dogmengeschichte); Eucharistie. In der Schrift und Patristik (Handbuch der Dogmengeschichte IV/4a), Freiburg 1979.

das Christentum »übernommen«, vielmehr verdeutlichte man sich das Geglaubte mit Denkformen und sprachlichen Mitteln, die wir eher als »populärphilosophisch bezeichnen würden. Zu dieser Weltanschauung gehörten die Überzeugung von der Existenz einer transzendenten, geistigen Welt, der Heimat des Göttlichen und Eigentlichen, des Wahren, Guten und Schönen; eine nüchterne Sicht auf unsere Erfahrungswelt in ihrer Vergänglichkeit, mit ihrem oft täuschenden Schein; die Annahme, daß eine Kommunikation zwischen beiden Welten stattfinde. Während Menschen der Aufstieg zur höheren Welt unter schweren Verzichten mit Bewährungsproben möglich sei, auf einem Weg, der wesentlich darin bestehe, sich von den Fesseln unserer Welt zu befreien, dachte man sich das Kommen des Göttlichen in unsere Welt so, daß es irdische Wirklichkeiten zu seinem Abbild und zugleich zu seiner Wohnstätte mache. Dieses mit Sinnen faßbare Bild mache das göttliche Urbild in aller Wahrheit gegenwärtig, gewähre Kommunikation mit ihm, ja sogar Teilhabe an ihm, gleichwohl sei es nur vorläufige und verschleierte Gegenwart des Göttlichen. Es ist offenkundig, wie sehr sich christliches Denken in dieser Sicht wiedererkannte und welche seiner Züge bis heute im Christentum als unaufgebbar gelten. Aus diesem Urbild-Abbild-Denken entstand die für die Sakramententheologie so wichtige Theorie des Realsymbols. Die Ermöglichung der Gegenwart Gottes und seiner Welt, verborgen und doch höchst real, ist im christlichen Glauben dem Wirken des göttlichen Geistes zu verdanken.

Mit dieser Konzeption verband sich in sehr glücklicher Weise das jüdische Verständnis der realen Vergegenwärtigung an sich vergangener Ereignisse im Gedenken vor Gott. Diese Denkweise traf auf die griechische Anamnesis-Anschauung und erweiterte sie um die den Juden geläufige geschichtliche Sicht: Nun konnten nicht nur Gott durch seinen Heiligen Geist und vergöttlichte Personen, sondern auch ganze Ereignisse, geschichtliche Machttaten Gottes, im Abbild real gegenwärtig geglaubt werden. Diese Gegenwart im Bild oder Symbol war, wie gesagt, eine vorläufige und verhüllte, aber es wäre falsch zu sagen: »*nur* bildhaft, *nur* symbolisch«, denn für dieses Denken galt: je geistiger, um so wirklicher. Die Redeweise von der Gegenwart Jesu Christi in Bild, Gleichnis, Symbol usw. bedeutete für die Theologen des Altertums keine Abschwächung der Wirklichkeit, wohl aber den Ausdruck der Hoffnung, daß in der Ewigkeit Gottes einmal unverhüllte Begegnung möglich sein werde.

Wenn die griechischen Theologen von Justin bis Johannes Chrysostomus, die Alexandriner und die Antiochener von der wahren Gegenwart Jesu Christi und seiner Heilstat sprachen, legten sie je nach ihren aktuellen Interessen den Schwerpunkt auf die Person Jesu oder auf sein Erlösungswerk. Die Äußerungen zur realen Gegenwart Jesu in der Eucharistie zeigen, daß von früh an (Justin, Irenäus, Tertullian, Ambrosius) an eine Verwandlung der Gaben geglaubt wurde. Der dafür grundlegende Bibeltext war Joh 6. Die theologische Reflexion über diesen Aspekt der Eucharistie ging natürlich Hand in Hand mit der Entwicklung der Christologie. Wenn die alexandrinischen Theologen (Klemens, Origenes, Kyrill von Alexandrien) die Eucharistie als Kommen des göttlichen Logos in das Brot verstehen und die Kommunion mit dem Logos als das Wesentliche ansehen, lassen sie das Todesgedächtnis ganz hinter dem Inkarnationsgedanken zurücktreten. Die antiochenischen Theologen konzentrieren sich dagegen auf die Identität des eucharistischen Leibes Jesu mit seinem historischen Leib und sehen in der Anamnese (so vor allem Johannes Chrysostomus) die Vergegenwärtigung der Erlösungstat am Kreuz. In ihr sehen sie die Verheißung Mal 1,11 (eine wichtige Stelle für die Kirchenväter!) erfüllt; sie bezeichnen die Eucharistie seit Did 14,1 als ein Opfer (prosphora, sacrificium, oblatio), wobei die Bereitstellung der Gaben als »offere« bezeichnet wird, obwohl damit kein neues und eigenes Opfer neben dem Kreuz Jesu begründet werden soll. Die Gaben sind, wie bewußt gesagt wird, aus dem genommen, was ohnedies Gott gehört; sie werden erinnernd Gott vor Augen gestellt: »memores offerimus«. In dieser Aufmerksamkeit für die materiellen Gaben lag zweifellos eine antignostische Tendenz. Die Eucharistie verwirklicht aber vor allem das geistige Opfer, im Sinn von 1 Petr 2,5 oder Hebr 13,15, als Lobopfer *aller* Mitfeiernden für Gottes Machttaten, angefangen von der Schöpfung, mit dem Höhepunkt im Christusgeschehen. Für lateinische Theologen wie Tertullian und Cyprian liegt schon in den beiden getrennten Gaben der

Hinweis auf die Passion Jesu Christi; das Interesse an den »Elementen« ist viel drastischer als bei den Griechen. Eine ausdrückliche Verwandlungstheorie (Metabolismus) findet sich dann bei Ambrosius († 397). Bei den Lateinern kommt auch, etwa um 400, unter Hintansetzung der Epiklese die Vorstellung auf, der Einsetzungsbericht wirke konsekratorisch. Daß das vergegenwärtigende Geschehen auf das Wirken des Heiligen Geistes zurückzuführen ist und daß in ihm Jesus Christus gemäß dem Hebräerbrief der eigentliche Liturge ist, der die Menschen in die Verherrlichung des Vaters mit einbezieht, wird überall gesagt.

Augustinus muß unter zwei Gesichtspunkten eigens erwähnt werden. Zum einen beschäftigte er sich besonders eingehend mit der Gegenwart der göttlichen, urbildlichen Wirklichkeit in ihrem sakramentalen Abbild (siehe oben 4.1 und 4.2.2), und dies gerade auch im Hinblick auf die Eucharistie. Zum andern bot er eine Zusammenschau der sakramentalen und der ekklesialen Leib-Christi-Theologie. In der Eucharistie ist immer der ganze Christus enthalten und gegenwärtig, der individuelle Leib Jesu und der mystisch-universale, der die Kirche ist; sie ist das Sakrament des totus Christus caput et corpus; es gibt die Eucharistie gerade deswegen, damit die eine und heilige Kirche gebildet werde; diese Kirche ist darum die innere, von Gott gemeinte Gnadenwirklichkeit der Eucharistie, die »res« dieses Sakramentes. Das bedeutet nicht eine Aufwertung der Kirche zu autonomer Selbstherrlichkeit, da ihr Haupt der Hauptwirkende ist und bleibt und sie ohne Jesus Christus nichts tun kann. Beide Konzeptionen mußten negativ wirken, sobald Augustinus nicht mehr ursprünglich verstanden wurde. Seine Symbol- und Abbildtheologie war einfach darum folgenreicher als die anderer Theologen, weil er im Mittelalter die größte theologische Autorität nach der Bibel war. Seine ekklesiale Eucharistieauffassung förderte die Meinung, zusätzlich zur Vergegenwärtigung des Kreuzesopfers sei die Kirche doch sich selber opfernd und mit Jesus Christus opfernd tätig.

8.4.2 Konzentration auf die Realpräsenz

Die Eucharistietheologie konnte nicht überall und nicht für immer den hohen spirituellen Rang und den verhältnismäßig ganzheitlichen Charakter bewahren, den sie bei den erwähnten griechischen Theologen und bei Augustinus hatte. Je stärker auf der Basis der christologischen Dogmen sich ein sakramentsrealistisches Denken entwickelte, das sich primär für die wahre Gegenwart und Greifbarkeit Gottes im Sakrament interessierte, um so mehr geriet das Bilddenken in die Krise; Ansätze dazu sind schon im 5. Jahrhundert festzustellen. Je stärker aus einem radikalen Ehrfurchtsgefühl die Kommunionhäufigkeit des christlichen Volkes zurückging, desto herausgehobener wurde die Position des Zelebranten. Wo die Gottesdienstsprache nicht mehr verstanden wurde, wie bei den Völkern, denen man den Sammelnamen »Germanen« zu geben pflegt, wuchs das Verlangen nach Schauen, nach dramatischer Ausgestaltung des Gottesdienstes. Ein Prozeß setzte ein, bei dem die Eucharistie nicht mehr in der trinitarischen Dynamik von Lobpreis, Gedächtnis und Fürbitte gesehen wurde, sondern als das vorzüglichste Gnadenmittel, das »von oben« geschenkt wird, galt (Anfänge bei Isidor von Sevilla, † 636). Folgenschwer war die Rezeption der römischen Liturgie im Frankenreich, wo die theologischen Gehalte dieser Liturgie nur noch vergröbert verstanden werden konnten.[51] »Wie sich neben dem einen und letztgültigen Opfer Jesu Christi die Auffassung von der Messe als einem neuen, geradezu eigenständigen Opfer herausgebildet hat, so ähnlich im Priestertum: Neben dem einen Priester und Mittler Jesus Christus stehen bald noch weitere Priester, die sich gleichfalls Mittler nennen.«[52] Im 8./9. Jahrhundert wurde die Eucharistiefeier im Rah-

---

[51] J. A. *Jungmann*, Von der »Eucharistie« zur »Messe«, in: Zeitschrift für kath. Theologie 89 (1967) 29–40; H. B. *Meyer* in: TRE I, 1977, 278–282; A. *Angenendt*, Theologie und Liturgie der mittelalterlichen Toten-Memoria, in: Memoria, hrsg. von K. Schmid / J. Wollasch, München 1984, 79–199, hier zur Eucharistie 143–148.

[52] A. *Angenendt*, Missa specialis. Zugleich ein Beitrag zur Entstehung der Privatmessen, in: Frühmittelalterliche Studien, hrsg. von K. Hauck, Bd. 17, Berlin 1983, 153–221, hier 217 mit Belegen.

men der Tarifbuße (siehe unten 9.4) als Sühnemittel eingesetzt.[53] Aus dem altchristlichen Opfer, das geistig-geistlich verstanden wurde, als Ausdruck einer ganz Gott hingegebenen Gesinnung, und das darum kraft des gemeinsamen Priestertums von allen als Lobopfer vollzogen wurde,[54] wurde in der Karolingerzeit ein nur vom Priester dargebrachtes Sühneopfer. Dieser Wechsel in der theologischen Sicht war mit ein wesentlicher Grund für das Aufkommen der täglichen Privatmessen des Klerus.[55]

Im Zusammenhang mit dieser kritischen Entwicklung und der Unfähigkeit, die liturgische Symbolhandlung und die Gabensymbole als Realsymbole zu verstehen, wurde die Frage nach der genaueren Erklärung der wirklichen Gegenwart Jesu Christi im Sakrament, das Thema der »Realpräsenz« also, zur Hauptfrage der mittelalterlichen Eucharistietheologie. Sie führte zu den beiden Abendmahlsstreiten und dann zu kirchlichen Stellungnahmen, auf die sich spätere lehramtliche Äußerungen berufen konnten. Den ersten Abendmahlsstreit löste der von der Kirche als Heiliger verehrte Benediktinerabt Paschasius Radbertus († um 859) im Kloster Corbie aus. In der ersten erhaltenen Monographie über die Eucharistie, »De corpore et sanguine Domini«, lehrte er eine völlige Identität des von Maria geborenen, historischen und des eucharistischen Leibes Jesu Christi und die tägliche Wiederholung des Leidens Jesu Christi in einer wahren »Schlachtung« (mactatio). Der Mönch Rathramnus († nach 868) verfaßte im selben Kloster dagegen auf Bitten des Königs ein Gutachten »De corpore et sanguine Domini«, in dem es heißt: Brot und Wein werden durch die Wandlung nicht verändert und sind darum nur Bilder (figurae) des Fleisches und Blutes Jesu Christi; sein Leib und sein Blut sind also zusammen mit ihrer göttlichen Kraft unter dem Schleier dieser Bilder verborgen. Man könne daher nicht sagen, der Leib Jesu Christi werde in Wahrheit (in veritate) empfangen, vielmehr wird er im Bild, im Geheimnis und in der Kraft empfangen. Rathramnus

---

[53] Ebd. 213.
[54] So noch Beda († 735); vgl. *A. Angenendt*, ebd. 176 und 219.
[55] *A. Angenendt* geht a. a. O. in diesem Zusammenhang auch auf das Problem der Meßstipendien in historischer Sicht ein.

wollte damit nicht eine wahre Gegenwart des Leibes Jesu Christi leugnen, sondern nur eine völlige Identifizierung des historischen Leibes mit dem eucharistischen bekämpfen; mit dieser Sicht lehnte er auch die Behauptung eines täglich neuen Leidens ab: Er sprach von einer »repraesentatio« des einmaligen Leidens und Sterbens im Mysterium. So ist es falsch, die Auffassung des Rathramnus als »Symbolismus« zu bezeichnen.[56] Der zweite Abendmahlsstreit begann, als der Domherr Berengar von Tours († 1088) unter Berufung auf Augustinus und Rathramnus eine wirkliche Gegenwart des Leibes Jesu Christi in der Eucharistie leugnete, weil dieser verherrlichte Leib vor dem Ende der Welt nicht aus dem Himmel »herabgerufen« werden könne. Aus dem Erscheinungsbild von Brot und Wein versuchte er den philosophischen Nachweis zu führen, daß sich in der Eucharistie an ihnen nichts verändere, und dabei benutzte er die Begriffe »Substanz«, das geistige Wesen, die geistige Wirklichkeit einer Sache, und »Akzidentien«, die äußere Erscheinung, die in ihren verschiedenartigen Komponenten (Größe, Gewicht, Farbe, Geschmack usw.) gleichsam vom geistigen Wesen »getragen« und zusammengehalten wird. Er bezeichnete Brot und Wein in der Eucharistie als Bilder des Leibes Jesu Christi und ihren Empfang als Mittel, sich geistig mit dem Erhöhten im Himmel zu verbinden. Diese Ansichten wurden zwischen 1047 und 1054 von vier Synoden verurteilt. 1059 mußte Berengar vor einer Synode im römischen Lateran ein Bekenntnis unterschreiben, in dem es heißt, Brot und Wein seien nach der Konsekration nicht ein bloßes Sakrament, sondern wahrhaft Leib und Blut Jesu Christi, und ebendiese würden sinnenhaft, nicht nur im Sakrament, sondern in Wahrheit (»non solum sacramento, sed in veritate«!) »von den Händen der Priester in Bewegung gesetzt und gebrochen und von den Zähnen der Gläubigen zerrieben« (nur lat. DS 690). Nach Rückkehr in seine Heimat widerrief Berengar dieses Bekenntnis, woraufhin er vor einer römischen Synode 1079 erneut eine Bekenntnisformel unterschreiben mußte: »Ich, Berengar, glaube von Herzen und bekenne mit dem Mund, daß das Brot

---

[56] K. *Vielhaber*, Rathramnus, in: LThK VIII 1001 f., auch zu ungerechten Verurteilungen.

und der Wein, die auf dem Altar liegen, durch das Geheimnis des
heiligen Gebets und durch die Worte unseres Erlösers wesentlich
gewandelt werden in das wahre, eigentliche, lebenspendende
Fleisch und Blut unseres Herrn Jesus Christus; und nach der Weihe
sind sie der wahre Leib Christi, der aus der Jungfrau geboren
wurde, der, geopfert für das Heil der Welt, am Kreuze hing und der
zur Rechten des Vaters sitzt, und das wahre Blut Christi, das aus
seiner Seite floß, nicht nur im Zeichen und in der Wirksamkeit des
Sakramentes, sondern in seiner eigentlichen Natur und in seiner
wahren Wesenheit« (NR 559 / DS 700). In diesem Text werden die
Begriffe verwendet, die Berengars Gegner Lanfrac von Bec
(† 1089) und Guitmund von Aversa († 1085) aufgenommen hatten:
Die irdischen Substanzen werden umgewandelt (während die äußeren Gestalten [species] bleiben); damit ist der Sache nach die
Transsubstantiationslehre gegeben (das Substantiv »transsubstantiatio« wurde erstmals um 1140/1142 von Orlando Bandinelli, dem
späteren Papst Alexander III., verwendet). Die Entgegensetzung
von »signum« und »virtus sacramenti« auf der einen, »proprietas
naturae« und »veritas substantiae« auf der anderen Seite zeigt, in
welchem Ausmaß die Theologie des Realsymbols verlorengegangen war. Allerdings ist nicht zu verkennen, daß mit dem Rückgriff
auf die popularphilosophische Vorstellung einer allen Dingen zugrunde liegenden letzten, geistigen Wirklichkeit der krasse,
schlimmsten Mißverständnissen ausgesetzte Realismus von 1059
überwunden wurde. Wenn die Gegenwart Jesu Christi, auch seines
Leibes, in der geistigen Dimension gesehen wurde – und der Begriff »Substanz« spricht nur die geistige Dimension an –, waren
räumlich-dingliche Vorstellungen, auch die des »Herabkommens«
des verklärten Leibes aus einem weltjenseitigen Himmel, gebannt.
Die Möglichkeit, vom Gnadenmittel wegzukommen und das Innesein und Wirken des göttlichen Geistes im Realsymbol wiederzugewinnen, war wenigstens nicht blockiert. Der zeitlos-statische
Substanzbegriff war und ist freilich nicht dazu geeignet, das Gegen-
wärtigsein geschichtlicher Ereignisse und einer menschlichen Person mit ihren Beziehungen, ihrer Geschichte usw. auszusprechen.

8.4.3 Die scholastische Eucharistietheologie

Die »Versachlichung« der Eucharistielehre schritt noch weiter fort, als die scholastische Theologie im 12. Jahrhundert das Begriffspaar »Materie« und »Form« in die Sakramententheologie einführte (siehe oben 4.2.3). Als Materie des Sakraments der Eucharistie wurden Brot und Wein angesehen; als das wesengebende Formprinzip galten die Einsetzungsworte, die Worte Jesu in der Ich-Form: »Das ist...« Sie allein, dachte man, bewirken die Substanzverwandlung und damit die Gegenwart des Leibes und Blutes Jesu Christi. Verständlicherweise konzentrierte sich die Aufmerksamkeit nun noch mehr auf den amtierenden Priester, dessen Vollmacht und richtige Intention. Die Frage des Glaubens an die Eucharistie wurde im Zusammenhang mit dem Empfang in der Kommunion thematisiert. Die Gemeinschaftsfeier der Eucharistie zerfiel in der scholastischen Theologie, die eine Mönchs- und Priestertheologie war, »in das sakramentale Handeln des Klerus und die ›Meßandacht‹ der Laien«[57]. Zwei Momente in diesem Zusammenhang führten zur Ausbildung der »Konkomitanzlehre«, nämlich die nun im Mittelalter aufkommende Reservierung der Kelchkommunion für den priesterlichen Zelebranten allein und das Verlangen, den *ganzen* Christus mit Gottheit und Menschheit sehen und empfangen zu können. Im 12. Jahrhundert wurden die »Teile« aufgezählt, die zusammen den »totus Christus« ausmachen: Leib, Blut, Seele, Gottheit. Die Konkomitanz- oder Mitvergegenwärtigungslehre besagte nun: Kraft der Konsekrationsworte wird auf der Ebene des geistigen Wesens, der Substanz, das Brot nur in den Leib, der Wein nur in das Blut Jesu Christi verwandelt. Da mit Leib und Blut aber die anderen Wirklichkeiten unlösbar verbunden sind (zum Blut der Leib gehört, zur Menschheit die Gottheit, unvermischt, aber auch untrennbar, wie das christologische Dogma sagt), werden sie beim Sprechen des Konsekrationswortes mit vergegenwärtigt, so daß in jedem »Teil« der ganze Christus gegenwärtig ist und den Laien mit der Verweigerung der Kelchkommunion – dachte man – nichts vorenthalten wird.

[57] *H. B. Meyer* in: TRE I, 1977, 281.

Die scholastischen Auffassungen haben ihr Echo in lehramtlichen Äußerungen gefunden. Papst Innozenz III. betonte 1208 in einem Glaubensbekenntnis gegen die Waldenser die Bedingungen einer gültigen Eucharistiefeier: den geweihten Priester unabhängig von seiner moralischen Qualität, die Konsekrationsworte und die richtige Intention des Priesters (NR 560 / DS 794). Das Vierte Lateran-konzil 1215 stellte angesichts der Wirren seiner Zeit ein Glaubens-bekenntnis zusammen, in dem es auch die Eucharistie themati-siert:

»Es gibt nur eine allgemeine Kirche der Gläubigen. Außer ihr wird keiner gerettet. In ihr ist Jesus Christus Priester und Opfer zugleich. Sein Leib und Blut ist im Sakrament des Altares unter den Gestalten von Brot und Wein wahrhaft enthalten, nachdem durch Gottes Macht das Brot in den Leib und der Wein in das Blut wesensverwandelt sind: damit wir von dem Seinigen empfangen, was er von dem Unsrigen annahm, und so die geheimnisvolle Einheit vollendet werde. Dieses Sakrament bringt nur der Priester zu-stande, der gültig geweiht ist, entsprechend der Schlüsselgewalt der Kirche, die Jesus Christus selbst den Aposteln und ihren Nachfolgern verlieh...« (NR 920 / DS 802).

Gegen John Wyclif und Jan Hus verteidigte das Konzil von Kon-stanz 1415 (NR 561 / DS 1198) und 1418 (NR 563 / DS 1257) die Konkomitanzlehre, überdies 1418 gegen Wyclif die Realpräsenz (NR 562 / DS 1256).

Das Konzil von Florenz griff in seinem Dekret für die Armenier, das 1439 als Grundlage einer Kirchenunion mit ihnen dienen sollte, auf die Eucharistielehre des Thomas von Aquin († 1274) zurück. Die scholastischen Elemente sind offensichtlich: Materie – Form, Substanzverwandlung, Konkomitanz. Erstmals taucht in einem lehramtlichen Text hier die Formulierung auf, der Priester handle bei der Konsekration »in persona Christi«. Sie beruht auf der latei-nischen Fehlübersetzung von 2 Kor 2,10, wo Paulus sagt, er habe »im Angesicht Christi« vergeben. Ebenfalls erstmals spricht ein Konzil über die Gnadenwirkung der Eucharistie. Der leicht ge-kürzte Text lautet:

»Das dritte Sakrament ist die Eucharistie. Seine *Materie* ist Weizenbrot und Traubenwein, dem vor der Weihe ein klein wenig Wasser beigemischt wer-den muß. Das Wasser wird deshalb beigemischt, weil man [...] annehmen kann, daß auch der Herr selbst dieses Sakrament mit Wein eingesetzt hat, der mit Wasser gemischt war. Ferner, weil dies der Vergegenwärtigung des

Leidens des Herrn entspricht. [...] [Die Vermischung stellt auch die Vereinigung des gläubigen Volkes mit Christus dar.] Die *Form* dieses Sakramentes sind die Worte des Heilands, mit denen er dieses Sakrament vollzog. Denn der Priester vollzieht dieses Sakrament, indem er in der Person Christi spricht. In der Kraft dieser Worte wird nämlich die Brotsubstanz in den Leib Christi und die Weinsubstanz in sein Blut verwandelt, doch so, daß der ganze Christus unter der Brotgestalt und der ganze Christus unter der Gestalt des Weines enthalten ist. Auch in jedem Teil der geweihten Hostie und des geweihten Weines ist nach der Teilung der ganze Christus gegenwärtig. Die *Wirkung* dieses Sakramentes in der Seele des würdigen Empfängers ist die Vereinigung des Menschen mit Christus. Da aber der Mensch durch die Gnade dem Leib Christi eingefügt und mit seinen Gliedern vereinigt wird, so ergibt sich, daß in den würdigen Empfängern dieses Sakramentes die Gnade vermehrt wird; und jede Wirkung, die körperliche Speise und Trank für das leibliche Leben haben – sie erhalten, steigern, erneuern, erfreuen es –, die wirkt dieses Sakrament für das geistige Leben. Nach dem Wort des Papstes Urban feiern wir in diesem Sakrament das dankbare Gedächtnis unseres Heilands, es hält uns vom Schlechten zurück, stärkt uns im Guten und gibt uns Wachstum in Tugend und Gnade« (NR 564–566 / DS 1320–1322).[58]

An dem Text wird deutlich, wie weit die Sakramentenlehre sich bereits von der Meßopferlehre abgespalten hat. Letztere fehlte ja in der scholastischen Theologie nicht, sie tritt aber in diesem Dekret nur noch im Zusammenhang mit der Mischung von Wasser und Wein in Erscheinung (vgl. den lat. Text DS 1320).
In die Meßopferlehre brachte die Scholastik Begriffe ein, die sich in der Folgezeit als fruchtbar erwiesen. Sie hielt an der »memoria«, Gedächtnis, fest und sprach außerdem von »repraesentatio«, Vergegenwärtigung des Kreuzesopfers, so der Pariser Bischof Petrus Lombardus († 1160)[59], und von »applicatio passionis Christi ad nos«, Zuwendung des Leidens Christi zu uns, so Thomas von Aquin[60]. Da man nicht mehr verstand, was die Begriffe »Leib« und »Blut« im hebräisch-aramäischen Kontext Jesu bedeuteten, sah

---

[58] Die Gnadenwirkung der Eucharistie wird bei *Thomas von Aquin* noch radikaler ausgesprochen als in dem vom Konzil von Florenz zitierten Text: »Effectus proprius eucharistiae est transformatio hominis in Deum« (In IV Sent. d. 12 q. 2 a.1). Das Konzil übergeht auch die Sündenvergebung, die Thomas an hervorragender Stelle unter den Wirkungen dieses Sakraments aufzählt (Exp. super Is.4 in fine; Opusc. 57 c.24).

[59] IV Sent. d. 12 c.5.

[60] Post. super Jo. 6 l. 6.

man in der *getrennten* Gegenwärtigsetzung von Leib und Blut Jesu Christi die Vergegenwärtigung seines gewaltsamen Todes am Kreuz und gerade darin den Opfercharakter der Eucharistie.[61] Damit war der Grund gelegt für die späteren Meßopfertheorien.

In ihrer schematischen und oft konstruiert wirkenden Sakramententheologie hat die Scholastik an Perspektiven der Tradition festgehalten, die bei einer späteren Erneuerung eine Rolle spielen konnten, so auch in der Eucharistielehre. Dazu gehört die Redeweise von »sacramentum« und »res« (siehe oben 4.2.3). Das sakramentale Zeichen allein, das »sacramentum tantum«, sind Brot und Wein. »Res et sacramentum«, die mittlere sakramentale Wirkung, ist »corpus Christi verum«, die wahre Gegenwart des Leibes Jesu Christi. Die eigentliche und letzte Wirklichkeit, »res«, ist zweifacher Art, eine vom Sakrament bezeichnete und in ihm enthaltene, nämlich Jesus Christus selbst, und eine vom Sakrament bezeichnete, in ihm aber nicht enthaltene, nämlich das »corpus Christi mysticum« oder die Gemeinschaft der Heiligen.[62] Damit war der Zusammenhang von Eucharistie und Kirche, der im Altertum so wichtig war, doch noch angesprochen.[63] In der signum-Lehre ist die Geschichtsdimension kondensiert erhalten, wenn die Eucharistie als signum rememorativum das Zeichen der ein für allemal geschehenen Heilstat Gottes in Jesus Christus ist, als signum demonstrativum das gegenwärtige Heilswirken Gottes an den Menschen bezeichnet und als signum prognosticum die Vollendung des Heils im Mahl des Reiches Gottes zeichenhaft vorwegnimmt.[64] Über den Niedergang der späteren scholastischen Eucharistielehre, die »verlotterte Meßpraxis« und die Notwendigkeit einer Reform besteht in der historisch-theologischen Forschung Übereinstimmung. Die negative Entwicklung darf nicht einseitig der scholastischen Theologie angelastet werden, die insgesamt »offener« war, als Spät- und Neuscholastik erkennen ließen.

---

[61] *Thomas*, S.th. III q. 79 a.7; q.83 a.1.

[62] Ebd. q. 73 a.6; q.80 a.4.

[63] Vgl. *H. de Lubac*, Corpus Mysticum. Kirche und Eucharistie im Mittelalter, Einsiedeln 1969.

[64] *Thomas*, S.th. III q. 60 a.3.

8.4.4 Reformatorische Abendmahlslehre

Die Abendmahlstheologien der Reformatoren sind von einer grundlegenden Besinnung auf das Wort Gottes, den Glauben und die Sündenvergebung bestimmt, der gegenüber die Sakramente als Vergewisserungen der göttlichen Verheißung zurücktreten (siehe oben 4.2.4)[65]. Auslösend für den Angriff auf die römisch-katholische Eucharistietheologie waren jedoch einzelne, mit der Praxis eng verbundene Teillehren, die nach Ansicht der Reformatoren zu gefährlichen Abweichungen vom wahren christlichen Glauben geführt hatten: die Transsubstantiationslehre, die Meßopfertheologie – diese galt als das größte Ärgernis, da sie das einmalige Geschehen am Kreuz entwertete und dem massivsten religiösen Leistungsdenken Vorschub leiste – und die Konkomitanzlehre. Untereinander waren die großen Reformatoren in ihrer Abendmahlsauffassung nicht einig, so daß neue Gegensätze entstanden, die dazu führten, daß innerhalb der evangelischen Kirchen bis zur Gegenwart um die Abendmahlsgemeinschaft gerungen werden mußte.[66] Für Martin Luther waren die neutestamentlichen Abendmahlsberichte und die Brotrede Joh 6 ein sicherer Grund, um die Realpräsenz des Leibes und Blutes Jesu Christi ins Zentrum seiner Aussagen zu diesem Sakrament zu stellen. Immer hat er die Worte »Das ist...« in den Einsetzungsberichten als reale Identifikation verstanden. Die Transsubstantiationslehre sah er als eine bloße Privatmeinung an, die er für sich persönlich ablehnte. Seine eigene zurückhaltende Auffassung geht von einem Fortbestehen der Brot- und Weinsubstanz zusammen mit Leib und Blut Jesu Christi aus (Konsubstantiation). Die Gegenwart des verklärten Christusleibes und -blutes bedeutete für ihn auch die Gegenwart der Gottheit, an deren Allgegenwart der verklärte Christusleib partizipiert (Ubiquitätslehre), der von Christus seinerseits im Altarssakrament

[65] Vgl. zusammenfassend *J. Betz* in: MySal IV/2, 243–247.

[66] Zur aktuellen Problemlage vgl. die Lit. II; zu einer Erstinformation z. B.: *G. Wainwright* in: EKL I, 1986, 29–82 bis zu den Lima-Texten. – Für die notgedrungen kurze folgende Darstellung der Abendmahlsauffassungen der Reformatoren stütze ich mich auf die präzise Übersicht bei *J. Betz* in: MySal IV/2, 247–251 (Quellenangaben). Eingehender: *U. Kühn*, Sakramente.

mit Brot und Wein verbunden wird. Aus dem Wortlaut »Nehmet, esset« leitete Luther ab, daß das Sakrament ein begrenztes Geschehen ist: die Verheißung der Gegenwart Jesu gelte nur für den »usus«, das heißt für die Zeit von den Einsetzungsworten bis zum Verzehr. Die eucharistische Frömmigkeit, die aus dem Aufbewahren konsekrierter Hostien für Kranke erwuchs und zu Formen wie Sakramentsandachten und -prozessionen führte, lehnte Luther ab, weil die Einsetzung darüber schweige. Hinsichtlich des Opfercharakters der Messe ließ er nur gelten, daß sie ein Dankopfer für dasjenige ist, dessen gedacht wird.

Huldrych Zwingli hielt zwar an einer Gegenwart des dreieinigen Gottes bei den Menschen fest, ließ aber den verklärten Leib Christi doch im Himmel lokalisiert sein, von wo aus er nicht wirklich und wesentlich ins Brot kommen könne. Nach Joh 6,63 könne die menschliche Seele vom Fleisch Christi auch gar nicht genährt werden. So ist das Brot im »Nachtmahl« nicht Leib Christi, sondern – wie der Wein – ein den Glauben unterstützendes Erinnerungszeichen (»Das ist« sei dasselbe wie »Das bedeutet«). Der Glaube allein bewirke eine unmittelbare Gegenwart des ganzen Christus in der menschlichen Seele. Der Opfercharakter der Messe ist für Zwingli wegen der einmaligen Opfertat Jesu abzulehnen, auf die die Menschen nur mit Gedächtnis und Dank antworten könnten.

Jean Calvin suchte bewußt eine Vermittlung zwischen Luther und Zwingli. Das Sakrament ist mit einem Wirken Gottes durch den Heiligen Geist verbunden und zeigt dieses Wirken vergewissernd an, so daß es kein bloßes Merkzeichen, aber auch kein »Gnadenmittel« ist. Zwar werden mittels dieses Sakraments Jesu Leib und Blut wirklich empfangen, aber nicht in Form eines Genusses mit dem Mund. Eine solche Vorstellung der substantiellen Realpräsenz, bei der Jesus Christus unter vergänglichen Elementen eingeschlossen wäre, nannte er pervers und eine Erniedrigung Christi. Für ihn ist der verklärte Leib Christi ebenfalls im Himmel lokalisiert; die Teilhabe an ihm in der Kommunion bewirkt der Heilige Geist, der die gläubig Empfangenden zu Christus emporzieht, so daß sie zwar nicht das Fleisch Christi, aber Leben aus der Substanz seines Fleisches empfangen.

Das Konzil von Trient (1545–1563) wollte die Angriffe und Anfragen der Reformatoren beantworten und zählte die Eucharistie von Anfang an zu den wichtigsten Themen. Es war ihm aber von der mittelalterlichen und spätmittelalterlichen Theologie her nicht möglich, von der Eucharistie in einer einheitlichen Sicht zu sprechen, vielmehr behandelte es sie in Teilen. Gleichbleibend ist die literarische Art, in der das Konzil sich äußerte. Jene Lehre, die für katholische Christen verbindlich ist, wurde in kurzen Lehrsätzen (Canones) festgehalten. Dabei muß die Forschung in jedem Einzelfall untersuchen, ob ein unwiderrufbares Dogma aufgestellt werden oder ob eine ehrwürdige Tradition, die an sich reformabel ist, gegen Neuerungen geschützt werden sollte. Genauere Begründungen für die Canones suchen die Lehrkapitel (Doctrina) zu geben.

8.4.5   Die Realpräsenz

Das Konzil von Trient nahm auf seiner 13. Sitzung 1551 ein »Dekret über die heilige Eucharistie« an.[67] Die meiste Arbeit war in die Formulierung von 11 Lehrsätzen (Canones) investiert worden. Ihnen wurden 8 Lehrkapitel vorangestellt, die kurzfristig ausgearbeitet worden waren, nicht die gleiche Lehrautorität wie die Canones haben, aber zu deren Interpretation wichtig sind. Die für eine Eucharistietheologie auch heute relevanten Texte seien im Wortlaut zitiert:

»1. Kapitel: Die wirkliche Gegenwart unseres Herrn Jesus Christus im heiligsten Sakrament der Eucharistie. Zu Beginn lehrt die heilige Kirchenversammlung, und sie bekennt offen und ohne Rückhalt, daß in dem erhabenen Sakrament der heiligen Eucharistie nach der Weihe (Konsekration) von Brot und Wein unser Herr Jesus Christus als wahrer Gott und Mensch wahrhaft, wirklich und wesentlich unter der Gestalt jener sichtbaren Dinge gegenwärtig ist. Denn darin liegt kein Widerspruch, daß eben unser Heiland nach seiner natürlichen Daseinsweise stets zur Rechten des Vaters im Himmel sitzt und daß er trotzdem an vielen Orten sakramental seinem We-

---

[67] Zur Geschichte: *H. Jedin*, Geschichte des Konzils von Trient, 3 Bde., Freiburg 1951–1970; *A. Duval* (s. Lit. I); zur Interpretation der Eucharistielehre: *K. Rahner*, Die Gegenwart Christi im Sakrament des Herrenmahles, in: Schriften IV 357–385; *J. Wohlmuth*, Realpräsenz und Transsubstantiation im Konzil von Trient, 2 Bde., Bern / Frankfurt 1975.

sen nach für uns gegenwärtig ist, in einer Daseinsweise, die wir zwar kaum mit Worten auszudrücken vermögen, die wir aber dennoch mit der vom Glauben erleuchteten Vernunft als für Gott möglich erkennen können und standhaft glauben müssen« (1. Abschnitt: NR 568 / DS 1636).

Die Auffassungen der Gegenwart Jesu Christi bei Zwingli und Calvin werden hier abgelehnt.

Nach einem 2. Kapitel über die Einsetzung der Eucharistie folgt:

»3. Kapitel: Der Vorrang der heiligsten Eucharistie vor den übrigen Sakramenten. Das ist der heiligsten Eucharistie mit den übrigen Sakramenten gemeinsam, daß sie sinnfälliges Zeichen einer heiligen Sache und sichtbare Gestalt der unsichtbaren Gnade ist. Das aber ist das Hervorragende und Einzigartige an ihr, daß die übrigen Sakramente dann erst ihre heiligende Kraft besitzen, wenn man sie gebraucht, in der Eucharistie aber der Urheber der Heiligkeit vor ihrem Gebrauch da ist. Denn noch hatten die Apostel die Eucharistie nicht von der Hand des Herrn empfangen, als er doch schon in Wahrheit aussagte, das, was er gebe, sei sein Leib. Und stets war in der Kirche dieser Glaube, daß gleich nach der Weihe der wahre Leib unseres Herrn und sein wahres Blut unter der Gestalt von Brot und Wein zugleich mit seiner Seele und mit der Gottheit da sei, und zwar kraft der (Wandlungs-)Worte der Leib unter der Gestalt des Brotes und das Blut unter der Gestalt des Weines. Der Leib aber unter der Gestalt des Weines und das Blut unter der Gestalt des Brotes und die Seele unter beiden kraft jener natürlichen Verknüpfung und Zusammengehörigkeit, die alle Teile Christi des Herrn verknüpft, der schon von den Toten erstanden ist und nicht mehr sterben wird (Röm 6,9), die Gottheit ferner wegen jener wunderbaren hypostatischen Vereinigung mit Leib und Seele. Und so ist es ganz wahr, daß ebensoviel unter jeder der beiden Gestalten enthalten ist wie unter beiden. Denn der ganze und unversehrte Christus ist da unter der Gestalt des Brotes und unter jedem Teil dieser Gestalt, und ebenso ist er ganz da unter der Gestalt des Weines und unter ihren Teilen« (NR 571/DS 1639–1641),

ein Kapitel, das die Konkomitanzlehre darlegt.

Das nächste Kapitel spricht von der Transsubstantiation:

»4. Kapitel: Die Wesensverwandlung. Da aber Christus, unser Erlöser, von dem, was er unter der Gestalt des Brotes darreichte, aussagte, es sei wirklich sein Leib, so war es stets Überzeugung in der Kirche Gottes, und diese heilige Kirchenversammlung erklärt aufs neue: Durch die Weihe von Brot und Wein vollzieht sich die Wandlung der ganzen Brotsubstanz in die Substanz des Leibes Christi, unseres Herrn, und der ganzen Weinsubstanz in die Substanz seines Blutes. Und diese Wandlung ist von der katholischen Kirche zutreffend und im eigentlichen Sinn Wesensverwandlung (transsubstantiatio) genannt worden« (NR 572/DS 1642).

Im 5. Kapitel, das der Verehrung dieses Sakraments gewidmet ist, findet sich der bemerkenswerte Satz »A Christo Domino, ut suma-

tur, institutum«: es wurde von Christus dem Herrn als Speise eingesetzt (NR 573/DS 1643). Kapitel 6 spricht von der Aufbewahrung
dieses Sakraments, Kapitel 7 von der Vorbereitung zu einem würdigen Empfang, Kapitel 8 vom »Genuß«, wobei der wichtige Zusammenhang von »geistlicher Kommunion« allein mit der »geistlichen und sakramentalen Kommunion« ausgesprochen wird (nur
lat. DS 1648; siehe unten 8.4.9).

Die Canones mit der theologisch größten Relevanz lauten:

»1. Wer leugnet, daß im Sakrament der heiligsten Eucharistie wahrhaft,
wirklich und wesentlich der Leib und das Blut zugleich mit der Seele und
mit der Gottheit unseres Herrn Jesus Christus und folglich der ganze Christus enthalten ist, und behauptet, er sei in ihm nur wie im Zeichen, im Bild
oder in der Wirksamkeit, der sei ausgeschlossen« (NR 577/DS 1651).
»2. Wer sagt, im hochheiligen Sakrament der Eucharistie bleibe die Substanz von Brot und Wein zugleich mit dem Leib und Blut unseres Herrn
Jesus Christus bestehen, und wer jene wunderbare und einzigartige Wandlung der ganzen Brotsubstanz in den Leib und der ganzen Weinsubstanz in
das Blut leugnet, wobei nur die Gestalten von Brot und Wein bleiben –
diese Wandlung nennt die katholische Kirche sehr treffend Wesensverwandlung (transsubstantiatio) –, der sei ausgeschlossen« (NR 578/DS
1652).
»3. Wer leugnet, daß in dem verehrungswürdigen Sakrament der Eucharistie unter jeder Gestalt und unter den einzelnen Teilen einer jeden Gestalt
nach der Teilung (der Gestalten) der ganze Christus enthalten sei, der sei
ausgeschlossen« (NR 579/DS 1653).

Aussagen zu diesem Thema der Konkomitanz finden sich auch in
der Lehre über die Kommunion unter beiden Gestalten, die das
Konzil auf seiner 21. Sitzung 1562 verabschiedete (NR 592–595/
DS 1731–1734: die Canones).

»4. Wer sagt, im wunderbaren Sakrament der Eucharistie sei nach vollzoge-
ner Weihe nicht der Leib und das Blut unseres Herrn Jesus Christus, sondern nur beim Gebrauch, wenn es genossen wird, nicht aber vorher oder
nachher, und in den geweihten Hostien oder Brotteilchen, die nach der
Kommunion aufbewahrt werden oder übrigbleiben, bleibe nicht der wahre
Leib des Herrn zurück, der sei ausgeschlossen« (NR 580/DS 1654).

Mit diesem Lehrsatz sollte die lutherische Meinung, die Realpräsenz ende mit der Kommunion im Gottesdienst, abgelehnt werden.

Canon 5 sagt, die Eucharistie bringe mehrfache Wirkungen und
nicht an vorzüglichster Stelle die Sündenvergebung hervor.

Die Canones 6 und 7 gelten den Formen eucharistischer Frömmigkeit.

»8. Wer sagt, man genieße Christus, wenn er in der Eucharistie dargereicht wird, nur geistig und nicht auch sakramental und wirklich, der sei ausgeschlossen« (NR 584/DS 1658).

Canon 9 schreibt als Minimalforderung die jährliche Osterkommunion vor, Canon 10 spricht von der Kommunion des Priesters.

»11. Wer sagt, der bloße Glaube sei eine hinreichende Vorbereitung auf den Genuß des Sakramentes der heiligsten Eucharistie, der sei ausgeschlossen. Damit ein so hohes Sakrament nicht unwürdig und so zum Tod und zur Verdammung genossen werde, so bestimmt und erklärt diese heilige Kirchenversammlung, daß diejenigen, die das Gewissen einer schweren Sünde beschuldigt, wie sehr sie auch glauben, die Reue zu haben, doch notwendig vorher die sakramentale Beichte ablegen müssen, wenn sie einen Beichtvater erreichen können. Wer es sich anmaßt, das Gegenteil zu lehren, zu predigen, hartnäckig zu behaupten oder auch bei öffentlicher Disputation zu verteidigen, der sei ohne weiteres ausgeschlossen« (NR 587/DS 1661).

Dieser Canon ist im Zusammenhang mit der Lehre vom Bußsakrament zu sehen (siehe unten 9.2).

Was die Bischöfe und Theologen des 16. Jahrhunderts hier an Positivem und Schönem gesagt haben, erschließt sich bei der aufmerksamen Lektüre von selbst. Diese Konzilsaussagen haben allerdings auch ihre theologischen und sprachlichen Grenzen, auf die die Neubesinnung in unserem Jahrhundert aufmerksam gemacht hat.[68] Diese Grenzen zeigen sich einmal im Umgang jenes Konzils mit der biblischen und altkirchlichen Tradition, der gewiß nach bestem Wissen und Gewissen geschah, gegenüber den früheren Perspektiven aber große Einseitigkeit und Engführung aufweist (so wie die Auffassungen der Reformatoren auch!). Zum andern verwendet das Konzil Deutekategorien und sprachliche Ausdrucksmittel, die 400 Jahre später zu einem inneren Verstehen der Glau-

---

[68] Vgl. die kondensierte Übersicht bei *J. Betz* in: MySal IV/2, 256–262 (Lit.); *A. Gerken*, a. a. O. 173–199; *J. A. Sayes*, Presencia real de Cristo y Transubstanciación, Burgos 1974; *B. J. Hilberath / Th. Schneider* in: NHthG I, 1984, 313f. Sehr gut informieren auch über neuere Denkmodelle seit den dreißiger Jahren dieses Jahrhunderts: *J. Wohlmuth*, Nochmals: Transsubstantiation oder Transsignifikation? in: Zeitschrift für kath. Theologie 97 (1975) 430–440; *G. Hintzen*, Die neuere Diskussion über die eucharistische Wandlung, Bern / Frankfurt 1976; *H.-J. Schulz*, »Wandlung« (s. Lit. VI.).

benswahrheiten und zur Verständigung in der Kommunikation mit anderen kaum mehr geeignet sind. Damit ist wie hinsichtlich vieler anderer Glaubensaussagen auch die Aufgabe gestellt, nach dem damals »eigentlich« Gemeinten zu suchen und es unter Einbeziehung der noch älteren Tradition so zu formulieren, daß die Kirche dabei ihre Identität nicht verliert.

Der Kern der Glaubensaussage über die Realpräsenz bekennt die wahre und wirkliche Gegenwart Jesu Christi in der Feier und im Sakrament der Eucharistie. Darin liegt auch das christologische Bekenntnis, daß der Gekreuzigte lebt und in Ewigkeit der auf einzigartige Weise mit Gott geeinte Mensch bleibt. Diese Aussage weist eine »nur« symbolische Auffassung ab, aber bereits das weist auf einen geschichtlichen Verarmungsprozeß hin: Eine symbolische Auffassung kann auch realsymbolisch sein und dann wahre Gegenwart im Symbol aussagen.

Die Konzilsaussagen über die Realpräsenz sind nicht eingebettet in Grundüberlegungen über die Gegenwart des dreieinigen Gottes bei den Menschen oder über die Art und Weise, wie Menschen in die Gegenwart des dreieinigen Gottes gebracht werden. Dazu gehörte auch das Nachdenken über die Vergegenwärtigung Jesu Christi, des Menschen und des Sohnes Gottes, durch den Heiligen Geist. Auch die Gegenwart seiner Menschheit kann »nur« eine pneumatische sein, wobei »pneumatisch« die höchste Form der Vollendung menschlicher Leiblichkeit meint. Durch das Fehlen der Grundüberlegungen läßt das Konzil die Meinungen zu, der dreieinige Gott sei »an sich« in der Ferne eines weltjenseitigen Himmels zu denken, so daß auch die Menschheit Jesu unwillkürlich weltjenseitig lokalisiert wird, und das Sakrament der Eucharistie sei die Möglichkeit, aus der räumlichen Ferne eine räumliche Nähe zu machen. Aber auch wo räumliche Vorstellungen vermieden werden, sind Theologen in der Versuchung, eine Gegenwartsweise Gottes in Jesus gegen die andere auszuspielen, etwa wenn in komparativischer Redeweise gesagt wird, die eucharistische Gegenwart bedeute eine Steigerung der Intensität und des Umfangs der anderen Gegenwartsweisen.[69] Auch neuere Interpreta-

---

[69] So zusammenfassend *F. Eisenbach*, a. a. O. 446.

tionsversuche stoßen hier an ihre sprachlichen Grenzen: Wenn die Gegenwart Jesu in der Eucharistie »somatische«, also leibliche, Realpräsenz genannt wird, dann ist damit noch nicht ausgesprochen, was auszusprechen ist, nämlich, daß das »soma« Jesu jetzt und in alle Ewigkeit pneumatisch existiert. Die Lehre von der Substanzverwandlung hat mit ihren begrenzten Ausdrucksmitteln darauf hingewiesen, da sie ja besagt, daß eine geistige Wirklichkeit in eine andere geistige Wirklichkeit verwandelt wird. Alle Vorstellungen von einer leiblichen oder somatischen Realpräsenz sind somit im Rahmen einer pneumatischen und geistig-substantialen Realpräsenz zu denken.

Das Konzil von Trient hat zusammen mit der scholastischen Tradition die ganze inhaltliche Fülle der jüdischen Begriffe »Leib« und »Blut« nicht mehr gekannt. Es nahm sie einfach im Sinn von »Stükken« eines Menschen. Nur Kap. 1 (NR 568/DS 1636) spricht von einer Gegenwart des Menschen Jesus Christus statt von der Präsenz seiner Teile. Darüber hinaus zeigt die Abspaltung der Lehre vom Meßopfer von dieser Lehre von der Realpräsenz, daß man nur an die Gegenwart der bestimmten Person in ihrem immerwährenden Vollendungszustand, nicht aber an die Gegenwart ihres ganzen Lebens, ihrer ganzen Geschichte dachte. Das hat bedauerliche Folgen für die Auffassung von der Eucharistie als liturgischer Feier. Die Konzentration auf das Gegenwärtigsetzen der Person Jesu mit Gottheit und Menschheit förderte die Vorstellung, der Sinn der Eucharistiefeier sei es, Gottheit und Menschheit Jesu zum Zweck der Anbetung und der Kommunion gegenwärtig zu machen. Die inhaltliche Fülle des »Gedächtnisses« ist damit verringert. Der Verehrung der Eucharistie im herkömmlichen Sinn fehlt daher auch das wesentliche Element jeder Liturgie, die Verherrlichung Gottes wegen seiner Großtaten.

Zum Kern der Glaubensaussage von Trient gehört es, daß das Geschehen in der Eucharistie von Gott und nicht etwa von den Liturgen bewirkt wird. Nur Gott kann die Verheißung dieses Sakraments, die in dem »Das ist« liegt, erfüllen. Menschen könnten nur Hinweiszeichen setzen, die bloße Signale ohne darin gegenwärtige Wirklichkeit wären. Die alte Kirche hat ihren festen Glauben an das Wirken Gottes in die Gestalt der Epiklese, der Bitte um das verwandelnde Wirken des göttlichen Geistes, geformt. Das Konzil von Trient suchte diesen Gedanken zu wahren, indem es von einem Geschehen auf der ontologischen Ebene sprach: Nur Gott kann eine Wirklichkeit auf der Ebene des Seins verändern; Menschen können nach willkürlicher Setzung ihre Bedeutung umändern, ohne je die letzte Wirklichkeit zu erreichen.

Der damit gemeinte Sachverhalt ist allerdings in einer Zeit schwer zu vermitteln, in der behauptet wird, ein Seins- oder Wesensdenken sei nicht mehr nachvollziehbar. Die naturphilosophische Redeweise von »Substanz« und »Akzidentien« ist erst recht unverständlich geworden. Nun ist natürlich weder diese Naturphilosophie noch der Begriff »Transsubstantiation« für katholische Christen dogmatisch verbindlich vorgeschrieben. Das Konzil von Trient sagt ja nur, dieser Begriff sei sehr geeignet, um die innere, geistige Wandlung der Gaben auszusprechen. Damit ist die Suche nach einem besseren Begriff nicht verwehrt.

Die Versuche einer Neuformulierung des Dogmas von der Realpräsenz brachten Kategorien der personalen Begegnung und einer relationalen Ontologie ins Gespräch.[70] Dazu gehört die Beobachtung, daß das »Wesen« eines Kulturprodukts – und Brot und Wein sind Kulturprodukte – sich mit der Bestimmung real ändern kann, oder, mit Bernhard Welte gesprochen: Der Bezugszusammenhang der Dinge auf den Menschen bestimmt wesentlich das Sein des Seienden mit.[71] Änderungen des Zwecks oder der Bedeutung[72] wären daher jene Seins- oder Wesensverwandlung, die das Konzil von Trient meinte. Papst Paul VI. glaubte 1965 in der Enzyklika »Mysterium fidei« (Auszüge nur deutsch NR 618–620) betonen zu müssen: »Nach der Wesensverwandlung haben die Gestalten des Brotes und Weines ohne Zweifel eine neue Bedeutung und einen neuen Zweck, da sie nicht weiterhin gewöhnliches Brot und gewöhnlicher Trank sind, sondern Zeichen einer heiligen Sache und Zeichen geistlicher Speise; aber sie bekommen deshalb eine neue

---

[70] Vgl. für das erstere den Hinweis bei *J. Betz*, a. a. O. 260, auf Piet Schoonenberg, für das letztere *A. Gerken*, a. a. O. 199–210.

[71] Vgl. *J. Betz*, a. a. O. 259.

[72] In den Neuformulierungen: Transfinalisation bzw. Transsignifikation.

Bedeutung und einen neuen Zweck, weil sie eine neue ›Wirklichkeit‹ oder Realität enthalten, die wir mit Recht ontologisch nennen.« Der Zusammenhang zeigt, daß Paul VI. davor warnen wollte, sich mit einer subjektiven Umdeutung oder Umfunktionierung zu begnügen. Die Warnung wird beherzigt, wenn die neue Sinnstiftung nicht auf menschliche Subjektivität, sondern auf das Wirken Gottes zurückgeführt wird: »Die Gaben von Brot und Wein werden durch Jesus Christus selbst, den gekreuzigten Erhöhten in der Kraft seines Heiligen Geistes in eine völlig neue Beziehung zu uns gesetzt, empfangen eine neue Bedeutung, gewinnen eine neue Zeichenfunktion, die (nicht von uns, sondern) von ihm gestiftet und bewirkt (!) und von uns im Glauben erkannt und angenommen wird. Durch diese göttliche Indienstnahme verlieren die Gaben ihre vordergründige Selbstbezüglichkeit und erfahren einen definitiven Bedeutungswandel, der eine Veränderung der ›Sache‹ selbst mit sich bringt.«[73]

8.4.6 Das Meßopfer

Auf seiner 22. Sitzung verabschiedete das Konzil von Trient 1562 eine »Lehre über das heiligste Meßopfer«. Sie besteht aus 8 Kapiteln und 9 Lehrsätzen (Canones). Diejenigen mit großer theologischer Relevanz seien im Wortlaut zitiert:

»1. Kapitel: Die Einsetzung des heiligen Meßopfers. Da es nach dem Zeugnis des heiligen Paulus im Alten Bund wegen der Ohnmacht des levitischen Priestertums keine Vollendung gab, so mußte nach der Anordnung Gottes, des Vaters der Erbarmungen, ein anderer Priester nach Melchisedechs Ordnung aufstehen, unser Herr Jesus Christus, der alle, die geheiligt werden sollten, vollenden und zur Heiligkeit führen konnte (vgl. Hebr 10,14). Dieser unser Gott und Herr hat zwar einmal auf dem Altar des Kreuzes sich selbst im Tod Gott Vater als Opfer darbringen wollen, um für jene die ewige Erlösung zu wirken. Weil aber durch den Tod sein Priestertum nicht ausgelöscht werden sollte, so wollte er beim letzten Mahl in der Nacht des Verrats seiner geliebten Braut, der Kirche, ein sichtbares Opfer hinterlassen, wie es die Menschennatur erfordert, in dem jenes blutige Opfer, das einmal am Kreuze dargebracht werden sollte, dargestellt, sein Andenken bis zum

[73] *B. J. Hilberath / Th. Schneider* in: NHthG I, 1984, 314. Zu einer Formulierung der Realpräsenz in neuerer evangelischer Sicht: *U. Kühn*, Sakramente 278–286.

Ende der Zeiten bewahrt und seine heilbringende Kraft zur Vergebung der Sünden, die wir täglich begehen, zugewandt werden sollte. So sagte er von sich, daß er in Ewigkeit zum Priester bestellt sei nach der Ordnung des Melchisedech (s. Ps 109,4); er brachte Gott dem Vater seinen Leib und sein Blut unter den Gestalten von Brot und Wein dar, reichte ihn den Aposteln, die er damals zu Priestern des Neuen Bundes bestellte, unter denselben Zeichen zum Genuß und befahl ihnen und ihren Nachfolgern im Priestertum, dieses Opfer darzubringen mit den Worten: Tut dies zu meinem Andenken usw. (Lk 22,19; 1 Kor 11,24). So hat es die katholische Kirche stets verstanden und gelehrt. Denn nach der Feier des alten Osterlamms, das die Schar der Söhne Israels zur Erinnerung an den Auszug aus Ägypten schlachtete, setzte er das neue Osterlamm ein, sich selbst, auf daß er von der Kirche durch die Priester unter sichtbaren Zeichen geopfert werde zum Gedächtnis an seinen Hinübergang aus dieser Welt zum Vater, als er uns durch das Vergießen seines Blutes erlöste, uns aus der Welt der Finsternis entriß und in sein Reich versetzte (Kol 1,13).

Das ist jenes reine Opfer, das durch keine Unwürdigkeit und Schlechtigkeit derer, die es darbringen, befleckt werden kann, von dem der Herr durch Malachias vorhersagte, es werde seinem Namen, der groß sein werde unter den Heidenvölkern, an jedem Ort als reine Gabe dargebracht (Mal 1,11); auf das der Apostel Paulus im Brief an die Korinther nicht undeutlich anspielt, wenn er sagt, die sich durch Teilnahme am Tisch der Dämonen befleckt haben, die könnten nicht teilhaft werden des Tisches des Herrn (1 Kor 10,21). Dabei versteht er unter dem Tisch beidemal den Altar. Es ist ferner jenes Opfer, das durch die vielfältigen Opfer zur Zeit des bloßen Naturgesetzes und des geoffenbarten Gesetzes vorgebildet wurde, da es ja alle Güter, die durch sie bezeichnet wurden, als ihre Erfüllung und Vollendung einschließt« (NR 597f/DS 1739–1742).

»2. Kapitel: Das sichtbare Opfer ist ein Sühneopfer für Lebende und Tote. Weil in diesem göttlichen Opfer, das in der Messe gefeiert wird, derselbe Christus enthalten ist und unblutig geopfert wird, der sich selbst am Kreuzaltar einmal blutig dargebracht hat, so lehrt die heilige Kirchenversammlung: Dieses Opfer ist ein wirkliches Sühneopfer, und es bewirkt, daß wir ›Barmherzigkeit erlangen und die Gnade finden zu rechtzeitiger Hilfe‹ (Hebr 4,16), wenn wir mit geradem Herzen, mit rechtem Glauben, mit Scheu und Ehrfurcht, zerknirscht und bußfertig vor Gott hintreten. Versöhnt durch die Darbringung dieses Opfers, gibt der Herr die Gnade und die Gabe der Buße, und er vergibt die Vergehen und Sünden, mögen sie noch so schwer sein. Denn es ist ein und dieselbe Opfergabe, und es ist derselbe, der jetzt durch den Dienst der Priester opfert und der sich selbst damals am Kreuz darbrachte, nur die Art der Darbringung ist verschieden. Die Früchte jenes Opfer, des blutigen nämlich, werden durch dieses unblutige überreich erlangt; so wird durch dieses (unblutige Opfer) jenes (blutige) in keiner Weise verkleinert. Es wird deshalb nicht nur für die Sünden der lebenden Gläubigen, für ihre Strafen, Genugtuungen und andere Nöte nach der Überlieferung der Apostel, sondern auch für die in Christus Verstorbenen, die noch nicht vollkommen gereinigt sind, mit Recht dargebracht« (NR 599/DS 1743).

Die folgenden Kapitel sprechen über liturgische und praktische Fragen: die Messen zu Ehren der Heiligen (Kap. 3), den Kanon der Messe (Kap. 4), feierliche Gottesdienstformen (Kap. 5), über die Messe, in der der Priester allein kommuniziert (Kap. 6), über die Mischung von Wasser und Wein (Kap. 7) sowie über die Volkssprache und die Meßerklärungen (Kap. 8).

Gegen reformatorische Lehräußerungen sind die ersten vier Canones gerichtet:

»1. Wer sagt, in der Messe werde Gott nicht ein wirkliches und eigentliches Opfer dargebracht, oder die Opferhandlung bestehe in nichts anderem, als daß uns Christus zur Speise gereicht werde, der sei ausgeschlossen« (NR 606/DS 1751).

»2. Wer sagt, durch jene Worte ›Tut dies zu meinem Andenken‹ habe Christus seine Apostel nicht zu Priestern bestellt, oder nicht angeordnet, daß sie selbst und die andern Priester seinen Leib und sein Blut opferten, der sei ausgeschlossen« (NR 607/DS 1752).

»3. Wer sagt, das Meßopfer sei nur Lob- und Danksagung oder das bloße Gedächtnis des Kreuzesopfers, nicht aber ein Sühneopfer; oder es bringe nur dem Nutzen, der kommuniziere; und man dürfe es nicht für Lebende und Verstorbene, für Sünder, Strafen, zur Genugtuung und für andere Nöte aufopfern, der sei ausgeschlossen« (NR 608/DS 1753).

»4. Wer sagt, durch das Meßopfer werde das hochheilige Opfer Christi am Kreuz gelästert oder herabgesetzt, der sei ausgeschlossen« (NR 609/DS 1754).

Die übrigen fünf Canones nehmen die erwähnten liturgischen und praktischen Gepflogenheiten in Schutz.

Das Konzil hat mit dieser Meßopferlehre erwünschte Klarstellungen gebracht und verschiedenes Anstößige in spätmittelalterlichen Auffassungen beseitigt. Es betonte die Einheit von Kreuzesopfer und Meßopfer, die mit der Identität des Opferpriesters und der Opfergabe gesichert ist, und machte deutlich, daß das Meßopfer Vergegenwärtigung, Gedächtnis und Zueignung des Kreuzesopfers ist, also weder eine Wiederholung der einmaligen Tat Jesu Christi noch ein jeweils neuer Opferakt Jesu, wie im Lauf der Geschichte immer wieder behauptet worden war. Die Aussage, die Messe sei selber ein wahres und eigentliches Opfer, mußte für die reformatorische Sicht natürlich anstößig klingen, vor allem in der weiteren Formulierung, daß sie auch ein Sühneopfer für Lebende und Verstorbene sei. Die selbstverständliche Verwendung des Begriffes »Opfer« für das Geschehen am Kreuz und der Vergleich mit der Opferfrömmigkeit im Judentum, der das Alte Testament allzu schnell als abgetan erscheinen läßt, wurden auf reformatorischer Seite nicht als so problematisch empfunden, wie sie es tatsächlich sind. Für das historisierende Bibelverständnis der Reformatoren war es dagegen nicht akzeptabel, daß mit dem Gedächtnis- und Wiederholungsauftrag Jesu im Abendmahlssaal das kirchliche Amtspriestertum der Apostel und »ihrer Nachfolger im Priestertum« begründet worden sein soll. Wenn wir die Entwicklung zwischen Trient und unserem Jahrhundert hier wegen der gebotenen Kürze übergehen[74] und auf den heutigen Stand des theologischen Nachdenkens blicken, so zeichnen sich wichtige Ansätze zu Neuformulierungen, eine große ökumenische Annäherung, aber auch schwere fortbestehende Probleme ab.

Redeweisen wie die vom »Kreuzesopfer« oder von einem »Opferakt« Jesu auf Golgota und ähnliche wurden weithin als zu technisch, zu sehr auf die Passion allein eingeengt, zu unangemessen gegenüber der Sprechweise Jesu selbst empfunden. Manche Theologen, z. B. Theodor Schneider, ziehen dynamischere, die ganze Lebensbewegung Jesu einbeziehende Umschreibungen vor wie »Lebenshingabe« oder »Selbsthingabe« oder »Selbstpreisgabe« Jesu.[75] Auf jeden Fall ist das Bewußtsein gewachsen, daß der Sprachgebrauch bei diesem Thema entscheidend das Gottesbild beeinflußt bzw. einem bestimmten Gottesbild entstammt. Wo ein starkes christologisches Bewußtsein gegeben ist, das zwischen Gott dem Vater und Jesus nicht eine dramatische Entzweiung sehen

---

[74] Zu dieser Entwicklung und besonders zu den sog. Meßopfertheorien vgl. *J. Betz* in: MySal IV/2, 254–256 (Lit.); zur Neubesinnung im 20. Jahrhundert: ebd. 256–262 (Lit.). Ein deutliches Beispiel, wie mühsam die Besinnung war – auch in Fragen wie Verteilung der »Meßopferfrüchte«, Meßstipendien, Konzelebration usw. – und welche Grenzen ihr gesetzt waren, bieten *K. Rahner / A. Häußling*, Die vielen Messen und das eine Opfer, Freiburg 1966.

[75] Vgl. *B. J. Hilberath / Th. Schneider* in: NHthG III, 1985, 288f., auf Th. Schneiders Sakramententheologie zurückgreifend. Im Deutschen sind die Begriffe nicht frei von einem zu pathetischen, masochistischen Beigeschmack.

will[76], kann das Lebens- und Leidensschicksal Jesu in erster Linie als Ausdruck der Liebe Gottes und das Sterben Jesu als Selbstpreisgabe Gottes gesehen werden.[77] Daß schon im Neuen Testament die Bereitschaft Jesu, die von menschlicher Bosheit zugefügten Konsequenzen seiner Sendung zu tragen und selbst dem gewaltsamen Tod einwilligend entgegenzugehen, mit Opfer- und Sühnebegriffen umschrieben wurde, darf als sekundär gelten. Die Diskussion über Sühne- und Stellvertretungsvorstellungen ist jedoch noch in vollem Gang.[78]

Das ganze Lebens- und Sterbensschicksal Jesu läßt sich als zweifache Bewegung und somit – ohne rituelle Vorstellungen – als Liturgie verstehen, nämlich von Gott her auf die Menschen zu und von dem Menschen Jesus auf seinen Vater hin. Wo die zweite Bewegungsrichtung mit einer Opferterminologie ausgesprochen wird wie im Hebräerbrief, da ist jedenfalls die in der allgemeinen Religionsgeschichte übliche kulttechnische Opfervorstellung verlassen; die Opfergabe, die mit dem Opferpriester Jesus identisch ist, hat personalen Charakter.

Die Eucharistiefeier der Kirche wird nun vom Trienter Konzil ebenfalls »Opfer« genannt, und das in zweifacher Hinsicht, erstens im Hinblick auf ihren innersten Zusammenhang mit dem »Kreuzesopfer« Jesu Christi, und zweitens im Hinblick auf das Tun der Kirche selbst.

1. Die in Trient vorgenommene Klärung, bei der bewußt Begriffe wie »Erneuerung« oder »Wiederholung« des Kreuzesopfers vermieden wurden und die Eucharistie als Vergegenwärtigung, Gedächtnis und Zueignung (Zuwendung) des Kreuzesopfers verstan-

[76] Wie das die Theodramatik bei J. Moltmann und H. U. von Balthasar will; vgl. Übersicht und Lit. bei *H. Vorgrimler*, Theologische Gotteslehre, Düsseldorf 1985, 160–170.
[77] *B. J. Hilberath / Th. Schneider*, a. a. O. 290f. Vgl. auch 2 Kor 5,19: *Gott* ist der Versöhnende!
[78] Vgl. oben 8.2.1 zu den neutestamentlichen Abendmahlsberichten. Zu einer Sühnetheologie im Umkreis H. U. von Balthasars vgl. *N. Hoffmann*, Sühne. Zur Theologie der Stellvertretung, Einsiedeln 1981; *ders.*, Kreuz und Trinität. Zur Theologie der Sühne, Einsiedeln 1982, wo eine furchterregende Gotteskonstruktion zutage tritt. Vgl. die Besprechung von *R. Schwager* in: Zeitschrift für kath. Theologie 105 (1983) 341 f.

den wurde, beeinträchtigt die Einmaligkeit des Kreuzesgeschehens (Hebr 9 und 10) nicht. Die theologische Neubesinnung des 20. Jahrhunderts hat zu einem besseren Verständnis verholfen, wie ein einmaliges und vergangenes Geschehen in Wahrheit gegenwärtig werden kann, ohne daß es sich wiederholt. Vergegenwärtigung[79] und Gedächtnis (memoria, Anamnese)[80] kommen hier im wesentlichen Inhalt überein, so daß für das Gemeinte auch einer der beiden Begriffe allein stehen kann. So kann der Opfercharakter der Eucharistie in dieser ersten Hinsicht auch umschrieben werden als »wirklichkeitssetzende Anamnese der Lebenshingabe Jesu Christi«.[81] Die Aussage, daß das einmalige Kreuzesgeschehen den Menschen zugewendet oder zugeeignet werden kann und daß dies in der Eucharistie geschieht – eine Aussage, die natürlich nicht meint: ausschließlich in der Eucharistie –, wird überall dort akzeptiert, wo bejaht wird, daß die Sakramente Menschen vor Gottes Gegenwart bringen und sie für seine Gnade öffnen. Das Subjekt dieser Vergegenwärtigung und Zuwendung ist natürlich Jesus Christus durch den Heiligen Geist selbst.

2. Inwiefern aber ist die Eucharistiefeier auch ein eigentliches und wahres Opfer der Kirche? Diese Frage führt ins Zentrum der Gnadentheologie und der ökumenischen Diskussionen, die darüber geführt werden. Es war die große Sorge der Reformatoren, daß die Vorstellung von einem Opfer der Kirche, insbesondere von einem vom Priester dargebrachten Sühnopfer für Lebende und Verstorbene, die einzigartige Bedeutung des Kreuzesopfers Jesu für die Rechtfertigung der Sünder beeinträchtige, des einzigen Sühnopfers, dessen »Frucht« im Sakrament gereicht werde.[82] So wollten sie in der Meßfeier allenfalls ein Lob- und Dankopfer ohne rechtfertigende Kraft sehen. Katholischerseits dürfte heute niemand bestreiten, daß Rechtfertigung von Gott allein kommt und

---

[79] Vgl. *H. Hofmann*, Repräsentation. Studien zur Wort- und Begriffsgeschichte von der Antike bis ins 19. Jahrhundert, Berlin 1974.

[80] Vgl. oben 4.2.6: Der Ertrag der fruchtbaren Diskussion über O. Casels Mysterientheologie sowie das Zusammentreffen des hebräischen Gedächtnisses mit dem Realsymbol.

[81] *B. J. Hilberath / Th. Schneider* in: NHthG III, 1985, 288.

[82] *U. Kühn*, Sakramente 286–289.

daß kein kirchlicher Akt den Anspruch erheben kann, Sünder zu rechtfertigen. Ebenso dürfte katholischerseits niemand behaupten, Menschen hätten die Fähigkeit, Gott im voraus zur Rechtfertigung autonome Leistungen oder eigenständige Gaben anzubieten in der Hoffnung, so Versöhnung und Gnade zu erlangen. Die katholischerseits in dieser Diskussion[83] gestellte Grundfrage lautet vielmehr: Bewirkt Gottes rechtfertigende Gnade im Menschen nur die Haltung passiven, dankenden Entgegennehmens, oder befähigt sie ihn zu einem ganz von Gott ermöglichten und getragenen eigenen Handeln? Die katholische Antwort bejaht *dieses* Handelnkönnen. So, wie jedes Gebet von Gottes Geist selber erst ermöglicht und getragen wird, ist auch die Fürbitte der Kirche für Lebende und Verstorbene ermöglicht und getragen von Gott selber und ist *gerade darin* das von der Kirche als eigenes vor Gott gebrachte Gebet. Wird von »Mitvollzug« gesprochen, so handelt es sich um einen Mitvollzug *nachher* und nicht gleichzeitig. Im Hinblick auf die Opferthematik wird dieses Handelnkönnen als Zugelassenwerden zur Teilhabe am Existenzakt Jesu Christi (an seiner »liebenden Selbsthingabe«) beschrieben.[84] Von Gott ermöglicht und getragen, bestünde die »Gabe« dieses Opfers der Kirche nicht in einer zusätzlichen Leistung »neben« Jesus und schon gar nicht in einer sachhaften Gabe. Sie wäre auch nicht nur das Danksagen, sondern »das von Gott ermöglichte und von ihm erbetene Hineingenommen-Werden der Person des einzelnen und der ganzen Feiergemeinde in die Gott verherrlichende und die Welt heiligende Hingabe Jesu an den Vater, die Teilnahme an seinem Pascha, in dem der Neue Bund gründet«[85]. Auf evangelischer Seite glaubt

[83] Vgl.: Das Opfer Jesu Christi und seine Gegenwart in der Kirche, hrsg. von *K. Lehmann / E. Schlink*, Freiburg / Göttingen 1983; Ökumenische Perspektiven von Taufe, Eucharistie und Amt, hrsg. von *M. Thurian*, Paderborn / Frankfurt 1983 (zur Eucharistie besonders die Beiträge von *M. Thurian*: 110–123, und von *J.-M. R. Tillard*: 124–137); Dokumente wachsender Übereinstimmung. Sämtliche Berichte und Konsenstexte interkonfessioneller Gespräche auf Weltebene 1931–1982, hrsg. von *H. Meyer / H. J. Urban / L. Vischer*, Paderborn / Frankfurt 1983; *St. N. Bosshard*, Zur Bedeutung der Anamneselehre für ein ökumenisches Eucharistieverständnis, in: Zeitschrift für kath. Theologie 108 (1986) 155–163 (Lit.).

[84] *B. J. Hilberath / Th. Schneider*, a. a. O. 297.

[85] *H. B. Meyer* in: Zeitschrift für Kath. Theologie 108 (1986) 172. – H. U. von Baltha-

Ulrich Kühn einer solchen Opfertheologie zustimmen zu können: »Die Ablösung des ›kulttechnischen‹ Opferbegriffs durch denjenigen der personalen Hingabe an Gott und die Menschen, wie ihn die katholische Theologie gegenwärtig vollzieht, erscheint von daher als sachgemäß. Diese Hingabe (im doppelten Sinne), die über den Tod hinaus das ganze Leben umfaßt, ist aber der Inbegriff der in Jesus erschienenen Gottesherrschaft. An dieser Hingabe als an seinem ganzen Weg gibt Jesus im Abendmahl wirksamen Anteil. Damit werden die das Abendmahl Feiernden hineingenommen in die totale Hingabe an Gott (kultisches Moment) und in seine Hingabe an die Menschen (Sprengung des Kultischen). Darin ist der legitime Sinn der katholischen Lehre vom ›Mitopfern der Kirche mit Christus‹ zu sehen.«[86]

Dieses – von Gottes Geist ermöglichte – Mitgehen von Menschen in der Lebens- und Sterbensrichtung Jesu vollzieht sich natürlich nicht allein in der Liturgie. Aber auch die Liturgie selber »kreist« nicht in erster Linie um die Kirche. In zugespitzter Formulierung macht Hans Urs von Balthasar auf den richtigen Sachverhalt aufmerksam: Jesus ist nicht für die Kirche, sondern für die Welt gestorben, und so betet die Kirche in der Eucharistiefeier nicht primär für sich selber, sondern für die Fernen und für die Toten.[87] Kann diese Solidarität mit dem Wort »Sühne« bezeichnet werden, weil die Intention der Versöhnung und Vergebung gilt, so läge das »Sühneopfer« im Mitvollzug – im nachhinein – des Eintretens Jesu für die Gottfernen und für die Welt.

sar wandte sich in verschiedenen Publikationen zum Opfer der Kirche gegen diesen Gedanken des Eingehens der Kirche in die Selbsthingabe Jesu Christi als Charakteristikum des Opfers der Kirche. Er sieht dieses vielmehr im zustimmenden Entlassen Christi ins Kreuzesgeschehen. Dabei komme dem Ja Marias stellvertretende Bedeutung zu; dieses Ja versuche nicht eigene Rechtfertigung und damit ein selbständig erlösendes Opfern, sondern sei ein Ja dazu, daß der zuhöchst »Geliebte« (Jesus) anstelle der Menschheit das Opfer auf sich nimmt, das zugleich Ausdruck göttlicher Liebe und göttlichen Zornes ist. Das Wesentliche am Opfer der Kirche bestehe darin, diese marianische Haltung des höchsten Verzichts nachzuvollziehen. Vgl. die Darstellung dieser von der biblischen Offenbarung nicht gedeckten Theorie bei *G. Bätzing*, Die Eucharistie als Opfer der Kirche nach Hans Urs von Balthasar, Einsiedeln 1986.

[86] *U. Kühn*, in: TRE I, 1977, 201.

[87] *H. U. von Balthasar*, Das eucharistische Opfer, in: Internationale kath. Zeitschrift 14 (1985) 193–195, hier 195.

8.4.7 Die Eucharistie und das Amtspriestertum

Aus dem, was in der allgemeinen Sakramententheologie und was hier bisher zur Eucharistie gesagt wurde, ergibt sich, daß der primär in einem Sakrament Wirkende Jesus Christus durch den Heiligen Geist Gottes ist. Hinsichtlich des Opfercharakters der Eucharistie wurde das vom Trienter Konzil eigens hervorgehoben in der Aussage, daß er in jeder Eucharistiefeier *der* Opferpriester ist und bleibt. In der eben besprochenen, abgeleiteten, dienstbaren Gestalt kann dann die Kirche als ganze sekundär Subjekt der Eucharistiefeier genannt werden. Das Trienter Konzil bringt das in der Opfersprache zum Ausdruck, wenn es sagt, Jesus Christus werde »von der Kirche durch die Priester unter sichtbaren Zeichen geopfert« (NR 597). Eine solche Umschreibung des menschlichen Anteils bleibt jedoch noch zu sehr im Abstrakten: wo und wie gibt es »die Kirche«? Wenn wir von den beiden Grundkomponenten des eucharistischen Hochgebets, dem lobpreisenden, Gott verherrlichenden Gedenken und der Fürbitte um das Wirken des Geistes ausgehen, dann besagt das, daß konkrete menschliche Subjekte diese Akte des Gedenkens und der Bitte setzen. Somit wäre die konkrete, zur Eucharistiefeier versammelte Gemeinde sekundär das Subjekt dieser Feier. Das ist auch die Sicht der katholischen Kirche, nur muß weiter hinzugefügt werden: Es muß garantiert sein, daß die konkrete Gemeinde sich zu der von den Aposteln als Augen- und Ohrenzeugen Jesu herkommenden Glaubenstradition zugehörig weiß und daß sie in Gemeinschaft mit allen anderen in dieser Tradition lebenden Gemeinden steht. Diese Aufgabe einer doppelten Einbindung in die Glaubenseinheit wird in katholischer Sicht nur erfüllt, wenn sie sich nicht auf den guten Willen in der Innerlichkeit der einzelnen Gemeindemitglieder beschränkt, sondern darüber hinaus institutionell abgesichert ist. Die Institution, die nach katholischem Glauben diesen Zusammenhalt und damit die Identität der Kirche entlang ihrer Geschichte gewährleistet, ist das Kollegium der Bischöfe als Nachfolger des »Kollegiums« der Apostel.

Im Hinblick auf die Eucharistie ist dieses Glaubensverständnis spätestens seit der Wende vom 1. zum 2. Jahrhundert greifbar, zunächst noch ohne die Begrifflichkeit von »Opfer« und »Priestertum«. Erster Zeuge ist Ignatius von Antiochien († spätestens 117): »Folgt alle dem Bischof wie Jesus Christus dem Vater, und dem Presbyterium wie den Aposteln; die Diakone aber achtet wie Gottes Gebot! Keiner soll ohne Bischof etwas, was die Kirche betrifft, tun. Jene Eucharistiefeier gelte als zuverlässig, die unter dem Bischof oder einem von ihm Beauftragten stattfindet. Wo der Bischof erscheint, dort soll die Gemeinde sein, wie da, wo Christus Jesus ist, die katholische Kirche ist. Ohne Bischof darf man weder taufen noch das Liebesmahl halten; was aber jener für gut findet, das ist auch Gott wohlgefällig, auf daß alles, was ihr tut, sicher und zuverlässig sei.«[88] Diese Bischofskonzeption des Ignatius bedeutet keine Abwertung der »gewöhnlichen« Christen und ihrer auch gottesdienstlichen Würde: Ignatius nennt sie »Weggenossen, Gottesträger und Tempelträger, Christusträger, Träger von Heiligem.«[89] Die Aussagen über den Bischof stehen bei ihm ganz im Dienst der Einheit der Kirche.[90] Damit war zwar die Linie einer bestimmten Entwicklung vorgegeben, aber bei dem so verstandenen Bischof hing noch zu vieles von seinen subjektiven Qualitäten ab; das Bischofsamt war noch nicht »objektiv« abgesichert. Die Entwicklung im 2. und 3. Jahrhundert lief auf diese Absicherung hinaus, einmal durch das Verlangen nach apostolischer Sukzession des Bischofs, das heißt nach seiner Zugehörigkeit zu einer historisch vermeintlich bis auf die Apostel zurückreichenden Traditionsreihe, zum andern durch das Vertrauen auf die Amtsgnade, die durch die Weihe (Ordination) erlangt werde. Beide Auffassungen finden sich ausdrücklich erstmals bei Irenäus von Lyon († um 202) bezeugt.[91]

Die Ordination zum Bischof vermittelt nach der Kirchenordnung des Hippolyt von Rom, die römische Auffassungen zu Beginn des 3. Jahrhunderts wiedergibt, sowohl den »Führergeist« (pneuma hegemonikon) als auch hohepriesterliche Vollmachten; damit wird

---

[88] Smyrn. 8. Weitere Belege in dieser Richtung bei *J. Martin*, Der priesterliche Dienst III. Die Genese des Amtspriestertums, Freiburg 1972, 89.

[89] Eph. 9,2. Vgl. *J. Martin*, a. a. O. 93.

[90] *J. Martin*, a. a. O. 94.

[91] Ebd. 95–98 mit Belegen. Wir sehen hier von den Pastoralbriefen wegen ihrer historisch schwierigen Einordnung ab. Vgl. 11.2.1.

ausdrücklich auf das Alte Testament zurückgegriffen.[92] Im Zug einer sehr klaren und tiefreichenden Scheidung der Glaubenden in Klerus und Laien ist so der Gedanke entstanden, die Ordinierten seien zu Handlungen befähigt, zu denen die Nichtgeweihten nicht befähigt seien. Bei den Ordinierten / Geweihten wird dabei immer in erster Linie an den Bischof gedacht, der als der »Hohepriester« gilt, so auch in der nordafrikanischen Theologie des 3. Jahrhunderts bei Tertullian und Cyprian von Carthago. Wie schon bei Ignatius hat der Bischof ein Kollegium von Amtsträgern minderen Ranges um sich, an dessen Mitglieder er je nach praktischem Bedarf Aufgaben und Vollmachten delegieren kann. Sie hießen früher, z. B. bei Ignatius, »Presbyter«, werden aber nach der Kirchenordnung des Hippolyt wie der Bischof für das »sacerdotium«, das Priestertum, geweiht und »regieren« das Volk Gottes; Mitte des 3. Jahrhunderts heißen sie eindeutig »sacerdotes«, Priester. Den »sacerdotes«, Bischof und Priestern, ist nun eindeutig das Darbringen des »Opfers«, des »sacrificium«, vorbehalten.[93] Ihr Tun wurde keineswegs als Konkurrenz oder Zusatz zum Kreuzesopfer verstanden, vielmehr bezogen sie sich auf das Abendmahl Jesu und wollten bewußt Jesus Christus »nachahmen«.[94] Dieses Nachahmen war aber von der durch Weihe vermittelten Vollmacht abhängig. In diesem Sinn spricht das Erste Ökumenische Konzil von Nicaea im Jahr 325 (can. 18) von der Vollmacht, das Opfer darzubringen (griechisch: »exousia« und »prospherein«, lateinisch »potestas offerendi«). Die Streitigkeiten um Ketzer- und Donatistentaufe brachten gegenüber einem autonomen Vollmachtsdenken sogleich wieder zu Bewußtsein, daß es sich um in Dienst genommene, sekundäre Vollmachten handelt, da der eigentlich in den Sakramenten Wirkende Jesus Christus ist und bleibt.

---

[92] Ebd. 98–103; für Hippolyt sind das Führer- und Priestertum aus den Stämmen Juda und Levi in Jesus Christus zusammengelaufen und von ihm auf die Apostel und Bischöfe übergegangen.

[93] Mit aller Deutlichkeit bei Cyprian. Das »Darbringen der Gaben« durch die Presbyter-Episkopen in den neunziger Jahren des 1. Jahrhunderts nach dem Klemensbrief (44,4) ist nicht so eindeutig. Vgl. auch die Textsammlung von *A. Cunningham*, The Bishop in the Church, Wilmington 1985.

[94] *J. D. Laurance*, The Eucharist as the Imitation of Christ, in: Theological Studies 47 (1986) 286–296 (patristische Belege zum Thema Priester / Bischof und Opfer).

In der scholastischen Theologie war eine bemerkenswerte Verschiebung eingetreten: Im Zentrum aller Überlegungen hinsichtlich der »Vollmachten« bei der Eucharistie stand der Priester, nicht mehr der Bischof. Es waren ja, bereits viele Jahrhunderte, Priester und nicht Bischöfe, die als die Liturgen der Eucharistiefeier erlebt wurden. Der konkrete Anlaß, warum die Theologie und dann auch die Konzilien die Vollmacht des Priesters so betonten, lag im Angriff der Katharer und auch Waldenser gegen den Klerus ihrer Zeit. Aus der Kritik am miserablen Zustand des Klerus wurde eine Wiederholung der Frage, ob ein unwürdiger Amtsträger ein gültiges Sakrament zustande bringe, und aus der Verneinung erwuchs die Ablehnung des Amtspriestertums und, bei den Katharern im 12. Jahrhundert, die Leugnung der Wandlung in der Eucharistie.[95] Die theologische Abwehr bestand jedoch nicht nur im Festhalten an einer Vollmacht, die unabhängig von der Würdigkeit des Amtsträgers das Zustandekommen des Sakraments garantiert, und im Festlegen von Bedingungen – wie dem Sprechen der Konsekrationsworte – für die Zuverlässigkeit des Geschehens. Auch in dieser verengten Sicht sprach man weiterhin davon, daß Jesus Christus die eucharistische Wandlung vollzieht. Häufig zitiert wurde ein Augustinus zugeschriebenes Wort, wonach die Wandlung nicht durch das Verdienst des Konsekrierenden geschieht, sondern durch das Wort des Schöpfers und die Kraft des Heiligen Geistes.[96]

Wenn in diesem Zusammenhang die scholastische Theologie (aufgrund der lateinischen Fehlübersetzung von 2 Kor 2,10) sagte, das Handeln des Priesters in der Liturgie geschehe »in persona Christi«, und wenn sie damit die Lehre vom unauslöschlichen Prägemal (character indelebilis) durch die Priesterweihe als »Angleichung« an Jesus Christus und Beauftragung zum Kult verband, so verfolgte sie damit die gleiche Intention: Die durch die Weihe verliehene Qualifikation des Priesters bindet ihn so sehr an Jesus Christus, daß dieser und nicht der Priester das primäre Subjekt der eu-

[95] *K. J. Becker*, Der priesterliche Dienst II. Wesen und Vollmachten des Priestertums nach dem Lehramt, Freiburg 1970, 18–43.
[96] Ebd. 23 (Belege).

charistischen Liturgie ist.[97] Der Priester hat dabei auch nicht die Fähigkeit, Jesus Christus, den Erhöhten, zu immer neuen Akten zu veranlassen: er vollzieht »in der Person Christi« je neu die Aktualisierung dessen, was die Opfertheologie den *einen* »Opferakt« Jesu Christi nennt.

In der Sicht der scholastischen Theologie hat der Priester durch diese »Quasi-Identität«[98] mit Jesus Christus eine Stellung in der Eucharistiefeier, die ihn vor allen anderen Mitfeiernden von Grund auf unterscheidet. Darüber hinaus ist er aber auch kraft der Weihe und der Betrauung mit einer Gemeinde Repräsentant der Gemeinde. Als erster sagte Thomas von Aquin, insofern der Kult menschlicher Vollzug, als Glaubensbekenntnis und als Gebet, sei, handle der Priester »in persona Ecclesiae«.[99] Diese katholische Auffassung des Priesters rückt ihn nicht eigentlich in eine Mittlerstellung zwischen Gott und Menschen, die vom Neuen Testament her nicht möglich ist, wohl aber sieht sie ihn als den Repräsentanten des einzigen Mittlers und Priesters Jesus Christus *und* seiner Gemeinde, also des »totus Christus«. Daraus entsteht im Hinblick auf die konkrete Eucharistiefeier jedoch ein Rollenwechsel, der nur schwer nachvollziehbar und nicht frei von ungewollter Komik ist: »Hier ist der Priester Repräsentant des Leibes, insofern er Repräsentant des Hauptes ist, und stellt in seinem liturgischen Tun die komplexe Beziehung zwischen Jesus Christus und seiner Kirche dar, indem er bald in der Person des Herrn der Gemeinde gegenübertritt, bald im Namen der Gemeinde sich dem Herrn zuwendet und wiederum in der Rolle des Herrn, der seinen Leib mit sich verbindet, das Gebet und Opfer des ganzen mystischen Leibes dem Vater darbringt.«[100]

Eine theologische Weiterführung des bisherigen Erkenntnisstandes über die Beziehungen zwischen Eucharistie und Amtspriestertum wird die Festlegung der Geschichte bewahren: daß Jesus Chri-

---

[97] Dazu *P. J. Cordes*, Sendung zum Dienst, Frankfurt 1972; *F. Eisenbach* (s. Lit. I.), 405–441.

[98] *P. J. Cordes*, a.a.O. 185.

[99] *F. Eisenbach*, a.a.O. 421 Anm. 286 Lit. »Im Namen der Kirche« ist damit identisch.

[100] Ebd. 440.

stus im Heiligen Geist das primäre Subjekt der Eucharistiefeier ist; daß es legitimerweise einen ihn »repräsentierenden« (aber nicht: ihn ersetzenden) Dienst gibt; daß dieser Dienst Teil jenes Amtes in der Kirche ist, das seinerseits als ganzes der Einheit im Glauben dient; daß dieser Dienst nicht an die subjektiven und moralischen Qualitäten des Dienenden ausgeliefert ist. Sie wird, nicht zuletzt im ökumenischen Gespräch, dafür Sorge tragen, daß die Stellung Jesu Christi als des einzigen Hauptes der Kirche und so auch der Eucharistiefeier nicht geschmälert wird, so daß der Jesus Christus in der Liturgie »Repräsentierende« (aber nicht: ihn als Abwesenden Vertretende) theologisch in die Gemeinde ein-, nicht aber ihr übergeordnet wird, wie es ihm als Hörendem, Glaubendem, lobpreisend und gedenkend Dankendem und Empfangendem zukommt.

8.4.8   Das Zweite Vatikanische Konzil

Das Zweite Vatikanische Konzil hat zwar in unterschiedlichen Zusammenhängen und in verschiedener Sprechweise die Eucharistie thematisiert, in dem Bestreben, den bisherigen Festlegungen voll gerecht zu werden, es hat dabei aber manche Impulse für ein theologisches Weiterdenken gegeben.[101]

Die Opferaussagen knüpfen an die theologische Tradition und unter wörtlichem Zitat an das Konzil von Trient an: »Gegenwärtig ist er [Jesus Christus] im Opfer der Messe sowohl in der Person dessen, der den priesterlichen Dienst vollzieht – denn ›derselbe bringt das Opfer jetzt dar durch den Dienst der Priester, der sich einst am Kreuz selbst dargebracht hat‹ –, wie vor allem unter den eucharistischen Gestalten« (SC 7). Bei den Ausführungen über das »Fortdauern« des Kreuzesopfers wird der Begriff des Gedächtnisses be-

---

[101] Hier können nur die wichtigsten Äußerungen erwähnt werden. Andere sind mit Hilfe eines Konzilregisters (z. B. Kleines Konzilskompendium 696 f.) leicht auffindbar. Die römische Ritenkongregation versuchte 1967, in einer Instruktion über Feier und Verehrung des Geheimnisses der Eucharistie wesentliche lehramtliche Aussagen zusammenzufassen: NR 621–625 (nur deutsch). Nachdrücklich sei auf die Konzilskommentare im Anschluß an das LThK hingewiesen, aus denen der Kontext und die Tragweite der Aussagen deutlich werden.

tont: »Unser Erlöser hat beim letzten Abendmahl in der Nacht, da er überliefert wurde, das eucharistische Opfer seines Leibes und Blutes eingesetzt, um dadurch das Opfer des Kreuzes durch die Zeiten hindurch bis zu seiner Wiederkunft fortdauern zu lassen und so der Kirche, seiner geliebten Braut, eine Gedächtnisfeier seines Todes und seiner Auferstehung anzuvertrauen: das Sakrament huldvollen Erbarmens, das Zeichen der Einheit, das Band der Liebe, das Ostermahl, in dem Christus genossen, das Herz mit Gnade erfüllt und uns das Unterpfand der künftigen Herrlichkeit gegeben wird« (SC 47). Die Meßopfertheologie wird durch die Einbeziehung der Christen verdeutlicht: »Sie sollen Gott danksagen und die unbefleckte Opfergabe darbringen nicht nur durch die Hände des Priesters, sondern auch gemeinsam mit ihm und dadurch sich selber darbringen lernen« (SC 48, vgl. PO 2; eine Zusammenfassung auch in LG 28).

In einem Text, der eine sehr eindrucksvolle Jesusmystik enthält, wird die Eucharistie in den Rahmen der Leib-Christi-Theologie gestellt (LG 7). Der Wesensunterschied, der nach diesem Konzil zwischen dem gemeinsamen Priestertum aller Glaubenden und dem hierarchischen Priestertum besteht, bedeutet ein zugleich gemeinsames und unterschiedliches Wirken bei der Eucharistie: »Der Amtspriester nämlich bildet kraft seiner heiligen Gewalt, die er innehat, das priesterliche Volk heran und leitet es; er vollzieht in der Person Christi das eucharistische Opfer und bringt es im Namen des ganzen Volkes Gott dar; die Gläubigen hingegen wirken kraft ihres königlichen Priestertums an der eucharistischen Darbringung mit und üben ihr Priestertum aus im Empfang der Sakramente, im Gebet, in der Danksagung, im Zeugnis eines heiligen Lebens, durch Selbstverleugnung und tätige Liebe« (LG 10, vgl. auch 11).

Einen neuen Ansatz versuchte das Konzil in seiner Theologie des Bischofsamtes: Mit ihr sollte die scholastische Konzentration auf den Priester zugunsten der patristischen Sicht überwunden werden. Repräsentanz und Sakramentenspendung werden nun in erster Linie vom Bischof ausgesagt: »In den Bischöfen, denen die Priester zur Seite stehen, ist also inmitten der Gläubigen der Herr Jesus Christus, der Hohepriester, anwesend. Zur Rechten des Vaters sitzend, ist er nicht fern von der Versammlung seiner Bischöfe, sondern vorzüglich durch ihren erhabenen Dienst verkündet er allen Völkern Gottes Wort und spendet den Glaubenden immerfort die Sakramente des Glaubens« (LG 21 Anfang). Mit den Aussagen über Bischof, Eucharistie und Opfergemeinde wird eine eucharistische Ekklesiologie erreicht[102]:

»Der Bischof ist, mit der Fülle des Weihesakramentes ausgezeichnet, ›Verwalter der Gnade des höchsten Priestertums‹, vorzüglich in der Eucharistie, die er selbst darbringt oder darbringen läßt und aus der die Kirche immerfort lebt und wächst. Diese Kirche Christi ist wahrhaft in allen rechtmäßigen Ortsgemeinschaften der Gläubigen anwesend, die in der Verbundenheit mit ihren Hirten im Neuen Testament auch selbst Kirchen heißen. Sie sind nämlich je an ihrem Ort, im Heiligen Geist und mit großer Zuversicht (vgl. 1 Thess 1,5), das von Gott gerufene neue Volk. In ihnen werden durch die Verkündigung der Frohbotschaft Christi die Gläubigen versammelt, in ihnen wird das Mysterium des Herrenmahls begangen, ›auf daß durch Speise und Blut des Herrn die ganze Bruderschaft verbunden werde‹. In jedweder Altargemeinschaft erscheint unter dem heiligen Dienstamt des Bischofs das Symbol jener Liebe und jener ›Einheit des mystischen Leibes, ohne die es kein Heil geben kann‹. In diesen Gemeinden, auch wenn sie oft klein und arm sind oder in der Diaspora leben, ist Christus gegenwärtig, durch dessen Kraft die eine, heilige, katholische und apostolische Kirche geeint wird. Denn ›nichts anderes wirkt die Teilhabe an Leib und Blut Christi, als daß wir in das übergehen, was wir empfangen‹.

Jede rechtmäßige Eucharistiefeier steht unter der Leitung des Bischofs, dem die Pflicht übertragen ist, den christlichen Gottesdienst der göttlichen

---

[102] Ökumenische Bemühungen besonders mit den orthodoxen Kirchen haben wesentlich zu diesen Texten beigetragen (vgl. auch UR 15). Durch seine Gedanken über Communio und Kollegialität versuchte das Konzil, die Nachteile der ostkirchlichen Ekklesiologie, eine Gefährdung der Einheit der Gesamtkirche durch Betonung der Autokephalie, zu vermeiden. Ein Zusammenschluß aller autokephalen Kirchen wäre nicht identisch mit der Universalkirche als »communio« von Ortskirchen im römisch-katholischen Sinn. Vgl. zur Konsequenz der ostkirchlichen Ekklesiologie außer R. Hotz (s. Lit. I.) P. Plank, Die Eucharistieversammlung als Kirche, Würzburg 1980, bes. 145. – Zu dieser Konzilslehre: K. Rahner, Über die Gegenwart Christi in der Diasporagemeinde nach der Lehre des Zweiten Vatikanischen Konzils, in: Schriften VIII 409–425; O. Saier, Communio in der Lehre des Zweiten Vatikanischen Konzils, München 1973. – Über die auch theologisch relevanten praktischen Reformen kann hier nicht gesprochen werden, z. B. über die Gewährung des »Laienkelchs« oder über die Verdeutlichung der Kollegialität des Presbyteriums durch die Konzelebration. Vgl. zur Konzelebration außer dem bahnbrechenden Werk von K. Rahner / A. Häußling (s. Lit. VI.) neuerdings E. Mazza, a. a. O. I 46–54 (s. Anm. 36).

Majestät darzubringen und zu betreuen gemäß den Geboten des Herrn und den Gesetzen der Kirche, die durch seine besondere Verfügung für die Diözese näher bestimmt werden« (LG 26).

8.4.9 Die Kommunion

Die »communio« (koinonia) mit Jesus ist, nach dem vergegenwärtigenden Gedächtnis, der zweite Höhepunkt, das Ziel und die Vollendung der Eucharistiefeier. Die äußere Gestalt dieser »communio« ist Essen und Trinken der sakramentalen Gaben, ist aber nicht einfach als Mahlhalten zu verstehen, da sie schon im Neuen Testament liturgisch stilisiert, von üblichen Festmählern deutlich unterschieden ist. Da der eigentlich und primär Wirkende auch bei der »communio« Jesus Christus ist, kann das Geschehen zunächst so umschrieben werden: Jesus gibt hier Anteil an sich als konkreter, lebendiger Person mit ihrem ganzen Lebensgeschick, und er bewirkt in der Kraft des Heiligen Geistes jenes In-einander-Sein (er in uns, wir in ihm), das die denkbar intimste Form eines Beieinanderseins, die größte Nähe ist. Diese personale Anteilgabe geschieht nach dem Zeugnis des Neuen Testaments primär im Essen seines Leibes. Dabei ist die Art und Weise seiner Gegenwart und seines in der Dimension Gottes verherrlichten Leibes sorgfältig zu bedenken (siehe oben 8.4.5): Es handelt sich um eine reale, pneumatische Gegenwart, in der Jesus auch »sonst« bei den Seinen ist, die aber in der »communio« auf sakramentale Weise vermittelt wird. Eine dinghaft-körperliche Vorstellung hat das christliche Glaubensverständnis von vornherein ausgeschlossen, an dem sinnenhaft Faßbaren der sakramentalen Vermittlung hat es gegen leib- und sinnenfeindliche Interpretationen festgehalten.

Die »communio« *als innerer Vorgang* der Vereinigung ereignet sich in jenem Bereich der Beziehung von Gott und Mensch, in dem Menschen keine Vermittlungsfunktion und keine Verfügung mehr haben. Es versteht sich, daß sie sich nur ereignen kann, wo Menschen durch Glaube, Hoffnung und Liebe disponiert sind, aber diese Disposition ist letztlich wieder von Gottes Gnade allein ermöglicht und getragen. So ist auch das Urteil, ob jener Glaube vorhanden ist, der die Vereinigung des Menschen mit Jesus in der »communio« menschlicherseits tragen muß, dem Menschen entzogen. Theologisch kann nur gesagt werden: *Wo* durch Gottes Gnade die Voraussetzungen für diese »communio« gegeben sind, *wo* Gottes Geist deren Gelingen herbeiführt, da lassen sich aus der Offenbarung und der Glaubensüberlieferung die gnadenhaften *Wirkungen* dieser »communio« ausmachen. Die schon 1 Kor 10,17 bezeugte und von da an in der Tradition immer wieder stärkstens betonte Wirkung dieser sakramentalen Kommunion besteht darin, daß die Vereinigung mit Jesus Christus eine Verbundenheit der glaubend-liebend Kommunizierenden miteinander schafft und so jenen Leib Christi, der die Kirche ist, ständig nährt. Als nächste Wirkung des Sakraments der Eucharistie im empfangenden Menschen wird in der kirchlichen Lehrüberlieferung die Mehrung der Gnade angegeben. Damit können leicht falsche quantitative Vorstellungen verbunden werden. Eine davon gereinigte Gnadentheologie, die unter »Gnade« Gott in seiner Selbstmitteilung in Jesus Christus durch den Heiligen Geist versteht, wird eine »Mehrung« als die von Gott geschenkte Möglichkeit begreifen, Gottes wirkliches Innesein im Menschen immer intensiver zu *erfahren*. Zu dieser Steigerung der Intensität gehören emotionale Dimensionen – das Konzil von Florenz sprach von »erfreuen« –, ethische Auswirkungen – das Konzil von Trient sprach von »Gegengift« gegen die Sünde –, aber ohne Zweifel gehört dazu auch die Aufsprengung einer rein individualistischen Sicht. »Mehrung« der Gnade ist immer intensivere Gleichförmigkeit mit Jesus: in der Suche nach dem Tun des Willens Gottes in dieser Welt, in der praktizierten Einheit von Gottes- und Menschenliebe, in der Nachfolge Jesu bei der anfanghaften Verwirklichung des Reiches Gottes, im Dienst des Friedens und der Versöhnung, im Einstehen gegen Ungerechtigkeit, in der Zuwendung zu Schwachen, Verfemten und Fremden. Im Anschluß an die Lebensverheißungen in Joh 6 wird als Wirkung dieser Kommunion schließlich angegeben, daß sie ein Unterpfand unserer künftigen Herrlichkeit und ewigen Seligkeit sei. Der Jesus Empfangende ist in jene Dimension Gottes hineingenommen, in der Gottes Taten und die von ihm Vollendeten in reiner, bleibender Gegenwart sind und in die der Glaubende eines Tages auf Dauer aufgenommen zu werden hofft. Da Menschen vielfach bedrängt und angefochten in einem Leben voller Brüche und Widersprüche sich befinden, können diese mystisch-gnadenhaften Wirkungen der Eucharistie nicht von Dauer sein. Das ist der Grund, warum das Sakrament der Eucharistie als vergegenwärtigende Gedächtnisfeier und als »communio« ständig, ja oft wiederholt werden muß.

Bedenkt man nun diese kirchliche Lehre von den Gnadenwirkungen der eucharistischen »communio« im Horizont der Gnadentheologie und der Pneumatologie, dann ergibt sich, daß diese Wirkungen auch außersakramental – was beim Menschen nie heißt: rein geistig – von Gott geschenkt sein können, mit Ausnahme der »kirchlichen« Wirkung, dem sichtbaren Aufbau und Zusammenhalt des Leibes Christi, der die Kirche ist, durch das gemeinsame Essen des einen Brotes. Wir kommen damit auf eine Grunderkenntnis der allgemeinen Sakramententheologie zurück, daß nämlich die Sakramente nicht als exklusive (oder »monopolistische«) Wege der Gnade Gottes verstanden werden dürfen. Wir treffen damit auch auf die Eucharistieauffassung bei Augustinus, nach der es dieses Sakrament gerade wegen des kirchlichen Leibes Christi gibt, also nicht etwa, weil anders eine Gegenwart des in seinem Leib verherrlichten Jesus Christus nicht möglich wäre.

Diese hier vorgetragene Auffassung wird bestätigt durch die kirchliche Lehre von der »geistlichen Kommunion«. Unter diesem Begriff könnte man eine Andachtsform eucharistischer Frömmigkeit verstehen, die seit dem 14. Jahrhundert entstand und besonders durch die französische und spanische Mystik weite Verbreitung fand.[103] Diese ist hier nicht gemeint, sondern eine kirchliche Lehre, die insbesondere von Thomas von Aquin entwickelt und vom Trienter Konzil (nur lat. DS 1648) übernommen wurde.[104] Danach ist es möglich, die »Früchte« oder die »Sache« (res), das heißt die Gnadenwirkungen des Sakraments der Eucharistie auch ohne den Sakramentenempfang zu erlangen. Diese Kommunion heißt »geistlich« allein im Unterschied zu der Kommunion, die »geist-

---

[103] Vgl. *H. R. Schlette*, Kommunikation und Sakrament. Theologische Deutung der geistlichen Kommunion, Freiburg 1959 (unüberholt!).

[104] Vgl. *Thomas*, S.th. III q. 73 a.3; q.80 a.1 ad 3.

lich« und »sakramental« zugleich ist.[105] Es handelt sich um jene glaubend-liebende Vereinigung mit Jesus, die im »Normalfall« des kirchlich lebenden Menschen der sakramentalen Kommunion (als gnadengewirkte Disposition) schon vorausgeht und zugleich deren höchste Frucht ist. Diese Vereinigung »geistlicher« Art ist, so wie das sie wirkende göttliche Pneuma, etwas absolut Reales und darf nicht mit rein menschlicher Intention, gedanklicher Verbindung, verwechselt werden. Zu ihrem Zustandekommen gehört nach kirchlicher Lehre das dringliche Verlangen nach der sakramentalen Kommunion – wenn sie denn möglich wäre. Katholischerseits ist diese Lehre die heute mögliche, offizielle Antwort auf Situationen, in denen das Sakrament nicht zustande kommt:

– bei priesterlosen Gottesdiensten (bei denen nach katholischer Lehre die Gemeinde nicht »Nichtgeweihte« bevollmächtigen kann);

– bei denen, die am Besuch einer Eucharistiefeier verhindert sind;

– bei kirchlich verheirateten, dann staatlich geschiedenen und staatlich wiederverheirateten Menschen (die zwar nicht exkommuniziert, aber vom Empfang der Sakramente ausgeschlossen sind);

– beim evangelischen Abendmahl (dem nach katholischer Lehre vor allem wegen des Fehlens des Weihesakraments die ursprüngliche und vollständige Wirklichkeit des eucharistischen Sakraments fehlt, wenn es auch gewiß nicht ein unwirksames Zeichen ist).

Von Menschen in solchen und ähnlichen Situationen lehrt die katholische Kirche: »Wenn sie, zutiefst vom Verlangen nach dem Sakrament geleitet und im Gebet mit der ganzen Kirche vereint, den Herrn anrufen und ihre Herzen zu ihm erheben, haben sie in der Kraft des Heiligen Geistes Gemeinschaft mit der Kirche, die der lebendige Leib Christi ist, und mit dem Herrn selbst. Durch ihr Verlangen nach dem Sakrament mit der Kirche vereint, sind sie,

---

[105] Dieses »geistlich« ist etwas anderes, nämlich etwas höchst Reales, als das »nur geistig«, das vom Trienter Konzil als Gegensatz zu »wirklich« empfunden wurde (NR 584/DS 1658).

wenn auch äußerlich von ihr getrennt, zuinnerst und wirklich ganz mit der Kirche verbunden und empfangen daher die Früchte des Sakraments.«[106] Nach dieser Lehre ist es also möglich, »außersakramental« alle Wirkungen des Sakraments, auch die spezifisch kirchliche Wirkung, zu erlangen.

8.5   Die Erneuerung der Eucharistie-Theologie

Die vordringliche Anstrengung der Eucharistie-Theologie gilt einer einheitlichen Sicht, mit der die Zerspaltung dieser Lehre rückgängig gemacht werden soll. Damit ist die Hoffnung verbunden, die getrennten Kirchen könnten sich in einer solchen Grundkonzeption zusammenfinden. Zwei Theologen werden in den Übersichten über diese Bemühung besonders genannt.

Auf evangelischer Seite hat Max Thurian die zentrale Kategorie des Gedächtnisses (memoria) hervorgehoben und darin die Opfer- und die Gegenwartsvorstellungen unterbringen können. Er wies auf den Zusammenhang mit der jüdischen Liturgie hin, die Jesus mit der Eucharistie gefüllt habe, ohne das Ritual zu zerstören. So ist nun die Eucharistie als Dank- und Lobopfer zur Erinnerung an alle Machttaten Gottes zu verstehen; inmitten dieses Geschehens ereignet sich durch das Wirken des Heiligen Geistes die sakramentale Gegenwart des einzigartigen und einmaligen Opfers Jesu Christi und damit der Person Jesu Christi selbst. Der Kirche kommt es in dieser Sicht zu, dieses Opfer des Sohnes vor dem Vater liturgisch darzustellen, damit er seines Volkes gedenke und den vom Sohn durch dieses Opfer erlangten Segen spende. Die Kirche schließt sich dabei in Gestalt einer Teilhabe der Fürbitte des Sohnes für alle Menschen an, damit der Vater ihnen Heil gewähre und damit sein Reich komme. Die drei zur alten Grundgestalt der Eucharistie gehörenden Elemente sind hier gesehen: die Anamnese und die Epiklese, in sie eingebettet die »somatische« Realpräsenz; die von Gott erbetene »katabatische« Bewegung des Segens, die »anabati-

---

[106] Schreiben der Glaubenskongregation »über einige Fragen bezüglich des Dieners der Eucharistie«, 6.8.1983 (Verlautbarungen des Apostolischen Stuhles 49), Bonn 1983, III 4, S. 10.

sche« des Lobopfers. Max Thurians Konzeption war von großem
Einfluß auf die neueren ökumenischen Herrenmahlgespräche,
auch auf das »Lima-Dokument«. Katholischerseits bleiben die Anfragen an den Sühnecharakter dieses Opfers (könnte dieser nicht
als das versöhnende Tun Gottes verstanden werden? oder wäre er
mitgemeint in der Fürbitte um Gottes Heil und Segen?) und an das
Sakramentsverständnis bei der Priesterweihe/Ordination.[107]

Auf katholischer Seite hat sich Johannes Betz bemüht, die vielfältigen Ergebnisse der biblischen, liturgietheologischen, patristischen
und ökumenischen Bemühungen dieses Jahrhunderts unter den
einheitlichen Gedanken der Gegenwart zu bringen. Die wichtigsten Impulse kamen aus einer Erneuerung der Theologie des Wortes Gottes, dessen Verkündigung zur Gegenwart des Verkündigten
führt, und aus der Intuition Odo Casels. Sosehr die Diskussion seiner historischen Behauptungen und theologischen Argumente
Schwächen ergab,[108] so richtig scheint es vielen, auch Betz, zu sein,
die Eucharistie zu verstehen als realsymbolische Vergegenwärtigung der ein für allemal in Jesus Christus geschehenen Heilstat
Gottes. Betz versuchte, diese Grundeinsicht Casels theologisch
präzis zu formulieren, um zu zeigen, wie in dem einen ganzen Geschehen sowohl das Opfer als auch die reale personale Gegenwart
Jesu »enthalten« sind. Um das zu erreichen, unterschied er drei
ineinanderliegende Gegenwartsweisen, die alle drei reale und
pneumatische Gegenwart sind: (1) Die personale, pneumatische

---

[107] Zu M. Thurian z. B. *L. Lies* in: Zeitschrift für kath. Theologie 100 (1978) 79–82;
St. N. Bosshard, ebd. 108 (1986) 159–161; *M. Thurian*, Das Eucharistische Gedächtnis: Lob- und Bittopfer, in: Ökumenische Perspektiven von Taufe, Eucharistie und Amt, hrsg. von M. Thurian, Paderborn / Frankfurt 1983, 110-123. – Vgl.
die Lima-Texte, besonders zur Eucharistie 3 f. (Lobopfer), 5–7 (Memorial, Anamnese), 8 (Danksagung und Fürbitte), 13 (Realpräsenz), 14 (Epiklese des Hl. Geistes); zum Amt 14 (das ordinierte Amt und die Eucharistie). Zur katholischen
Kritik daran: *M. Seybold / A. Gläßer* (s. Lit. II.); *L. Lies*, Ökumenische Erwägungen zu Abendmahl, Priesterweihe und Meßopfer, in: Zeitschrift für kath. Theologie 104 (1982) 385–410. Zu evangelischer Kritik an neueren Herrenmahlkonzep-
tionen: *E. Volk*, Mahl des Herrn oder Mahl der Kirche? in: Kerygma und Dogma
31 (1985) 33–64 (lutherische Vorbehalte gegen calvinistische und orthodoxe Einflüsse). Zur ökumenischen Diskussion ferner: *G. Hintzen*, Das reformatorische
Abendmahl aus katholischer Sicht, in: Catholica 40 (1986) 203–288 (Lit.).
[108] Vgl. das Standardwerk von *A. Schilson* (s. Lit. I.).

Wirkgegenwart des erhöhten Jesus Christus: Dieser wirkt im Vollzug des eucharistischen Sakraments als der Haupt-Wirkende (principalis agens) durch seinen Geist, indem er sich des Priesters bedient. Diese aktuell wirkende Gegenwart des Erhöhten, ohne die weder Gebet noch Gedächtnis noch überhaupt Liturgie möglich wären, nennt Betz »prinzipale Aktualpräsenz«. – (2) Die feiernde Gemeinde begeht dank der eben genannten Wirkenden das Gedächtnis des Erlösungswerkes, das durch Jesus Christus, nicht durch subjektives Gedenken, wirklich gegenwärtig wird; die Gemeinde ratifiziert das ohne ihr Zutun vollbrachte Opfer Jesu, anerkennt es als ihr zugut und an ihrer Statt geschehenes Opfer, macht es sich im Symbol des Mahles zu eigen und fruchtbar. Dies nennt Betz die »anamnetische, memoriale Aktualpräsenz«. – (3) In dieser Aktualpräsenz der Opfertat Jesu läßt Gott, weil er das *ganze* Opfergeschehen gegenwärtig setzt, auch Jesus als leibhaftige Person gegenwärtig sein, in der verwandelnden Veränderung der Gaben zu jenem Genuß, in dem die tiefste personale Begegnung stattfinden kann. Dies nennt Betz »somatische, personale Realpräsenz«.[109]

In der Eucharistiefeier bewirkt also die Gegenwart des Erhöhten in seinem Heiligen Geist die Gegenwart seiner Heilstat und mit dieser die leibhaftige Gegenwart seiner in den Tod gegebenen und verherrlichten Person mit dem Ziel der größtmöglichen Gemeinschaft: Vergegenwärtigung der Person *in* der Vergegenwärtigung des Ereignisses. In der neueren Entwicklung der Eucharistie-Theologie nach Betz wird die Pneumatologie noch stärker als bei ihm betont. Dadurch kommt unmißverständlich zum Ausdruck, was Betz immer hervorzuheben suchte: daß die Eucharistiefeier nicht menschlicher Initiative entspringt, nicht menschliches Verdienst ist, keine autonome Leistung ist, der Heilstat Jesu nichts an Wert hinzufügt. Die Fundierung der Eucharistie in der Pneumatologie kann auch das Mißverständnis beheben, als bewege der Mensch in diesem Sakrament, über Gott verfügend, Jesus zum

---

[109] Vgl. die Kurzfassung in: Sacramentum Mundi I 1226–1232. Betz fand breite Zustimmung, von *A. Gerken*, Theologie der Eucharistie (1973), bis *W. Kasper*, Einheit und Vielfalt der Aspekte der Eucharistie (s. Anm. 5) 202f. (1985).

Kommen. Ebenso gewinnt aus ihr der Glaube an die wirkliche Gegenwart Jesu im Heiligen Geist seine Sicherheit. Diese Gegenwart wird nicht bewirkt durch subjektives Bewußtsein und Erinnerung und nicht durch die Fürbitte um das Kommen des Geistes, weil dort, wo gebetet wird, wo Gottes Machttaten gepriesen werden, Gott bereits Gegenwart ist.

Im Sakrament der Eucharistie ist alles sakramental gegenwärtig und zusammengefaßt, was im christlichen Glauben das Wort »Heil« meint.[110] In ihm bringt die versammelte Gemeinde ihren Lobpreis und ihre Danksagung vor Gott den Vater, für alles, was in ihm seinen Ursprung hat, Schöpfung und Heilsgeschichte. In ihm wird sie in den Leib Jesu Christi, des Gekreuzigten und Erhöhten, verwandelt und wird so zu einem Ort der Versöhnung, des Bekenntnisses und der festlichen Freude, auch zu einem Ort der Klage über die unvollendete Erlösung, des Mit-Leidens mit den Leidenden. In ihm wird der einzelne Glaubende mit der intimsten Nähe zu Jesus beschenkt, so daß der Mensch auf immer neue Weise sich der Selbstmitteilung Gottes an ihn vergewissert. In den versammelten Menschen und in den bereiteten Gaben sind die Hoffnungen, Freuden und Probleme von Schöpfung und Welt gegenwärtig, um Gottes Segen bittend, auf die Vollendung der Erlösung ausschauend, und so ereignen sich Danksagung, Erinnerung und Fürbitte: ermöglicht, getragen und fruchtbar gemacht von dem gegenwärtigen Heiligen Geist Gottes.

Literatur VI

Eucharistie

a) Bücher

Averbeck, W., Der Opfercharakter des Abendmahls in der neueren evangelischen Theologie, Paderborn 1966
Bätzing, G., Die Eucharistie als Opfer der Kirche nach Hans Urs von Balthasar, Einsiedeln 1986

---

[110] »In hoc sacramento comprehenditur totum mysterium nostrae salutis«: *Thomas*, S.th. III q.83 a.4 c. Vgl. zum Folgenden: *U. Kühn*, Sakramente 293–297: Der Sinn des Abendmahls.

Betz, J., Eucharistie. In der Schrift und Patristik (Handbuch der Dogmengeschichte IV/4 a), Freiburg 1979

Bistumskommission für ökumenische Fragen Münster (Hrsg.), Die Eucharistie im Gespräch der Konfessionen, Kevelaer 1986

Bode, F.-J., Gemeinschaft mit dem lebendigen Gott. Die Lehre von der Eucharistie bei Matthias Joseph Scheeben, Paderborn 1986.

St. N. Bosshard, Zwingli – Erasmus – Cajetan. Die Eucharistie als Zeichen der Einheit, Wiesbaden 1978

Bürki, B., Cène du Seigneur – Eucharistie de l'Eglise, 2 Bde., Fribourg 1985 (reformierte Texte)

Die Eucharistie als Feier der Gegenwart des Herrn: Concilium 4 (1968) H. 12

Eucharist. International Bibliography 1975–1984, Straßburg 1985

Feld, H., Das Verständnis des Abendmahls, Darmstadt 1976

Felmy, K. Ch., Die Deutung der göttlichen Liturgie in der russischen Theologie, Berlin 1984

Feneberg, R., Christliche Paschafeier und Abendmahl, München 1971

Gamber, K., Sacrificium Missae. Zum Opferverständnis und zur Liturgie der Frühkirche, Regensburg 1980

Ders., Beracha: Eucharistiegebet und Eucharistiefeier in der Urkirche, Regensburg 1986

Gemeinsame röm.-kath./ev.-luth. Kommission, Das Herrenmahl, Paderborn/Frankfurt 1978

Gerken, A., Theologie der Eucharistie, München 1973

Gesteira García, M., La Eucaristía, misterio de comunión, Madrid 1983

Gesù e la sua morte (Atti della XXVII Settimana Biblica), Brescia 1984, bes. G. Ghiberti, Gesù e la sua morte secondo i raconti della cena. Alcune interpretazioni del XX secolo: 129–153

Giraudo, C., La struttura letteraria della preghiera eucaristica, Rom 1981

Grötzinger, E., Luther und Zwingli. Die Kritik an der mittelalterlichen Lehre von der Messe als Wurzel des Abendmahlsstreites, Köln/Gütersloh 1980

Heron, A. I. C., Table and tradition. Toward an ecumenical understanding of the Eucharist, Philadelphia 1983

Hintzen, G., Die neuere Diskussion über die eucharistische Wandlung, Frankfurt/Bern 1976

Holeton, D. R., Les Hussites et la communion des petits enfants. Ressourcement patristique et mouvement de piété populaire (1380–1421), Paris 1983

Interkommunion. Hoffnungen – zu bedenken, Fribourg 1971 (Lit.)

Kann man in jedem Fall die Eucharistie feiern?: Concilium 18 (1982) H. 2

Klauck, H.-J., Herrenmahl und hellenistischer Kult, Münster 1982

Léon-Dufour, X., Le partage du pain eucharistique selon le Nouveau Testament, Paris 1982

219

Ders., Abendmahl und Abschiedsrede im Neuen Testament, Stuttgart 1983.

Lies, L., Wort und Eucharistie bei Origenes, Innsbruck 1978

de Lubac, H., Corpus Mysticum. Eucharistie und Kirche im Mittelalter, Einsiedeln 1969

Maas-Ewerd, Th. / Richter, K. (Hrsg.), Gemeinde im Herrenmahl, Freiburg 1976

Macy, G., The Theologies of the Eucharist in the early scholastic Period (ca. 1080 – ca. 1220), Oxford 1984

Martimort, A. G. (Hrsg.), L'Eglise en prière, éd. nouvelle, II: *Cabié, R.*, L'Eucharistie, Tournai-Paris 1983

Mazza, E., Le odierne preghiere eucaristiche, 2 Bde., Bologna 1984

Meyer, H. B., Luther und die Messe, Paderborn 1965

Moll, H., Die Lehre von der Eucharistie als Opfer. Eine dogmengeschichtliche Untersuchung vom Neuen Testament bis Irenäus von Lyon, Köln 1975

Nélis, J., Histoire de la pratique et de la doctrine eucharistiques de l'Eglise Occidentale, Paris / Brüssel 1984

Pesch, R., Das Abendmahl und Jesu Todesverständnis, Freiburg 1978

Piolanti, A., Il mistero eucaristico, Rom ³1983

Plank, P., Die Eucharistieversammlung als Kirche. Zur Entstehung und Entfaltung der eucharistischen Ekklesiologie Nikolaj Afanas'evs (1893–1966), Würzburg 1980

Pratzner, F., Messe und Kreuzesopfer. Die Krise der sakramentalen Idee bei Luther und in der mittelalterlichen Scholastik, Wien 1970

Pruisken, J., Interkommunion im Prozeß, Essen 1974

Rahner, K. / Häußling, A., Die vielen Messen und das eine Opfer, Freiburg 1966

Reumann, J., The Supper of the Lord, Philadelphia 1984 (Neues Testament, ökumenischer Dialog)

Sánchez Caro, J. M., Eucaristía y historia de la Salvación, Madrid 1983 (ostkirchliche Theologie)

Sayes, J. A., Presencia real de Cristo y Transubstanciación, Burgos 1974

Schäfer, Ph., Lebensquelle Eucharistie, Regensburg 1985

Schillebeeckx, E., Die eucharistische Gegenwart, Düsseldorf 1967

Schneider, Th., Deinen Tod verkünden wir. Gesammelte Studien zum erneuerten Eucharistieverständnis, Düsseldorf 1980

Schulte, R., Die Messe als Opfer der Kirche. Die Lehre frühmittelalterlicher Autoren über das Opfer, Münster 1959

Verheul, A., La prière eucharistique dans la primitive église, Löwen 1983

Walter, E., Eucharistie. Bleibende Wahrheit und heutige Fragen, Freiburg 1974

Wiederkehr, D., Das Sakrament der Eucharistie, Fribourg 1976

Wohlmuth, J., Realpräsenz und Transsubstantiation im Konzil von Trient, 2 Bde., Bern / Frankfurt 1975

Zizioulas, J. D., Being in Communion, Crestwood N. Y. 1985 (eucharistische Ekklesiologie)

b) Artikel und Aufsätze

Angenendt, A., Missa specialis. Zugleich ein Beitrag zur Entstehung der
Privatmessen, in: Frühmittelalterliche Studien 17 (1983) 153–221
Beinert, W., Eucharistie als Sakrament der Einheit, in: Catholica 36 (1982)
234–256
Betz, J., Die Eucharistie als Gottes Milch in frühchristlicher Sicht, in: Zeit-
schrift für kath. Theologie 106 (1984) 1–26, 167–185
Callam, D., The frequency of mass in the Latin Church ca 400, in: Theolo-
gical Studies 45 (1984) 613–650
Congar, Y., Lutherana. Théologie de l'Eucharistie et christologie chez Lu-
ther, in: Revue des sciences philosophiques et théologiques 66 (1982)
169–197
Ders., Doctrine christologique et théologie de l'Eucharistie, in: Revue des
sciences philosophiques et théologiques 66 (1982) 233–244
Dekkers, E., L'Eucharistie, imitation ou anamnèse de la Dernière Cène,
in: Recherches de science religieuse 68 (1984) 15–23
Delling, G. u. a., Abendmahl, in: TRE I, 1977, 47–229
Feuillet, A., L'Eucharistie, le Sacrifice du Calvaire et le Sacerdoce du
Christ, in: Divinitas 29 (1985) 103–149 (Synoptiker und Hebr)
Fiedler, P., Probleme der Abendmahlsforschung, in: Archiv für Liturgie-
wissenschaft 24 (1982) 190–223
Frankemölle, H. / Hilberath, B. J. / Schneider, Th., Eucharistie, in: NHthG
I, 1984, 297–317.
Giraudo, C., Le récit de l'institution dans la prière eucharistique a-t-il des
précédents? in: Nouvelle Revue Théologique 106 (1984) 513–526
Greshake, G., Konzelebration der Priester, in: Glaube im Prozeß, hrsg.
von E. Klinger / K. Wittstadt, Freiburg 1984, 258–288 (Lit.)
Hauschild, W.-D., Agapen. I: In der alten Kirche, in: TRE I, 1977,
748–753
Hilberath, B. J. / Schneider, Th., Opfer, in: NHthG III, 1985, 287–
298
Kandler, K.-H., Abendmahl und Heiliger Geist, in: Kerygma und Dogma
28 (1982) 215–227
Kilmartin, E. J., The active role of Christ and the Holy Spirit in the sanctifi-
cation of the eucharistic elements, in: Theological Studies 45 (1984)
225–253
Klauck, H.-J., Eucharistie und Kirchengemeinschaft bei Paulus, in: Wissenschaft und Weisheit 49 (1986) 1–14
Kühn, U., Abendmahl, in: Sakramente (s. Lit. I) 259–304
Kunz, E., Eucharistie. Ursprung von Kommunikation und Gemeinschaft,
in: Theologie und Philosophie 58 (1983) 321–345

221

Legrand, H.-M., La présidence de l'Eucharistie selon la tradition ancienne, in: Spiritus 18 (1977) 409–431 (vornicaenische Zeugnisse)

Lessing, E., Kirchengemeinschaft und Abendmahlsgemeinschaft, in: Wissenschaft und Praxis in Kirche und Gesellschaft 69 (1980) 450–462

Lies, L., Ökumenische Erwägungen zu Abendmahl, Priesterweihe und Meßopfer, in: Zeitschrift für kath. Theologie 104 (1982) 385–410

Ders., Verbalpräsenz – Aktualpräsenz, in: Praesentia Christi (Festschrift J. Betz), Düsseldorf 1984, 79–100

Madeja, S., Analisi del concetto di concelebrazione eucaristica nel Concilio Vaticano II e nella riforma liturgica postconciliare, in: Ephemerides Liturgicae 96 (1982) 3–56

Mayer, A., Die Eucharistie, in: HKR 676–691

Medisch, R., Kirchliches Amt und Eucharistie, in: Theologie der Gegenwart 28 (1985) 182–188 (Lit.)

Nocke, F.-J., Wort und Geste (s. Lit. 1) 59–83

Rahner, K., Wort und Eucharistie, in: Schriften IV, 1960, 313–356

Ramis, G., El memorial eucarístico (anaphora), in: Ephemerides Liturgicae 96 (1982) 189–208

Roux, J.-M., Corporéité et symbole eucharistique, in: Bulletin de littérature ecclésiastique 86 (1985) 101–126, 87 (1986) 29–56

Salado Martínez, D., La interrelación simbólica Eucaristía-Penitencia en el Organismo Sacramental, in: Escritos del Vedat 16 (1986) 179–215

Sánchez Caro, J. M., »Probet autem seipsum homo« (I Cor XI, 28). Influjo de la praxis penitencial eclesiástica en la interpretación de un texto bíblico, in: Salmanticensis 32 (1985) 293–334

Schulz, H.-J., »Wandlung« im ostkirchlich-liturgischen Verständnis. Eine Orientierung im Disput um Transsubstantiation und Transsignifikation, in: Catholica 40 (1986) 270–286 (Lit., bes. B. J. Hilberath und G. Hintzen)

Schwager, R., Der Tod Christi und die Opferkritik, in: Theologie der Gegenwart 29 (1986) 11–20 (Lit.)

Thunberg, L., Symbol and Mystery in St. Maximus the Confessor, in: F. Heinzer/ Ch. Schönborn (Hrsg.), Maximus Confessor, Fribourg 1981, 285–308

Tilliette, X., Problèmes de philosophie eucharistique, in: Gregorianum 64 (1983) 273–305

Trütsch, J., Taufe, Sakrament der Einheit – Eucharistie, Sakrament der Trennung? in: Theologische Berichte 9, Zürich 1980, 67–95

Volk, E., Evangelische Akzente im Verständnis der Eucharistie, in: Kerygma und Dogma 32 (1986) 188–206

Wenz, G., Die Lehre vom Opfer Christi im Herrenmahl als Problem ökumenischer Theologie, in: Kerygma und Dogma 28 (1982) 7–41

222

9   Das Bußsakrament

9.1   Theologische Vorfragen

Aus der biblischen Gottesoffenbarung und der kirchlichen Glaubensüberlieferung werden hier bestimmte Grundgegebenheiten vorausgesetzt: daß Gott seinen konkreten Willen hinsichtlich eines gottgemäßen Verhaltens der Menschen kundgetan hat; daß Menschen im allgemeinen – bei mannigfachen Ausnahmen – imstande sind, den Willen Gottes zu erfassen (Röm 1,18–3,20); daß Gott keinen Menschen zum Bösen vorherbestimmt, das heißt, daß er allen die Möglichkeit anbietet, seinen Willen zu erfüllen; daß Menschen aber im allgemeinen – wiederum bei mannigfachen Ausnahmen – so viel Freiheit besitzen, sich dem Willen Gottes zu verweigern. Diese Verweigerung heißt im biblisch-kirchlichen Sprachgebrauch »Sünde«. Wo die Weigerung, den Willen Gottes zu tun, eine freie, wissende und radikale Entscheidung ist, heißt sie »schwere Sünde« und würde, wenn sie unwiderrufen im Tod endgültig geworden wäre, zur ewigen Ferne von Gott führen. Wo Gottes Wille nur unvollkommen gekannt oder die menschliche Freiheit beeinträchtigt ist oder die Verweigerung nicht einem wesentlichen gottgewollten Wert gilt, spricht die christliche Tradition von »läßlicher Sünde«. Im einzelnen können beide Arten von Sünde sehr differenzierte Formen von Verwirklichung annehmen, von der einmaligen, frontalen Ablehnung Gottes bis zum Konglomerat vieler kleiner, kaum merklicher Verweigerungen; beide Arten werden immer danach zu unterscheiden sein, ob sie mehr aus der »Mitte« oder mehr aus der »Peripherie« einer menschlichen Person erwachsen. Sie brauchen sich nicht immer ausdrücklich gegen Gott zu wenden, da das Verhältnis eines Menschen zu Gott und das zu seinen Mitmenschen in einem inneren Zusammenhang stehen und so wesentliche Verweigerungen gegen Gott sich im mitmenschlich-sozialen Bereich – zu dem Gott ja im Alten und im Neuen Testament seinen ganz konkreten Willen kundgetan hat – abspielen.[1]

Zur jüdisch-christlichen Glaubensüberlieferung gehört die Überzeugung, daß niemand Sünden vergeben kann außer Gott allein. Wohl zeugen die Schriften beider Testamente von immer neuen Aufforderungen Gottes zur Umkehr, das heißt zur Abkehr des Menschen von seinem Fehlverhalten und zur Hinkehr zu Gott in einem neuorientierten Leben. Aber auch schon diese Umkehr ist dem Menschen geschenkt von Gott, aus dessen Initiative allein das Wollen, das Können und das Vollbringen eines neues Lebens entspringen. Es gehört zur sakramentalen Struktur ihres Gottesverhältnisses (siehe oben 1.2), daß Menschen auch in dieser Hinsicht auf sinnenfällige Vermittlung angewiesen sind, ihnen also ein Ort oder Raum der Vergebung von Gott eröffnet werden muß. Für den christlich Gläubigen heißt dieser erfahrbare Ort der göttlichen Vergebung und Versöhnung: Jesus Christus. In seiner Solidarität mit den Sündern, bezeugt in seinem ganzen Leben, in der Annahme der Bußtaufe des Johannes, in den Gastmählern mit den Sündern, in seinem heilenden und vergebenden Wirken, in seiner Zuwendung zu den Gottfernen bis in den Tod hinein wird die bedingungslose und zuvorkommende Liebe Gottes in nicht mehr überbietbarer Weise anschaulich. Wer im Bewußtsein seiner Schuld vertrauensvoll Zuflucht bei Jesus sucht, der ist bereits von einer vom Heiligen Geist Gottes getragenen Dynamik ergriffen, die ihn der Vergebung beim »Vater des Erbarmens und Gott alles Trostes« (2 Kor 1,3) versichert. Das ist der gemeinsame Glaube aller Christen. Die Uneinigkeit beginnt aber bereits bei der Frage, *was* genau vergeben wird. Ist die Sünde eine der ganzen Menschheit gemeinsame Verdorbenheit, die durch die göttliche Vergebung nicht wirklich weggeschafft, sondern im Blick auf das Kreuz

---

[1] Über theologische, psychologische, sozialpsychologische u. a. Erkenntnisse über die Sünde unterrichtet die Spezialliteratur. Vgl. auch *H. Vorgrimler*, Der Kampf des Christen mit der Sünde, in: MySal V, 1976, 349–448, hier bes. 365 Anm. 34 (Lit.), 375 Anm. 60 (Lit.); *P. Hoffmann / V. Eid*, Jesus von Nazareth und eine christliche Moral, Freiburg [3]1979; *J. Werbick*, Schulderfahrung und Bußsakrament, Mainz 1985; *J.Blank / J. Werbick* (Hrsg.), Sühne und Versöhnung (Theologie zur Zeit 1), Düsseldorf 1986.

Jesu nur nicht angerechnet wird, so daß *nach* der Vergebung ein Mensch Sünder und Gerechter zugleich[2] wäre? Oder ist die Sünde eine konkrete Verhaltensweise, die aus einer verkehrten Grundentscheidung erwächst und zusammen mit dieser von Gott in dem Sinn vergeben wird, daß beide nach der Vergebung wirklich weggeschafft sind, so daß *nach* der Vergebung in einem Menschen allenfalls noch eine böse Neigung und gewisse Folgen der Sünde, nicht mehr aber die Verdorbenheit selber wäre?

Die Christen stimmen in dem Glauben überein, daß dort, wo ein Mensch das Verkehrte an seiner Lebenshaltung einsieht und sich neu auf Gott hin orientiert, dies nur möglich ist dank der den Menschen ergreifenden zuvorkommenden Gnade Gottes. Diese einem Menschen gewährte Umkehr äußert sich konkret im spirituellen Leben dieses Menschen in der Reue, die zugleich tätiger Wille zu einem neuen Verhalten und entschiedene Abkehr vom bisherigen Leben ist. In katholischer Sicht ist die Reue immer auch Vertrauen auf den vergebenden Gott; sie kann also nicht als Selbstrechtfertigung verstanden werden. Nach der Erfahrung, die sich in der katholischen Lehre widerspiegelt, hat ein Mensch, der bewußtseinsmäßig über seine Umkehr reflektiert, verschiedene Motive zur Reue, das heißt zur Verurteilung seiner Sünde. Bei der »vollkommenen« Reue besteht dieses Motiv in der von Gott geschenkten Liebe zu Gott, die sich ein Mensch bewußtseinsmäßig zu eigen macht. Bei der »unvollkommenen« Reue ist das Motiv geringer als die Liebe, aber immer noch ethisch wertvoll; eine bloße Furcht vor göttlicher Strafe wäre nicht ein solches wertvolles Motiv.

In katholischer Sicht äußert sich die Umkehr in allen von der Fehlorientierung betroffenen Schichten oder Dimensionen des Menschen und kann so durchaus auch emotionalen Charakter (»Reuetränen«) haben. Ebenso hat Gottes Vergebung entsprechend der sakramentalen Struktur der Gottesbeziehung die Tendenz zum sinnenfälligen, greifbaren und im Raum der menschlichen Gemeinschaft sich ereignenden Geschehen. Auch hier ist wieder in Betracht zu ziehen, daß sich relevante Verweigerungen gegenüber

---

[2] Zu einer differenzierenden Auffassung: *H. Wulf*, Simul iustus et peccator, in: LThK IX 778–780 (Lit.).

dem Willen Gottes im Bereich der Mitwelt und Umwelt eines Menschen abspielen und die Versöhnung mit Gott darum *dort* ihren praktischen Ausdruck finden muß. In dieser Dimension des Greifbaren und Gemeinschaftlichen hat auch die Fürbitte füreinander ihren Ort. Wo die Vergebung nur im gnadengeschenkten Glauben an das Evangelium, also im innerlichen Bereich der Begegnung Gottes mit einem einzelnen Menschen gesehen wird, gerät die greifbar-gemeinschaftliche Dimension des Gottesverhältnisses aus dem Blick.

9.2   Formen der Vergebung

Vergebung der Schuld durch Gott ist theologisch als ein einmaliges Geschenk der schöpferischen Macht Gottes zu denken, vermittelt durch Jesus im Heiligen Geist. Dieses Geschenk kann im Lauf des zeitlich sich erstreckenden Lebensvollzugs niedergehalten, unfruchtbar gemacht werden, aber auch – in der mehrschichtigen Dimension des Menschenlebens – wiederaufleben. Dementsprechend erkennt die christliche Glaubensüberlieferung mannigfache Formen der Vergebung, in denen sich die *eine* Vergebung Gottes konkretisiert.[3] Als menschliche Aktionen sind sie getragen von der ständigen Fürbitte der ganzen Kirche um Vergebung der Schuld. Aus der Vielzahl dieser Formen lassen sich als wichtigste hervorheben:

1. Versöhnung durch das Hören des Wortes Gottes. Das Wort Gottes begegnet aufgrund der alleinigen Initiative Gottes als versöhnendes Wort in Gestalt des Angebots jedem Hörer, in Gestalt wirklicher Vergebung jedem, der sich in gnadengewirkter Reue seiner Vergebungsbedürftigkeit bewußt ist. Die Begegnung mit dem vergebenden Wort Gottes (in Verkündigung, Lektüre, Gespräch oder in dialogischer Form im Gebet) hat keine geringere Wirksamkeit oder Sicherheit, als sie z. B. bei einem sakramentalen Vollzug gegeben sind.

2. Versöhnung durch Wiedergutmachung. Die Versöhnung mit Menschen, denen Unrecht getan wurde, die verletzt wurden, ist

---

[3] Vgl. *H. Vorgrimler* in: MySal V (s. Anm. 1) und *ders.* in: NHthG I, 1984, 154–157.

Voraussetzung für das Wirksamwerden der Vergebung durch Gott (Mt 5,23f; 6,12).

3. Versöhnung durch produktive Liebe. Wo immer ein Mensch sich abkehrt von der Fixierung auf sich selber und von der damit gegebenen Sterilität, wo immer er sich individuell oder gesellschaftlich für andere engagiert, sind ihm in dieser von Gott gegebenen praktizierten Liebe die Sünden vergeben, auch wenn er sich nicht ausdrücklich auf Gott und sein vergebendes Wort beruft.

4. Versöhnung durch Gespräch. Die neutestamentlichen Mahnungen, einander zuzureden und aufeinander zu hören, machen deutlich, daß Gespräch, Kritik und Selbstkritik von entscheidender Bedeutung beim Ankommen des wirksamen Vergebungswortes sein können.

5. Versöhnung durch Mitsterben mit Jesus. Konkrete Bußpraktiken können oft aus irrigen oder krankhaften Auffassungen entstehen. Vermeidet man Leistungsdenken und masochistische Sühnevorstellungen, so kann man asketische Lebensformen, Annahme menschlich auswegloser Situationen (Vereinsamung, Alter) und Aushalten sinnlosen Leidens, das nicht behebbar ist, als Sterben des Ich und seiner Schuld, als Mitsterben mit Jesus und als Situationen der durch Jesus erlangten Vergebung verstehen.

6. Versöhnung durch die Kirche. Die Kirche verstand sich von Anfang an als die Gemeinschaft der von Gott Berufenen, die inmitten einer gottlosen Welt ein Raum der Versöhnung und des Friedens sein sollte. Da sich schon früh der Zwiespalt zeigte zwischen dem Auftrag, Gottes sündloses Eigentum (»heilig«) zu sein, und der von vielfältigem Fehlverhalten geprägten Realität, suchte die Kirche das »objektive«, von menschlicher Schuld nicht zu beschädigende Heilige und fand es primär im Bereich der Sakramente. In neuerer Zeit fügt sich das Verständnis Jesu als des Ursakraments und der Kirche als des Grundsakraments nahtlos hier ein. Die Sakramente als Lebensvollzüge der Kirche sind sinnenfällige Symbolhandlungen, in denen *auch* das Geschenk der göttlichen Vergebung wirksam wird. Das wurde von der kirchlichen Frühzeit an einigen Sakramenten in besonderer Weise zugesprochen:

(a) Das erstrangige sündenvergebende Sakrament ist nach allgemeiner christlicher Lehre die Taufe. Ihre Einmaligkeit entspricht der Einmaligkeit der von Gottes Gnade bewirkten radikalen Umkehr, die sich in diesem Sakrament »verleiblicht«, in den kirchlichen Bezugsrahmen gesetzt wird und zu einem »gesellschaftlich« greifbaren und folgenreichen Abschluß kommt. Die kirchliche Tradition hat die Taufe als die »leichtere« Buße angesehen, verglichen mit den mühseligen Bußen nach späterem Fehlverhalten oder gar nach dem Glaubensabfall eines Getauften, der dann abermals umkehrt.

(b) Unter den Sakramenten der Versöhnung der Getauften steht die Eucharistie an erster Stelle. Ihre Grundgedanken – das Gedächtnis des Lebens- und Sterbensgeschicks Jesu in Verbindung mit dem Versöhnungsgehalt seiner Verkündigung, der freudige Vorausblick auf das versöhnte Leben im Reich Gottes und die Verwirklichung des Leibes Jesu Christi in einer Menschengemeinschaft – beinhalten die Versöhnung aller Teilnehmer miteinander und mit Gott. Allerdings galt die eucharistische Feier schon von der Forderung des Paulus (1 Kor 11,28f) nach einem »würdigen« Eucharistieempfang an eher als das Fest der bereits Versöhnten und weniger als Weg und Mittel der Versöhnung. In der kirchlichen Disziplin setzte sich diese paulinische Auffassung durch: Es besteht die Pflicht, vor dem Kommunionempfang schwere Sünden zu beichten (NR 587/DS 1661). In Spannung dazu steht die kirchliche Lehre, daß die Eucharistie die Gabe der Buße schenkt und auch die schwersten Sünden tilgt (NR 599/DS 1743).

(c) In der kirchlichen Lehre und Praxis über die sündenvergebenden Sakramente steht das Bußsakrament, dem dieses Kapitel gewidmet ist, im Vordergrund.[4] In ihm kehrt der reuige Sünder zum »Frieden mit der Kirche« zurück; im Realsymbol des Sakraments wird wirksame Gegenwart, daß Gott der Richter über Sünde und Sünder ist, daß im Tod Jesu die Sünde vernichtet und daß im Gnadengericht der Sünder von aller Schuld freigesprochen ist.

(d) Im Sakrament der Krankensalbung verbindet sich die Fürbitte

---

[4] Kurze Zusammenfassung der Gründe für die heutige Krise des Bußsakraments: ebd.

der kirchlichen Gemeinschaft um Stärkung angesichts der andrängenden schweren Krankheit und um Vergebung der Sünden des Kranken mit der Symbolhandlung.

9.3 Biblische Grundlegung

Das Neue Testament bezeugt wie schon das Alte Testament, daß die Glaubensgemeinschaft unter dem Zeichen der vergebenden Liebe Gottes steht, daß dieser Indikativ zugleich ein Imperativ ist, nämlich das Gewährte zu bewahren, daß aber die Glaubensgemeinschaft ständig hinter diesem Anspruch zurückbleibt und vom Versagen bedroht ist. Das Versagen nimmt bei manchen Mitgliedern so krasse Gestalt an, daß die christliche Identität der Gemeinschaft konkret gefährdet ist. In solchen Fällen wird ein Verfahren eröffnet mit dem Ziel, die Gemeinde vom Bösen rein zu halten, also sich vom Sünder zu distanzieren, indem diesem erklärt wird, daß er sich durch sein einsichtsloses Verhalten selber distanziert hat. Bei einem wirklich theologischen Verständnis von Kirche hat ein solches Verfahren tiefere Wirkung als eine nur strafrechtliche »Kirchenzucht«. In den paulinischen Briefen begegnet ein gestuftes Verfahren: Ermahnungen und Rügen gingen voraus; in »gewöhnlichen« Fällen wurde der Ausschluß nicht als endgültig betrachtet; die Aufhebung der Distanz bei reuigen Sündern ist bezeugt. Das Ausschlußverfahren knüpfte bewußt an die jüdische Praxis an (es wird 1 Kor 5,9 ff mit Dtn 19,5 begründet). In außergewöhnlichen Fällen läßt das Vokabular (Ausschluß unter Verfluchung) erkennen, daß die Gemeinde bzw. ihr Leiter keine Hoffnung auf eine Umkehr des Sünders hatte.[5] Diese Resignation bezieht sich nur auf das menschliche Urteil; es gibt nach dem Neuen Testament keine unvergebbaren Sünden. Auch für »schwere« Sünder bleibt Gott jener Vater, der keinem Menschen seine Liebe versagt und dem Umkehrenden freudig vergeben hat (Lk 15,1–32). Aus diesem Befund hat sich das spätere Bußsakrament entwickelt.

---

[5] Insbesondere ist das der Fall bei Glaubensabfall und bei den »Sünden gegen den Heiligen Geist«; vgl. H. Vorgrimler, Buße und Krankensalbung, Freiburg 1978, 21 ff.

Seit dem Beginn des 3. Jahrhunderts (Bußstreitigkeiten in Nordafrika) begegnen als klassische Texte für die »Stiftung« des Bußsakraments durch Jesus das »Binden und Lösen« bei Mt 16,19 und
18,18 sowie das »Nachlassen und Behalten« von Sünden bei Joh
20,23. Die genauere Untersuchung des »Bindens und Lösens« im
antiken Kontext ergab folgende Bedeutungen: Rabbinische Parallelen zum »Binden und Lösen« verstehen darunter die Vollmacht
der Rabbinen, für verboten oder erlaubt zu erklären und den Sünder zu bannen bzw. den Bann wieder aufzuheben. Auf die Kirche
angewandt, bedeutet das die Distanzierung der christlichen Gemeinde vom Sünder bzw. die Wiederaufnahme des reuigen Sünders. Nach den Mt-Worten hat dieses Verfahren eine Wirkung »im
Himmel«, bei Gott. Das Wortpaar hat in der Antike auch einen
»dämonologischen« Hintergrund: »Lösen« bedeutet die Befreiung
eines Menschen vom Einfluß des Bösen; »Binden« ist die Überant-
wortung eines Menschen an den Bösen, da dieser Mensch als Ver-
stockter sich selber dem Bösen übereignet hat. Die Exegese be-
zweifelt, daß es sich bei der Zusage einer »Binde- und Lösevoll-
macht« in Mt 16 und 18 um authentische Jesusworte handelt.[6] Was
Jesus selber von seinem Jüngerkreis erwartete, wird Mt 18 deutlich: Die in Mt 18,15–18 enthaltene, schon weitgehende Institutionalisierung aussprechende Gemeinderegel ist in einen weiteren
Kontext gestellt, in dem sehr betont vom Vergeben der Schuld
durch Gott die Rede ist, dem Jüngerkreis aber seinerseits unbe-
grenztes Vergeben als Pflicht eingeschärft wird (vgl. Mt 18,23–34).
Das »Nachlassen und Behalten« von Joh 20,23 wird von der neueren Exegese als Überlieferungsvariante des »Bindens und Lösens«
von Mt 18 angesehen. Auch hier sind die Angesprochenen nicht
Amtsträger, sondern die Jünger des Auferstandenen. Das »Nachlassen« von Sünden durch Menschen ist anders als in dem von Jesus
mitgeteilten Heiligen Geist Gottes (Joh 20,22) nicht möglich.

---

[6] Exegetische Literatur bis 1978 bei *H. Vorgrimler*, ebd. 12–19; dazu *A. Vögtle*
(s. Lit. VII).

9.4   Die Geschichte des Bußsakraments

In der komplizierten Geschichte dieses Sakraments, die hier auch nicht annähernd genau dargestellt werden kann,[7] sind zwei markante Entscheidungen zu konstatieren: die Einführung der privaten, wiederholbaren, individuellen Beicht und die Lehre über die Wirkung der priesterlichen Absolution.

Um die Wende vom 1. zum 2. Jahrhundert und im 2. Jahrhundert ist die kirchliche Bußpraxis weiter bezeugt (Clemens von Rom, Hirt des Hermas). Für die Frühzeit fehlen theologische Reflexionen. Im Zusammenhang mit der Tendenz, neben der Glaubenslehre auch die wesentlichen liturgischen Funktionen für Amtsträger zu reservieren, wird zu Beginn des 3. Jahrhunderts (nach dem Zeugnis des Hippolyt, †236) die »Vollmacht« der Sündenvergebung den Bischöfen vorbehalten. Solange es das altkirchliche Bußverfahren gab, blieb aber die aktive und gottesdienstliche Mitbeteiligung der ganzen Gemeinde bewußt. Die jeweilige Ekklesiologie läßt nun erkennen, daß das Verfahren nicht als bloß rechtliche »Kirchenzucht« angesehen wurde: Ausschluß von den Lebensvollzügen der Kirche hat Unheilsbedeutung für einen Menschen, Friede mit der Kirche ist für sein Heil bei Gott relevant. Bis zum Jahr 589 (Dritte Synode von Toledo) besagen die Zeugnisse für die lateinische Kirche, daß es nach der Taufe nur noch eine einzige Bußmöglichkeit gibt. In Auseinandersetzungen mit rigorosen Bußauffassungen (Montanismus, Novatianismus) setzt sich seit dem 3. Jahrhundert die mildere Auffassung durch, daß alle schweren Sünden, auch die Kapitalsünden Glaubensabfall, Mord und Ehebruch, vergeben werden können, jedoch müssen alle Sünden, auch die »geheimen«, durch öffentliche Kirchenbuße getilgt werden. Vom 4. Jahrhundert ab wird das Bußverfahren liturgisch immer mehr ausgestaltet und mit Vorschriften für Einzelfälle geregelt (daher heißt diese altkirchliche Bußpraxis »kanonische Buße«).

---

[7] Vgl. auf der Basis der umfangreichen Arbeiten von B. Poschmann und K. Rahner: *H. Vorgrimler*, ebd. Für mehrere Theologen war die Erforschung des Bußverfahrens und der Entwicklung des Bußsakraments ein dogmengeschichtliches Schlüsselerlebnis.

Immer beginnt es mit der Feststellung der offiziellen Distanzierung vom Sünder (»Exkommunikationsbuße«). Das kirchliche Verfahren wurde theologisch nicht als problematisch empfunden, weil es christologisch oder pneumatologisch verankert war: Jesus Christus vergibt die Sünden durch die Kirche, mit der er eine Einheit bildet, den »totus Christus«, in dem er das allein maßgebende Haupt ist; der Geist Gottes durchwaltet und beherrscht derart die Kirche, daß sie zusammen mit ihm im Symbolwort als »columba«, Taube, bezeichnet wird. So sah man es als selbstverständlich an, daß *in* der Versöhnung des reuigen Sünders mit der von der Sünde schwer verletzten Kirche auch der Friede mit Gott geschenkt wurde. In der lateinischen Kirche werden für die Lebenszeit nach der offiziellen Versöhnung in der Karwoche (Rekonziliation) grausame Dauerfolgen zum Erweis der echten Umkehr verordnet (Verbot des Ehevollzugs auf Lebenszeit, Berufsverbote usw.). Die Folge ist, daß das Bußverfahren, das ja nur einmal stattfinden kann, sogar durch synodale Regelung in das hohe Alter bzw. auf das Sterbebett verschoben wird.[8] In den östlichen Kirchen ist seit 391 eine Abschwächung des Vorkommens dieser harten öffentlichen Buße zu beobachten. An ihre Stelle tritt immer mehr die individuelle Beicht bei einem Seelenführer (oft bei einem Mönch, der nicht unbedingt Priester oder Bischof sein mußte, wenn er nur in hohem spirituellem Ansehen stand: »Mönchsbeicht«). Sündentilgende Kraft sprach und spricht man bis heute in den Ostkirchen auch liturgischen Elementen außerhalb des Bußsakraments zu, z. B. dem aufsteigenden Weihrauch.

Die erste markante Wende vollzieht sich in einem Prozeß, der vom 6. Jahrhundert an bezeugt ist. Der irisch-angelsächsische Kirchenbereich, in dem ostkirchlicher Einfluß nachgewiesen ist, verändert bewußt die bisherige Praxis der öffentlichen Buße. Nun ist eine wiederholte Absolution durch den Priester, nicht nur durch den Bischof, unter Einbeziehung auch leichter Sünden in das Bekenntnis an jedem beliebigen Tag des Jahres möglich. Die schweren Bußauflagen zur Bewährung bleiben zunächst bestehen, können

---

[8] Vgl. außer der Lit. Anm. 7 die Arbeiten A. Angenendts (s. Lit. III, IV, VI und VII).

jedoch bald »verwandelt« werden: in Geldspenden, angehäufte Gebete, Geißelungen usw. Wegen dieses Verrechnungssystems werden detaillierte Bußbücher nötig (die Buße heißt daher »Tarifbuße«). Diese ganz neue Bußpraxis kam mit den iroschottischen Missionaren auf das Festland, wo sie nach dem Erweis der Bußbücher im 8. Jahrhundert überall verbreitet war.[9] Kirchenamtlich wurde vergebens versucht, dem neuen Verfahren Widerstand entgegenzusetzen, um das Jahr 1000 hatte es sich durchgesetzt. Es scheint jedoch, aufs ganze gesehen, nicht zur Beichtfreudigkeit beigetragen zu haben, denn zur Zeit des Vierten Laterankonzils 1215 erachtete man es für notwendig, amtliche Vorschriften für eine Mindestzahl von Beichten zu erlassen: Jeder Gläubige in den »Jahren der Unterscheidung«, das heißt in dem Alter, in dem er erfassen kann, was Sünde ist, muß wenigstens einmal im Jahr alle seine Sünden beichten (nur lat. DS 812). Das Hauptmotiv dieser rigorosen Regelung war vermutlich der Wunsch, möglichst viele Gläubige seelsorglich zu »erfassen«.

Bei der Weitergabe augustinischer Sakramententheologie an die frühmittelalterliche Kirche wurde das kirchliche Bußverfahren als »Sakrament der Versöhnung« oder als »Sakrament der Beicht« bezeichnet. Seit dem Aufkommen des scholastischen Sakramentsverständnisses und der Entwicklung der Siebenzahl der Sakramente Mitte des 12. Jahrhunderts zählt das »sacramentum paenitentiae« (Bußsakrament) zu den sieben Sakramenten im engeren Sinn. Die wesentliche Diskussion bezog sich auf die Frage, ob die Absolution durch den Priester *ursächlich* auf die Tilgung der Schuld bei Gott einwirke. Bis Mitte des 13. Jahrhunderts wurde diese Frage verneint, dann erfolgte die zweite weitreichende Wende in der Auffassung dieses Sakraments. Von Wilhelm von Auvergne, Hugo von St. Cher und Wilhelm von Melitona an wurde die Theorie vertreten, die Wirkung der Absolution durch den Priester bestehe in der Vergebung der Sünden bei Gott. Bonaventura († 1274) und Thomas von Aquin übernahmen diese Lehre, die sich in der Folgezeit in der katholischen Kirche durchsetzte. Thomas von Aquin ent-

---

[9] Vgl. hierzu ebenfalls die Forschungen A. Angenendts zum Frühmittelalter und seiner Frömmigkeit.

wickelte eine subtile, logisch konsequente Theorie, mit der er die alleinige Sündenvergebung durch Gott aufrechterhielt. Danach wirkt das Sakrament – die Absolution – nicht auf die »Ausgießung« oder Hervorbringung der göttlichen Gnade ein, sondern es beeinflußt den inneren Vorgang im Menschen, in dem dieser sich für Gottes Gnade so öffnet, daß diese ihm seine Schuld wirklich hinwegnehmen kann.[10] Dabei bleibt immer noch die Möglichkeit offen, daß der Mensch sich aus Mangel an Glaube oder Liebe innerlich gegen Gottes Vergebung sperrt, so daß auch nach der scholastischen Theorie das Sakrament nicht »automatisch« wirkt und über Gottes Gnade verfügt.

Frühere theologische Einsichten über die sündentilgende Kraft der Reue wurden mit dieser Lehre über die Absolution folgendermaßen verbunden: Die wahre Reue bewirkt so, wie soeben für das Sakrament beschrieben, die Tilgung der Sünden, da sie, wenn sie eine wahre Reue ist, mit dem inneren Verlangen nach dem Sakrament verbunden ist. Kommt der Sünder nur mit einer »unvollkommenen« Reue zum Bußsakrament, so wird sie durch die Gnade des Sakraments in eine »vollkommene« verwandelt. Der Franziskanertheologe Johannes Duns Scotus († 1308) vereinfachte, kirchlich toleriert, diese Auffassung: Die »unvollkommene« Reue genügt, denn nicht durch die Reue, sondern allein durch die Gnadenmitteilung in der Absolution wird die Sünde getilgt. Das sakramentale Zeichen des Bußsakraments besteht nach Thomas in den »Akten des Pönitenten«, also in dem, was der reuige Sünder beiträgt, und in der Absolution durch den Priester; dabei sind die Akte des Pönitenten – Reue, Bekenntnis, Genugtuung – die »Materie« dieses Sakraments, die Absolution ist dessen »Form«. Für Duns Scotus sind die Akte des Pönitenten nur unerläßliche Voraussetzung des sakramentalen Zeichens; das Sakrament besteht allein im Richterspruch des Priesters. Bis zur Jahrtausendwende haben in der liturgischen Gestaltung des Bußsakraments die fürbittenden Gebete dominiert. Danach schrumpften sie zu einer kurzen Wunschformel zusammen, verbunden mit einer indikativen Absolutionsformel des Priesters: »Ich spreche dich los von deinen Sünden.« Mit der

---

[10] *H. Vorgrimler*, Buße und Krankensalbung, bes. 131–138.

Wende der Bußtheologie im 13. Jahrhundert wurde die indikative Absolutionsformel zur alleinigen »Form« dieses Sakraments erklärt. Damit ging das Bewußtsein verloren, daß das Bußsakrament eine Gemeindeliturgie ist, in der die Fürbitte der Gemeinde für den und mit dem Sünder wesentlich ist.

9.5 Kirchliche Festlegungen

Die Infragestellung des Bußsakraments begann mit der Kritik an unwürdigen Amtsträgern; berechtigte Wünsche nach Reformen endeten oft mit dem Versuch, die Existenzberechtigung – eines Sakraments, einer Institution – zu bestreiten.[11] In den Wirren der Katharer- und Waldenserstreitigkeiten bekräftigte das Vierte Laterankonzil 1215 die Existenz einer Bußmöglichkeit: »Ist jemand nach Empfang der Taufe in Sünde gefallen, so kann er immer durch wahre Buße wieder geheilt werden« (NR 920 / DS 802; ähnlich NR 926 / DS 855).

Das Konzil von Konstanz nahm 1415 das Sündenbekenntnis gegen John Wyclif (NR 626 / DS 1157), 1418 das Bußverfahren und die priesterliche Vollmacht gegen Wyclif und Jan Hus in Schutz (NR 627–629 / DS 1260, 1261, 1265). In dem Dekret, mit dem im Zusammenhang mit den Unionsbemühungen des Konzils von Florenz die von Rom getrennten Armenier 1439 auf die römisch-katholische Lehre verpflichtet werden sollten, heißt es im Anschluß an Thomas von Aquin:

»Das vierte Sakrament ist die Buße. *Gleichsam die Materie* dieses Sakramentes sind die Betätigungen des Büßenden, zu denen *drei Stücke* gehören. Das erste ist die *Reue* des Herzens. Sie besteht darin, daß man Schmerz empfindet über die begangenen Sünden und damit den Vorsatz verbindet, in Zukunft nicht mehr zu sündigen. Das zweite ist das mündliche *Bekenntnis*. Es besteht darin, daß der Sünder alle Sünden, deren er sich erinnert, seinem Priester vollständig bekennt. Das dritte ist die *Genugtuung* für die Sünden nach der Entscheidung des Priesters. Sie geschieht hauptsächlich durch Gebet, Fasten, Almosen. *Die Form* dieses Sakramentes sind die Worte der Lossprechung, die der Priester spricht: Ich spreche dich los usw. *Der Spender* dieses Sakramentes ist der Priester, der die Vollmacht hat, loszusprechen, sei es von Amts wegen, sei es durch Ermächtigung seitens

---

[11] Über Bußkonflikte und kirchliche Reaktionen: ebd. 154–159.

seiner Vorgesetzten. *Die Wirkung* dieses Sakramentes ist die Lossprechung von den Sünden« (NR 630/DS 1323).

Auch die Bußlehre der Reformatoren läßt sich in Kürze kaum angemessen darstellen.[12] Martin Luthers Konzentration auf die Rechtfertigung des Sünders allein aus Glauben führte ihn zur Betonung der inneren Bußgesinnung, die das ganze Leben des Glaubenden prägen solle, da Gottes Gnade nichts ausrichte, wenn ein Mensch seine Sünde nicht eingesteht. Damit eng verbunden ist das gegenseitige Vergeben der Glaubenden. Die kirchlichen Lehren und Praktiken von vollkommener Reue, Genugtuung, Ablaß (und Fegfeuer) verstoßen seiner Überzeugung nach gegen das Evangelium von der alleinigen Begnadigung des Sünders durch Gott, er lehnte sie daher von Anfang an ab. In Mt 16,19 und 18,18 sah er die Einsetzung einer äußeren Buße und eines Absolutionswortes, die hinreichende Grundlage für eine Privatbeicht, die er befürwortete, wenn auch ohne die Anstrengung, alle Sünden einzeln zu bekennen. Nach einem gewissen Schwanken sprach er diesem Verfahren aber die Würde eines Sakraments ab, weil im Neuen Testament die göttliche Stiftung eines sakramentalen Zeichens fehle. Die Taufe galt ihm als *das* Sakrament der Sündenvergebung, und alle legitimen christlichen Bußbemühungen sah er als Rückkehr zur Taufe an. Philipp Melanchthon teilte Luthers Bedenken hinsichtlich der Sakramentalität des Bußverfahrens, gab diesem – mit nur allgemeinem Bekenntnis der Sünden – jedoch einen höheren Stellenwert als Luther. Die individuelle Absolution war ihm als Vergewisserung der göttlichen Vergebung sehr wichtig. Die »Confessio Augustana« führte die Absolution unter den Sakramenten auf und sprach sich auch für die Beibehaltung der Beicht (wenn sie auch nur menschliches Recht sei) aus. Melanchthon konnte, so unentbehrlich ihm Buße und »Abtötung« waren, die kirchlichen Reueauffassungen und -unterscheidungen nicht akzeptieren, weil er in ihnen die Eigenleistung des Menschen und nicht das Wirken des Heiligen Geistes betont sah. Zwingli und Calvin förderten eine kirchlich-öffentliche Bußdisziplin. Das Bußsakrament erkannten

---

[12] Ebd. 159–166 (Lit.); *J. Lell* in: NHthG I, 1984, 165–170; *K.-H. zur Mühlen* in: EKL I, 1986, 602f.

sie nicht an. Calvin bezeichnete die Taufe als das Bußsakrament, ließ aber die Privatbeicht als Beratungsgespräch gelten. Natürlich war allen Reformatoren gemeinsam, daß sie ein Amtspriestertum mit richterlichen Vollmachten ablehnten; die Befähigung zur Absolution, das heißt zur Stärkung des Glaubens, sprachen sie jedem Christen zu. Die Praxis der römisch-katholischen Kirche, die Absolution mancher Sünden der höheren Instanz vorzubehalten (Reservation) und die Erteilung von Befugnissen zur Absolution (Jurisdiktion) hielten sie nicht für Rechtens.

Nachdem Leo X. schon im Jahr 1520 Thesen Luthers, die unter anderem das Bußwesen betrafen, verurteilt hatte (NR 631–640/ DS 1445–1454), kam das Konzil von Trient zunächst auf der 6. Sitzung 1547 auf das Bußsakrament im Zusammenhang mit der Rechtfertigungslehre zu sprechen:

»14. Kapitel: Die in Sünde Gefallenen und ihre Wiederherstellung. Die aber durch die Sünde von der Höhe der Rechtfertigungsgnade, die sie empfangen haben, wieder herabgefallen sind, können aufs neue gerechtfertigt werden, wenn sie, geweckt von Gott, Sorge tragen, durch das Bußsakrament aufgrund der Verdienste Christi die verlorene Gnade wiederzugewinnen. Diese Weise der Rechtfertigung ist die Wiederaufrichtung des Gefallenen, die die heiligen Väter zutreffend eine zweite Rettungsplanke nach dem Schiffbruch der verlorenen Gnade nannten. Denn für die, die nach der Taufe in Sünde fallen, hat Christus Jesus das Sakrament der Buße eingesetzt mit den Worten: ›Empfangt den Heiligen Geist: Denen ihr die Sünden nachlaßt, denen sind sie nachgelassen, denen ihr sie behaltet, denen sind sie behalten‹ (Joh 20,22.23).

Deshalb ist es Pflicht, zu lehren, daß die Buße des Christen nach dem Fall ganz anders ist als bei der Taufe und daß sie nicht allein die Lossagung von den Sünden und den Abscheu vor ihnen einschließt oder ›ein zerknirschtes und demütiges Herz‹ (Ps 50,19), sondern auch ihr sakramentales Bekenntnis oder wenigstens den Vorsatz, es bei gegebener Gelegenheit abzulegen, sowie die priesterliche Lossprechung. Ebenso die Genugtuung durch Fasten, Almosen, Gebete und andere fromme Werke des geistlichen Lebens, zwar nicht an Stelle der ewigen Strafe, die durch den Empfang des Sakramentes oder die Absicht des Empfangs gleichzeitig mit der Schuld erlassen wird, sondern an Stelle der zeitlichen Strafe, die nach der Lehre der Heiligen Schrift nicht immer ganz, wie es in der Taufe geschieht, denen erlassen wird, die im Undank gegen die Gnade Gottes, die sie empfangen haben, den Heiligen Geist betrübten (Eph 4,30) und sich nicht scheuten, den Tempel Gottes zu entweihen (1 Kor 3,17). Von dieser Buße steht geschrieben: ›Denk daran, von welcher Höhe du herabgefallen bist. Tu Buße und die

Werke des ersten Eifers‹ (Offb 2,5); und wiederum: ›Die gottgefällige Trauer wirkt stete heilsame Sinnesänderung‹ (2 Kor 7,10); und weiter: ›Tut Buße‹ (Mt 3,2) und ›Bringt würdige Früchte der Buße‹ (Mt 3,8)« (NR 812f./DS 1542f.).

Dieser Lehre entsprachen die Canones 29 und 30:

»29. Wer behauptet, wer nach der Taufe gefallen sei, der könne nicht wieder mit Gottes Gnade aufstehen; oder er könne wieder aufstehen und die verlorene Gerechtigkeit wiedergewinnen, aber durch den Glauben allein, ohne das Sakrament der Buße, wie es die heilige römische und allgemeine Kirche, von Christus dem Herrn und seinen Aposteln belehrt, bisher bekannt, bewahrt und gelehrt hat, der sei ausgeschlossen.
30. Wer behauptet, nach erlangter Rechtfertigungsgnade werde jedwedem bußfertigen Sünder die Schuld so erlassen und die Strafwürdigkeit für die ewige Strafe so getilgt, daß auch keine Strafwürdigkeit zu einer zeitlichen Strafe mehr abzubüßen bleibe, sei es in diesem Leben oder im zukünftigen, im Fegfeuer, bevor der Zugang zum Himmelreich offensteht, der sei ausgeschlossen« (NR 847f./DS 1579f.).

Der ganze Zusammenhang ist sehr wichtig, in dem das Konzil die absolute Initiative der Gnade Gottes bei der Rechtfertigung des Sünders betonte, dann aber auch die Möglichkeit des Menschen hervorhob, aus der erlangten Gerechtigkeit heraus positiv zu handeln und die Sünde aktiv zu bekämpfen.

Auf der 14. Sitzung 1551 verabschiedete das Konzil eine »Lehre über das Bußsakrament« in neun Kapiteln (NR 641–659/DS 1667–1693) und 15 Lehrsätze. Die Lehre verteidigt die Existenz des Bußsakraments, das »vor allem« mit den Worten Joh 20,22f von Jesus eingesetzt worden sei (Kap. 1). Es sei daran erinnert, daß »Einsetzung« in der Sprache der scholastischen Theologie durchaus das Wirken des Erhöhten durch seinen Geist meinen kann. Die Lehre äußert sich zum Unterschied von Taufe und Bußsakrament (Kap. 2). Sie legt die »Form« und die »Quasi-Materie« dieses Sakraments mit den Akten des Pönitenten dar und nennt als Gehalt und Frucht des Bußsakraments die »Versöhnung mit Gott« (Kap. 3). Unter deutlicher Unterscheidung von »vollkommener« und »unvollkommener« Reue trägt sie die katholische Sicht der Reue vor, die, wann immer sie echt ist, »ein Geschenk Gottes und ein Antrieb des Heiligen Geistes« ist (Kap. 4). Unter Betonung der richterlichen Kompetenz der Priester wird das Bekenntnis aller Todsünden verlangt, »deren man sich nach sorgfältiger Selbsterforschung bewußt ist« (Kap. 5). Das Konzil bekräftigt, daß nur Priester – aber auch schlechte Priester – absolvieren können, und zwar nicht im Sinn einer Erklärung schon geschehener Vergebung, sondern im Sinn eines wirklichen Freispruchs; zur Begründung wird gesagt, die »Schlüsselgewalt« nach Mt 18,18 und Joh 20,23 sei nur auf die Bischöfe und Priester, nicht auf alle Menschen übergegangen (Kap. 6). Richterliche Zuständigkeit (Jurisdiktion) und Vorbehalt der Absolution besonders schwerer Sünden (Reservation) aus pädagogischen Gründen werden verteidigt (Kap. 7). Zwischen Schuld und Strafe wird unterschieden und der Sinn, büßend die Sündenstrafen abzuarbeiten, wird dargelegt (Kap. 8 und 9).

Die Canones lauten:

»1. Wer sagt, in der katholischen Kirche sei die Buße nicht wirklich und eigentlich ein von Christus, unserem Herrn, eingesetztes Sakrament, um die Gläubigen, sooft sie nach der Taufe in Sünden fallen, mit Gott zu versöhnen, der sei ausgeschlossen.

2. Wer die Sakramente vermengt und sagt, die Taufe selber sei das Sakrament der Buße, als seien diese beiden Sakramente nicht verschieden, und deshalb könne man die Buße nicht mit Recht die zweite Rettungsplanke nach dem Schiffbruch nennen, der sei ausgeschlossen.

3. Wer sagt, jene Worte des Herrn und Heilands: Empfangt den Heiligen Geist, denen ihr die Sünden nachlaßt, denen sind sie nachgelassen, und denen ihr sie behaltet, denen sind sie behalten (Joh 20,22 f), seien nicht von der Vollmacht, im Bußsakrament Sünden zu vergeben und zu behalten, zu verstehen, wie sie die Kirche immer von Anfang an verstanden hat; wer sie vielmehr in verdrehtem Sinn gegen die Einsetzung dieses Sakraments auf die Vollmacht, das Evangelium zu verkünden, bezieht, der sei ausgeschlossen.

4. Wer leugnet, daß zur vollständigen Nachlassung der Sünden drei Leistungen des Büßenden erfordert sind, die gleichsam die Materie des Bußsakramentes ausmachen, nämlich Reue, Bekenntnis und Genugtuung, die man die drei Teile der Buße nennt, oder wer sagt, es gebe nur zwei Teile der Buße, nämlich den dem Gewissen angesichts der Sünde eingeflößten Schrecken und den Glauben, der aus dem Evangelium oder aus der Lossprechung geschöpft werde und in dem man glaube, daß einem die Sünden durch Christus vergeben seien, der sei ausgeschlossen.

5. Wer sagt, eine Reue, die durch Erforschen, Abwägen, Verabscheuen der Sünden zustande kommt, wenn nämlich jemand in der Bitterkeit seines Herzens seine Jahre überdenkt und die Schwere, die Menge und Häßlichkeit seiner Sünden erwägt, den Verlust der ewigen Seligkeit und den Erwerb der ewigen Verdammnis, verbunden mit dem Vorsatz eines besseren Lebens – eine solche Reue sei kein wahrer und nutzbringender Seelen-

schmerz und sie bereite nicht auf die Gnade vor, sondern mache den Menschen zum Heuchler und noch mehr zum Sünder; endlich, sie sei ein erzwungener Schmerz, nicht aber frei und willentlich, der sei ausgeschlossen.

6. Wer leugnet, daß das sakramentale Bekenntnis nach göttlichem Recht eingesetzt oder zum Heil notwendig ist, oder wer sagt, die Art des geheimen Sündenbekenntnisses vor dem Priester allein, die die Kirche von Anfang an stets beobachtet hat und beobachtet, sei der Einsetzung und dem Auftrag Christi nicht entsprechend und menschliche Erfindung, der sei ausgeschlossen.

7. Wer sagt, zur Vergebung der Sünden sei es nicht nach göttlichem Recht notwendig, im Bußsakrament alle Todsünden einzeln zu bekennen, deren man sich nach schuldiger und sorgfältiger Erwägung erinnert, auch die verborgenen und die gegen die letzten zwei der zehn Gebote, ebenso die Umstände, die die Art der Sünde ändern; sondern ein solches Bekenntnis sei bloß nützlich zur Bildung und Beruhigung des Büßenden und es sei früher nur zum Zweck der Auferlegung der kirchlichen Buße in Gebrauch gewesen; oder wer sagt, wenn sich jemand bemühe, alle Sünden zu bekennen, dann wolle er nichts mehr der göttlichen Barmherzigkeit zum Verzeihen überlassen; oder endlich, es sei nicht erlaubt, die läßlichen Sünden zu beichten, der sei ausgeschlossen.

8. Wer sagt, ein Bekenntnis aller Sünden, wie es die Kirche beobachtet, sei unmöglich und eine menschliche Überlieferung, die von gottesfürchtigen Menschen abgeschafft werden müsse; oder es seien nicht alle Christgläubigen beider Geschlechter nach der Bestimmung der großen Kirchenversammlung im Lateran einmal im Jahr dazu verpflichtet, und deshalb solle man den Christgläubigen raten, in der Fastenzeit nicht zu beichten, der sei ausgeschlossen.

9. Wer sagt, die sakramentale Lossprechung des Priesters sei kein richterlicher Akt, sondern eine reine Dienstleistung der Verkündigung und Erklärung, dem Bekennenden seien die Sünden erlassen, falls er glaubt, daß er freigesprochen sei, auch wenn der Priester nicht im Ernst, sondern nur im Scherz die Lossprechung gibt; oder wer sagt, das Bekenntnis des Büßenden sei nicht dazu notwendig, daß ihn der Priester lossprechen kann, der sei ausgeschlossen.

10. Wer sagt, die Priester, die im Stand der Todsünde sind, hätten nicht die Vollmacht, zu binden und zu lösen, oder nicht nur die Priester seien die Spender der Lossprechung, sondern an jeden Christgläubigen sei das Wort gerichtet: ›Was ihr auf Erden binden werdet, wird auch im Himmel gebunden sein, und was ihr auf Erden lösen werdet, wird auch im Himmel gelöst sein‹ (Mt 18,18) und ›Denen ihr die Sünden nachläßt, denen sind sie nachgelassen, und denen ihr sie behaltet, denen sind sie behalten‹ (Joh 20,23), so daß jeder kraft dieser Worte von Sünden lossprechen könne, von öffentlichen durch Zurechtweisung, falls sich der Zurechtgewiesene füge, von verborgenen aber durch freiwilliges Bekenntnis, der sei ausgeschlossen.

11. Wer sagt, die Bischöfe hätten nicht das Recht, sich einzelne Fälle vorzubehalten, außer eben in der äußeren Gerichtsbarkeit, und deshalb hindere
der Vorbehalt von Fällen den Priester nicht an der wirklichen Lossprechung
von den vorbehaltenen Fällen, der sei ausgeschlossen.
12. Wer sagt, stets werde mit der Schuld auch die ganze Strafe von Gott
erlassen und die Genugtuung der Büßenden sei nichts als der Glaube, mit
dem sie fest annehmen, daß Christus für sie genuggetan habe, der sei ausgeschlossen.
13. Wer sagt, für die Sünden werde, was die zeitlichen Strafen betrifft, Gott
keineswegs genuggetan aufgrund der Verdienste Christi durch die Strafen,
die von ihm verhängt und die mit Geduld ertragen werden oder die vom
Priester auferlegt werden, und auch nicht durch die freiwillig übernomme-
nen, wie Fasten, Gebete, Almosen und andere fromme Werke, und deshalb sei die beste Buße nur ein neues Leben, der sei ausgeschlossen.
14. Wer sagt, die Werke der Genugtuung, mit denen die Büßenden durch
Christus Jesus für ihre Sünden Ersatz leisten, seien nicht Gottesverehrung,
sondern menschliche Überlieferung, die die Lehre von der Gnade, die
wahre Gottesverehrung und die Wohltat des Todes Christi verdunkeln, der
sei ausgeschlossen.
15. Wer sagt, die Schlüsselgewalt sei der Kirche nur zum Lösen, nicht aber
auch zum Binden übergeben, und also handelten die Priester gegen den
Zweck der Schlüsselgewalt und gegen die Einsetzung Christi, wenn sie den
Beichtenden Strafen auferlegen, und es sei Einbildung, daß die zeitliche
Strafe meist noch abzubüßen bleibe, nachdem die ewige Strafe kraft der
Schlüsselgewalt aufgehoben sei, der sei ausgeschlossen« (NR 660–674/
DS 1701–1715).

Theologisch wird diskutiert, inwieweit das Konzil hier dogmatisch
verbindlich definieren und inwieweit es mit den Ausschlußdrohun-
gen der Canones nur Rechtsvorschriften, die ihm unverzichtbar
erschienen, schützen wollte;[13] das gilt insbesondere für die Canones 6, 7 und 8. (Die historische Tatsachenfeststellung in can. 6, für
die das Konzil nicht kompetent war, ist nicht zutreffend.) Daß das
Sündenbekenntnis kraft »göttlichen Rechts« verlangt wird, ergibt
sich aus der Existenz des Bußsakraments: Ein Mensch muß seine
Sünden vor Gott eingestehen. Die Forderung, daß er das im Ein-
zelgeständnis vor dem Priester tun muß, gehört nicht *ebenso* notwendig zum Bußsakrament. Diese von der Kirche hochgehaltene
Forderung steht nicht im Widerspruch zu dem, was Jesus Christus
geoffenbart und in Gang gesetzt hat. Sie ist aber grundsätzlich ver-

---

[13] Genaueres bei *H. Vorgrimler*, Buße und Krankensalbung 177–182.

einbar mit anderen Formen des Sündenbekenntnisses – auch ökumenisch eine wichtige Einsicht. Can. 7 ist sinnvollerweise aus dieser Grundposition des can. 6 zu interpretieren. Die Kirche verlangt hier besonders nachdrücklich Gehorsam. Wenn die sakramentale Lossprechung mit der skotistischen Theorie als richterlicher Akt bezeichnet wird (can. 9), so wird damit nicht die Ähnlichkeit des Bußsakraments mit einem weltlichen Gerichtsverfahren ausgesprochen. Es ist kein Widerspruch zum Trienter Konzil, wenn das Bußsakrament als Vergegenwärtigung des Gnadengerichts Gottes verstanden wird.

Die Bußlehre des Trienter Konzils bestimmte Auffassungen und Praxis in der katholischen Kirche bis ins 20. Jahrhundert hinein. Wiederholte Bemühungen um die Erneuerung der Einzelbeicht im evangelischen Raum ließen erkennen, daß ein ökumenisches Gespräch über dieses Sakrament nicht hoffnungslos ist.[14]

Der wesentliche Ertrag einer umfangreichen bußgeschichtlichen Forschung bestand in der Wiederentdeckung der kirchlichen Dimension des Bußverfahrens. In der Sprache der scholastischen Theologie wurde als »res et sacramentum«, als mittlere Wirkung des Bußsakraments, die Versöhnung des reuigen Sünders mit der Kirche erkannt, während die letzte (Gnaden-)Wirkung die Versöhnung mit Gott ist.[15] Damit war die Möglichkeit gegeben, das sichtbare Zeichen auch bei diesem Sakrament genauer zu erkennen und es im Bereich der Liturgie zu erneuern. Der absolute Vorrang der göttlichen Gnade, die den Sünder zur Umkehr und zur Versöhnung bewegt, ist damit nicht angetastet.

Das Zweite Vatikanische Konzil hat eine Reform des Bußsakraments verlangt (SC 72) und dabei an die Rolle der Kirche im Bußgeschehen erinnert (SC 109). Die erneuerte Sicht kommt in der theologischen Aussage zur Geltung: »Die aber zum Sakrament der Buße hinzutreten, erhalten für ihre Gott zugefügten Beleidigungen von seiner Barmherzigkeit Verzeihung und werden zugleich

---

[14] Ebd. 166–168 (Lit.); dazu E. *Bezzel*, Frei zum Eingeständnis. Geschichte und Praxis der evangelischen Einzelbeichte, Stuttgart 1982.

[15] Diese These ist genauer ausgeführt bei K. *Rahner*, Schriften VIII 469; vgl. H. *Vorgrimler*, Buße und Krankensalbung 195f.

mit der Kirche versöhnt, die sie durch die Sünde verwundet haben und die zu ihrer Bekehrung durch Liebe, Beispiel und Gebet mitwirkt« (LG 11). Eigens wird an die Verantwortung der Bischöfe für die Bußdisziplin erinnert (LG 26; zum Dienst der Priester bei der Buße: LG 28, PO 5).

Die Krise des Bußsakraments in der katholischen Kirche datiert nicht erst seit dem II. Vaticanum. Der Widerstand gegen eine Moral, die einseitig als Schuldmoral aufgebaut ist und Christen in ständigen Anklagezustand versetzt, entspricht der nach vorwärts weisenden, befreienden Botschaft Jesu. Die Aussagen des Neuen Testaments und der Überlieferung über die zum ewigen Tod führende Sünde lassen bezweifeln, daß solche Todsünden im Leben des Durchschnittschristen häufig begangen werden. Wertsystem und Schuldbewußtsein von Christen haben sich nicht grundlos verändert, wenn sich die Aufmerksamkeit von der individuellen Mikrostruktur des Versagens verlagert auf die Makrostruktur, in der die wirklich belastenden Erfahrungen von Entehrung der Menschen, Unterdrückung, Verführung und Ausbeutung, Zerstörung von Mitwelt und Umwelt gemacht werden. Es ist ja nicht wahr, daß die Offenbarung Gottes nur auf die Zerstörungen hinweist, die die (schwere) Sünde im Herzen des einzelnen Sünders anrichtet; sie weist vielmehr in zahlreichen konkreten Beispielen auf das Böse hin, das Mitmenschen angetan wird und das mit nur symbolischer Versöhnung noch nicht behoben ist. Die Gesprächsbereitschaft ist im Zeichen des Abbaus individualistischer Verengung nicht kleiner geworden, aber gesucht werden wirklich dialogische Situation und echte Gesprächsfähigkeit. Viele Ratsuchende und Verzweifelte verlangen therapeutische Kompetenz. Trotz der Vordringlichkeit der Hilfe in Notsituationen darf andererseits nicht vergessen werden, daß das Bußsakrament eine Liturgie der Kirche ist.[16] Manche soziale und therapeutische Gestaltungswünsche konnten

---

[16] Ist es eigentlich zuviel verlangt, vom Kirchenrecht die Anerkennung eines Sakraments als Liturgie zu erwarten? Bei der Darstellung der verschiedenen liturgischen Formen des Bußsakraments verfolgt *R. Weigand*, Das Bußsakrament, in: HKR 692–707, eine ausgesprochen einengende, legalistische Tendenz, hier 695–698. Sie gipfelt darin, daß nun eine telefonische Beicht (mit telefonischer Absolution) als gültig anerkannt wird: 698f. Ein solcher Akt mag therapeutisch (zur Beruhigung

in den seit 1947 aufgekommenen Bußandachten erfüllt werden. Als entsprechend den Wünschen des Zweiten Vatikanischen Konzils das Bußsakrament liturgisch neu gestaltet wurde, erhielten gemeinschaftliche Versöhnungsfeiern einen festen Platz im kirchlichen Bußwesen. Dabei suchte man die Trienter Vorschrift der Einzelbeicht im Fall der schweren Sünde zu wahren und gleichzeitig dem Verlangen nach »Generalabsolutionen« nach einem gemeinsamen, nur allgemeinen Sündenbekenntnis gerecht zu werden. Dies geschah in »Pastoralen Normen« der Glaubenskongregation[17] von 1972 und in einem neuen »Ordo Paenitentiae« der Gottesdienstkongregation[18] von 1973. Die römische Kirchenleitung beharrt darauf, daß der Pönitent die sakramentale Einzelbeicht im Fall einer Todsünde nachholt, falls sich für ihn die Möglichkeit dazu ergibt (vgl. CIC 1983 can. 961). Bestehen ernsthafte Zweifel, ob eine Sünde schwer oder tödlich war, so entfällt selbstverständlich die Beichtpflicht. Die liturgische Reform erweiterte auch bei der Einzelbeicht die Gebetsgestalt: Auf ein Bekenntnis der Versöhnung Gottes mit der Welt durch seinen Sohn und der Sendung des Heiligen Geistes zur Vergebung der Sünden folgt die Fürbitte: »Durch den Dienst der Kirche schenke er dir Verzeihung und Frieden«, und erst danach die Absolution unter Ausbreiten der Hände des Priesters: »Ich spreche dich los von deinen Sünden im Namen des Vaters und des Sohnes und des Heiligen Geistes.«

9.6   Zusammenfassung

Das Bußsakrament ist jene Liturgie, die in Gestalt der Fürbitte, des Bekenntnisses und der Absolution das Gnadengericht Gottes über reuige Sünder vergegenwärtigt. Es ist im Raum der Kirche sinnenfälliges Zeichen der Umkehr des Menschen aus der Situation der Verlorenheit, das ein Mensch nicht nur an sich geschehen läßt, sondern das er selber aktiv mitvollzieht. Sein Verlangen nach

---

von Skrupulanten) sinnvoll sein; mit der kirchlichen Bußtradition und mit der Liturgie der Kirche hat er nichts mehr zu tun.

[17] Text: AAS 64 (1972) 510–514.

[18] R. *Kaczynski*, Enchiridion Documentorum Instaurationis liturgicae I (1963–1973), Turin 1976, 981–997.

sakramentaler und nichtsakramentaler Buße ist ein Teil der Buße der büßenden Kirche, getragen von der ständigen Erinnerung an das Leiden und den Tod Jesu und an deren Zusammenhang mit der Schuld der Menschheit. Im Bußsakrament ist noch etwas erhalten vom Distanzierungsverfahren der Alten Kirche, aber die Kirche kann sich nur von der Sünde, nicht vom Sünder distanzieren, da es sich um ihre ureigene Schuld handelt. Wenn sie das Bekenntnis der Sünden entgegennimmt und das Versöhnungswort Gottes ausrichtet, hält sie nicht Gericht als richterlichen Akt von Menschen. Das Bußsakrament ist das wirksame Gedächtnis des Gnadengerichts Gottes, in dem die Liebe des Vaters durch den Sohn und wegen des Sohnes im Heiligen Geist die menschliche Schuld hinwegnimmt.

9.7   Der Ablaß

Theologischer Hintergrund der katholischen Ablaßauffassung [19] ist die Lehre von den »Sündenstrafen«, besser gesagt: von den »leidschaffenden Sündenfolgen«. Sie wurzelt in der frühkirchlichen Bußpraxis, in der die Kirche ihre Überzeugung bekundete, daß mit der Tilgung einer Schuld bei Gott deren Auswirkungen im Leben eines Menschen nicht einfach verschwunden seien (weder das angerichtete Leid noch die eigenen bösen Neigungen usw.). Diese Folgen müßten mühsam, durch Übernahme von Bußwerken, aufgearbeitet werden, wobei die Kirche dem Büßenden durch ihre Fürbitte solidarisch zur Seite stehe.

Ablaß bedeutet *historisch* den Erlaß von Bußwerken, an deren Stelle die Zusage der kirchlichen Fürbitte und die Auferlegung eines Ablaßwerkes treten. In diesem Sinn einer Umwandlung des zu Leistenden gewährten erstmals im 11. Jahrhundert Bischöfe und Beichtväter in Frankreich Ablässe. Ende des 11. Jahrhunderts und im 12. Jahrhundert übernahmen die Päpste diese neue Praxis; sie gewährten Ablässe für die, die an einem Kreuzzug teilnahmen oder zu ihm Geld beisteuerten. Schon im 12. Jahrhundert wurde

---

[19] Zur Erstinformation: *G. A. Benrath* in: TRE I, 1977, 347–364; *H. Vorgrimler*, Buße und Krankensalbung 203–214 (Lit.); *R. Henseler*, Der Ablaß, in: HKR 707–712.

dieser Brauch theologisch heftig bekämpft. Seit Hugo von St. Cher (†1263) entwickelte sich in der scholastischen Theologie die Lehre vom »Kirchenschatz«, dem Schatz der überschüssigen Verdienste Jesu Christi und der Heiligen, aus dem der Papst Ablässe gewähren könne. Theologen wie Albert, Bonaventura und Thomas machten sich diese Ansicht zu eigen und bauten sie theologisch weiter aus; Clemens VI. übernahm sie 1343 (NR 677–679/DS 1025–1027). Die Vorschrift der Beicht vor dem Gewinn des Ablasses läßt den alten Zusammenhang mit dem Bußverfahren noch erkennen. Aber bald wird gelehrt, Ablässe seien auch Verstorbenen zuwendbar. Im Spätmittelalter des 14. und 15. Jahrhunderts wird das Ablaßwesen für Päpste und Bischöfe eine kommerziell verwaltete Geldquelle, für das Volk der Anlaß zu mannigfaltigem Aberglauben. Immer wieder tritt heftige theologische Kritik auf.

Die Päpste verteidigen die Ablaßlehre gegen John Wyclif und Jan Hus (NR 680f./DS 1266f.) und gegen Martin Luthers Bestreitung des Kirchenschatzes und Verurteilung der Ablässe als »frommer Betrug« (NR 682–687/DS 1647–1652). In aufrichtigem Reformwillen warnte das Konzil von Trient vor Mißbräuchen und vor einer zu großen Zahl von Ablässen, es hielt aber an den Ablässen fest und lehrte, sie seien überaus segensvoll und beizubehalten (NR 688f./DS 1835). Zu der Ablaßlehre Leos X. von 1518, Ablaß sei der Erlaß einer zeitlichen Strafe vor Gott für Sünden, deren Schuld schon getilgt ist, der Erlaß werde von der kirchlichen Autorität aus dem Kirchenschatz gewährt, und zwar für die Lebenden in der Weise der Lossprechung, für die Toten in der Weise einer Fürbitte (nur lat. DS 1447–1449), nahm das Konzil nicht Stellung.

Im Licht der dogmengeschichtlichen Erforschung der Ursprünge des Ablaßwesens versuchten Bernhard Poschmann (†1955) und Karl Rahner, die rechtlich-jurisdiktionelle Sicht des Ablasses zu korrigieren und ihn zu verstehen als qualifizierte Fürbitte der Kirche für einen reuigen Sünder bei der Aufarbeitung der zeitlichen unheilvollen Folgen seiner Sünde. Damit sollte auch die Auffassung beseitigt werden, Ablaß sei eine leichtere Ersatzhandlung für eine notwendige Buße. Bei seiner Reform des Ablaßwesens 1967 stimmte Paul VI. dieser Sicht teilweise zu. Er äußerte sich zum Aufarbeiten der Sündenfolgen und zur gegenseitigen Hilfe der

Christen bei der Überwindung der Sünden. Er griff auf die Lehre vom »Kirchenschatz« zurück, wobei er aber sagte: »Der Kirchenschatz ist Christus, der Erlöser selbst, insofern in ihm die Genugtuung und Verdienste seines Erlösungswerkes Bestand und Geltung haben.« Den Ablaß wollte er nicht nur als Fürbittgebet, sondern auch als autoritative Austeilung aus dem Kirchenschatz verstanden wissen (NR 690–692). Der Papst erklärte in diesem Text auch, es gehöre zur Freiheit der Kinder Gottes zu entscheiden, ob sie Ablässe gewinnen wollen oder nicht.

Das gegenwärtige Kirchenrecht versteht den Ablaß als »Nachlaß zeitlicher Strafe vor Gott für Sünden, deren Schuld schon getilgt ist; ihn erlangt der entsprechend disponierte Gläubige unter bestimmten festgelegten Voraussetzungen durch die Hilfe der Kirche, die im Dienst an der Erlösung den Schatz der Sühneleistungen Christi und der Heiligen autoritativ verwaltet und zuwendet« (CIC 1983 can. 992); Ablässe sind fürbittweise auch Verstorbenen zuwendbar (ebd. can. 994); der Apostolische Stuhl behält sich vor, die Vollmacht zur Gewährung von Ablässen anderen zu übertragen (ebd. can. 995). Das Handbuch der Ablässe wurde neu bearbeitet: »Enchiridion indulgentiarum«, Rom 1986.

Die weltweite Krise des Ablaßwesens kann ein Mißtrauen in den kirchlichen Verfügungsanspruch über die – unserer Dimension grundsätzlich entzogenen – »Sühneleistungen« Jesu Christi bekunden. Sie muß nicht bedeuten, daß auch solidarisches Mitleiden und Fürbitte füreinander in der Kirche aufgehört haben.

Literatur VII

Bußsakrament

Amato, A., Il sacramento della penitenza nella teologia greco-ortodossa. Studi storico-dogmatici (sec. XVI–XX), Saloniki 1982

Angenendt, A., Missa specialis. Zugleich ein Beitrag zur Entstehung der Privatmessen, in: Frühmittelalterliche Studien, hrsg. von K. Hauck, Bd. 17, Berlin 1983, 153–221 (auch zu den Bußbüchern)

Ders., Theologie und Liturgie der mittelalterlichen Toten-Memoria, in: Memoria, hrsg. von K. Schmid/J. Wollasch, München 1984, 79–199, hier 131–156: Die Buße im Früh-Mittelalter, 164–168 Sterbebuße

Bäumler, C./Neidhart, W. (Hrsg.), Seelsorge, Schuld und Vergebung, in: Theologia Practica 19 (1984) 267–354

Bernhard, J., Le Sacrement de pénitence au Concile de Trente, in: Revue de droit canonique 34 (1984) 249–273

Calvo Espiga, A., Algunas orientaciones actuales de la teología de las indulgencias, in: Burgense 21 (1980) 417–450

Catholicisme X (1985) 1007–1061 (Péché), 1125–1168 (Pénitence)

de Clerck, P., Célébrer la pénitence, ou la réconciliation? in: Revue de théologie de Louvain 13 (1982) 387–424

Delumeau, J., Le péché et la peur. La culpabilisation en Occident (XIIIe –XVIIe siècles), Paris 1983

Der sakramentale Dienst der Versöhnung: Concilium 7 (1971) H. 1

Dooley, C., Devotional Confession. An Historical and Theological Study, Löwen 1982

Dooley, K., From penance to confession, in: The Celtic Contribution: Bijdragen 43 (1982) 390–411

Fleming, T. L., The Second Vatican Council's teaching on the sacrament of penance and the communal nature of the sacrament, Rom 1981

Frend, W. H. C., Saints and sinners in the early church, London 1985 (Bußgeschichte der ersten 6 Jahrhunderte)

Gaudemet, J., Le débat sur la confession dans la Distinction I du de penitentia (Décret de Gratian, c. 33, q. 3), in: Zeitschrift der Savigny-Stiftung für Rechtsgeschichte, Kanonist. Abt. 102 (1985) 52–75

Groupe de la Bussière, Pratiques de la Confession. Des Pères du désert à Vatican II. Quinze études d'histoire, Paris 1983

Guilluy, P., Pardon et péché dans la nouvelle alliance, in: Initiation à la pratique de la théologie IV, Paris ²1984, 268–294

Hägele, G., Das Paenitentiale Vallicellianum I. Ein oberitalienischer Zweig der frühmittelalterlichen Bußbücher, Sigmaringen 1984

Hallonsten, G., Satisfactio bei Tertullian, Malmö 1984, 120–151

Henseler, R., Der Ablaß, in: HKR 707–712

Jorissen, H., Die Bußtheologie der Confessio Augustana, in: Catholica 35 (1981) 58–89

Kerff, F., Das Paenitentiale Pseudo-Gregorii III. Ein Zeugnis karolingischer Reformbestrebungen, in: Zeitschrift der Savigny-Stiftung für Rechtsgeschichte. Kanonist. Abt. 100 (1983) 46–63

Lendi, R., Die Wandelbarkeit der Buße, Frankfurt/Bern 1983

Lozano Sebastián, F.-J., La penitencia canónica en la España Romano-Visigóda, Burgos 1980

de Margerie, B., La mission sacerdotale de retenir les péchés en liant les pécheurs, in: Recherches de science religieuse 34 (1984) 300–317 mit Fortsetzung zu Trient

Marliangéas, B. M., Bulletin de théologie sacramentaire. Pénitence et réconciliation, in: Revue des sciences philosophiques et théologiques 66 (1982) 441–461

de Martel, G., Les textes pénitentiels du ms Lisbonne 232, in: Sacris Erudiri 27 (1984) 443–460

Mélia, E., L'acte ecclésial de la réconciliation dans l'Eglise orthodoxe, in: Revue de droit canonique 34 (1984) 336–348

Merle, R., La pénitence et la peine, Paris 1985

Metzger, M., La pénitence dans les »Constitutions Apostoliques«, in: Revue de droit canonique 34 (1984) 224–234

Mühlsteiger, J., Exomologese, in: Zeitschrift für kath. Theologie 103 (1981) 1–32, 129–155, 257–288 (verfolgt das Bekenntnis durch die Bußgeschichte)

Munier, C., La pastorale pénitentielle de St. Césaire d'Arles (503–543), in: Revue de droit canonique 34 (1984) 235–244

Nocke, F.-J., Wort und Geste (s. Lit. I) 84–132

Payer, P. J., The humanism of the penitentials and the continuity of the penitential tradition, in: Mediaeval Studies 46 (1984) 340–354

Penance and Reconciliation. International Bibliography 1975–1983, Straßburg 1984

Peters, A., Buße, Beichte, Schuldvergebung in evangelischer Theologie und Praxis, in: Kerygma und Dogma 28 (1982) 42–72

Platelle, H., Pratiques pénitentielles et mentalités religieuses au Moyen Age, in: Mélanges de science religieuse 40 (1983) 129–155

Sancho, J. u. a., Reconciliación y penitencia, Pamplona 1983

Schützeichel, H., Katholische Calvin-Studien, Trier 1980, 29–48 (Stellungnahme Calvins zum Bußsakrament)

Tillard, J.-M. R. u. a., Le sacrement de la reconciliation, in: Studia Moralia 21 (1983) 3–202

Vergebung in einer unversöhnten Welt: Concilium 22 (1986) H. 2

Vögtle, A., Offenbarungsgeschehen und Wirkungsgeschichte, Freiburg 1985, 109–140: Das Problem der Herkunft von »Mt 16,17–19« (Lit.)

Vorgrimler, H., Buße und Krankensalbung (Handbuch der Dogmengeschichte IV/3), Freiburg 1978 (Lit.)

Vorgrimler, H. / Lell, J., Buße/Vergebung, in: NHthG I, 1984, 150–170 (Lit.)

Weigand, R., Das Bußsakrament, in: HKR 692–707

Zalba, M., La doctrina católica sobre la integridad de la confesión, in: Gregorianum 64 (1983) 95–138

10 Die Krankensalbung

10.1 Biblische Grundlegung

Die biblischen Texte, auf die man sich vom kirchlichen Altertum an zur Begründung der Krankensalbung stützt, Mk 6,12f und Jak 5,14f, sind im Zusammenhang mit der Zuwendung Jesu und der frühchristlichen Gemeinde zu den Kranken zu sehen. Das Alte wie das Neue Testament haben die Krankheit, wenigstens zum großen Teil, auf die Menschen zerstörende Wirkung der Sünde zurückgeführt und beide, Krankheit und Sünde, auch als Folgen des Einwirkens böser Kräfte auf Menschen angesehen. Eine naive Entmythologisierungstheologie glaubte die biblischen Aussagen über böse Mächte und Gewalten als mit dem antiken Weltbild erledigt abtun zu können. Mit der Einsicht, daß überindividuelle geistige Energien Menschen beeinflussen können und daß in der Menschheit angesammelte negative Entscheidungen und Verhaltensweisen Menschen »vergiften« und krank machen können, wird die alte Sicht wieder zurückgewonnen, freilich gereinigt von der Vorstellung, Dämonen seien eine Art Spukgespenster. Das Wirken Jesu war ganz darauf gerichtet, Unheilszusammenhänge zu zerbrechen und jene neuen Verhältnisse anbrechen zu lassen, die »Gottesherrschaft« heißen. Im Anfangsstadium des Reiches Gottes bedeutet das, gegen alle entfremdenden und krank machenden Elemente im Menschenleben anzugehen, mit der Verheißung, daß in der Vollendung des Reiches Gottes Krankheit und Tod vernichtet sein werden. Mit »Gottesherrschaft« als dem zentralen Thema des Wirkens Jesu ist gegeben, daß es Jesus in erster Linie um die Erfüllung des Willens Gottes zu tun war, was gewiß auch Zuwendung zu den Hilfsbedürftigen, Heilung der mitmenschlichen Verhältnisse bedeutet, aber die Anerkennung Gottes als des Schöpfers und Vaters, seine lobpreisende Verherrlichung zur unverzichtbaren Voraussetzung hat. Jesus konzentrierte sich nicht auf das Heilen, wie das manche große Gestalten der Antike taten. Sein Wirken bei den

Kranken war immer praktische Verkündigung der Gottesherrschaft, oft auch ausdrücklich mit dem Austreiben des Bösen und
mit der Vergebung der Sünden verbunden. Anders gesagt: Es waren nicht medizinisch-therapeutische, sondern eher real-symbo-
lische, charismatische Handlungen.[1] In ihnen machte Jesus sinnenfällig deutlich, wie der erbarmende Gott sich der Menschen in ihrer
Not – der Sünder *und* der Kranken – annimmt.

Nach Mk 6,7–13 hat Jesus den Zwölfen als seinen Begleitern und
Boten derart an seiner Sendung Anteil gegeben, daß sie verkündi-
gend, heilend und exorzistisch wirkten. Dabei wandten sie die Salbung mit Öl, mit dem zur Zeit Jesu allgemein anerkannten Heilmittel, an. Natürlich war im Altertum der Körperkontakt bei Hei-
lungen an sich schon bedeutsam. Jesus hat ihn in unterschiedlicher
Weise (auch unter Verwendung von Speichel: Joh 9,6) praktiziert.
In der Überlieferung wurde sein Heilen mit Handauflegung (Lk
4,40) besonders beachtet. Die Zuwendung der frühesten christlichen Gemeinden zu den Kranken, nicht nur im caritativen und
therapeutischen Sinn, sondern auch im Wort und in einer Symbolhandlung, hat also eine große zeitliche Nähe zu Jesus selbst. In dem
unter dem Namen des »Herrenbruders« Jakobus laufenden Lehr-
und Mahnschreiben vom Ende des 1. Jahrhunderts kommt der
Verfasser im Zusammenhang mit dem Thema des Gebets
(5,13–16) auf die Krankheit von Mitchristen zu sprechen: »(14) Ist
einer von euch krank? Dann rufe er die Ältesten der Gemeinde zu
sich: Sie sollen für (über) ihn beten und ihn im Namen des Herrn
mit Öl salben. (15) Das gläubige Gebet wird den Kranken retten,
und der Herr wird ihn aufrichten: wenn er Sünden begangen hat,
werden sie ihm vergeben. (16) So bekennet nun einander die Sünden und betet füreinander, damit ihr gesund werdet! Viel vermag
die Bitte eines Gerechten in ihrer Wirkung.« Die hier verwendeten
Begriffe für Kranksein lassen an eine ernsthafte Krankheit, nicht
aber eingeengt an Todesagonie denken. Die Ältesten sind nach

---

[1] *R. Pesch*, Das Markusevangelium I, Freiburg 1976, 127. Vgl. auch *H. Vorgrimler*,
Buße und Krankensalbung, Freiburg 1978, 216–218 (Lit.); *W. Kirchschläger*, Jesu
exorzistisches Wirken aus der Sicht des Lukas, Klosterneuburg 1981; *O. Betz u. a.*,
Heilung/Heilungen, in: TRE XIV, 1985, 763–774; *W. Schrage*, Heil und Heilung
im Neuen Testament: Evangelische Theologie 46 (1986) 197–214.

dem judenchristlichen Kolorit des Schreibens die Gemeindevorsteher; ihre primäre Aufgabe zugunsten des Kranken ist die Fürbitte. Dem gläubigen Gebet wird Erhörung in Gestalt von Rettung, Aufrichtung und (wenn nötig) Sündenvergebung zugesagt. Wird die Ölsalbung »im Namen des Herrn«, das heißt unter Anrufung seines heilbringenden Namens, erteilt, dann handelt es sich eher um eine Symbolhandlung als um eine medizinische Anwendung. Die erhoffte Wirkung betrifft das ganzheitlich gesehene Heil des Menschen, bei dem nicht ein Aspekt gegen den andern ausgespielt werden darf. Sünden sind im Sinn dieses Briefs nicht bloß alltägliche Fehler, sondern solche, die den Tod gebären (vgl. Jak 1,15; 5,20). Das Eintreten der heilenden und vergebenden Wirkung steht bei Gott allein; der Text gibt keinerlei Anhaltspunkt, das empfohlene Geschehen als Wunderheilung zu verstehen.

10.2   Die Geschichte der Krankensalbung

Die Krankensalbung wird in den ersten Jahrhunderten der Kirchengeschichte unter den liturgischen Vollzügen nicht herausgehoben; weder rechtliche Regelungen noch theologische Reflexionen sind erhalten. Die ältesten Texte, in denen sie bezeugt wird, sind Gebete zur Segnung des Öls, mit dem Kranke gesalbt wurden. Solche sind vom Beginn des 3. Jahrhunderts an erhalten[2]: Das Öl soll eine neue Wirkkraft erhalten, damit es ein Heilmittel für Leib und Seele werde. Es konnte auch in Form eines Trankes eingenommen werden. Der erste nichtliturgische Text über die Krankensalbung ist ein Brief Innozenz' I. von 416; in diesem wird erstmals die Jakobusstelle im Zusammenhang mit der Krankensalbung zitiert (NR 693f./DS 216). Der Papst äußerte sich hier zum richtigen Umgang mit dem geweihten Öl; er beabsichtigte nicht, eine umfassende Lehre zur Krankensalbung vorzutragen. Nach diesem Brief ist die Salbung mit dem geweihten Öl *allen* Christen in eigener Not und in der Not ihrer Angehörigen erlaubt. Das Öl darf aber nur vom Bischof geweiht werden. Die Bischöfe haben die Vollmacht, diese Salbung zu spenden; wenn die Jakobusstelle von »Presby-

---

[2] *H. Vorgrimler*, a.a.O. 218–220: die ältesten Zeugnisse, mit Quellenangaben.

tern« spricht, so deshalb, weil die Bischöfe wegen ihrer zahlreichen Verpflichtungen nicht zu allen Kranken gehen können. Das geweihte Öl (»chrisma«) gehört zu den Sakramenten (»genus est sacramenti«), daher dürfen die Büßer mit ihm nicht gesalbt werden, da ihnen (vor der Rekonziliation) die Sakramente versagt bleiben.

Dieser Briefabschnitt wurde in der westlichen Kirche öfter zitiert und fand Aufnahme in den wichtigsten Sammlungen kirchlicher Rechtsvorschriften. Das überaus einflußreiche Decretum Gratiani (1. Hälfte des 12. Jahrhunderts) ließ allerdings ausgerechnet die Passagen über die Kranken als Empfänger und über die Gläubigen, das heißt auch Laien, als Spender weg.

Nach Zeugnissen des 6. Jahrhunderts konnten die Christen weiterhin sich selber und ihre Angehörigen mit dem geweihten Öl in der Krankheit (und keineswegs nur in Todesgefahr) salben; eine gewisse Konkurrenz scheinen damals Zauberer gewesen zu sein. Dieser bisherige Befund wird noch im 8. Jahrhundert von Beda (†735) bestätigt. Wegen Jak 5,16 sah Beda das Bußverfahren als vollendenden Abschluß der Krankensalbung an.

Vom 8. und vor allem vom 9. Jahrhundert an verändern sich Theorie und Praxis der Krankensalbung. Sie wurde mit der Buße und der Eucharistie zusammen zum Sakrament der Sterbenden. Die Gründe dafür waren einmal schwere, lebenslängliche Verpflichtungen, die mit der Krankensalbung eingegangen werden mußten, vergleichbar den Bußverpflichtungen; zum andern wurde die Salbung als Bestandteil der Buße angesehen. Die Reihenfolge der drei Sakramente schwankte noch. Bis ins 13. Jahrhundert wurde die Krankensalbung nach der Bußrekonziliation, vor der eucharistischen Wegzehrung (»viaticum«), erteilt. Von da an wurde sie dann allgemein, bis zum II. Vaticanum, als letztes der drei Krankensakramente gespendet. Bereits vom 9. Jahrhundert ab wurde sie den Priestern vorbehalten. Der Ritus war nicht einheitlich. Mancherorts weihte der Priester das Öl unmittelbar vor der Krankensalbung, anderswo weihte der Bischof ein eigenes Krankenöl. Häufig wurden die fünf Sinne des Kranken gesalbt, es sind aber auch mehr als 20 Salbungen mit jeweils eigenen Gebeten bezeugt. Manchmal sollte die Salbung an sieben aufeinanderfolgenden Tagen erfolgen; in manchen Gegenden, wie heute noch im byzantinischen Ritus, und noch bei Thomas von Aquin wurden mehrere Priester zur Salbung verlangt. Die Praxis wirkte aus verschiedenen Gründen abschreckend, so daß dieses Sakrament wiederholt in einer kritischen Situation war.[3]

In der scholastischen Theologie erhielt die Krankensalbung, die bis ins 12. Jahrhundert hinein nach dem geweihten Öl meist »oleum infirmorum« hieß, den Namen »extrema unctio«, Letzte Ölung, weil sie nun das »sacramentum exeuntium«, das Sakrament der Sterbenden, war. Seit sich in der ersten Hälfte des 12. Jahrhunderts die Siebenzahl der Sakramente durchgesetzt hatte, zählte die Krankensalbung dazu. Bedeutende Theologen der Hochscholastik schrieben ihre Einsetzung den Aposteln zu, andere lehrten, Jesus Christus habe sie zwar gestiftet, wie die Firmung aber sei sie erst von den Aposteln amtlich bekanntgemacht worden. Das größte theologische Problem bei der Krankensalbung war für die scholastische Theologie, sich über die Wirkung(en) klarzuwerden. Immer mehr trat die ganzheitliche Sicht und mit ihr die leibliche Heilung zurück. Schließlich setzte sich die Auffassung durch, dieses Sakrament beseitige die (letzten) Hindernisse vor dem Eingang eines Menschen in die himmlische Herrlichkeit und bringe die kirchlichen Bemühungen um die Heilung der Seele zur Vollendung. »Eschatologisierung« und »Spiritualisierung« dieses Sakraments waren von da an rund siebenhundert Jahre vorherrschend.

10.3 Kirchliche Festlegungen

Vor dem Trienter Konzil wurde die Krankensalbung in amtlichen kirchlichen Äußerungen mit extremer Kürze behandelt: Im 13. Jahrhundert wurde sie dreimal mit aufgezählt, 1208 noch als »Krankensalbung«, 1254 als »Letzte Ölung« (nur lat. DS 794, 833, 860). Der Fragekatalog Martins V. für Anhänger John Wyclifs und Jan Hus' enthält 1418 die Aussage, ein Christ sündige tödlich, wenn er den Empfang der Sakramente Firmung, Letzte Ölung und Ehe verachte (nur lat. DS 1259). In der Sakramentenlehre des Armenierdekrets, die Thomas von Aquin entnommen wurde, heißt es:

---

[3] Ebd. 221f. mit Beispielen und Belegen.

»Das fünfte Sakrament ist die Letzte Ölung. Seine *Materie* ist vom Bischof gesegnetes Olivenöl. Dieses Sakrament darf nur Kranken gespendet werden, um deren Leben man fürchten muß. Der Kranke soll an folgenden Stellen gesalbt werden: an den Augen wegen des Gesichtes, an den Ohren wegen des Gehörs, an der Nase wegen des Geruchs, am Mund wegen Geschmack und Sprache, an den Händen wegen des Tastsinnes, an den Füßen wegen des Gehens, an den Nieren wegen der Lust, die hier ihren Sitz hat. Die *Form* dieses Sakramentes ist folgende: Durch die heilige Salbung und durch sein gütiges Erbarmen verzeihe dir der Herr, was du gesündigt hast durch das Gesicht usw. Ähnlich bei den andern Gliedern. Der *Spender* dieses Sakramentes ist der Priester. Die *Wirkung* ist die Heilung der Seele und, soweit es gut ist, auch des Leibes. Von diesem Sakrament sagt der heilige Apostel Jakobus: ›Ist einer unter euch krank? Er lasse die Priester der Kirche rufen. Sie sollen über ihn beten und ihn mit Öl salben im Namen des Herrn. Das Gebet des Glaubens wird dem Kranken zum Heil sein, und der Herr wird ihn aufrichten. Und wenn er in Sünden ist, so werden sie ihm vergeben werden‹ (Jak 5,14f)« (NR 695/DS 1324f.).

Während die von Rom getrennten Ostkirchen im allgemeinen die Ölsalbung unter Gebet als eines der sieben von Jesus Christus eingesetzten Sakramente anerkennen (wenn auch Praxis und Auffassungen in den einzelnen Kirchen höchst unterschiedlich sind), haben die Reformatoren die Sakramentalität der Krankensalbung verneint. Martin Luther und Jean Calvin sahen in den biblischen Zeugnissen Wunderheilungsberichte; die entsprechende Gabe sei der späteren Kirche nicht zuteil geworden. Die Praxis der Sterbendensalbung griffen sie heftig an. Luther bestritt die Sakramentalität mit dem Hinweis, die Krankensalbung sei nicht von Jesus Christus eingesetzt und habe von ihm keine Verheißung der Gnade. Er ließ sie aber unter jenen Hilfen gelten, durch die ein Glaubender Sündenvergebung und Frieden erlangen kann, wie z. B. auch durch den Gebrauch des Weihwassers.

Das Konzil von Trient sah es bei der Behandlung der Krankensalbung als seine vordringliche Aufgabe an, ihre Sakramentalität zu verteidigen. In seiner 14. Sitzung 1551 verabschiedete es eine »Lehre vom Sakrament der Letzten Ölung« in 3 Kapiteln und 4 Lehrsätzen (Canones). Die Canones mit ihrem besonderen Verpflichtungsanspruch lauten:

»1. Wer sagt, die Letzte Ölung sei nicht wirklich und eigentlich ein von Christus, unserem Herrn, eingesetztes und vom heiligen Apostel Jakobus

verkündetes Sakrament, sondern lediglich ein von den Vätern überkommener Brauch oder eine menschliche Erfindung, der sei ausgeschlossen.
2. Wer sagt, die heilige Salbung der Kranken teile keine Gnade mit, tilge keine Sünden und richte die Kranken nicht auf, sondern sie gehöre der Vergangenheit an, als ob sie einst nur die Gnadengabe der (bloß leiblichen) Heilung bedeutet hätte, der sei ausgeschlossen.
3. Wer sagt, die Spendungsweise der Letzten Ölung, die die heilige römische Kirche anwendet, widerstreite dem Ausspruch des heiligen Apostels Jakobus; sie müsse deshalb geändert werden, und die Christen dürften sie ohne Sünde verachten, der sei ausgeschlossen.
4. Wer sagt, die ›Ältesten der Kirche‹, die nach dem Apostel Jakobus zur Salbung des Kranken gerufen werden sollten, seien nicht die vom Bischof geweihten Priester, sondern die Ältesten jeder Gemeinde, und deshalb sei der eigentliche Spender der Letzten Ölung nicht nur der Priester, der sei ausgeschlossen« (NR 700–703/DS 1716–1719).

Can. 1 enthält kein neues Dogma, da die Sakramentalität der Krankensalbung schon auf der 7. Sitzung 1547 dogmatisch festgelegt worden war (NR 506/DS 1601); die biblische Begründung gehört nicht zur Aussageabsicht. Can. 2 weist die erwähnte reformatorische Meinung ab, die biblischen Zeugnisse meinten eine der Vergangenheit angehörende Heilungsgabe. Can. 3 ist bewußt historisch behutsam formuliert, er deutet die Linie an, wie Rom später entstandene Riten mit dem Neuen Testament zu vereinbaren suchte und sucht: Das Neue darf dem biblisch Bezeugten nicht widersprechen. Can. 4 schützt die sakramentenrechtliche Ordnung. Der Priester ist danach der eigentliche, ordentliche Spender der Krankensalbung. Das schließt nicht aus, daß auch »außerordentliche« Spender der Krankensalbung – wie etwa Diakone – berufen werden.

Die »Lehre« betont nachdrücklich den Ort der »Letzten Ölung« am Ende des Lebens. Das Sakrament sei Mk 6,13 »angedeutet«, von Jakobus den Gläubigen empfohlen und verkündet worden; von Jakobus seien auch Materie, Form, Spender und Wirkung festgelegt worden. Dazu heißt es: »Die Salbung ist nämlich eine sehr passende Darstellung der Gnade des Heiligen Geistes, mit der die Seele des Kranken unsichtbar gesalbt wird« (Kap. 1: NR 697/DS 1695). Das wird näherhin erläutert als Tilgung der noch bestehenden Vergehen, Stärkung der Seele des Kranken zum leichteren Ertragen der Lasten und Schmerzen der Krankheit, zum Widerstehen gegen Versuchungen des Bösen »und manchmal, wenn es das Heil der Seele fördert«, auch zur körperlichen Genesung (Kap. 2: NR 698/DS 1696). In dieser »Lehre« werden vor den Priestern auch die Bischöfe als die eigentlichen Spender der Krankensalbung genannt; Empfänger sind die Kranken, »vor allem« jene, die ihrem Lebensende entgegensehen. Dieses »vor allem« spielte bei der Neuorientierung im 20. Jahrhundert eine große Rolle, da Trient sich nicht ausschließlich auf die Sterbenden festgelegt hatte (in Kap. 3: nur lat. DS 1698). Weiter heißt es in der Lehre, das Sakrament könne wiederholt empfangen werden, falls die Kranken, nach einer Salbung gesund geworden, erneut in Lebensgefahr gerieten. Zur historischen Frage äußert sich das Konzil ganz ähnlich wie in can. 3. Es bezeichnet eine Verachtung dieses Sakraments als großes Verbrechen und Unrecht gegen den Heiligen Geist selbst.

Es war dem Konzil von Trient damit gelungen, theologische Einseitigkeiten zu vermeiden. Seine wesentliche Absicht war, die über ein Charisma hinausgehende sakramentale Institutionalisierung der Krankensalbung zu verteidigen, die katholische Praxis als nicht schriftwidrig nachzuweisen und die Heilsbedeutung dieses Sakraments für Kranke zu lehren. Die Auffassung dominiert, daß die Krankensalbung eine in erster Linie spirituelle Hilfe am Lebensende gewährt, aber das Konzil legte sich nicht dogmatisch auf ein »Sterbesakrament« fest. In der Folgezeit gab es Tendenzen, die »Eschatologisierung« dieses Sakraments weiterzutreiben zu einer »Todesweihe« oder zu einer »Weihe des Auferstehungsleibes«, aber seit Mitte des 20. Jahrhunderts auch Bemühungen zu einer Erneuerung der »Krankensalbung«.

Die Reformbestrebungen[4] gingen dergestalt in die Liturgiekonstitution des Zweiten Vatikanischen Konzils ein, daß der Name »Krankensalbung« als besser geeignet bezeichnet, der richtige Augenblick dann als sicher gegeben genannt wird, wenn ein Christ beginnt, wegen Krankheit oder Altersschwäche in Lebensgefahr zu geraten (SC 73), daß die Reihenfolge der Krankensakramente so geordnet wird: Bußsakrament, Krankensalbung, Eucharistie (SC 74), und daß eine Neuordnung der Salbungen und Gebete in

---

[4] Eine Übersicht über beide Richtungen: ebd. 231 f. mit Belegen.

Aussicht gestellt wird (SC 75). Das Konzil lehrte dann in der Konsequenz dieser Neuorientierung: »Durch die heilige Krankensalbung und das Gebet der Priester empfiehlt die ganze Kirche die Kranken dem leidenden und verherrlichten Herrn, daß er sie aufrichte und rette (vgl. Jak 5,14–16), ja sie ermahnt sie, sich bewußt dem Leiden und dem Tode Christi zu vereinigen (vgl. Röm 8,17; Kol 1,24; 2 Tim 2,11–12; 1 Petr 4,13) und so zum Wohle des Gottesvolkes beizutragen« (LG 11).

Die gewünschte Neuordnung brachte folgendes Ergebnis: Die neue »Ordnung für die Weihe des Katechumenen- und des Krankenöls sowie des Chrisma« von 1970 behält die Segnung des Öls nur im allgemeinen dem Bischof vor; in einem echten Notfall darf sie auch vom Priester vorgenommen werden. In dem Segnungsgebet werden die Wirkungen der Salbung so benannt: sie sei »heiliges Zeichen deines Erbarmens, das Krankheit, Schmerz und Kummer vertreibt, ein Schutz für Leib, Seele und Geist«. Die Neuordnung der Krankensalbung selbst[5] von 1972, die ausdrücklich nur für den lateinischen Ritus gilt (zu den Ostkirchen vgl. OE 12,27), gibt dem Sakrament die Gestalt einer Liturgie wieder. Nach Eröffnung und Wortgottesdienst erfolgt unter Schweigen eine Handauflegung durch den »Spender«; daran schließt sich ein Lobpreis des geweihten Öls (im Notfall die Weihe des Öls) an. Die vereinfachte Salbung geschieht auf der Stirn und auf den Händen, dazu wird das Gebet gesprochen: »Durch diese heilige Salbung helfe dir der Herr in seinem reichen Erbarmen, er stehe dir bei mit der Kraft des Heiligen Geistes. Der Herr, der dich von Sünden befreit, rette dich, in seiner Gnade richte er dich auf.« Die Krankensalbung soll dann erteilt werden, wenn jemand ernsthaft erkrankt ist (auch vor einer Operation, bei Altersschwäche ohne Krankheit). Sie kann mehreren gemeinsam, in der Kirche oder an einem sonstigen passenden Ort gespendet werden. Sie kann bei neuer Erkrankung oder bei Verschlimmerung des Zustands wiederholt werden. Sie soll nicht nur den Glauben des Kranken stärken, sondern ihn auch zum Ausdruck bringen.

Die Reform dieses Sakraments mit der radikalen Änderung der

---

[5] *R. Kaczynski*, Enchiridion Documentorum Instaurationis liturgicae I (1963–1973), Turin 1976, 905–914.

»Spendeformel« zeigt, welche Gestaltungsfreiheit bei den Sakramenten sich die katholische Kirche zuerkennt.[6] In glücklicher Weise kommt zum Ausdruck, daß das Sakrament eine Liturgie ist und daß die Sakramenten-»Formel« wesentlich fürbittendes Gebet, Epiklese des Heiligen Geistes ist.[7]

10.4 Zusammenfassung

Der sakramentale Ort der Krankensalbung ist eindeutig die Krankheit und nicht das Lebensende. Aber die Krankheit wird, wenn die Kirche in ihr den Ort eines Sakraments erkennt, in ihrer Bedrohlichkeit für den Menschen ernst genommen. Sie ist, wo immer sie ernsthaft ist, ein Anzeichen der Todesverfallenheit. Sie stellt dem erkrankten Menschen unerbittlich die Frage nach dem Glauben angesichts des Leidens, nach dem Gottesverhältnis, in dem die Nähe Gottes »jetzt schon« eingeübt und festgehalten werden soll, die einmal dem Menschen für immer und ohne Brüche zugedacht ist, immer also auch die Frage nach dem Lebensende. Sie bedeutet für die Mitchristen, für die Kirche, nicht nur die Aufgabe, unter Verzicht auf falsche Tröstungen Leid zu bekämpfen, wo immer es bekämpfbar ist. Sie verlangt auch solidarische Zuwendung in menschlicher, das heißt auch sinnlicher, und religiöser Gestalt. Die Symbolhandlung der Krankensalbung kann das glaubende, auf Gott hoffende Aushalten dieser Situation zum Ausdruck bringen und zugleich in der körperlichen Berührung jene menschliche Nähe anzeigen, die, wenn sie nicht *nur* symbolisch ist, heilend wirkt.[8] Sie ist das Bekenntnis der Gemeinde und der Kran-

---

[6] Diese Erkenntnis fand erstmals ihren greifbaren Ausdruck bei der Reform des Weihesakraments durch Pius XII. 1947 (s. unten 11.3.2). Die Reformen im Zusammenhang mit dem II. Vaticanum zeigen, wie wenig frühere Festlegungen als unantastbar gelten müssen. So war es möglich, das früher so einflußreiche Armenierdekret, das als Konzilsäußerung von 1439 galt, einfach als Beschreibung des *damaligen* Ist-Zustands anzusehen.

[7] Vgl. dazu *E. J. Lengeling*, »Per istam sanctam unctionem... adiuvet te Dominus gratia Spiritus Sancti«. Der Heilige Geist und die Krankensalbung, in: G. J. Békés / G. Farnedi (Hrsg.), Lex orandi lex credendi, Rom 1980, 235–294.

[8] Dieser Aspekt führt zur Neuentdeckung der Krankensalbung z. B. im anglikanischen Bereich. Vgl. die Lit. bei *H. Vorgrimler*, a. a. O. 227 Anm. 60.

ken in ihr, daß die entscheidende Rettung von Gott dem Vater durch seinen Sohn in jenem göttlichen Geist zu erhoffen ist, um dessen Wirken in dieser Symbolhandlung gebetet wird. Für die aber, denen die Ölsalbung befremdlich und nur schwer zu vermitteln ist, ist es tröstlich, daß das eigentliche Sterbesakrament die Eucharistie ist und bleibt.[9] Auch dieses Sakrament setzt, wie die Krankensalbung, voraus, daß die Situation nicht verdrängt, sondern bewußt vergegenwärtigt und damit vor die Gegenwart des liebenden und erbarmenden Gottes gestellt wird.

Literatur VIII

Alvárez Gutiérrez, C. G., El sentido teológico de la Unción de los enfermos en la teología contemporánea (1940–1980), Rom 1981

Jorissen, I./Meyer, H. B., Pastorale Hilfen in Krankheit und Alter. Über Krankheit, Alter und das Sakrament der Krankensalbung, Innsbruck 1974

Kaczynski, R., Die Feier der Krankensakramente, in: Internat. kath. Zeitschrift 12 (1983) 423–436

Kirchschläger, W., Jesu exorzistisches Wirken aus der Sicht des Lukas, Klosterneuburg 1981

Lengeling, E. J., »Per istam sanctam unctionem... adiuvet te Dominus gratia Spiritus Sancti«. Der Hl. Geist und die Krankensalbung, in: G. J. Békés/G. Farnedi (Hrsg.), Lex orandi lex credendi, Rom 1980, 235–294

Probst, M./Richter, K. (Hrsg.), Heilssorge für die Kranken, Freiburg 1975

Schützeichel, H., Katholische Calvin-Studien, Trier 1980, 75–98 (Calvin über Krankensalbung)

Stefański, J., Von der letzten Ölung zur Krankensalbung, in: P. Jounel/R. Kaczynski/G. Pasqualetti (Hrsg.), Liturgia (Festschrift A. Bugnini), Rom 1982, 429–452

Vorgrimler, H., Buße und Krankensalbung (Handbuch der Dogmengeschichte IV/3), Freiburg 1978, 215–234 (Lit.)

Ziegenaus, A., Die Krankensalbung, in: H. Luthe (s. Lit. I) 421–480

---

[9] Vgl. dazu besonders *R. Kaczynski*, Die Feier der Krankensakramente, in: Internationale kath. Zeitschrift 12 (1983) 423–436. Kaczynski lehnt hier auch den Vorschlag G. Greshakes ab, die Krankensalbung umzudeuten zu einem »Sakrament der Tauferneuerung angesichts des Todes«. Kaczynski weist mit Recht darauf hin, daß die eucharistische Kommunion eben dieses Sakrament ist: ebd. 435.

11   Das Weihesakrament

11.1   Einführung

Das Sakrament der Weihe ist engstens verbunden mit dem Amt, genauer gesagt den Dienstämtern in der Kirche, daher ist es unmöglich, vom einen ohne das andere zu sprechen. Nun bündeln sich gerade beim Thema des Amtes in der Kirche die Probleme, die jeweils auch Rückwirkungen für das Verständnis des Weihesakraments haben. Die wichtigeren von ihnen sollen hier einführend genannt werden.

Grundlegend für die ganze Thematik ist die Ekklesiologie, das theologische Verständnis der Kirche[1], das eine solide historische Basis besitzen muß. Die katholische Theologie ist immer wieder in Gefahr, hinsichtlich der Existenz und der Verfassung der Kirche zu viele Einzelheiten auf den historischen Jesus zurückzuführen. Nur dadurch, glaubt man, sei die göttliche Legitimation gewährleistet; nur was von Jesus selber konkret begründet worden sei, lasse sich als göttliche Stiftung, als Institution göttlichen Rechts (iuris divini) behaupten. Nun muß zweifellos bei der Existenz der Kirche und ihrer wesentlichen Institutionen ein Zusammenhang mit Jesus gewährleistet sein, aber nicht erst die gegenwärtige Theologie hat versucht, diesen Zusammenhang in theologisch gefüllter, »weiterer« Form zu denken. Bei dem Lehrentscheid über die Einsetzung des sakramentalen Sündenbekenntnisses kraft göttlichen Rechts bezeichnete das Konzil von Trient die von der Kirche von Anfang an beobachtete konkrete Gestalt als der Einsetzung und dem Auftrag Christi entsprechend und daher als nicht rein menschliche Erfindung (NR 665 / DS 1706). »Einsetzung« aber mußte schon in der scholastischen Theologie nicht notwendig mit historischer Stiftung identisch sein; sie konnte auch in einem Impuls des erhöhten Jesus

---

[1] Dazu wird man, sobald erschienen, die Ekklesiologie von M. M. Garijo Guembe heranziehen können.

Christus gesehen werden. Damit sind zwei Linien oder Dimensionen vorgezeichnet, die bei der Kirche und ihren wesentlichen Institutionen gegeben sein müssen, die historische Annäherung oder Entsprechung (was etwas anderes ist als: konkrete Begründung) und der geistgewirkte Impuls. Es ist unschwer zu erkennen, daß die Kirche und ihre Ämter in dieser Sicht nicht rein historisch, sondern trinitarisch-heilsgeschichtlich fundiert werden. Den historischen Bedürfnissen genügt es, wenn eine Entwicklung dem entspricht (das heißt ihm positiv konform geht und jedenfalls nicht widerspricht), was mit der Verkündigung und Praxis Jesu gegeben war.

Bei der Feststellung der historischen Zusammenhänge ist die Frage wichtig, wie eine bestimmte Entwicklung so kurze Zeit nach dem Weggang Jesu hätte einsetzen können, wenn sie nicht positiv bei Jesus anknüpfen konnte. Die Entstehung der frühesten christlichen Gemeinde (damals noch innerhalb des Judentums) und damit der Kirche setzt das Bewußtsein voraus, daß es legitim war, die Sendung Jesu fortzuführen, ihn und seine Botschaft weiter zu bezeugen, Menschen zu gewinnen und eine neue Gestalt menschlicher Gemeinschaft zu leben. In der Fortführung der Sendung und in der Identität der Botschaft sind Grundelemente historischer Kontinuität (und damit »göttliches Recht«) zu sehen.

Daß innerhalb der neu gegründeten Glaubensgemeinschaft unterschiedliche Funktionen und Dienste entstanden, ist selbstverständlich. Der Zusammenhang mit Jesus, der sich und seine Gemeinschaft nicht von Israel absetzen wollte, ist in einer doppelten Gegebenheit zu sehen. Zum einen hat Jesus bei der Jüngerunterweisung und -aussendung selber offenbar einen Unterschied zwischen den ihm Glaubenden im allgemeinen und den in besonderer Weise in Dienst Genommenen gemacht. Die Motive für diese Unterscheidung hat die Exegese zu erheben. Zum andern sind die Ostererfahrungen mit dem auferweckten Jesus nicht allen in gleicher Weise zuteil geworden. Durch diesen Unterschied kristallisierte sich eine Kerngruppe heraus, die, aus Augen- und Ohrenzeugen bestehend, die Identität des historischen Jesus mit dem Auferweckten bezeugen konnte und sollte.

Von diesen Gegebenheiten der Sendung und der Zeugenschaft her verstand und versteht sich die Kirche als »apostolische«, unabhän-

gig von der genaueren Bedeutung des Apostelbegriffs.[2] Die
»apostolische Nachfolgeschaft« (successio apostolica) im umfassenden Sinn ist dann gegeben, wenn die Kirche am Glauben der
ersten Jünger und Apostel, insbesondere am trinitarischen und
christologischen Bekenntnis, festhält und in diesem Sinn Verkündigung und Mission weiterführt. Daß dazu auch die praktische
Nachfolge Jesu gehört, ist selbstverständlich.

Von der die Kirche konstituierenden Bedeutung der Zeugenschaft
her ergibt sich der Begriff der »apostolischen Nachfolge« im engeren, formalen Sinn: Das Amt in der Kirche dient der Identität und
Kontinuität des Glaubenszeugnisses. Es erhält seine Legitimation
nicht nur durch die Identität seines Glaubens und Bekenntnisses
mit dem Glauben und Bekenntnis der Erstzeugen, sondern auch
durch seine historische Herkunft von den Erstzeugen. Diese Sicht
wird jedoch nicht von allen christlichen Kirchen geteilt; genau hier
beginnen die ökumenischen Probleme hinsichtlich des Amtes und
der Weihe (s. unten 11.5). Die katholische Kirche kann das Prinzip
der apostolischen Nachfolgeschaft im umfassenden *und* im engeren Sinn als wesentliches Element der Kirche und als Kriterium der
wahren Kirche Jesu Christi nicht aufgeben, weil die Boten und
Zeugen sich nicht nur durch ihren Glauben und ihre christliche
Praxis (die brüchig sein können), sondern auch durch die Legitimität ihrer Nachfolge ausweisen müssen. Erst legitim ausgewie-
sene Boten haben das Recht zur glaubensfordernden Verkündigung. Eine Gemeinschaft von Menschen als geschichtliche Größe
kann in ihrer Identität und Kontinuität durch eine so interpreta-
tionsbedürftige Größe allein, wie es ein Buch (die Bibel) nun einmal ist, nicht begründet werden. Sie bedarf auch der legitimen
Nachfolgerschaft ihrer Zeugen und Boten.

Aus dieser Sicht entsteht ein eigentümliches, spezifisch katholisches Verständnis des Verhältnisses von Dienstamt und Gemeinde. Auf der einen Seite bilden alle zusammen die Einheit der
Kirche. Alle zusammen sind Hörende, Glaubende und Beken-
nende. Alle zusammen bilden mit Jesus Christus zusammen einen

---

[2] Vgl. zu einer Erstinformation die Artikel in: TRE III, 1978, 430–483; EKL I, 1986,
221–223, jeweils mit Lit.

Leib, eine Glaubensgemeinschaft im Heiligen Geist. Diese fundamentale Gleichheit und Zusammengehörigkeit hat ihren sinnenfälligen sakramentalen Ausdruck in der Taufe bekommen. Auf der anderen Seite stellt das dienende Amt eine Art »Voraus« oder »Gegenüber« zur Gemeinde dar: Die Boten oder Zeugen stellen der Gemeinde das apostolische Wort, das die Botschaft Jesu – Gottes Wort – enthält und interpretiert, vor und gegenüber, damit es immer neu gehört, angenommen und im Bekenntnis weitergegeben werde. Bei diesem Tun setzen sich die Boten oder Zeugen nicht an die Stelle des Hauptes, so daß sie im Leib Christi das Haupt, die einfachen Gläubigen aber die Glieder wären. Die Boten oder Zeugen sind vielmehr Zeichen oder Hinweis auf jenes grundlegende, einmalige Voraus und Gegenüber, das Jesus Christus selber ist und bleibt (nicht zuletzt als das eigentliche Subjekt aller Liturgie).

Damit sind auch schon die Grundzüge einer Theologie des Weihesakraments gegeben. Das dienende Amt in der apostolischen Nachfolge ist für die Kirche konstitutiv. Daher ist die feierliche Aufnahme eines Menschen in dieses dienende Amt ein Sakrament. Die Aufgaben des dienenden Amtes, die in biblischer Sprache auch als Dienst am Wachstum des Leibes Jesu Christi oder als Auferbauung dieses Leibes bezeichnet werden können, sind im vorhergehenden Abschnitt von der Ursituation her als Dienst am Evangelium skizziert worden. Durch die geschichtliche Entwicklung hat dieser Dienst in der kirchlichen Praxis sehr differenzierte Züge angenommen: Von ihm werden die drei Grundfunktionen der Kirche zwar nicht exklusiv, aber in besonderer Weise erwartet, martyria, leiturgia, diakonia. Zur martyria gehört der besondere Dienst an der Verkündigung, zur leiturgia die Leitung des Gottesdienstes, auch der meisten Sakramente, zur diakonia das Zeugnis der christlichen Praxis. Es ist selbstverständlich, daß diese Aufgaben, wenn sie richtig erfüllt werden sollen, einen Menschen ganz und gar beanspruchen. Von da her versteht sich, daß die Kirche bei Auswahl und Ausbildung solcher Menschen ganz andere Dimensionen anspricht und ganz andere Gesichtspunkte zu beachten hat als ein noch so humanitärer Verein bei der Bestellung seiner Funktionäre. Es ist aus der geschichtlichen Erfahrung ebenso klar, daß

Menschen in der einen oder anderen Weise hinter dem Ideal zurückbleiben und sich zum Teil versagen. Gerade der realistische Blick auf menschliche Schwäche und Unfähigkeit hilft dazu, die Inhalte dieses Dienstes schärfer zu sehen: Das Wort, das verkündet werden soll, die Gegenwart, die erbeten und sinnenhaft bezeichnet werden soll, sind nicht Wort und Gegenwart der Amtsträger; sie sind und bleiben Wort und Gegenwart des allein souveränen Gottes. Die Tatsache, daß die Träger des dienenden Amtes jenes »Voraus« und »Gegenüber«, von dem oben die Rede war, nicht in Person sein müssen und können, sondern nur durch ihr Tun auf es verweisen, wird mit der Lehre zum Ausdruck gebracht, daß das Weihesakrament einen »sakramentalen Charakter« verleiht.

Aus dem Gesagten müßte deutlich geworden sein, daß die wesentlichen Inhaltes des dienenden Amtes jene sind, die Gott zum Aufbau und Leben der Kirche gewährt. Sie werden also durch den im Sakrament angerufenen und gegenwärtigen göttlichen Geist mitgeteilt. Das heißt auf der einen Seite, daß diese Gaben Gottes nicht Besitz der Kirche sind und so auch nicht von einer Gemeinde vermittelt werden können (auf dem Weg der »Delegation«, »Bevollmächtigung« usw.). Auf der anderen Seite werden sie von Gott zum Aufbau und Leben des größeren Ganzen gewährt, so daß die Amtsträger nie für sich allein »die Kirche« sind und das, was sie für sich allein tun, Bruchstück bleibt (in allen drei Grundfunktionen der Kirche), solange es nicht von der Gemeinde mitgetragen und mitvollzogen wird.[3]

Es gibt konkrete Ausgestaltungen des Amtes, die diesen innersten Sinn des Amtes verdunkeln und positive Wirkungen behindern. Dazu gehört die faktische Teilung der Kirche in die zwei Klassen des Klerus und der Laien; dazu gehört die faktisch ausgeübte Herrschaft vieler Amtsträger. Solche Behinderungen des wahren Dienstes können durch theologische Einsicht allein nicht behoben werden.[4] Zu den eher belastenden Momenten bei Weihe und Amt ist

---

[3] Auf der einen Seite kommt daher eine prinzipielle »Demokratisierung« der Kirche nicht in Betracht, auf der anderen Seite ist eine viel größere Mitwirkung der Gemeinden bei der Bestellung der Amtsträger theologisch legitim und praktisch denkbar.

[4] Die herrschaftskritischen Normen sind im Neuen Testament in aller Deutlichkeit

auch die juridische Sprache zu rechnen: Ist es wirklich angemessen, die zum Aufbau und Leben der Kirche notwendigen Gaben »Vollmachten« (potestates) zu nennen? Wo Vollmachten verwaltet, mitgeteilt, beschränkt werden, sind sprachlich die Dimensionen der Anrufung des Heiligen Geistes, des Glaubens, der aus dem Glauben kommenden und den Glauben stärkenden Wirkung ausgeblendet.

Das dienende Amt in der Kirche entwickelte sich geschichtlich mit unterschiedlichen Akzentsetzungen hinsichtlich der Inhalte des Dienstes, worüber sogleich genauer zu sprechen ist. Diese Entwicklung wird von der Kirche als legitime Entfaltung dessen, was von Jesus her grundgelegt war, verstanden und bewegt sich damit im Rahmen des »göttlichen Rechts«. Das heißt aber, daß sie nicht mehr umkehrbar, nicht von Grund auf revidierbar ist. Bei einer differenzierten Akzentsetzung können sich Schwerpunkte verschieben, kann einer auch einmal in Vergessenheit geraten, keiner aber kann ganz abgeschafft werden. Wohl aber ist die Entfaltung nach vorwärts offen, solange an die Gegenwart des göttlichen Geistes geglaubt wird, so daß zu der gewachsenen Gestalt des kirchlichen Dienstamtes neue Ausgestaltungen hinzutreten können.

11.2 Die Entstehung des kirchlichen Amtes

11.2.1 Biblische Befunde

Bei der engen Zusammengehörigkeit von Amt und Weihe stellen sich im Hinblick auf das Neue Testament die beiden Fragen, in welchen Gestalten das dienende Amt in der Kirche entstand und was wir über die Aufnahme eines Menschen in das Amt wissen können.

Die historische Frage, die bei Jesus selber ansetzt, kann sich auf nichts anderes als auf seinen Zwölferkreis beziehen. Wir sprechen für die Zeit des irdischen Lebens Jesu nicht von Aposteln, da

gegeben; vgl. Mk 10, 42–45; Mt 23. Es ist zwar wahr, daß die Kirche nicht unter dem Gesichtspunkt von Machtverteilung gesehen werden darf. Es wäre aber unehrlich, so zu tun, als würde in der Kirche nicht sehr massiv Macht ausgeübt und als sei alles selbstloser »Dienst«.

»Apostel« mit Sicherheit ein nachösterlicher Begriff ist.[5] Nach bestbegründeter Exegese ist der Zwölferkreis so gut wie sicher vor-österlich.[6] Da Jesus nicht ein neues Gottesvolk sammeln, keine Sondergemeinde innerhalb Israels gründen wollte, können die Zwölf nicht gleichsam als die von Jesus eingesetzten Stammväter der Christenheit angesehen werden. Mit größter Wahrscheinlich-keit hat Jesus am Anfang seines Wirkens einen offenen, wachsen-den Kreis von Menschen ins Leben gerufen, die ihm persönlich nachfolgen sollten. Als selbst in diesem Jüngerkreis Zweifel an der Gültigkeit seiner Botschaft entstanden, gründete er den Zwölfer-kreis. In dieser Gründung wäre also zunächst ein Akt zu sehen, mit dem er das Bestehen einer treuen Nachfolgegruppe sichern wollte. Daß noch das Matthäusevangelium mehrere Logien an die Zwölf und dieselben Logien in anderen redaktionellen Zusammenhän-gen an alle Glaubenden gerichtet sein läßt, zeigt, daß selbst lange Zeit nach dem Weggang Jesu der Unterschied zwischen den Zwöl-fen und den übrigen nicht als hierarchische Trennung aufgefaßt wurde (ähnliches gilt von den Auferstehungszeugen und den übri-gen Jüngern bei Johannes). Es ist nicht ausgeschlossen, in der Gründung des Zwölferkreises auch eine Zeichenhandlung zu se-hen, nämlich den Hinweis auf seinen fortdauernden Willen, ganz Israel zu sammeln.

Über den Übergang von diesen vorösterlichen Zwölfen zu den nachösterlichen Aposteln können wir nichts Sicheres sagen. Zeit-lich liegt jedenfalls die Selbstbezeichnung des Paulus als »Apostel Jesu Christi« dazwischen, aber weder verstand sich Paulus als Amtsträger, noch machte er sich offenbar, dank seiner Naherwar-tung, Sorgen um das Schicksal seiner Gemeinden nach seinem Tod.[7] Sein Apostolat blieb ein Sonderfall. Er gehört aber insofern in das spätere Apostelverständnis, als Paulus aufgrund seiner

---

[5] Vgl. die Anm. 2 angegebene Lit.
[6] A. *Vögtle*, Das Problem der Herkunft von »Mt 16, 17–19«, in: ders., Offenba-rungsgeschehen und Wirkungsgeschichte, Freiburg 1985, 109–140, hier 139 f. Anm. 109. Auch im Folgenden orientiere ich mich an A. Vögtle.
[7] A. *Vögtle*, Exegetische Reflexionen zur Apostolizität des Amtes und zur Amtssuk-zession: ebd. 221–279 (umfangreiche Lit.), ebd. 235. Über den Kreis und das Wir-ken etwaiger Apostel *vor* Paulus wissen wir so gut wie nichts.

Jesuserfahrung ebenfalls in Anspruch nehmen konnte, Augen- und Ohrenzeuge Jesu, des Auferweckten, zu sein. So war auch Paulus Empfänger jener Offenbarung Gottes, die in Jesus leibhaftig geworden war. Aber gerade dieser Schwerpunkt des Apostelbegriffs, die direkte Zeugenschaft, der Offenbarungsempfang, macht es unmöglich, das Apostelsein als ein Amt zu verstehen, in dem es »Nachfolger« in jeder Hinsicht geben konnte. »In ihrer Eigenschaft als heilsgeschichtlich einmalige Offenbarungsempfänger, als die sie eine normative Tradition konstituieren konnten, konnten die Apostel von ihnen intendierte oder direkt bestellte ›Nachfolger‹ nicht haben; nur hinsichtlich ihrer Verantwortung für die Verkündigung und Wahrung des Evangeliums wie für den diesem entsprechenden Lebensvollzug der Gemeinden können ›Nachfolger‹ in Betracht kommen.«[8]

Aber diese Verantwortung übernahmen nicht allein »Nachfolger der Apostel«: Es ist historisch möglich, diese Verantwortung nachzuweisen, nicht aber, sie einzuengen auf Nachfolger der Zwölf oder anderer Apostel. Es wäre auch völlig verkehrt, innerhalb des Neuen Testaments Zeugnisse für eine Leitung der Gesamtkirche zu suchen. Zutage tritt nur die Ämterstruktur in manchen Ortsgemeinden. So falsch es auf der einen Seite ist, eine geradlinige Entwicklung der apostolischen Nachfolge von den Zwölfen über die Apostel zu den Bischöfen zu behaupten, so falsch ist es, in den ältesten Zeugnissen, den paulinischen, Charismen (freie Gnadengaben) gegen Ämter auszuspielen oder charismatische von nicht-charismatischen Diensten zu unterscheiden.

Für Paulus sind alle Lebensvollzüge der Gemeinde, alles, was in den Charismenlisten genannt wird, und alle Dienste, die unabhängig von diesen Listen angeführt werden, auf das Wirken des göttlichen Geistes zurückzuführen. Er bietet weder genaue Anhaltspunkte für eine Gemeindeverfassung noch ein Gemeindemodell. Von den Erwähnungen bei Paulus aus läßt sich die spätere Entwicklung verstehen, daß bestimmte Geistesgaben als unverzichtbar erkannt und zu Institutionen geformt wurden.[9] Bei der Aufzäh-

[8] Ebd. 221.
[9] Ebd. 232, auch für das Folgende.

268

lung der Charismen hebt schon Paulus (von ihm schon vorgefundene) Funktionen hervor, die die Tendenz zu Dauer und personaler Bindung haben: Lehrer, Propheten, Vorsteher. Daß die Gemeinde Funktionsträger bestellte und sie mit institutionellen Titeln bezeichnete, hat Paulus akzeptiert: Episkopen, Diakone (Phil 1,1). Nirgendwo ist ersichtlich, daß Paulus das Episkopenamt als besonders bedeutsam oder unentbehrlich angesehen hätte; so setzte sich das »synagogale Presbyterinstitut« im paulinischen Missionsgebiet in den zwei Jahrzehnten nach dem Tod des Paulus als »reguläre Amtsstruktur« durch.[10]

Bei den verschiedenen Bezeichnungen für Funktionen mit Tendenz zu Ämtern läßt Paulus keine Rangfolge erkennen. Verantwortliche und kontrollierende Instanz bleibt die ganze (örtliche), unmittelbar Jesus Christus unterstellte Gemeinde. Als Maßstab, Norm und Korrektur aller Charismen und Dienste gelten bekanntermaßen: die Erbauung des Leibes Jesu Christi und die Liebe. Paulus appelliert an die Freiheit und Selbständigkeit der Gemeinde; er selber greift nur hilfsweise ein.[11] Das ganze Gemeindeleben und sein Verhältnis zum Apostel sind umgriffen vom Vertrauen »auf die einigende und leitende Macht des Geistes«[12].

Unter den weiteren für die Ämterentwicklung wichtigen Zeugnissen des Neuen Testaments ist der von Anton Vögtle auf die Jahre 80–90 datierte, unter dem Namen des Paulus (pseudepigraphisch) laufende Epheserbrief zu nennen. Normierend bleibt die Verkündigung der Apostel und Propheten, die aktuell notwendigen Dienste erweckt unmittelbar der Erhöhte.[13] Das »Amt« ist eine Folge und Funktion des zu tradierenden Evangeliums; die Funktionen der Verkündigung und der Leitung müssen als konstitutiv für die Kirche gelten: dieser These Helmut Merkleins stimmt Anton

[10] Ebd. 230.
[11] Ebd. 238.
[12] Ebd. 239. Wichtige Beobachtungen zu den Ansätzen für das kirchliche Amt finden sich bei *B. Holmberg* (s. Lit. IX.). Auch Holmberg kommt zu dem Ergebnis, daß Paulus weniger durch eigene Initiative als durch Anerkennung des Geschehens in den Gemeinden zur Institutionalisierung der Autorität in der Kirche beigetragen hat: 195.
[13] *A. Vögtle*, a. a. O. 244. Auch in den weiteren Datierungen folge ich A. Vögtle.

Vögtle ausdrücklich zu.[14] Lehre und Gemeindeleitung sind eng miteinander verbunden; Menschen, die dazu begabt und darin bewährt sind, werden von der Gemeinde faktisch anerkannt und können, ohne daß sie eigene Offenbarungsempfänger sind, als »Nachfolger der Apostel und Propheten« gelten. Die Charis bleibt das Umfassende.

Der nicht lange Zeit nach Eph abgefaßte 1. Petrusbrief zeigt, wie das charismatische Gemeindeverständnis sich verbindet mit dem Bedürfnis nach einer eindeutigen, stabilen Leitungsinstanz. Hier begegnet uns also ausdrücklich die Sorge um das weitere Schicksal der Gemeinde in nachapostolischer Zeit. Wie in der einige Jahre älteren Apostelgeschichte und in dem späteren Jakobusbrief tritt in 1 Petr (5,1ff) das von der Synagoge her bekannte Presbyterkollegium als bereits anerkannte und übergeordnete Leitungsinstanz in Erscheinung.[15] Der erhöhte Christus selber aber ist der Hirt und Bischof der Gläubigen (2,25); die Gemeindeleiter heißen nicht deswegen Hirten, weil der Erhöhte in ihnen am Werk wäre[16]: ihre Existenz wird in 1 Petr nicht auf Gott (wie 1 Kor 12,28) oder auf seinen Heiligen Geist (wie Apg 20,28) oder auf den Erhöhten (wie Eph 4,11) zurückgeführt.

In der Apostelgeschichte taucht das Presbyterinstitut unvermittelt auf (11,30) und wird mit dem Episkopenkollegium verbunden (20,28). Der Verfasser der Apg hat, wie die Einsetzung von Gemeindepresbytern durch Barnabas und Paulus zeigt (14,23), Interesse am »Kontinuitätsprinzip«[17]. Nicht die charismatische Gemeinde, sondern der Heilige Geist bestellt zu Presbytern (14,28; vgl. die Milet-Rede: 20,17–34); vor ihm müssen die Presbyter die Verwaltung ihres Amtes verantworten; sie haben das Eigentums-

---

[14] Ebd. 246.

[15] Ebd. 249f.

[16] So A. Vögtle, ebd. 252, mit Helmut Merklein.

[17] Ebd. 257. Unsicher bleibt die Deutung der Handauflegung. In der Lit. findet sich öfter der Hinweis auf den Einfluß von Num 27,18-23. Merkwürdigerweise wurde die »Geistübertragung« auf Rabbinenschüler nach Dtn 34,9 nicht genutzt. Diskutiert werden: Apg 6,6; 13,3; 14,23; 1 Tim 4,14 und 2 Tim 1,6 (an diesen beiden Stellen: Übermittlung des Charismas durch Handauflegung?); 1 Tim 5,22 (Ordination oder Rekonziliation?). Vgl. auch O. Knoch, Die Funktion der Handauflegung im Neuen Testament, in: Liturgisches Jahrbuch 33 (1983) 222–235.

volk Gottes nicht nur zu leiten, sondern auch vor Gefahren zu be-
hüten, insbesondere die apostolische Tradition gegen Irrlehre von
innen und außen zu schützen. So ist speziell nach Apg 20 ersichtlich, wie Obhut über Glaubenstradition/Lehre und Amt/Leitung
miteinander verbunden sind. Heiliger Geist und kirchliches Amt
sind, je auf ihre Weise, »kirchenbildende Elemente«[18].

Im letzten Drittel des 1. Jahrhunderts setzen somit Zeugnisse ein,
die auf relativ breiter Basis das Bestreben dokumentieren, die
(zum Teil schon schriftlich fixierte) apostolische Überlieferung als
normativ zu betonen und gegen Veränderungen zu schützen. Späte
Zeugnisse der Ausgestaltung dieser Bestrebungen sind die Pasto-
ralbriefe und der 2. Petrusbrief. Die Sorge um das »anvertraute
Gut« führt zu einer Nachfolge in der apostolischen Lehre, aber
immer noch nicht zu dem Bemühen, eine apostolische Amtsnachfolge zurück bis zu den Zwölfen und zu Paulus durch eine Abfolge
von Handauflegungen nachzuweisen. Eine Amtseinsetzung war
noch in der zweiten und dritten christlichen Generation unmittelbar pneumatisch möglich.[19]

Abschließend ist in aller Kürze noch etwas zur Terminologie zu
sagen. Es war eine gewisse Zeit lang modisch, mit einem Nachhall
bis heute, die Ansätze zu einer Ämterentwicklung im Neuen Testament mit den erwiesenen Schwerpunkten der Lehre und der Leitung (Wahrung der Gemeindeeinheit) polemisch auszuspielen gegen das Kultische. Der nachbiblischen Amtsentwicklung wurden
Rückfall in das Kultbeamtentum, »Sazerdotalisierung« usw. vor-
geworfen. Besonders betont wurde, daß die Wortprägungen »episkopos« (Aufseher), »presbyteros« (Ältester), »diakonos« (Diener) profanen Charakter tragen und auch andere frühe Amtsbe-
zeichnungen wie »Lehrer«, »Vorsteher«, »Hirt« keine kultisch-sa-
kralen Begriffe sind. In der genannten Polemik sind viele Vereinfa-
chungen festzustellen. Natürlich sind auch wirkliche theologische
Probleme gesehen, deren Kern in folgendem besteht: Ein Kult, der
Gott mit Gottesdiensten versöhnen müßte, ein Opferwesen, hinter

---

[18] *A. Vögtle*, a. a. O. 256, 262f.
[19] Ebd. 267. Vgl. aus der Lit. IX auch von *H. von Lips*, Glaube – Gemeinde – Amt;
G. Lohfink, Die Normativität; *W. Trilling,* Zum »Amt«.

dem die Vorstellung steht, Gottes Wohlgefallen ruhe auf Verzichten oder gar auf Lebensvernichtung, ein Priestertum, das sich für unentbehrlich zur Vermittlung zwischen Gott und Menschen hielte, sind mit der Gottesbotschaft Jesu absolut unvereinbar. Daß das Neue Testament sich generell gegen Sühne am Tempel (nicht: gegen Gebet im Tempel!) wendet und auch aus diesem Grund aus den Bezeichnungen christlicher Ämter zunächst alles ferngehalten wurde, was an Kultpersonal erinnern könnte, ist unbestreitbar.

Die Kultkritik des Neuen Testaments und insbesondere bei Jesus selber steht auf dem Boden des Judentums. Sie ist in der Linie der harten prophetischen Opferkritik zu sehen (vgl. z. B. Hos 6,6; Jes 1,10–17; Mich 6,5–8; Jer 7,21–23; Ps 50,7–15). Das Neue Testament machte sich die positive Alternative im Judentum zu eigen: Lobopfer und Dank für Gottes Machttaten (Ps 50,23), praktizierte Gerechtigkeit gegenüber den Armen (Jes 1,17; Mich 6,8), barmherzige Liebe (Hos 6,6, zitiert Mt 9,13 und 12,7) sollen an die Stelle des Opferkults treten. Dennoch schließt diese erneuerte, praktizierte Frömmigkeit Ruhm, Anbetung und Anrufung Gottes auch in liturgischer Form keinesfalls aus. Zu den Hoffnungen in Israel gehörten auch die auf ein reines Opfer (Mal 1,11) und auf ein erneuertes Priestertum (Mal 3,3f; Sir 45,7.15.24). Die neutestamentlichen Aussagen vermeiden nicht krampfhaft eine liturgische Sprache: daß das ganze Leben der Glaubenden ein Gottesdienst sein soll, daß alle der Tempel und das Haus Gottes sind, daß die Glaubenden das priesterliche Eigentumsvolk Gottes sind (1 Petr 2,5.9; Offb 1,6; 5,9f; 20,6, mit Bezugnahme auf Ex 19,6; Jes 61,6). Noch weitere Einzelheiten – außer dem umstrittenen priesterlichen Dienst des Paulus nach Röm 15,16 – wären zu erwähnen,[20] insbesondere im Zusammenhang mit Jesus: Nicht nur im Hebr (5–10), auch in Eph 5,2 wird er als Gabe und Opfer (prosphora und thysia) bezeichnet; sein Blut wird als das des Bundes nach Ex 25,5–8 verstanden; er stilisiert das letzte Mahl liturgisch und segnet zum Abschied (Lk 24,50f); die Glaubenden haben teil an seinem Priestertum: Hebr 10,14–25; 13,16.

---

[20] Vgl. A. *Vanhoye*, Prêtres anciens, prêtre nouveau selon le Nouveau Testament, Paris 1980.

So bietet das Neue Testament bis zum Ende des 1. Jahrhunderts hin, möglicherweise bis in die 1. Hälfte des 2. Jahrhunderts hinein, eine Menge formbaren »Materials«, auch erste Institutionalisierungen, aus denen später deutlichere Ämter, Weihen und die dazugehörigen Theologien entstehen konnten. Zwei methodische Fehler sind dabei zu vermeiden: weder steht die spätere Entwicklung in einem solchen Kontrast zur »Mitte des Evangeliums«, daß sie nur als Fehlentwicklung angesehen werden dürfte, noch setzt die Entwicklung bei den Jerusalemer Aposteln, die mit einer Ausnahme noch von Jesus berufen wurden, an; abgesehen davon, daß die Zwölf erst spät (Apg 8,1) als die in Jerusalem residierenden Patriarchen der Urkirche stilisiert wurden,[21] führt selbst von diesem Kreis keine direkte Linie zu den »monarchischen« Bischöfen der nachbiblischen Zeit. Über Ansätze zu einer sakramentalen Weihe erfahren wir noch nichts. Der späteren Zeit hat die Bestellung der Diakone durch Gebet und Handauflegung (Apg 6,6) als Modell für die den Geist mitteilende bzw. erflehende Weihe gedient, doch ist in der Forschung umstritten, ob die im Neuen Testament bezeugte Handauflegung als »Ordination« gelten kann.

11.2.2 Nachbiblische Ausformung

Die nachbiblischen Zeugnisse des 1. und 2. Jahrhunderts[22] zeigen die weitere Ausformung und Festigung der kirchlichen Ämter, sie bieten aber noch keine Reflexion auf ein Weihegeschehen. Der theologische Schwerpunkt liegt auf der Sorge um die Zugehörigkeit zur apostolischen Tradition, sowohl im Hinblick auf Glauben und Lehre als auch im Hinblick auf die Institution.

Der Clemensbrief läßt erkennen, daß in der Gemeinde von Korinth Leitung und Liturgie (»Opferdarbringung«) Sache des Amtes

---

[21] So *A. Müller* (s. Lit. IX), 102.
[22] Vgl. dazu aus den Angaben zur Lit. IX bes. *J. Martin*, Der priesterliche Dienst III; *G. Kretschmar*, Die Ordination im frühen Christentum; *J. Rhode*, Urchristliche und frühkatholische Ämter; *A. Jilek*, Bischof und Presbyterium; *B. Kleinheyer*, Ordinationen und Beauftragungen; aus der älteren Lit.: *K. Rahner* / *H. Vorgrimler* (Hrsg.), Diaconia in Christo, Freiburg 1961; *P. Fransen*, Weihen, Heilige, in: Sacramentum Mundi IV, Freiburg 1969, 1249–1293.

waren. Außer dem zugleich presbyteral und episkopal strukturierten Amt gab es Diakone. Die Ämter wurden auf den Willen und die Anordnung Gottes zurückgeführt und erstmals mit der jüdischen Hierarchie verglichen.

Ignatius von Antiochien wird häufig als derjenige Zeuge benannt, bei dem die Entwicklung zu einem »monarchischen Episkopat« oder »Monepiskopat« zum Abschluß gekommen sei. In Wirklichkeit bietet er nur eine regional begrenzte Sicht unter mehreren anderen. Sein theologisches Interesse ist vom Bild- oder Typos-Denken bestimmt; dabei tritt eine merkwürdige, nicht mit der späteren katholischen Hierarchie übereinstimmende Typologie zutage: Der Bischof sei Abbild Gottes des Vaters, die Diakone sollen verehrt werden wie Jesus Christus, die Presbyter hätten zu gelten wie das Kollegium der Apostel. Das kirchliche Amt ist für Ignatius der bevorzugte Ort des Heiligen Geistes und seines Wirkens, und die Kirche sieht er nirgendwo anders verwirklicht als dort, wo dieses Amt ist. Der Bischof ist Vorsteher der Liturgie, die Einheit der Gemeinde liegt in seiner Verantwortung.

Im Unterschied zu diesen beiden Zeugnissen wird auch noch für die Zeit nach ihnen anderswo nur von Presbytern gesprochen (2 Clem, Hermas).

In großen Turbulenzen, die durch Anhänger der Gnosis, der Mysterienkulte und durch sektenhafte Abspaltungen herbeigeführt wurden, entstand im 2. Jahrhundert ein starkes Bewußtsein der institutionellen und geschichtlichen Aspekte der Kirche, dessen herausragender Zeuge Irenäus von Lyon ist. Er vertiefte jene theologische Sicht, die im letzten Drittel des 1. Jahrhunderts aufgekommen war, daß das Apostolische normative Bedeutung für die Kirche habe. Sein Bemühen war es, nachzuweisen, daß die Kirche nur dadurch in der Wahrheit ist und bleibt, daß sie sich an die Kirche der Apostel zurückbindet. Die apostolische Nachfolgeschaft der katholischen Kirche ist ersichtlich an der Amtsnachfolge: Dadurch, daß eine lückenlose Reihe von Amtsnachfolgern von den Aposteln bis zu den Bischöfen aufgezählt wird, ist auch gesichert, daß die apostolische Glaubens- und Lehrüberlieferung erhalten blieb und nicht verfälscht wurde, denn die »Nachfolger der Apostel« haben das »sichere Charisma der Wahrheit« empfangen.

Tertullian bezeichnete als erster den Bischof als »summus sacer-
dos«, Hoherpriester, wohl von der Melchisedech-Theologie
(Ps 110,4; Hebr 5–7) beeinflußt. Theologisch verbreitet sich der
Gedanke, daß das Alte Testament auch in seinen Institutionen im
Neuen Testament die Erfüllung fand. Tertullian ist es auch, der die
kirchlichen Amtsträger mit einem lateinischen Fachausdruck zu
einer Gruppe zusammenfaßt: »ordo«. Dieser Begriff, der bei den
Römern den leitenden Stand, eine Körperschaft gegenüber dem
Volk, bezeichnete, war ihm in der lateinischen Übersetzung von
Ps 110,4 begegnet und wurde in den romanischen Sprachen bis
heute die Bezeichnung des Weihesakraments: »sacramentum ordinis«. Was sich im Clemensbrief angedeutet hatte, wird nun offenkundig: Es bestehen keine psychologischen oder theologischen
Hemmungen mehr, nichtchristliche Begriffe wie »Hoherpriester«,
»Priester« und »Stand« in die christliche Ämtersprache aufzunehmen. Im 3. Jahrhundert geht Cyprian darin noch weiter; das »sacerdotium« ist bei ihm auf den eucharistischen Altar bezogen; er
spricht von »clericus« (aus dem griechischen »kleros«, Los) als von
dem, der durch seinen Stand an Gott besonderen Anteil hat; ähnlich Origenes (biblische Wurzeln: Dtn 4,20; 9,29; Apg 1,17). Der
dazugehörige Begriff »laikos« für den zum einfachen Volk Gehörenden tauchte schon im Clemensbrief auf. Cyprian nannte die verschiedenen Ämter innerhalb des einen Ordo »gradus« und führte
damit die Hierarchisierung weiter.
Es hängt sicher mit der Abwehrhaltung der Kirchen nach innen
und nach außen, vor allem mit dem Kampf gegen gnostische Heils-
lehren, zusammen, daß vom 2. Jahrhundert an charismatische Ge-
meindefunktionen außerhalb des »ordo« immer seltener genannt
werden, während es charismatisch freie Impulse zu allen Zeiten in
der Kirche gab. Bemerkenswert ist, daß noch Tertullian Prophetin-
nen kannte, die Rederecht im Gottesdienst hatten.
Unterdessen hatte Hippolyt in Rom in der »Apostolischen Überlieferung« Elemente der Liturgie und Theologie der Weihe gesammelt. Das Bischofsamt ist mit seinen Aufgaben im Verkündi-
gungs-, Hirten- und Priesterdienst die Vollgestalt des kirchlichen,
durch Gebet und Handauflegung mitgeteilten Amtes. In dieser
Weihe wird dem Kandidaten »die Kraft des Führungsgeistes« erbe-

ten und verliehen; er wird dadurch in die vom Heiligen Geist bewirkte Sendung Jesu Christi und der Apostel hineingenommen. Als die wesentlichen Aufgaben des Bischofs treten hervor: das eucharistische Darbringen der von der Gemeinde gespendeten und vom Diakon überbrachten Gaben (Danksagung und Lobpreis werden von der ganzen Gemeinde vorgetragen, aber die »eucharistia« spricht der Bischof allein) und die Leitung des öffentlichen Bußwesens. Dem Bischof gegenüber verbleiben die Presbyter gleichsam im Schatten; die Mitglieder des Presbyterkollegiums unterstützen den Bischof in seinen Leitungsaufgaben. Die Diakone sind nicht den Presbytern, sondern dem Bischof zugeordnet und üben einen vermittelnden Dienst zwischen ihm bzw. dem Altar und der Gemeinde aus. Der besondere Bezug der geistverleihenden Handauflegung zur Eucharistie wird auch durch Bemerkungen deutlich, die sich nicht auf die genannten Ämter beziehen: »Bekenner« dürfen auch ohne Handauflegung priesterlich tätig sein, weil ihr Martyrium gezeigt hat, daß sie den Heiligen Geist schon besitzen. Witwen erhalten die Handauflegung nicht, weil ihr wichtiger (caritativer) Dienst sich nicht auf die Eucharistie bezieht.

Wenn das Modell Hippolyts auch nicht universalkirchliche Geltung besaß, so läßt sich doch, nimmt man es mit den anderen Zeugnissen zusammen, sagen: Die Komponenten des Amtes treten im 3. Jahrhundert eindeutig hervor, nämlich Dauerstellung, bestimmte Kompetenzen und geregelte Nachfolge; konstitutiv für das Amt ist die Apostolizität, das Amt seinerseits ist konstitutiv für die Kirche.[23] Daß die Amtsverleihung bei drei Ämtern sakramental verstanden wird und bei zweien Kompetenzen bei der eucharistischen Liturgie mit sich bringt, ist deutlich.

Die »Apostolische Überlieferung« gelangte dadurch zu dominierendem Einfluß, daß sie in den »Apostolischen Konstitutionen« rezipiert wurde, einer rechtlich-liturgischen Kirchenordnung des 4. Jahrhunderts in Syrien, die allen ostkirchlichen Weiheliturgien zugrunde liegt (wenn auch mit gewissen Veränderungen: Erweiterungen der Epiklese, Charakterisierung des Priesters als des üblichen Liturgen bei Wortverkündigung und Eucharistiefeier).

---

[23] So A. Müller, a.a.O. 106.

Hatte so die nachbiblische Entwicklung zur Ausformung des kirchlichen Amtes und innerhalb seiner zur dominierenden Stellung des Bischofs geführt, eine Stellung, die mit der Apostolizität theologisch begründet war, so trat zwischen dem 6. und dem 9. Jahrhundert eine gewichtige Verschiebung ein, die sehr differenzierte Gründe hatte.[24] In dieser kurzen Übersicht muß es genügen, jene Linien anzudeuten, die für die Weihetheologie wichtig sind, und sich dabei auf die westliche Kirche zu beschränken. Während in Rom in Handauflegungsgebeten des 5. Jahrhunderts die Presbyter als »secundus ordo« noch ganz hinter den Bischof zurücktreten, dem sie bei der Verkündigung helfen, wird unter altgallischem (6. Jahrhundert) und vor allem fränkischem Einfluß (8. Jahrhundert) ihr Dienst bei der Eucharistie ins Zentrum gerückt. Von jetzt an entwickelt sich ein eigenes Priesterbild: Priester sind jene Opferpriester des Neuen Bundes, denen durch die sakramentale Weihe unverlierbar die Konsekrationsvollmacht mitgeteilt wurde. Dementsprechend tritt die Theologie des Bischofsamtes zurück. Es wird theologisch weniger vom Hirtendienst in der Gemeinde her, mehr als Vollendung oder »Fülle« des Priestertums verstanden, dominierend in der Sicht des Bischofs ist aber seine rechtliche Stellung: Seine heilsgeschichtlichen Vorbilder sind Mose und Aaron.

Auch die Weihriten wurden verändert. Als Kern des Weiheritus bei Bischof, Presbyter und Diakon zeichnen sich vom 3. Jahrhundert an Gebet und Handauflegung ab. »Handauflegung« kann in den ersten drei Jahrhunderten auch nur Wahl oder Ernennung bedeuten; ebenso kann »ordinare« die Bedeutung »bezeichnen« behalten. Seit dem 4. Jahrhundert bürgern sich feste Begriffe für den Weiheritus ein, vor allem »Handauflegung«, »Segnung« (benedictio) oder »Weihe« (consecratio). Neben den drei genannten Ämtern gab es im Osten (erste Zeugnisse bei Klemens von Alexandrien und Origenes) wie im Westen (erste Zeugnisse bei Tertullian und Cyprian) eine Reihe geringerer Dienste, in die man in Form eines einfachen Ritus eingeführt wurde und deren Zahl zwischen 2 und 8 schwankte (einige von ihnen wurden auch Frauen übertragen).

Der (vom Volk gewählte) Bischof empfing die Handauflegung nach

---

[24] Gut zusammenfassend *P. Fransen*, a. a. O. 1262–1265.

der »Apostolischen Überlieferung« von einem anderen Bischof; seit dem Konzil von Nicaea 325 und der Synode von Arles 314 muß die Bischofsweihe durch drei Bischöfe vollzogen werden; zur Handauflegung kam die Auflegung des Evangelienbuches. Der Priester wurde vom Bischof durch Handauflegung geweiht, wobei seit der »Apostolischen Überlieferung« die Handauflegung der anderen anwesenden Presbyter hinzukam. Der Diakon empfing die Weihe durch die Handauflegung des Bischofs allein (zu den Diakoninnen: unten 11.4.4). Das Konzil von Chalkedon 451 verbot in can. 6 (COD 66) die »absolute Ordination« von Presbytern, Diakonen und anderen »kirchlichen Graden«, das heißt, jeder Geweihte im Osten wie im Westen mußte einer bestimmten Gemeinde (Kirche, Kloster) zugeordnet sein (»relative Ordination«).

Unter fränkischem Einfluß kommen dann aber vom 7. Jahrhundert an zum Ritus der Bischofsweihe eine Chrisamsalbung des Hauptes, die Übergabe von Stab und Ring und die Inthronisation hinzu: Die Vollmacht des Bischofs wird als »herrscherliche« angesehen. Zur Priesterweihe kommen eine Salbung der Hände, die Überreichung von Brot und Wein bzw. Hostienteller und Kelch und eine zweite Handauflegung zur Mitteilung der Vergebungsvollmacht hinzu: Der Dienst des Presbyters wird als primär liturgisch angesehen. Eine römische Synode im Jahr 1099 erlaubte die »absolute Ordination«.

Eine neue Weiheliturgie für die »niederen Weihen« der lateinischen Kirche wurde im 10. Jahrhundert in Gallien festgelegt, wobei sich der fränkische Einfluß durch die dominierende Überreichung der jeweiligen »Instrumente« des Dienstes geltend macht. Mit »niederen Weihen« werden nun übertragen: der Ostiariat, Lektorat, Exorzistat, Akolythat und Subdiakonat. Ihnen entsprachen keine wirklichen Funktionen in Gemeinde und Gottesdienst mehr: Es waren Weihestufen auf dem Weg zum Priestertum, die die Kandidaten auf die verschiedenen Aspekte des priesterlichen Dienstes vorbereiten sollten.

11.3 Die Lehre über das Weihesakrament in ihrem Werden

11.3.1 Vom Altertum zur Scholastik

Die Theologie der Weihe konzentriert sich im kirchlichen Altertum zunächst auf den Bischof: In der Weiheliturgie, in der er in den »ordo episcoporum« aufgenommen wird, erbittet die Kirche für ihn jene Gnadenhilfe Gottes, die es ihm ermöglicht, seine Aufgaben zu erfüllen. Es gehört zur Wahrung der kirchlichen Einheit, daß bestimmte Aufgaben dem Bischof vorbehalten bleiben. Es ist keine falsche Systematik, wenn der Bischofsdienst nach drei wesentlichen Aufgabenschwerpunkten gegliedert wird in den Dienst der Verkündigung, der Liturgie und der Gemeindeleitung, wobei die Funktion des Bischofs in Verkündigung und Liturgie ebenfalls wieder leitend (letztverantwortlich) war. Das eigentlich theologische Verständnis sah den Bischof einbezogen in Dienst und Sendung Jesu Christi durch den Vater in der Kraft des Heiligen Geistes. Dieses Einbezogensein bedeutete, jene Gnade Gottes empfangen zu haben, dank der der Bischof Abbild (Typos) des Vaters bzw. (vor allem vom 4. Jahrhundert an) Jesu Christi sein, den unsichtbar Anwesenden sinnenfällig vergegenwärtigen konnte, zur Stärkung und getreuen Bewahrung des von den Aposteln überlieferten Glaubens. Als vom 3. Jahrhundert an dieser Dienst theologisch als priesterlicher Dienst verstanden wurde, sah man die »Gnade des Priestertums« in erster Linie im Bischof verwirklicht. (Zur Verdeutlichung der Entwicklung muß hier einiges von dem wiederholt werden, was schon oben 8.4.7 gesagt worden ist.)

In der westlichen wie in der östlichen Kirche taucht vom 4. Jahrhundert an eine Tendenz auf, die sich auf das geistliche »Können« der Amtsträger bezieht[25] und eine theologische Gleichheit von Bischöfen und Priestern annimmt. Bischöfliche Zeugnisse (der Bischöfe von Rom, der römischen Weiheliturgie usw.) nennen dage-

---

[25] Ihre Motive sind nicht deutlich. Bei Hieronymus ist sie verbunden mit Angriffen auf die Diakone und auf den Bischof von Jerusalem. Sie wird häufig mit seinem Namen verbunden, wird aber auch von anderen wichtigen Zeugen des Altertums wie Ambrosius und Johannes Chrysostomus vertreten. Vgl. *P. Fransen*, a.a.O. 1271–1273.

gen das Priestertum der Priester bewußt nachgeordnet, »secundi meriti munus«. Angesichts der bedeutenden Zeugen für die presbyterale Tendenz wurde diese von fränkischen Theologen übernommen und damit der scholastischen Theologie überliefert. Sobald die Frage nach dem »Können« sich zu einer Frage nach der »Vollmacht« verdichtet hatte, tauchte die Ansicht auf, die wichtigste Vollmacht im kirchlichen Amt beziehe sich auf die Sakramente, und da der Priester kraft seiner Weihe hinsichtlich der Eucharistie und des Bußsakraments eine nicht mehr zu überbietende Vollmacht besitze, könne diese durch die Bischofsweihe nicht weiter gesteigert werden. Der einflußreiche Petrus Lombardus († 1160) lehrte daher, die Bischofsweihe sei kein Sakrament, während die Priesterweihe seit Klärung des Sakramentsbegriffs Mitte des 12. Jahrhunderts als *das* Sakrament der Weihe galt. Die Besonderheit des Bischofsamtes wurde statt dessen im Bereich der Jurisdiktion (»Hirtengewalt«) gesehen.[26] So sprach man hinsichtlich des Priesters von einer »potestas in corpus eucharisticum«, hinsichtlich des Bischofs von einer »potestas in corpus mysticum«. Aus dieser Zweiteilung entstanden unterschiedliche »Bilder« des Priesters und des Bischofs, die auch geschichtlichen Schwankungen unterworfen waren.[27]

Die beiden Bereiche der »Weihegewalt« und der »Jurisdiktionsgewalt« waren natürlich nicht völlig voneinander getrennt.[28] Sakramententheologisch ist der Vorbehalt von Sakramenten wichtig. Priester durften (und dürfen) im Bußsakrament die Absolution nur erteilen, wenn die ihnen in der Weihe mitgeteilte »Vollmacht« auch jurisdiktionell »entbunden« wurde. Der Bischof blieb in der westlichen Kirche im Normalfall »Spender« der Firmung. Vor allem aber war und ist er der »Spender der Heiligen Weihen«: Nur ein

---

[26] Kanonisten hielten an der Sakramentalität der Bischofsweihe fest. Zum Fortgang der Kontroverse *P. Fransen*, a. a. O. 1272 f.

[27] Hierzu gibt es eine eigene Lit., die nicht angeführt werden kann, die aber auch dringend einer sozialgeschichtlichen Erweiterung bedarf. Zur Erstinformation *P. Fransen*, a. a. O. 1264–1267.

[28] Zu einer ersten Information ist sehr instruktiv: *K. Mörsdorf*, Heilige Gewalt, in: Sacramentum Mundi II, Freiburg 1969, 582–597.

Bischof darf Priester und Diakone weihen,[29] nur mehrere Bischöfe zusammen dürfen im Normalfall einen Bischof weihen.

11.3.2   Geschichtliche Festlegungen

Die ersten amtlichen Äußerungen betreffen die »Gültigkeit« von Weihen, die von Häretikern, Schismatikern, ja sogar Simonisten gespendet wurden: Sie sind gültig (nur lat. DS 478 im Jahr 601, DS 705 im Jahr 1106). Das Zweite Konzil von Lyon 1274, das von der Siebenzahl der Sakramente sprach (NR 928/DS 860), verlangte von den getrennten Ostkirchen nicht mehr wie Rom noch 1254, daß sie die niederen Weihen übernähmen.

In dem Text, den das Konzil von Florenz 1439 in den Unionsverhandlungen mit den von Rom getrennten Armeniern vorlegte, ist in kurzen, bei Thomas von Aquin entlehnten Worten die scholastische Auffassung vom Sakrament der Weihe wiedergegeben:

»Das sechste Sakrament ist die Weihe. Seine *Materie* sind die Dinge, durch deren Übertragung die Weihe gespendet wird. So wird das Priestertum übertragen durch die Übergabe des Kelches mit dem Wein und der Patene mit dem Brot, das Diakonat durch die Übergabe des Evangelienbuches, das Subdiakonat durch die Übergabe des leeren Kelches und der daraufliegenden leeren Patene. Ähnliches gilt von den andern Weihen, die durch die Zuweisung der Dinge übertragen werden, die zu den Dienstleistungen gehören. Die *Form* der Priesterweihe ist folgende: ›Empfange die Gewalt, das Opfer in der Kirche darzubringen für Lebende und Tote, im Namen des Vaters und des Sohnes und des Heiligen Geistes.‹ Ähnliches gilt von den Formen der anderen Weihen, wie sie im Pontificale Romanum ausführlich enthalten sind. Der ordentliche *Spender* dieses Sakramentes ist der Bischof. Die Wirkung ist die Mehrung der Gnade, so daß einer ein geeigneter Diener (am Altare) sei« (NR 705/DS 1326).

Damit ist (in dogmatisch nicht verbindlicher Form) die damalige, heute hinsichtlich Materie und Form nicht mehr gültige Lehre der Kirche wiedergegeben. Die Bischofsweihe wird nicht einmal erwähnt.

Die Reformatoren haben den Gedanken des allgemeinen (wie man

---

[29] Auch bestimmte andere Weihen nimmt normalerweise nur der Bischof vor (s. unten 13). Über historische Ausnahmen, in denen Priester von Priestern geweiht wurden: *P. Fransen*, a. a. O. 1270 f. (Belege).

damals sagte; besser wäre: gemeinsamen) Priestertums entscheidend wiederbelebt.[30] Von ihm aus bekämpften sie den Unterschied zwischen Klerikern und Laien; sie bestritten die Existenz des Weihesakraments und der durch es übertragenen Weihegewalt. Luther lehrte ausdrücklich, daß die Taufe alle Christen zu Priestern und Bischöfen weihe, so daß sie fortan keiner eigenen priesterlichen Vermittlung mehr bedürften. Daß es in der Gemeinde der Glaubenden legitimerweise Ämter (officia) gibt, wurde angesichts der neutestamentlichen Befunde nicht bestritten, aber nur *ein* Amt galt als »göttlichen Rechts«, das der Verkündigung, das jedem Glaubenden als Aufgabe zukommt. Aus ihm läßt sich auch ein »Gegenüber« von Amt und Gemeinde ableiten. Besondere Amtsträger gibt es, aufgrund einer Berufung durch den Heiligen Geist und »ordiniert« durch Bevollmächtigte der Gemeinde, das heißt unter Fürbitte in ihr Amt eingesetzt, um der öffentlichen Ordnung in der Gemeinde willen. (Weiteres unten 11.5.)

Das Konzil von Trient verteidigte demgegenüber die Existenz eines sichtbaren, äußeren Priestertums, und zwar so, daß »Priesterdienst« (sacerdotii ministerium) der übergeordnete Begriff für eine Institution ist, die es kraft »göttlicher Anordnung« (»Dei ordinatione«, auch »divina res«) gibt und die in sich in Stufen geordnet ist. Zugleich wird die Lehre von der Existenz des Weihesakraments bekräftigt. Die Konzilsäußerungen finden sich in 4 Lehrkapiteln und in 8 dazugehörigen Canones der 23. Sitzung 1563.

Die Kapitel lauten:

»1. Kapitel: Die Einsetzung des Priestertums des Neuen Bundes
Opfer und Priestertum sind nach göttlicher Anordnung so verknüpft, daß sich beides in jeder Heilsordnung findet. Da also im *Neuen Bund* die katholische Kirche nach der Einsetzung des Herrn die heilige Eucharistie als *sichtbares* Opfer empfangen hat, so muß man auch bekennen, daß es in ihr *ein neues, sichtbares, äußeres Priestertum* gibt, in dem das alte Priestertum aufgehoben und vollendet wurde. Daß dieses Priestertum von unserem Herrn und Heiland eingesetzt wurde, daß den Aposteln und ihren Nachfolgern im Priestertum die Gewalt übertragen wurde, seinen Leib und sein Blut zu verwandeln, darzubringen und auszuteilen, sowie Sünden zu verge-

[30] Vgl. zum reformatorischen Verständnis: *W. Lohff*, in: LThK VII 1222–1224. Weiteres in dem Sammelband *H. Vorgrimler* (Hrsg.), Amt und Ordination in ökumenischer Sicht, Freiburg 1973.

ben und zu behalten, das zeigt die Heilige Schrift, und das hat die Überlieferung der katholischen Kirche immer gelehrt.

2. Kapitel: Die sieben Weihen

Da aber dieser heilige Priesterdienst eine göttliche Einrichtung ist, so war es entsprechend, daß es im fein gegliederten Aufbau der Kirche *verschiedene Ordnungen von Dienern* gebe, auf daß er (der Priesterdienst) würdig und mit größerer Ehrfurcht durchgeführt werden könne. Sie sollten von Amts wegen dem Priestertum dienen und so verteilt sein, daß diejenigen, die schon die klerikale Tonsur tragen, durch die niederen Weihen zu den höheren aufsteigen. Denn die Heilige Schrift redet nicht nur von den Priestern, sondern ganz klar auch von den Diakonen, und sie lehrt mit ernsten Worten, auf was man bei ihrer Weihe vor allem zu achten habe.

Von Anfang an waren in der Kirche die Namen folgender Dienstordnungen und die den einzelnen Dienstordnungen entsprechenden Amtsverrichtungen in Gebrauch: des Subdiakons, des Altardieners, des Beschwörers, des Vorlesers und des Pförtners, freilich nicht auf gleicher Stufe. Denn das Subdiakonat wird von den Vätern und Kirchenversammlungen zu den höheren Weihen gezählt. Wir lesen bei ihnen aber auch häufig von den andern, niederen Weihen.

3. Kapitel: Die Weihe ist ein wirkliches Sakrament

Da es nach dem Zeugnis der Schrift, nach apostolischer Überlieferung und allgemeiner Auffassung der Väter ganz klar ist, daß durch die heilige Weihe, die in Worten und äußeren Zeichen vollzogen wird, Gnade mitgeteilt wird, so darf niemand daran zweifeln, daß die Weihe im wahren und eigentlichen Sinn eines von den sieben Sakramenten der heiligen Kirche ist; denn der Apostel sagt: ›Ich mahne dich, du mögest die Gnadengabe neu erwecken, die in dir ist durch die Auflegung meiner Hände. Denn Gott hat uns nicht den Geist des Zagens gegeben, sondern der Kraft, der Liebe und der Besonnenheit‹ (2 Tim 1,6f).

4. Kapitel: Die kirchliche Hierarchie (heilige Rangordnung) und die Weihe

Da im Sakrament der Weihe wie in der Taufe und Firmung ein *Merkmal* eingeprägt wird, das *nicht zerstört* und nicht weggenommen werden kann, so verurteilt die heilige Kirchenversammlung mit Recht die Auffassung derer, die behaupten, die Priester des Neuen Bundes hätten nur eine zeitweise Vollmacht, und auch, wer richtig geweiht sei, könne wieder Laie werden, wenn er den Dienst des Gotteswortes nicht versehe.

Wenn jemand behauptet, *alle Christen* seien *in gleicher Weise Priester* des Neuen Bundes, oder alle seien ohne Unterschied mit derselben geistlichen Vollmacht ausgestattet, dann heißt das nichts anderes als *Verwirrung in die kirchliche Hierarchie* bringen, die wie ein geordnetes Kriegsheer ist (Hld 6,3 Vg), gleich als wären gegen die Lehre des heiligen Paulus alle Apostel, alle Propheten, alle Evangelisten, alle Hirten, alle Lehrer (vgl. 1 Kor 12,29). Sodann erklärt die heilige Kirchenversammlung, daß außer den übrigen kirchlichen Rangstufen vor allem die *Bischöfe*, die den Aposteln im

Amte nachfolgten, zu dieser hierarchischen Ordnung gehören, daß sie nach dem Wort desselben Apostels (Apg 20,28) vom Heiligen Geist eingesetzt sind, die Kirche Gottes zu lenken, daß sie den Priestern vorgesetzt sind, das Sakrament der Firmung spenden, die Diener der Kirche weihen und verschiedene andere Vollmachten haben, deren Ausübung den anderen auf einer niedrigeren Stufe nicht zukommt.

Außerdem lehrt die heilige Kirchenversammlung, daß bei der Weihe von Bischöfen, Priestern und der übrigen Rangstufen niemals die Zustimmung, Berufung oder Bevollmächtigung durch das Volk oder irgendeine *weltliche Macht und Regierung* in dem Sinn erfordert ist, daß bei ihrem Fehlen die Weihe ungültig wäre. Im Gegenteil entscheidet sie, daß alle, die nur vom Volk oder von einer weltlichen Macht und Regierung berufen und eingesetzt sind und zur Verwaltung dieses Amtes emporsteigen, und alle, die es aus eigener Vermessenheit ergreifen, nicht Diener der Kirche sind, sondern als Diebe und Räuber betrachtet werden müssen, die nicht durch das Tor eingetreten sind (vgl. Joh 10,1)« (NR 706–712/DS 1764–1769).

Die Canones haben folgenden Wortlaut:

»1. Wer sagt, im Neuen Bund gebe es kein sichtbares und äußeres Priestertum oder keine Vollmacht, den wahren Leib und das Blut des Herrn zu verwandeln und darzubringen, Sünden zu vergeben und zu behalten, sondern nur das Amt und den bloßen Dienst an der Verkündigung des Evangeliums, oder, daß solche, die nicht predigen, überhaupt keine Priester seien, der sei ausgeschlossen.

2. Wer sagt, neben dem Priestertum gebe es in der katholischen Kirche nicht noch andere Weihegrade, höhere und niedere, durch die man wie auf Stufen dem Priestertum entgegengeht, der sei ausgeschlossen.

3. Wer sagt, die Weihe, d. h. heilige Weihehandlung, sei nicht ein wahres und eigentliches von Christus, dem Herrn, eingesetztes Sakrament, sondern menschliches Machwerk, von Männern ersonnen, die nichts von kirchlichen Dingen verstanden, oder sie seien nur eine bestimmte äußere Form, Diener des Gotteswerkes und der Sakramente auszuwählen, der sei ausgeschlossen.

4. Wer sagt, durch die heilige Weihehandlung werde nicht der Heilige Geist mitgeteilt, und es sei daher sinnlos, wenn der Bischof sage: ›Empfange den Heiligen Geist‹, oder es werde durch sie nicht ein Merkmal eingeprägt, oder, wer einmal Priester war, könne wieder Laie werden, der sei ausgeschlossen.

5. Wer sagt, die heilige Salbung, die die Kirche bei der heiligen Weihehandlung gebraucht, sei nicht nur überflüssig, sondern verächtlich und verderblich, gleichwie auch die andern äußeren Gebräuche dabei, der sei ausgeschlossen.

6. Wer sagt, es gebe in der katholischen Kirche keine heilige Rangordnung, die, nach göttlicher Anordnung eingeführt, aus Bischöfen, Priestern und Dienern besteht, der sei ausgeschlossen.

7. Wer sagt, die Bischöfe seien den Priestern nicht vorgesetzt, oder sie hätten nicht die Vollmacht zu firmen und zu weihen, oder die Vollmacht, die sie hätten, sei ihnen mit den Priestern gemeinsam; oder die Weihen, die sie ohne Zustimmung oder Berufung durch das Volk oder eine weltliche Macht erteilten, seien ungültig; oder solche, die nicht von kirchlicher und rechtlicher Vollmacht geweiht oder beauftragt sind, sondern anderswoher kommen, seien rechtmäßige Diener des Wortes und der Sakramente, der sei ausgeschlossen.

8. Wer sagt, die Bischöfe, die ihr Amt durch Vollmacht des römischen Papstes erhalten, seien nicht rechtmäßige und wahre Bischöfe, sondern menschliches Machwerk, der sei ausgeschlossen« (NR 713–720/DS 1771–1778).

Das Priestertum wird in Trient von der Liturgie, und zwar von den dem Priester vorbehaltenen »Vollmachten«, her verstanden. Problematisch ist der Ansatz bei beiden Heilsordnungen. Unverbunden daneben steht die Lehre von der Hierarchie, die nach can. 6 nicht auf einer göttlichen Stiftung, sondern auf einer göttlichen Fügung gründet. Die Frage, ob die Bischofsweihe ein Sakrament ist, wurde bewußt offengelassen. Die Lehre vom bleibenden sakramentalen Charakter, der bei der Weihe eingeprägt wird, bedeutet nicht nur ein Bekenntnis zur Treue Gottes, dessen – kraft des Heiligen Geistes erbetene – Gnadengaben ohne Reue, unwiderruflich, gegeben werden. Sie wahrt auch das Recht der Gemeinde, Dienste zu erhalten, die von der persönlichen Qualität der Amtsträger unabhängig sind. Positiv bedeutet das aber, daß der Dienst den Geweihten in seiner ganzen Existenz beanspruchen will und nicht eine bloße Funktion sein kann. In der Hierarchie werden die Bischöfe (ohne eigene Erwähnung des Papstes) als übergeordnete Autorität dargestellt. Die Art und Weise der Gliederung und des Stils dieser Texte zeigt, daß nur die reformatorischen Positionen zurückgewiesen werden sollten und nicht eine vollständige Weihetheologie beabsichtigt war; dementsprechend bemühte man sich so gut wie gar nicht um eine biblische Begründung. Abgewiesen werden Einseitigkeiten; so hat das Konzil selbstverständlich nicht die Bedeutung der Wortverkündigung, des gemeinsamen Priestertums oder die Beteiligung des Volkes an einer Bischofswahl ablehnen wollen.[31]

Von ganz besonderer Bedeutung für die Sakramententheologie

---

[31] Zur Trienter Weihelehre aus Lit. IX: *L. Ott*, Das Weihesakrament; *P. de Clerck*,

und für das Weihesakrament war und ist die Apostolische Konstitution Pius' XII. »Sacramentum Ordinis« vom 30.11.1947 (NR
724/DS 3857–3861). In ihr äußert sich der Papst über die Kompetenz der Kirche hinsichtlich der Sakramente; er erklärt, daß allein
die Handauflegung die »Materie« bei Diakons-, Priester- und Bischofsweihe ist und die »Form« allein jene Worte sind, die »den
Vollzug dieser Materie in ihrem Sinn« bestimmen und die sakramentalen Wirkungen, nämlich die »potestas ordinis« und die
Gnade des Heiligen Geistes, eindeutig bezeichnen. Diese Erklärungen wurde grundlegend für die sakramententheologischen Äußerungen des Zweiten Vatikanischen Konzils und die folgende
Liturgiereform. Damit hatte der Papst auch entschieden, daß die
Übergabe der liturgischen Geräte nicht (mehr) zum sakramentalen
Vollzug der Weihe gehört.

11.3.3 Das Zweite Vatikanische Konzil und das neue Kirchenrecht

Die Erneuerungsbewegungen des 20. Jahrhunderts haben besonders durch eine Fülle von biblischen, patristischen und liturgiegeschichtlichen Studien eine neuerliche Verlagerung der Schwerpunkte der Weihetheologie bewirkt. Diese Bemühungen fanden
Eingang in die Texte des Zweiten Vatikanischen Konzils, nach der
bahnbrechenden Liturgiekonstitution vor allem in »Lumen gentium«. Die ökumenischen Gespräche über die Ämterproblematik
hinterließen dagegen in den Konzilstexten nicht so tiefe Spuren; sie
machten ihre entscheidenden Fortschritte ja auch erst nach dem
Konzil (siehe unten 11.5).
Das II. Vaticanum ging auch in der Darstellung der Weihe und
Ämter den Weg, unter Wahrung früherer Lehraussagen die Sicht
zu erweitern, Schwerpunkte anders zu setzen und dadurch Theologie und Praxis zu erneuern. Die Unterscheidung von Klerus und
Laien wird selbstverständlich beibehalten, aber dadurch relativiert, daß die Gemeinsamkeiten aller Mitglieder der Kirche vorge-

Ordination; aus Lit. I: *A. Duval*, Des sacrements au Concile de Trente. Zur Kritik
an Trient: *B. Snela* in: NHthG III, 1985, 433f.

ordnet und betont werden. Der erste übergeordnete Begriff ist der des »Volkes Gottes« (LG Kap. II), der bei sachgerechter Anwendung allerdings Israel wirklich einbeziehen müßte und es nicht nur zuordnen dürfte (LG 16).

Die zweite umfassende Gegebenheit ist das gemeinsame Priestertum: Durch die Taufe werden *alle* zu Priestern geweiht, zur Darbringung geistiger Opfer, zur Verkündigung und zum Zeugnis befähigt und berufen. Das wird verstanden als Anteilgabe am Priestertum Jesu Christi (LG 10). Innerhalb dieses gemeinsamen Priestertums wird dann differenziert:

»Das gemeinsame Priestertum der Gläubigen aber und das Priestertum des Dienstes, das heißt das hierarchische Priestertum, unterscheiden sich zwar dem Wesen und nicht bloß dem Grade nach. Dennoch sind sie einander zugeordnet: das eine wie das andere nämlich nimmt je auf besondere Weise am Priestertum Christi teil. Der Amtspriester nämlich bildet kraft seiner heiligen Gewalt, die er innehat, das priesterliche Volk heran und leitet es; er vollzieht in der Person Christi das eucharistische Opfer und bringt es im Namen des ganzen Volkes Gott dar; die Gläubigen hingegen wirken kraft ihres königlichen Priestertums an der eucharistischen Darbringung mit und üben ihr Priestertum aus im Empfang der Sakramente, im Gebet, in der Danksagung, im Zeugnis eines heiligen Lebens, durch Selbstverleugnung und tätige Liebe« (ebd.).

Ähnlich wie hier die beiden priesterlichen Aktivitäten komplementär zueinander in Beziehung gesetzt werden, verhalten sich nach diesem Konzil auch der gemeinsame Glaubenssinn aller Glaubenden und das Lehramt in der Kirche zueinander; gemeinsame Grundlage ist eine Teilhabe am prophetischen Amt Jesu Christi (LG 12).

Nach dieser Grundlegung spricht das Konzil über »die hierarchische Verfassung der Kirche, insbesondere das Bischofsamt« (LG Kap. III). Diese Überschrift zeigt die Schwerpunktsetzung, die deutlich am 3. Jahrhundert (an der Kirchenordnung Hippolyts und den ihr folgenden östlichen Liturgien) anknüpft.[32] Das Konzil geht

---

[32] Vgl. zum Folgenden die Konzilskommentare. Ich benütze hier meinen eigenen Text aus: Kleines Konzilskompendium 109–115.

vom Bestehen einer »heiligen Vollmacht« in den Amtsträgern aus, ohne diese näher zu beschreiben (LG 18). Es spricht von den Zwölfen, der Einheit der Apostel mit und unter Petrus, die ein Kollegium, das heißt, wie das Konzil interpretiert, einen »festen Kreis« gebildet haben (LG 19), der einen Nachfolgekreis im Dienstamt gefunden hat. So sind die Bischöfe als die Hirten der Kirche zu verstehen, die »aufgrund göttlicher Einsetzung« an die Stelle der Apostel getreten sind (LG 20; vgl. 28: die Apostel haben die Aufgabe ihres Dienstamtes in mehrfacher Abstufung verschiedenen Trägern in der Kirche rechtmäßig weitergegeben). Von den Bischöfen lehrt das Konzil, daß Jesus Christus in ihnen gegenwärtig ist und wirkt, insofern sie seine Diener sind. Er wirkt »vorzüglich«, aber nicht ausschließlich durch ihren Dienst in dieser sakramentalen Weise; dazu gehört, hier und auch sonst vom Konzil an erster Stelle genannt, die Verkündigung des Wortes Gottes. Von da aus geht das Konzil zu der Lehre über, durch die Bischofsweihe werde »die Fülle des Weihesakramentes« übertragen. Die traditionelle Weihetheologie der aufsteigenden Stufenleiter der Weihen und die Auffassung der Bischofsweihe als eines nicht wesensmäßigen Zusatzes zur Priesterweihe sind damit aufgegeben; »ordo« meint die sakramental Geweihten, eine komplexe Größe entsprechend dem alten Begriff des »sacerdotiums«. Das »volle Priestertum« kommt dem Bischof zu, die anderen Weihegrade geben begrenzten, aber nicht in jeder Hinsicht unselbständigen Anteil daran.

In der Folge wird gesagt, die Bischofsweihe übertrage die drei Ämter der Heiligung, der Lehre und der Leitung. Die beiden »Gewalten« der Weihe und der Jurisdiktion werden hier in ihrer inneren Einheit gesehen, und zwar im Sakrament. Die Ausübung des Lehrund Leitungsamtes kann aber, sagt das Konzil, nur in voller Einheit mit dem Papst und dem Gesamtepiskopat geschehen (womit das ökumenische Problem der von Rom getrennten wahren Bischöfe angesprochen ist). Am Ende kommt dieser so wichtige Artikel (LG 21) auf das Weihesakrament in seiner »Fülle« zu sprechen; damit lehrt das Konzil die Sakramentalität der Bischofsweihe: »Aufgrund der Überlieferung nämlich, die vorzüglich in den liturgischen Riten und in der Übung der Kirche des Ostens wie des Westens deutlich wird, ist es klar, daß durch die Handauflegung und die Worte der Weihe die Gnade des Heiligen Geistes so übertragen und das heilige Prägemal so verliehen wird, daß die Bischöfe in hervorragender und sichtbarer Weise die Aufgabe Christi selbst, des Lehrers, Hirten und Priesters, innehaben und in seiner Person handeln. Sache der Bischöfe ist es, durch das Weihesakrament neue Erwählte in die Körperschaft der Bischöfe aufzunehmen« (ebd.).

Von da aus wendet sich das Konzil dem Thema des Bischofskollegiums zu, das kraft göttlicher Verfügung in der Kirche besteht und dem mit und unter dem Papst die höchste und volle Gewalt in der Kirche zukommt. »Glied der Körperschaft der Bischöfe wird man durch die sakramentale Weihe und die hierarchische Gemeinschaft mit Haupt und Gliedern des Kollegiums« (LG 22).

Der Bischof von Rom ist das bleibende sichtbare Prinzip »für die Einheit der Vielheit«, »sichtbares« Prinzip, weil das eigentliche und letzte Prinzip der Geist Jesu Christi ist. In Parallele dazu ist der Einzelbischof sichtbares Prinzip der Einheit seiner Teilkirche. Bedeutsam ist die Konzilslehre, daß die Gesamtkirche *in* den Teilkirchen und aus ihnen besteht (LG 23). Nach Äußerungen über Sendung und Lehramt der Bischöfe (LG 24 und 25) spricht das Konzil von der Ortsgemeinde: In der Ortsgemeinde in Wort, Eucharistie und Liebe ist die Kirche als ganze wahrhaft da; der Bischof ist der eigentliche priesterliche Vorsteher auch dieser einzelnen Orts- und Altargemeinden (LG 26).

Nach Ausführungen über das Leitungsamt der Bischöfe (LG 27) wendet das Konzil sich den Priestern zu. Auf historische Fragen im einzelnen wird nicht eingegangen, nur wird gesagt, daß die Apostel selber »die Aufgabe ihres Dienstamtes in mehrfacher Abstufung verschiedenen Trägern in der Kirche rechtmäßig weitergegeben« haben. Mit verschiedenen Redewendungen – »nach dem Bilde Christi«, »Anteil am Amt des einzigen Mittlers«, »in der Person Christi handeln« – will das Konzil eine besondere und direkte Beziehung des Priesters zu Jesus Christus aussagen. Parallel zu den Bischöfen haben die Priester kraft der sakramentalen Weihe an den drei Ämtern teil und sind so wahre Priester. Auch in der Vorbetonung der Verkündigungsaufgabe liegt eine Parallele zur Lehre über die Bischöfe. Die Priester einer Ortskirche bilden in Einheit mit ihrem Bischof ein »einziges Presbyterium«, ein Analogon zur bischöflichen Kollegialität. In der Ortsgemeinde machen sie den Bischof »gewissermaßen gegenwärtig«, übernehmen sie zum Teil seine Amtsaufgaben, leiten »den ihnen zugewiesenen Anteil der Herde des Herrn, machen die Gesamtkirche an ihrem Orte sichtbar« und haben darüber hinaus Mitsorge für die Diözese und die ganze Kirche. Die Wiederaufnahme ekklesiologischer Elemente der Kirchenväterzeit (seit Ignatius von Antiochien) ist hier deutlich (LG 28, zu ergänzen durch PO).

Das II. Vaticanum wollte daran anschließend nicht nur eine Lehre über den Diakon aufstellen, sondern Möglichkeiten eröffnen, den Diakonat als ständiges Amt in der lateinischen Kirche wiedereinzuführen. Das Konzil lehrt, daß die Diakone sakramental geweiht werden und dadurch zur Hierarchie gehören. Im Unterschied zu Bischöfen und Priestern werden sie aber nicht zum Priestertum (sacerdotium), sondern zur Dienstleistung (ministerium) geweiht. Daß hier »sacerdotium« von den eucharistischen »Vollmachten« her verstanden wird, zeigt sich auch daran, daß der Text sagt, die Diakone stünden »eine Stufe tiefer«. Was ihnen als Diakonen in besonderer Weise zukommt, wird nur eben angedeutet: den Dienst der Hierarchie am Volk Gottes greifbar zu machen. Die hier den Diakonen zugeschriebenen Aufgaben sind solche, die in der Kirchengeschichte mehr oder weniger häufig von Diakonen erfüllt wurden (LG 29).

Neu an der Sicht des II. Vaticanums ist vor allem die Dynamik: Ausgehend von der Sendung Jesu Christi im Heiligen Geist und von dem Gedanken, daß Menschen Anteil an dieser Sendung gegeben wird, ist das kirchliche Amt als Teilhabe am dreifachen Amt Jesu Christi zum Dienst des Volkes verstanden.[33] Das Weihesakrament wird von der Bischofsweihe als dem primären und umfassenden Fall der Amtsordination[34] her verstanden; das theologische Verhältnis der drei Weihen zueinander wird nicht näher geklärt. Festgehalten wird an der überlieferten Lehre, daß die Weihe (zum Priester und Bischof) mit der Mitteilung des besonderen Prägemals

---

[33] Vgl. *L. Schick*, Das dreifache Amt Christi und der Kirche, Frankfurt 1982.
[34] *H. Müller* in: HKR 716 f.

dazu befähigt, »in der Person Christi« zu handeln (vgl. auch PO 2), und wenn die Priester auch dem Bischof zugeordnet sind, so ist doch die Quelle ihres Priestertums nicht das Bischofsamt, sondern einzig und allein Jesus Christus.[35]

Das neue Kirchenrecht versucht, bei dieser vom Zweiten Vatikanischen Konzil vorgegebenen Sicht zu bleiben. Es sagt vom Weihesakrament, daß es »aus göttlicher Einsetzung« Menschen zu geweihten Dienern (sacri ministri) mache, durch das unauslöschliche Prägemal. Sie würden dazu geweiht und bestellt (consecrantur et deputantur), daß sie, je nach der Weihestufe (pro suo quisque gradu), in der Person des Hauptes Christus die Aufgaben des Lehrens, Heiligens und Leitens erfüllen und das Volk Gottes weiden (CIC 1983 can. 1008). Der Ausdruck »consecrari« weist darauf hin, daß es sich um ein tieferes, die ganze Existenz beanspruchendes Geschehen handelt, als es eine bloße Amtseinführung wäre, die gegebenenfalls »ordinari« heißen könnte. »Ex divina institutione« wurde bewußt statt »ex Christi institutione« gewählt, weil man von Jesus Christus nicht sagen wollte, er habe Priester und Diakone eingesetzt. Das Prägemal und das Handeln in der Person Christi sind nicht notwendigerweise von den Diakonen zu verstehen.[36]

»Ordines« sind in der lateinischen Kirche: »episcopatus, presbyteratus et diaconatus« (CIC 1983 can. 1009 § 1), nur sie zusammen bilden seit dem 1. 1. 1973 den Klerus. Niedere Weihen einschließlich des Subdiakonates sind seither in der lateinischen Kirche abgeschafft. Lektorat und Akolythat (Vorlese- und Altardienst) bleiben bestehen, heißen aber nicht mehr »ordines«, sondern »ministeria«, sie werden nicht durch eine »ordinatio« (Weihe, Amtseinführung) übertragen, sondern durch eine »institutio« (Beauftragung).[37] Die Beauftragten, so wie die Kommunionhelferinnen und -helfer, gehören nicht dem Klerus an; sie üben ihre Dienste als Laien aus.

Das äußere Zeichen jeder dieser drei Weihen besteht aus der

---

[35] Ebd.

[36] Ebd. 718.

[37] Ebd. 719. Vgl. dazu vor allem auch *B. Kleinheyer,* Ordinationen und Beauftragungen (s. Lit. IX.).

Handauflegung und dem jeweiligen Weihegebet.[38] Die Weihege-
bete lauten: Bei der Bischofsweihe: »Sende herab auf diesen Aus-
erwählten die Kraft, die von dir ausgeht, den Geist der Führung,
welchen du deinem geliebten Sohn Jesus Christus gegeben hast. Er
hat den Heiligen Geist den Aposteln verliehen, und sie haben dein
Heiligtum, die Kirche, überall auf Erden gegründet, deinem Namen zum Lobpreis und Ruhm ohne Ende«; bei der Priesterweihe:
»Allmächtiger Gott, wir bitten dich: gib deinen Knechten die priesterliche Würde. Erneuere in ihnen den Geist der Heiligkeit. Gib,
o Gott, daß sie festhalten an dem Amt, das sie aus deiner Hand
empfingen; ihr Leben sei für alle Ansporn und Richtschnur«; bei
der Diakonenweihe: »Sende herab auf sie, o Herr, den Heiligen
Geist, seine siebenfältige Gabe möge sie stärken, ihren Dienst ge-
treu zu erfüllen«.[39]

Beim »Spender« des Weihesakramentes arbeitet das neue Kirchenrecht stark mit den Begriffen der Gültigkeit und der Erlaubtheit. Theologisch relevant ist die Feststellung, daß jeder gültig geweihte Bischof gültig die Weihen des Episkopats, Presbyterats und
Diakonats erteilt (CIC 1983 can. 1012).[40]

Über den Empfänger heißt es: »Zum gültigen Empfang der heiligen Weihen ist nach can. 1024 nur ein getaufter Mann befähigt«[41]
(zur Weihe von Frauen siehe unten 11.4.4). Die Zulassung zu den
Weihen geschieht aufgrund einer göttlichen Berufung zu diesem
kirchlichen Dienst, die nach einer alten Erfahrung der Kirche an
Eignung und Neigung des Kandidaten erkennbar ist; dafür stellt
die Ortskirche eine Reihe von Erkenntniskriterien auf.[42]

---

[38] *Paul VI.*, Apostolische Konstitution »Pontificalis Romani« (18.6.1968), in:
AAS 60 (1968) 369–373 unter Bestätigung der Entscheidung Pius' XII. von 1947;
Motu Proprio »Ministeria quaedam« (15.8.1972), in: AAS 64 (1972) 529–534.
[39] Nach *H. Müller*, a. a. O. 719 f.
[40] Ebd. 720–723 mit den Richtlinien für die Erlaubtheit und mit Hinweisen auf problematische »Fälle«.
[41] Ebd. 723.
[42] Genaueres mit Lit. ebd. 724–727 (einschließlich der Weihehindernisse).

11.4 Das Weihesakrament – systematische Aspekte

11.4.1 Bischof

Von der Geschichte her ist das »geweihte Amt« in der Kirche breit angelegt, mit der Möglichkeit, je nach den Erfordernissen einer Zeit die Schwerpunkte anders zu setzen. Im Lauf der Zeit wechselten die »Priesterbilder«, und nicht alles, was theologisch in ein »Priesterbild« eingetragen wurde, konnte im Licht der authentischen Tradition standhalten. Der theologische Schwerpunkt des sakramentalen Priestertums liegt nach heutiger Erkenntnis eindeutig beim Bischof. Von ihm her läßt sich am deutlichsten sagen, was »Weihe« ist und bewirkt.

Weihe im katholischen Sinn ist nicht bloß Amtseinsetzung, sie ist Geistverleihung in epikletischer Gestalt, das heißt in jener Fürbitte der Kirche, die in ihrem Glauben der Erhörung gewiß ist. Die Fürbitte bezieht sich also auf das Charisma, auf das Wirksamwerden der Gabe des gegenwärtig geglaubten göttlichen Geistes. Der Glaube bezieht sich darauf, Gott werde es ermöglichen, daß der Geweihte das Wirken Jesu Christi in der Kirche und durch sie in der Welt sinnenfällig (real abbildhaft) vergegenwärtigt: In ihm ist und bleibt Jesus Christus der in seinem Geist zur Verherrlichung des Vaters eigentlich Handelnde; der Geweihte ist in diesen Dienst genommen, er ist nicht als Person der Stellvertreter des abwesenden Jesus Christus.[43]

Selbstverständlich kommt der Kirche als ganzer, dem Leib Jesu Christi, der Heilige Geist Gottes zu: Der irdische Jesus hat ihn den Glaubenden unverbrüchlich verheißen, der erhöhte Jesus leitet sie durch seinen Geist. Er weckt in freier Souveränität in ihr jene Gaben, die er gewähren will. Die Kirche hält daran fest, daß zu diesem Geisteswirken die Einigung der Kirche zu einer gegliederten Gemeinschaft und darum die Gliederung in »ordines«, die Ge-

---

[43] Das ist gut dargestellt, auch mit dem Hinweis darauf, daß die Kirche des Altertums sich bei dieser Frage nicht von aristotelischem Kausalitäts-, sondern von platonischem Beziehungsdenken leiten ließ, bei *A. Müller*, a. a. O. 111. Auch *P. J. Cordes* (s. Lit. IX.), 191 will das Handeln »in persona Christi« »ausschließlich handlungsbezogen« verstanden wissen.

währung des Charismas der Leitung im »ordo« als eines unter vielen Charismen gehört.

Der in der Kirche wirkende Geist bewirkt schon nach neutestamentlichem Zeugnis (Röm 8,26) ihr fürbittendes Gebet. Er hat sie auch dazu bewogen, bei der Weihe die Fürbitte mit der von alters her vertrauten Handauflegung zu einem sakramentalen Zeichen zu verbinden, ohne daß dies von Jesus Christus oder den Aposteln ausdrücklich angeordnet sein mußte.[44] Mit dieser in diesem Sinn geistverleihenden Liturgie wird der Geweihte zugleich in eine innerkirchliche Gemeinschaft (der Bischöfe, der Priester, der Diakone) eingegliedert.

Durch die Bischofsweihe wird der Bischof in jenes Kollegium aufgenommen, das Zeuge des apostolischen Glaubens ist, die Ortskirchen in die Kontinuität des Glaubens einbindet, die Einheit der Kirche repräsentiert, die Verantwortung für die Liturgie als Verherrlichung Gottes trägt und so die empirische Identität, die Erkennbarkeit der Kirche garantiert. Die Dynamik dieses Amtes ist zugleich geschichtlich und eschatologisch: Es widerspricht der Fügung durch den göttlichen Geist ja nicht, daß es historisch, und zwar durch geschichtliche Entscheidungen, geworden ist, und es entspricht der Endgültigkeit der auf diesem Weg weitergegebenen und bewahrten Gottesbotschaft, daß eine so wichtige Entwicklung unumkehrbar, unwiderruflich ist.

Dieses einen Menschen ganz (»existentiell«) beanspruchende In-Dienst-genommen-Sein für den eigentlich wirkenden Jesus Christus nimmt teil an dieser Unwiderruflichkeit; es kann zwar vom Zustand der Lebendigkeit in den der Ruhe übergehen (z. B. bei einem Bischof im Altersruhestand), aber nie ungeschehen gemacht werden. Das meint die Lehre vom sakramentalen Chrakter oder Prägemal, mit der zugleich gesagt ist, daß eine Weihe nur einmal erteilt und nie wiederholt werden darf.[45]

---

[44] *A. Müller*, a. a. O. 119.

[45] Gute Bemerkungen zum sakramentalen Charakter in der Weihe finden sich bei *P. Fransen*, a. a. O. 1286–1289. Fransen versteht den sakramentalen Charakter in erster Linie als den sichtbaren Weiheritus, »durch den der Ordinand rechtmäßig in das Kollegium seines Ordo inkorporiert wird und dadurch eine Gesamtheit von Rechten und Pflichten auf sich nimmt« (1288).

Daß der so Geweihte und in Dienst Genommene ein Hörender unter Hörenden, Glaubender unter Glaubenden, Sünder unter Sündern bleibt und nicht zu einer Art von »höherem Wesen« gemacht wurde, versteht sich von selbst.

Die besondere sakramentale Gnade ist zu verstehen als die Hilfe des liebenden und rechtfertigenden Gottes zur Erfüllung der spezifischen (mit dem Amt gemeinten) Sendung, des Dienstes.[46]

11.4.2 Priester

Der Priester ist Gehilfe des Bischofs, wobei die ihm zukommenden Aufgaben in einem gewissen Maß von der jeweiligen Situation abhängig sind, so daß das theologische »Priesterbild« nicht völlig festgelegt ist, während andere Aufgaben in der Tradition konstant geblieben sind und durch das II. Vaticanum (und die seitherige Entwicklung) bekräftigt wurden, wobei die priesterlichen Aufgaben bei der Eucharistiefeier prägend zum »Priesterbild« gehörten und gehören. Für die meisten Bereiche, in denen heute Priester tätig sind, wird man mit Recht von einem »sakramentalen Pol« und einem »institutionellen Pol« ihrer Aufgaben sprechen können.[47] Die Befähigungen der Priester im sakramentalen Bereich kommen ihnen nicht durch den Bischof, nicht durch die Übertragung der Aufgaben und nicht durch die Gemeinde zu, sondern durch die Weihe, die bewirkt, daß die Priester – wie das bereits beim Bischof gesagt wurde – Abbilder und Werkzeuge des unsichtbar gegenwärtigen Jesus Christus sein können. Er ist es, der durch ihren Dienst sein Verkündigungswort ausrichtet und in der Liturgie seinen Vater zum Heil der Menschen verherrlicht im Heiligen Geist. In der konkreten Ausübung des Dienstes in der gottesdienstlichen Feier der Sakramente, zu dem der Dienst am Wort gehört, sind sie vom Bischof abhängig, den sie vergegenwärtigen. Nicht zu Unrecht wurde bei dieser doppelten Abhängigkeit, bei diesem Zurücktre-

---

[46] *P. Fransen*, a. a. O. 1289.
[47] Ebd. 1284 f. (die Lit. unterrichtet über verschiedene neuere Theologien des Priestertums, die jedoch nicht allgemeine Anerkennung fanden, z. B. über K. Rahners Ansatz bei der Wortverkündigung, mit der leicht gefährlichen Tendenz, das Prophetische zu institutionalisieren, usw.).

ten des Menschen »hinter« die liturgischen Symbolhandlungen und »hinter« das Wort des anderen von einer »Entpersonalisierung« des Priesters gesprochen.[48] Damit ist gegeben, daß die Liturgie ihr Ziel erreicht unabhängig von den Qualitäten des Vorsitzenden. Daraus ergibt sich aber nicht, daß der Priesterdienst als bloße Funktion verstanden werden darf; die theologische Konzeption der »Knechte Christi« kann sich mit dem Minimum des Funktionierens nicht begnügen, sie muß auf der Forderung nach einer eigenen Spiritualität, die im Kern eine Jesusmystik ist, bestehen. In den Aufgaben der Seelsorge, der Katechese sowie im institutionellen Bereich bleiben noch immer genug Möglichkeiten übrig, um die ganz persönlichen Fähigkeiten einzubringen. Hinsichtlich des sakramentalen Charakters und der Gnade der Priesterweihe gilt entsprechend das, was beim Bischof gesagt wurde.

Die Theologie des dienenden Priesteramtes braucht unter dem Eindruck der Notsituationen nicht radikal verändert zu werden. Die Amtsstruktur mit dem zu einem Bischof gehörenden Kollegium dienender, geweihter Priester ist unter dem Impuls des göttlichen Geistes entstanden und hat sich beim »normalen« Aufbau der Kirche und bei der Erfüllung ihrer Aufgaben bewährt. In der Notsituation fehlender Priester müssen und können die fundamentale Bedeutung des gemeinsamen Priestertums aller Glaubenden, die Erinnerung an ihre Befähigung zu Glaube, Gebet, Liturgie, die Hoffnung auf das nie abgerissene charismatische Wirken des göttlichen Geistes auch außerhalb der Sakramente zum Weiterleben christlicher Gemeinden genügen (vgl. auch oben zur geistlichen Kommunion 8.4.9). Es muß nicht behauptet werden, in solchen Notsituationen könne die Gemeinde von sich aus Menschen ihrer Wahl zum Dienst im sakramentalen Bereich »bevollmächtigen«.

Die Notsituationen können aber dazu beitragen, schiefe Auffassungen vom Priestertum zu korrigieren und die Priester mehr und greifbarer in die Gemeinschaft einzubinden. Dazu gehört, daß sowohl im sakramentalen Bereich (bei Taufen, Eheassistenz, Krankensalbung, bei Predigten, Segnungen, Begräbnissen) als auch im institutionellen Bereich (in Unterricht, Organisationen usw.) Prie-

[48] Ebd. 1283.

ster durch Nichtpriester ersetzt werden. Die Neubelebung der priesterlichen Kollegialität kann helfen, das Bild des Priesters als eines exponierten geistlichen Machtträgers abzubauen.[49]

11.4.3 Diakon

Die Erneuerung des ständigen geweihten Diakonats in der lateinischen Kirche[50] hatte vor allem zwei Gründe: (1) Die Hierarchie der Geweihten als abgesonderte Gruppe in der Kirche sollte erfahrbar machen, daß auch ihr die diakonia, der Dienst im sozial-caritativen Bereich, aufgetragen ist und daß dieser Dienst in engstem Zusammenhang mit der Liturgie steht; (2) in den durch Priestermangel bedingten Notsituationen sollte in variablen Bereichen Abhilfe geschaffen werden, wobei durch den kirchlichen Vorbehalt die Leitung von Eucharistie und Bußsakrament von vornherein ausgenommen waren und sind. Die Aufgaben des Diakons sind nicht fest umschrieben und nicht fest umschreibbar; keine von den Aufgaben, die das II. Vaticanum als mögliche für den Diakon benannte (LG 29), ist ihm exklusiv vorbehalten. Aber alle übt er *als* Mitglied der Hierarchie, des Klerus aus, er gehört, ob verheiratet oder nicht, zu den sakramental Geweihten. In seiner Person macht er deutlich, daß die Liturgie konkrete Auswirkungen in die Welt mit ihren Nöten haben muß und daß die von Liebe getragene Arbeit in der Welt eine spirituelle Dimension hat. Die sakramentale Weihe erbittet und erwirkt ihm jene Gnade, die den von ihm verrichteten Dienst gelingen läßt.

Daneben gibt es in der lateinischen Kirche auch noch die sakra-

---

[49] Gegen E. Schillebeeckx' Versuch, die relative Ordination zum Idealfall zu machen, ist das positive Moment hervorzuheben, das darin liegt, daß ein Priester in erster Linie zugeordnet zum Presbyterkollegium gesehen wird. Dieses Kollegium enthält viele Möglichkeiten zu gegenseitiger Hilfe und Flexibilität, die nicht gegeben sind, wenn ein Priester völlig von einer Gemeinde abhängig (und ihr ausgeliefert) ist.

[50] Vgl. außer den Kommentaren zu LG 29: *K. Rahner / H. Vorgrimler*, Diaconia in Christo, Freiburg 1961 (Lit.); *J. G. Plöger / H. J. Weber*, Der Diakon. Wiederentdeckung und Erneuerung seines Dienstes, Freiburg 1980 (Lit.); *H. Schwendenwein*, Der ständige Diakon, in: HKR 229–238; *S. Zardoni* (s. Lit. IX.). – Über die praktische und theologische Weiterentwicklung unterrichtet die Zeitschrift »Diaconia XP« des Internationalen Diakonats-Zentrums in Freiburg i.Br. (nicht mit der Wiener »Diakonia« zu verwechseln).

mentale Diakonatsweihe als Weihestufe auf dem Weg zum Priestertum. Sie soll dem Kandidaten die diakonische Dimension seines Berufes bewußt werden lassen. Im allgemeinen üben diese Diakone ihren Dienst auch eine Zeitlang konkret aus.

11.4.4 Weihen für Frauen

Hier ist nicht von Segnungen für und durch Frauen zu sprechen (siehe unten 13), sondern vom Zugang für Frauen zum geweihten Amt, von dem hier im Zusammenhang mit dem Weihesakrament die Rede ist. Das 20. Jahrhundert sieht eine zunehmende Bewußtseinsbildung auf seiten der Frauen für ihre Unterdrückung und Entehrung (zum Teil in sublimer Form), für ihre ungleiche Behandlung im sozio-ökonomischen Bereich, für das Vorenthalten bürgerlicher Gleichberechtigung. Eine weltweite Emanzipationsbewegung wirkt sensibilisierend und gewinnt Raum in der katholischen Kirche.[51] Zu den Wünschen, die an das Zweite Vatikanische Konzil herangetragen wurden, gehörte auch der Wunsch nach Zulassung von Frauen zur Priesterweihe. Im ökumenischen Kontext wurde auf die Ordination von Pastorinnen in verschiedenen evangelischen Kirchen hingewiesen.

In der katholischen Sakramententheologie wurde bis vor dem Zweiten Vatikanischen Konzil der Ausschluß der Frauen von der Priesterweihe (CIC 1917 can. 968) als unproblematisch empfunden. Karl Rahner löste eine dogmatische Diskussion darüber aus, ob dieser Ausschluß in der Offenbarung begründet, also »göttliches Recht« sei.[52] In der Erklärung »Inter insigniores« vom

---

[51] Vgl. die historischen Übersichten in: Frauen in der Männerkirche? = Concilium 16 (1980) H. 4. Die seither entstandene feministisch-theologische Lit. ist unüberschaubar; vgl. die laufende Bibliographie in einer eigenen Rubrik der »Ephemerides Theologicae Lovanienses«. Vgl. auch *M. Kaiser*, Die Stellung der Frau in der Kirche, in: HKR 179–181 (Lit.).

[52] Die von K. Rahner 1962 angenommene Dissertation *H. van der Meer*, Priestertum der Frau, gedruckt Freiburg 1969, erkannte keine ausreichenden Gründe für den Ausschluß der Frauen von der Priesterweihe. Eine unter der Leitung von L. Scheffczyk erstellte Dissertation von *M. Hauke*, Die Problematik um das Frauenpriestertum vor dem Hintergrund der Schöpfungs- und Erlösungsordnung, Paderborn 1982, kam zu der gegenteiligen Ansicht, nämlich zu einem göttlich begründeten Ausschluß der Frauen vom Weihepriestertum. Mit Recht sagt *W. Beinert*

15. 10. 1976 stellte die Glaubenskongregation fest,[53] die Kirche fühle sich aus Treue zum Vorbild der Verhaltensweise Jesu Christi und der Apostel nicht dazu berechtigt, Frauen zur Priesterweihe zuzulassen, zumal der Priester den Mann Jesus Christus (u. a. als Bräutigam der Kirche) zu repräsentieren habe. Wichtige Gegengründe, z. B., daß ja jede Frau, die ein Sakrament »spendet« (Taufe, Ehe), Jesus Christus »vergegenwärtigt«, bleiben unerörtert. Die Erklärung gibt zu, daß sie keinen schlüssigen Beweis für die Praxis der Kirche erbringen könne, aber sie lehnt es ab, die Frage im Zusammenhang mit der Diskussion über die Gleichberechtigung der Frauen zu erörtern, da der Zugang zum Priestertum nicht als ein Recht zu verstehen sei. Die Argumentationsweise der Erklärung wurde heftig kritisiert.[54] Das neue Kirchenrecht übernahm jedoch den vollen Wortlaut des alten mit dem Ausschluß der Frauen vom Weihesakrament (CIC 1983 can. 1024).

Damit ist mit größter Wahrscheinlichkeit für die nächste Zeit den Frauen der Zugang zum Priestertum versperrt. Die Gründe dafür sind deutlich. Die lateinische Kirche trifft keine Entscheidungen, schon gar keine mit großer Tragweite, unter einer beabsichtigten Pression. Die Fragestellung mußte von dem Moment an negativ beschieden werden, als sie in Form einer emanzipatorisch-klassenkämpferischen Forderung vorgebracht wurde, nicht selten verbunden mit der erpresserischen Drohung, im Fall der Nichtgewährung würden Frauen die Kirche verlassen. Für die ablehnende Haltung der lateinischen Kirche gibt es keine zwingenden theologischen

---

zu der Arbeit von Hauke: »Qui nimis probat, nihil probat [wer allzuviel beweist, der beweist gar nichts]. Hier wird mit einem ungeheuren Aufwand an (eigentlich nicht wirklich verarbeitetem) Material aus allen möglichen Sachbereichen ideologisiert. Die Chance einer einläßlichen und objektiven Erörterung einer Frage, die einer begründeten Lösung zugeführt werden muß, ist in diesem Buch vertan. Man kann sich vorstellen, daß es den gegenteiligen Effekt erreicht: wer seine Argumentation zur Kenntnis nimmt, wird eher der Gegenthese zuzuneigen versucht sein« (Theologie und Glaube 73 [1983] 203).

[53] AAS 69 (1977) 98–116. Deutsche Ausgabe mit tendenziösen (also eine Priesterweihe für Frauen von vornherein ablehnenden) Kommentaren: Die Sendung der Frau in der Kirche, Kevelaer 1978.

[54] H. *Pissarek-Hudelist*, Die Bedeutung der Sakramententheologie Karl Rahners für die Diskussion um das Priestertum der Frau, in: Wagnis Theologie, hrsg. von H. Vorgrimler, Freiburg 1979, 417–434 (Lit.); H. *Müller* (s. Anm. 34), 724 (Lit.).

Gründe; auch das neue Kirchenrecht beruft sich für seine Position nicht auf »göttliches Recht«. Im theologischen Vorfeld sind allerdings zwei Gründe für die Ablehnung höchst bedenkenswert, ja plausibel: (1) In einer Entwicklung von fast 2000 Jahren entstand eine völlig männlich geprägte Amtsstruktur. Eine solche Entwicklung läßt sich nicht abrupt unterbrechen, sondern nur nach vorwärts revidieren, im Sinn einer erweiternden Neugestaltung; (2) die Fragestellung ist in einem ökumenischen Kontext zu sehen, in dem sich die getrennten Ostkirchen als die besonderen Hüterinnen der authentischen apostolischen Tradition verstehen. Eine Zulassung der Frauen zum Priestertum ohne das Einverständnis der Ostkirchen würde den ökumenischen Bemühungen Schaden zufügen.

Ganz anders verhält es sich mit einer möglichen Weihe von Frauen zu Diakoninnen. Eine solche Weihe gab es in früheren Zeiten.[55] Es gibt gewichtige Gründe für die Annahme, daß Frauen schon in neutestamentlicher Zeit zu einem Mitarbeiterinnenkreis gehörten, aus dem später das Weiheamt der Diakoninnen oder Diakonissen hervorging. Diakoninnen sind in Kleinasien im 2. Jahrhundert, in Syrien im 3. Jahrhundert bezeugt; die westliche Kirche verhielt sich zum Teil ablehnend, doch gab es sie auch dort seit dem 5. Jahrhundert, in Rom noch im 11. Jahrhundert, in der byzantinischen Kirche bis ins 15. Jahrhundert.[56] Sie wurden im Osten und durch ein Reichsgesetz zum Klerus gezählt.[57] Nach der Didaskalie (einer nordsyrischen Kirchenordnung des 3. Jahrhunderts) ist die Diakonin als Typus des Heiligen Geistes zu ehren. Die Frage, ob ihre Weihe sakramental ist, konnte erst von der sakramententheologi-

---

[55] Vgl. aus der neueren Lit.: *H. Frohnhofen*, Weibliche Diakone in der frühen Kirche, in: Stimmen der Zeit 111 (1986) 269–278 (Lit.); *Ch. Oeyen*, Priesteramt der Frau? in: Ökumenische Rundschau 35 (1986) 254–266. Auch die Zeitschrift »Diaconia XP« (s. Anm. 50) bringt Lit. zur Diakonatsweihe für Frauen.

[56] *A. G. Martimort*, Les diaconesses, Paris 1982, interpretiert die Quellen mit einer unverhüllt minimalistischen Tendenz. Alle Texte über Diakoninnen, in denen liturgische Dienste nicht genannt werden, meinen seiner Ansicht nach nicht eigentliche Diakoninnen (vgl. *Ch. Oeyen*, a.a.O. 257). Natürlich trägt Martimort auch dem Umstand keineswegs Rechnung, daß vor dem Konzil von Nicaea 325 »diakonos« beide, Diakon und Diakonin, bezeichnen kann.

[57] Vgl. dazu *H. Frohnhofen*, a.a.O., und eingehender *O. Barlea*, Die Weihe der Bischöfe, Presbyter und Diakone in vornicänischer Zeit, München 1969.

300

schen Reflexion der Hochscholastik aus gestellt werden. In der byzantinischen Liturgie hat sie alle Merkmale einer höheren Weihe.[58]

Angesichts der vorhandenen gemeinsamen östlichen und westlichen Tradition gibt es keinen ernsthaften Grund, die Frauen weiterhin von dem flexibel konzipierten ständigen Diakonat auszuschließen.[59] Die Diakonatsweihe für Frauen wäre ohne Zweifel eine sakramentale Weihe, und die so geweihten Frauen würden zum Klerus gehören.

11.5   Der ökumenische Dialog

11.5.1   Die ostkirchliche Sicht

Wenn die wesentlichen Differenzen zwischen der römisch-katholischen Kirche und den getrennten Kirchen des Ostens im Bereich der Ämter sich auch auf das Petrusamt beziehen, so gibt es doch auch hinsichtlich anderer Ämter Unterschiede im theologischen Verstehen. Diese Unterschiede sind jedoch nicht kirchentrennend, sie treten innerhalb einer legitimen Vielfalt auf, in der ein Gesichtspunkt eine kritische und korrigierende Funktion für einen anderen haben kann.

Die orientalische Liturgie,[60] die neben der Bibel die wichtigste Quelle der ostkirchlichen Theologie ist, unterscheidet die Weihe (cheirotonia) der drei oberen Stufen Bischof, Priester, Diakon und Diakonin, von der Segnung (cheirothesia) der unteren Stufen. Die drei höheren Weihen haben die gleiche Struktur: feierliche Zu-

---

[58] *Ch. Oeyen*, a. a. O. 256 (Lit.); *E. Theodorou*, Das Priestertum nach dem Zeugnis der byzantinischen liturgischen Texte, in: Ökumenische Rundschau 35 (1986) 267–280, hier 271. Grundlegend sind die Befunde von *C. Vagaggini*, L'ordinazione delle diaconesse nella tradizione greca e bizantina, in: Orientalia Christiana Periodica 40 (1974) 145–189.

[59] *H. Müller*, a. a. O. 724, weist auf ein Votum der Würzburger Synode von 1975 hin, das den Papst bat, die Frage der Diakonatsweihe für Frauen zu prüfen, gestützt auf positive Gutachten von Y. Congar, P. Hünermann, O. Semmelroth und H. Vorgrimler. Das Votum blieb auch 1986 noch unbeantwortet. Vgl. *M. Kaiser* (s. Anm. 51), 181.

[60] Vgl. dazu *E. Theodorou* (s. Anm. 58) und, als immer noch unübertroffen, *J. D. Zizioulas* über Ordination in den Ostkirchen, in: Amt und Ordination in ökumenischer Sicht, hrsg. von H. Vorgrimler, Freiburg 1973, 72–113.

stimmung der Anwesenden zur Weihe eines Kandidaten; Epiklese zum Heiligen Geist um die Gnade, die notwendig ist, das entsprechende Amt auszuüben; Handauflegung; Einkleidung.

In ostkirchlicher Sicht gibt es eine Entsprechung zu dem, was im lateinischen Bereich »göttliches Recht« heißt; was von Gott her konstitutiv für die Kirche ist, muß nicht ausdrücklich im Neuen Testament bezeugt sein: Es wird als geschichtlich geworden und zugleich als vom Heiligen Geist gewirkt verstanden. Die kanonische Dreistufung der Weiheämter gilt als die Verfassungsform mit der größten historischen und ökumenischen Dignität. Dabei liegt das größte Gewicht des Amtes auf den Bischöfen: Die Kirche Jesu Christi ist episkopal verfaßt. Das Bischofskollegium wird als Nachfolgekollegium der Apostel gesehen; die seit Nicaea 325 vorgesehene Weihe eines Bischofs durch drei Bischöfe bedeutet die Aufnahme des Geweihten ins bischöfliche Kollegium und – durch die »apostolische Nachfolge« mittels der ununterbrochenen Kette der Handauflegungen – den Weiterbau der Kirche auf dem Fundament der Apostel. In den Ortskirchen, die nicht durch Addition, sondern durch gegenseitiges Ineinander den Leib Christi bilden, gilt der Bischof als Stellvertreter und Gesandter Jesu Christi.[61]

Den grundlegenden Dienst verrichtet der vom Vater gesandte Christus; der Amtsträger ist nur sein Werkzeug, das in christologischer und pneumatologischer Perspektive wirkt. In ostkirchlicher Sicht ist der Priester nicht als »in persona Christi« Handelnder zu verstehen, er ist vielmehr symbolon Christou, ein Stellvertreter, der nicht ontologisch an die Stelle Christi tritt, sondern durch den die Gnade des Geistes wirkt. Lateinisch ausgedrückt wäre der Priester also »in nomine Christi« und »in persona Ecclesiae« tätig. Nicht mitvollziehbar ist für die Ostkirchen, daß die Sakramente mit indikativischen Formeln vollzogen werden, daß die eucharistische Wandlung (im Notfall) ohne Epiklese möglich sein soll.[62]

Durch die Epiklese werden die Laien zu Mitliturgen. Aber es besteht ein qualitativer, wesensmäßiger, nicht nur ein gradueller oder funktionaler Unterschied zwischen geistlichem Amt und

---

[61] *E. Theodorou*, a. a. O. 274f.
[62] Ebd. 276f.

Laientum. Klerus und Laien verhalten sich wie kommunizierende Größen zueinander: Der amtliche Priesterdienst ist Voraussetzung des Priesterdienstes aller.[63]

Der Diakon gehört zum Stand der sakramental Geweihten in einer Mittlerstellung zwischen Gottesdienst und caritativen Werken, aber keine seiner Aufgaben reicht in den »streng konsekratorischen« (eucharistischen) Bereich des »sacerdotiums« hinein.[64]

Zusammenfassend läßt sich sagen: Die Funktionen des kirchlichen Amtes bewirken bei den Gläubigen die Disposition für das Gnadenwirken des Heiligen Geistes; dieses wird in den Amtsfunktionen sakramental verleiblicht. Das geistliche Amt ist Darstellung der charismatischen Wirklichkeit, nämlich der Wirklichkeit Jesu Christi, der durch seinen Heiligen Geist in der Kirche gegenwärtig ist.[65] Diese grundlegende sakramententheologische Sicht unterscheidet sich von der römisch-katholischen nicht.

11.5.2   Ein Minimalkonsens

Die theologische Amtsauffassung der Ostkirchen und der römisch-katholischen Kirche begegnet dem Widerspruch der aus der Reformation hervorgegangenen Theologie. Das ökumenische Gespräch mit ihr ist jedoch positiv in Gang gekommen und nicht einfach ohne Ergebnis geblieben. Harald Wagner faßt den Minimalkonsens, der bisher erreicht ist, folgendermaßen zusammen[66]:

Die von allen Kirchen im Glauben angenommene Berufung aller Christen zur Verkündigung des Evangeliums schließt personengebundene Ämter und Dienste nicht aus. Deren Träger sind angewiesen auf die innere Berufung durch den Heiligen Geist und auf die Bestätigung ihres Dienstes durch die Gesamtheit der Kirche. Die

---

[63] Ebd. 277 f.

[64] Ebd. 278 f. – Es ist ein Mißverständnis zu meinen, die in LG 29 für den Diakon aufgezählten Aufgaben seien dem Diakon exklusiv zugesprochen: so ebd. 278.

[65] Ebd. 280.

[66] H. *Wagner*, Das Amt vor dem Hintergrund der Diskussion um eine evangelisch-katholische Grunddifferenz, in: Catholica 40 (1986) 39–58. Ich folge bis in die Wortwahl *Wagner*, 48 f. – Vgl. auch die Lit. II; zur früheren ökumenischen Gesprächslage S. *Regli* (s. Lit. II.).

Bestätigung und Beauftragung durch die Kirche geschieht in der Ordination. Diese erfolgt in der Regel durch bereits ordinierte Amtsträger, die den Ordinanden unter Gebet und Handauflegung in das besondere Amt der Kirche berufen. Der Ordinand verpflichtet sich, im Vertrauen auf die Gnade Gottes seinen Dienst im Gehorsam gegen Gottes Wort und in der Bindung an die Bekenntnisse (Dogmen) der Kirche auszurichten. Eine apostolische Nachfolge wird von allen Kirchen in dem Sinn bejaht, daß der Glaube einer Kirche mit dem Zeugnis der Apostel in Übereinstimmung sein und damit ein bleibender Zusammenhang mit dem grundlegenden Dienst der Apostel gewahrt bleiben muß. Eine Autorität besitzt das kirchliche Amt nur, insofern es der absoluten Autorität des Wortes Gottes dient. Es »repräsentiert« nur insofern Jesus Christus und dessen Gegenüber zur Gemeinde, als es das Evangelium zum Ausdruck bringt.

Innerkatholisch werden folgende Argumente geltend gemacht,[67] die in ökumenischem Geist bewußt auf die evangelische Position zugehen: Das Amt wird als Teilhabe an den drei »Ämtern Christi« (die in der calvinischen Theologie thematisiert wurden) verstanden. Dabei wird die Verkündigung des Wortes Gottes mit Vorrang betont. Der Dienstcharakter des Amtes, auch der Gemeindeleitung, wird hervorgehoben. Die Lehre vom »sakramentalen Charakter« wird »entschärft«, wenn dieser vor allem als Nichtwiederholbarkeit der Weihe interpretiert ist. Die apostolische Nachfolge gilt als eine solche des Glaubens, des lebendigen Wortes und der Personen zugleich. Die Frage nach der Sakramentalität der Weihen scheint dort lösbar zu sein, wo sich die Theologie *aller* Kirchen unter dem Eindruck exegetischer Forschungen von einer Fixierung auf Stiftungsworte des historischen Jesus löst und den Sakramentenbegriff weiter faßt. Wo die evangelische Theologie dem Amt die Dimension des Heiligen Geistes nicht abstreitet, bejaht sie implizit die Sakramentalität.[68]

---

[67] *A. Müller*, a. a. O. 113.

[68] Ebd. 118. Vgl. auch die Vorschläge zur Einigung bei *H. Fries / K. Rahner*, Einigung der Kirchen – reale Möglichkeit, Freiburg 1983, [6]1985: hier 157–189 Auseinandersetzung von H. Fries mit der Kritik.

11.5.3 Bleibende Fragen

Abgesehen davon, daß es in allen Kirchen einzelne Christen gibt, die aus der Lust an der Trennung das Unterscheidende immer spitzfindiger hervorheben,[69] sind die bisher noch trennenden Aussagen (1) die über die apostolische Nachfolge im Bischofsamt und (2) die über das Weihesakrament, insofern dieses den Geweihten zur Christusrepräsentation befähigt (und so, wie es heißt, den entscheidenden Unterschied zwischen Gott und Menschen einebnet) und damit für den Vorsitzenden einer »gültigen« Eucharistiefeier unentbehrlich ist. Innerkatholische Meinungsverschiedenheiten bestehen vor allem hinsichtlich der Christusrepräsentation und, verbunden damit, hinsichtlich der Befähigung, die das Weihesakrament dem Priester mitteilt. Daß der Vorbehalt der Leitung bei der Eucharistiefeier für die kirchliche Ordnung notwendig ist, wird weithin akzeptiert. Daß die Ermächtigung dazu nicht bedeutet, daß der Priester ein Handelnder im eigenen Namen und aus eigener Kraft wird, ist gemeinsame Überzeugungsbasis. Dann aber können Redewendungen wie die, in der Weihe geschehe eine »seinsmäßige Angleichung« an Jesus Christus, nur Verwirrung stiften.

Literatur IX

Amt und Weihe

a) Bücher

Amt und Dienst in den liturgischen Versammlungen: Concilium 8 (1972) H. 2

Barlea, O., Die Weihe der Bischöfe, Presbyter und Diakone in vornicänischer Zeit, München 1969

---

[69] So ist es nicht mehr verständlich, wenn *Eilert Herms* in seiner Auseinandersetzung mit dem Lima-Text (Kerygma und Dogma 31 [1985] 67–96) sagt, das Amt habe die Offenbarung nur zu bezeugen, nach katholischer Auffassung aber zu tradieren. Wenn eine solche Aussage überhaupt einen Sinn hat, steckt die Vorstellung dahinter, Offenbarung sei auch in ihrer Sprachgestalt ein für allemal festgelegt, auf die der Glaube nur noch unter Verzicht auf Denken und Verstehen hinweisen könne. Ein solches platonisch-idealles Konstrukt sollte aber nicht mehr den Namen Offenbarung Gottes tragen.

Becker, K. J., Der priesterliche Dienst II, Freiburg 1970

Betti, U., La dottrina sull'episcopato del Concilio Vaticano II, Rom 1984

Cordes, P. J., Sendung zum Dienst. Exegetisch-historische und systematische Studien zum Konzilsdekret »Vom Dienst und Leben der Priester«, Frankfurt 1972

Cunningham, A., The Bishop in the Church, Wilmington 1985 (Sammlung patristischer Texte)

Das Recht der Gemeinde auf einen Priester: Concilium 16 (1980) H. 3

Deissler, A. u. a., Der priesterliche Dienst I, Freiburg 1970

Delhaye, P./Elders, L. (Hrsg.), Episcopale munus, Assen 1982

Der Bischof und die Einheit der Kirche: Concilium 8 (1972) H. 1

Der Streit um das Amt in der Kirche, Regensburg 1983

Faivre, A., Naissance d'une hiérarchie, Paris 1977

Farnedi, G./Rouillard, Ph. (Hrsg.), Il ministero ordinato nel dialogo ecumenico, Rom 1985

García Manzanedo, V., Carisma – ministerio en el Concilio Vaticano Segundo, Madrid 1982

Gaudemet, J., Les élections dans l'Eglise latine des origines au XVIe siècle, Paris 1979

Gegenseitige Anerkennung der Ämter: Concilium 8 (1972) H. 4

Gemeinsame röm.-kath./ev.-luth. Kommission, Das geistliche Amt, Paderborn/Frankfurt 1981

Genn, F., Trinität und Amt nach Augustinus, Einsiedeln 1986 (nur Jesus Christus kommt nach Augustinus »potestas« zu; Repräsentanz ist nicht augustinisch)

Ghirlanda, G., »Hierarchica Communio«, Rom 1980 (der Bischof nach »Lumen gentium«)

Greshake, G., Priester sein. Zur Theologie und Spiritualität des priesterlichen Amtes, Freiburg 1982 u. ö.

Hainz, J. (Hrsg.), Kirche im Werden. Studium zum Thema Amt und Gemeinde im NT, Paderborn 1976

Holmberg, B., Paul and power. The structure of authority in the primitive church as reflected in the Pauline Epistles, Lund 1978

Hopko, Th. (Hrsg.), Women and the priesthood, Crestwood N. Y. 1983

Jilek, A., Initiationsfeier und Amt. Ein Beitrag zur Struktur und Theologie der Ämter und des Taufgottesdienstes in der frühen Kirche, Frankfurt/Bern 1979

Kertelge, K., Gemeinde und Amt im Neuen Testament, München 1972

König, D., Amt und Askese. Priesteramt und Mönchtum bei den lateinischen Kirchenvätern in vorbenediktinischer Zeit, St. Ottilien 1986

Laurance, J. D., ›Priest‹ as type of Christ. The leader of the eucharist in salvation history according to Cyprian of Carthage, New York/Frankfurt/Bern 1984

Lecuyer, J., Le Sacrement de l'ordination. Recherche historique et théologique, Paris 1983

Lips, H. von, Glaube – Gemeinde – Amt. Zum Verständnis der Ordination in den Pastoralbriefen, Göttingen 1975

Macquarrie, J., Theology, church and ministry, London 1986

Marliangéas, B.-M., Clés pour une théologie du ministère. In persona Christi. In persona Ecclesiae, Paris 1978

Martelet, G., Théologie du sacerdoce I, Paris 1984

Martimort, A. G., Les diaconesses, Rom 1982

Martin, J., Der priesterliche Dienst III, Freiburg 1972

Mumm, R. (Hrsg.), Ordination und kirchliches Amt, Paderborn / Bielefeld 1976 (Ergebnisse ökumenischer Diskussion)

Ott, L., Das Weihesakrament (Handbuch der Dogmengeschichte IV/5), Freiburg 1969

Rahner, K., Vorfragen zu einem ökumenischen Amtsverständnis, Freiburg 1974

Reform und Anerkennung kirchlicher Ämter, Mainz 1973

Rhode, J., Urchristliche und frühkatholische Ämter, Berlin 1976

Richter, K., Die Ordination des Bischofs von Rom. Eine Untersuchung der Weiheliturgie, Münster 1976

Schick, L., Das dreifache Amt Christi und der Kirche, Frankfurt / Bern 1982

Schillebeeckx, E., Christliche Identität und kirchliches Amt, Düsseldorf 1985

Schröer, H. / Müller, G., Vom Amt des Laien in Kirche und Theologie, Berlin / New York 1982

Tillard, J.-M. R., L'évêque de Rome, Paris 1984

Université d'Angers (Hrsg.), L'évêque dans l'histoire de l'Eglise, Angers 1984

Vanhoye, A., Prêtres anciens, prêtre nouveau selon le Nouveau Testament, Paris 1980

Vogel, C., Ordinations inconsistantes et caractère inamissible, Turin 1978

Vorgrimler, H. (Hrsg.), Amt und Ordination in ökumenischer Sicht, Freiburg 1973

Weß, P., Ihr alle seid Geschwister. Gemeinde und Priester, Mainz 1983; dazu *Lies, L.* in: Zeitschrift für kath. Theologie 108 (1986) 176–179 und *Weß, P.*: ebd. 179–185

Zardoni, S., I diaconi nella chiesa, Bologna 1983 (Geschichte und Theologie)

Zemp, P., Das Sakrament der Weihe, Fribourg 1977

Zollitsch, R., Amt und Funktion des Priesters. Eine Untersuchung zum Ursprung und zur Gestalt des Presbyterats in den ersten zwei Jahrhunderten, Freiburg 1974

b) Artikel

Angenendt, A., Kaiserherrschaft und Königstaufe, Berlin 1984, 135 f.: absolute und relative Priesterweihe in historischer Sicht

Blank, J. / Snela, B., Priester / Bischof, in: NHthG III, 1985, 411–441 (Lit.)

Clerck, P. de, Ordination, Ordre, in: Catholicisme X (1983) 162–206

Congar, Y., Note sur une valeur des termes »ordinare, ordinatio«, in: Recherches de science religieuse 68 (1984) 7–14

Dassmann, E., Zur Entstehung des Monepiskopats, in: Jahrbuch für Antike und Christentum 17 (1974) 74–90

Döring, H., Das Amt im ökumenischen Kontext, in: Theol. Revue 78 (1982) 185–192 (Lit.)

Dupuy, B. D., Theologie der kirchlichen Ämter, in: MySal IV/2, 1973, 488–594

Faivre, A. u. a., Le devenir des ministères, in: Lumière et vie 33 (1984) 1–106

Fischer, B., Das Gebet der Kirche als Wesenselement des Weihesakramentes, in: Liturgisches Jahrbuch 20 (1970) 166–177

Frohnhofen, H., Weibliche Diakone in der frühen Kirche, in: Stimmen der Zeit 111 (1986) 269–278 (Lit.)

Hein, M. / Jung, H.-G., Bischof, Bischofsamt, in: EKL I, 1986, 518–522

Hilberath, B. J., Das Verhältnis vom gemeinsamen und amtlichen Priestertum in der Perspektive von Lumen gentium 10: Trierer theol. Zeitschrift 94 (1985) 311–326

Hödl, L., Das priesterliche Amt in der Kirche, in: Münchener Theologische Zeitschrift 34 (1983) 22–36

Hoffmann, J., L'Eglise et son origine, in: Initiation à la pratique de la théologie II, Paris 1983, 55–141 (Lit.)

Jilek, A., Bischof und Presbyterium, in: Zeitschrift für kath. Theologie 106 (1984) 376–401 (zu Hippolyt)

Kaczynski, R., Das Vorsteheramt im Gottesdienst nach den Zeugnissen der Ordinationsliturgie des Ostens und des Westens, in: Liturgisches Jahrbuch 35 (1985) 69–84

Karrer, M., Apostel, Apostolat, in: EKL I, 1986, 221–223

Klauck, H.-J., Gemeinde ohne Amt? Erfahrungen mit der Kirche in den johanneischen Schriften, in: Biblische Zeitschrift 29 (1985) 193–220

Kleinheyer, B., Handauflegung zur Geistmitteilung, in: Liturgisches Jahrbuch 30 (1980) 154–173

Ders., Ordinationen und Beauftragungen, in: B. Kleinheyer/E. von Severus/R. Kaczynski, Sakramentliche Feiern II, Regensburg 1984, 7–65

Ders., Apg 1,24 im Kontext der Weiheliturgie, in: Zeitschrift für kath. Theologie 107 (1985) 31–38

Knoch, O., Die Funktion der Handauflegung im Neuen Testament, in: Liturgisches Jahrbuch 30 (1983) 222–235

Kretschmar, G., Die Ordination im frühen Christentum, in: Freiburger Zeitschrift für Philosophie und Theologie 22 (1975) 35–69

Legrand, H., Les ministères de l'Eglise locale, in: Initiation à la pratique de la théologie II, Paris 1983, 181–273

Lengeling, E. J., Die Theologie des Weihesakramentes nach dem Zeugnis des neuen Ritus, in: Liturgisches Jahrbuch 19 (1969) 142–166

Lohfink, G., Die Normativität der Amtsvorstellungen in den Pastoralbriefen, in: Theologische Quartalschrift 157 (1977) 93–106

Müller, A., Amt als Kriterium der Kirchlichkeit? Kirchlichkeit als Kriterium des Amtes?, in: Theologische Berichte 9, Zürich 1980, 97–128

Müller, H., Die Ordination, in: HKR 715–727

Neumann, J. u. a., Bischof, in: TRE VI, 1980, 653–697 (Lit.)

Oeyen, Ch., Priesteramt der Frau?, in: Ökumenische Rundschau 35 (1986) 254–266

Rohls, J., Das geistliche Amt in der reformatorischen Theologie, in: Kerygma und Dogma 31 (1985) 135–161

Roloff, J. u. a., Apostel/Apostolat/Apostolizität, in: TRE III, 1978, 430–483

Schwendenwein, H., Der ständige Diakon, in: HKR 229–238

Stein, A., Diakon, in: EKL I, 1986, 848–850

Stockmeier, P., Das Amt in der Alten Kirche, in: Kirche: Ursprung und Gegenwart, hrsg. von H. Althaus, Freiburg 1984, 39–61

Theodorou, E., Das Priestertum nach dem Zeugnis der byzantinischen liturgischen Texte, in: Ökumenische Rundschau 35 (1986) 267–280

Tortras, A. M., El ministerio a la luz de las liturgias de ordenación, in: Estudios eclesiásticos 60 (1985) 411–441

Trilling, W., Zum »Amt« im Neuen Testament, in: U. Luz/H. Weder (Hrsg.), Die Mitte des Neuen Testaments, Göttingen 1983, 316–344

Vanhoye, A./Crouzel, H., Le ministère dans l'Eglise, in: Nouvelle Revue Théologique 104 (1982) 722–748 (Neues Testament und Alte Kirche)

Vodopivec, G., Lo Spirito Santo e il ministero ordinato, in: Euntes Docete 36 (1983) 329–360

Vogt, H. J., Zum Bischofsamt in der frühen Kirche, in: Theologische Quartalschrift 162 (1982) 221–236

Wagner, H., Das Amt vor dem Hintergrund der Diskussion um eine evangelisch-katholische Grunddifferenz, in: Catholica 40 (1986) 39–58

Zizioulas, J. D., Episkopé et Episkopos dans l'Eglise primitive, in: Irénikon 56 (1983) 484–502

12   Das Sakrament der Ehe

12.1   Einführung

Die Ehe ist eine »rechtlich anerkannte Zweierbeziehung von Menschen verschiedenen Geschlechts zu umfassender Lebensgemeinschaft«[1]. Nach dem Glauben der katholischen Kirche ist die Ehe zweier getaufter Menschen ein Sakrament. So treffen im Brennpunkt Ehe die Probleme verschiedener Dimensionen zusammen. Da hier nur vom Sakrament gehandelt werden kann, müssen sehr wichtige Fragen unbesprochen bleiben: In der Sakramententheologie kann weder von der Sexualität und ihrer humanen Gestaltung noch von der Emanzipation der Frauen noch von den Problemen im Leben einer Zweierbeziehung oder einer Wohngemeinschaft noch von der Ehelosigkeit und ihren Werten die Rede sein.

In der Sicht der klassischen scholastischen Theologie hat Gott die Ehe im Paradies gestiftet. Wo zwischen Schöpfungs- und Erlösungsordnung unterschieden wird, muß man also sagen: Die Ehe hat ihren Ursprung schon in der Schöpfungsordnung. Nun spricht die Genesis zwar sehr eindrucksvoll von Frau und Mann (1,27; 2,21–24), und wenn schon der einzelne Mensch ein reales Symbol Gottes sein kann (siehe oben 1.3), dann eignet diese Symbolik erst recht der Beziehung von Frau und Mann. Eine Betrachtung der Ehe als Sakrament kann mit der Überlegung ansetzen, daß Pubertät, Ehe, Sexualität, Geburt in nahezu allen Kulturen mit religiösen Symbolen verbunden waren.

Auf der anderen Seite sind an die religiöse Sicht der Ehe doch eindringlichere und differenziertere Fragen zu stellen. Eine vertiefte Sicht des Geschichtshandelns Gottes und seiner Offenbarung kann wenigstens die Frage thematisieren, ob Gott überhaupt menschliche Institutionen stiftet oder ob er Organisationsfragen nicht vielmehr Menschen überläßt, aber Impulse seines Willens dafür gibt,

---

[1] *A. Stein* in: TRE IX, 1982, 355.

310

welchen Weg Institutionen und Organisationen nehmen sollen. Außerdem kann und muß gefragt werden, ob die Zweierbeziehung, von der die Genesis spricht, in dem Sinn »Ehe« genannt werden kann, in dem wir heute von Ehe sprechen.

Tatsächlich erfuhr die Ehe als Institution einen derartigen geschichtlichen Wandel, daß zu fragen ist, ob sich über viele Jahrhunderte hin ein stabiler Kern, der gleichsam das »Wesen von Ehe« ausmacht, durchgehalten hat. Als Rechtsinstitution hat die Ehe ihre historischen und sozialen Gründe primär in der Garantie von Eigentumsverhältnissen.[2] Sie erscheint geschichtlich zunächst als Produktions- und Wirtschaftsgemeinschaft. Der Patriarchalismus prägt die Lebensgemeinschaft: Die Frau wird unter dem Gesichtspunkt erworbenen Eigentums betrachtet; der Ehezweck besteht in der Erzeugung männlicher Nachkommen; Polygamie ist legitim, bedeutet praktisch aber Polygynie; die Vorrechte des Mannes zu außerehelicher Betätigung verbinden sich mit dem Interesse, von Nebenfrauen, Sklavinnen usw. Söhne zu erhalten. Diese im Alten Testament bestens bezeugte Eheauffassung ist, wenn die Institution Ehe von Gott gestiftet wurde, auf die Schöpfungsordnung zurückzuführen, da sie ja nicht von Abgefallenen und Sittenlosen, sondern von den Vorvätern im Glauben praktiziert wurde.[3]

Ein rein sachlich orientiertes Verständnis der Ehe herrschte im Christentum noch bis in die Zeit der Aufklärung (Kant) und in deren Naturrechtsdenken vor. Das Wesen der Ehe wurde in einem Vertrag gesehen, dessen Zwecke genau definiert waren: Erzeugung und Erziehung von Nachkommenschaft, gegenseitige Unterstützung der Ehegatten und geordnete Befriedigung des Geschlechtstriebs. Damit ist auch die offizielle Sicht der Ehe seitens der katholischen Kirche bis zum Zweiten Vatikanischen Konzil wiedergegeben. Die Konzeption der Ehe als Rechtsinstitution allein bot Raum für unterschiedliche Gestaltungen; sie stand jedenfalls der Behauptung der patriarchalischen Machtstellung nicht im Weg.

Das Thema einer von gleichberechtigter Partnerschaft, Freiheit

---

[2] *H. Ringeling,* ebd. 351.
[3] Theologische Ausflüchte früherer Zeit (Gott habe für die Polygamie der Patriarchen Dispensen erteilt usw.) können hier außer Betracht bleiben.

und Zärtlichkeit bestimmten Liebesbeziehung war im Judentum und Christentum überaus wichtig, im Zusammenhang mit der Ehe kam es jedoch nur beiläufig und jedenfalls nicht als zum Wesen gehörend vor. Eine Änderung der Eheauffassung zugunsten der Liebe bahnte sich mit der Romantik des 19. Jahrhunderts an (»emotionale Revolution«), sie konnte sich jedoch in Kirche und Gesellschaft nicht durchsetzen.[4] Die Vorarbeit zu einer erneuerten Ehesicht,die durch emanzipatorische Bewegungen von außen her angestoßen wurde,[5] leisteten innerhalb der christlichen Kirchen in der ersten Hälfte des 20. Jahrhunderts einzelne Theologen und Anthropologen, wie auf evangelischer Seite Karl Barth, katholischerseits (zunächst mit kirchlichem Bücherverbot belegt) auf der Basis des christlichen Personalismus Herbert Doms und Ernst Michel. Ihre Stichworte waren: leib-seelische Ganzheit, gleichwertige Personalität, gegenseitige Verantwortung. Neuere Ehetheologien wie auch die Äußerungen des Zweiten Vatikanischen Konzils zeichnen ideale Bilder der Ehe.

Die Gegenwart ist im Kontrast dazu von tiefgehenden Krisen gekennzeichnet, von denen zwei genannt seien: die zunehmende Unfähigkeit, in gelingenden Zweierbeziehungen zu leben, und der rapide Autoritätsverlust der katholischen Kirche. Die Abwertung der Rechtsinstitution Ehe und die Ablösung der aktivierten Sexualität von der Ehe haben bewiesen, daß solche Befreiungen das Gelingen von Liebe nicht garantieren.[6] Das römisch-katholische

---

[4] Zur Geschichte: *I. Weber-Kellermann*, Die deutsche Familie. Versuch einer Sozialgeschichte, Frankfurt [5]1979; *G. Duby*, Ritter, Frau und Priester. Die Ehe im feudalen Frankreich, Frankfurt 1985; *M. Schröter*, »Wo zwei zusammenkommen in rechter Ehe...«. Sozio- und psychogenetische Studien über Eheschließungsvorgänge vom 12. bis 15. Jahrhundert, Frankfurt 1985; *J. Goody*, Die Entwicklung von Ehe und Familie in Europa, Berlin 1986.

[5] Sie führte auch in etwa 80 Jahren (Beispiel: vom Bürgerlichen Gesetzbuch in Deutschland bis zur Eherechtsreform 1977 in der Bundesrepublik) zu einem schrittweisen, aber drastischen Rückzug des Rechtswesens aus dem Bereich moralischer Urteile.

[6] Vgl. zur Analyse dieser nicht nur die Ehe, sondern auch jede Liebesbeziehung bedrohenden Krise u. a.: *J. Willi*, Die Zweierbeziehung, Reinbek 1975; *D. Claessens u. a.*, Familiensoziologie, Königstein 1980; *N. Luhmann*, Liebe als Passion. Zur Codierung von Intimität, Frankfurt 1982; *R. Sennett*, Verfall und Ende des öffentlichen Lebens. Die Tyrannei der Intimität, Frankfurt 1983; *R. A. Johnson*, Traumvorstel-

Lehramt leistete und leistet ihnen (zumal unter Johannes Paul II.) erbitterten Widerstand,[7] aber um den Preis, daß seine Haltung zu zivil verheirateten Geschiedenen (»Familiaris consortio« 1981) und zur Geburtenregelung (»Humanae vitae« 1968) als Ausdruck erbarmungsloser Härte von sehr vielen Katholiken zurückgewiesen und ignoriert wird. Wo menschliche Leistung versagt, ist der Blick auf das Sakrament um so wichtiger, und er braucht auch ökumenisch nicht trennend zu sein. »Gegenüber den traditionellen Definitionen der Ehezwecke und der biologistischen Teleologie des spätscholastischen Naturrechts werden die personalen Werte und das partnerschaftliche Leitbild der Ehe, die gegenseitige Liebe der Gatten als normierendes und sinngebendes Element betont; und über den christologischen Gedanken des Bundes vermittelt, erscheint auch eine ökumenische Verständigung über den Begriff des Ehesakraments als möglich.«[8]

12.2   Biblische Begründung

12.2.1   Altes Testament

Die Inhalte der Genesis-Stellen sind erstaunlich dicht, auf hohem Niveau, schon beim älteren Jahwisten (2,21–24): Frau und Mann sind von Gott zu gleichberechtigter Partnerschaft und zu gegenseitiger Ergänzung gedacht. Nach der Priesterschrift (1,26f) sind Mann und Frau »als Bild Gottes, wie die Ähnlichkeit Gottes« geschaffen worden.[9] Bild Gottes zu sein wird hier allen Menschen (ohne Geschlechtsunterschied) aufgrund ihres Menschseins zugesprochen. Daraus läßt sich keine Theologie von Sexualität und Ehe ablesen, sondern gemeint ist, daß alle Menschen die Aufgaben haben, »die Lebensordnung der Schöpfung zu sichern und zu schützen«, »Erscheinungsweise und Offenbarungsmedium göttlicher

---

lung Liebe. Der Irrtum des Abendlandes, Olten / Freiburg 1985; *J. Willi*, Koevolution. Die Kunst gemeinsamen Wachsens, Reinbek 1985.

[7] Zu der davon abweichenden evangelischen Position: *H. Ringeling* in: TRE IX 353.

[8] Ebd. 353 f.

[9] Zur Erklärung der Gottebenbildlichkeit des Menschen: *E. Zenger*, Gottes Bogen in den Wolken, Stuttgart 1983, 84–96.

Wirkmächtigkeit auf der Erde zu sein«, die Welt als das ihnen »zugewiesene Heimathaus/Vaterhaus zu verwalten und liebevoll zu gestalten«.[10] Die Partnerschaft von Frau und Mann besteht demnach nicht darin, umeinander zu kreisen und »Erfüllung« zu suchen, sondern darin, sich Aufgaben in gemeinsamer Richtung zuzuwenden.

Von großer Bedeutung für eine Theologie der Ehe sind dann jene alttestamentlichen Texte, in denen Ehe bzw. Verlöbnis als Bild und Gleichnis für das Verhältnis Gottes zu seinem Volk Israel gelten (z. B. Hos 1–3; Jer 2,2; 3,1; Ez 16; 23; Mal 2,14–16). Den Bildern fehlt es nicht an jener Zartheit, Innigkeit und zornigen Emotionalität, die zu einem tieferen Verständnis von Ehe gehören. Die Texte sind auch nicht überinterpretiert, wenn man ihnen entnimmt, daß eheliches/bräutliches Verhältnis hier als ein vor den Augen Jahwes geschlossener, auf dauerhafte Treue angelegter Bund gilt. Sind auch keine besonderen religiösen Trauungsriten aus dem Alten Testament bekannt, so ist doch sehr wichtig, daß ein Segensspruch der Eltern über die Braut oder das Brautpaar bezeugt ist (Gen 24,60; Tob 11,17).

Die Eheschließung im Judentum zur Zeit Jesu[11] hatte sowohl eine rechtliche als auch eine festliche Seite. Das Verlöbnis oder Eheversprechen ging voraus, ehe der durchschnittlich 18 Jahre alte Bräutigam die im allgemeinen zwölfeinhalbjährige Braut »erwarb« und dabei die Annahme des Volkes Israel durch seinen Gott symbolisch darstellte. Die Heimführung der Braut rundete den Vorgang ab, der ein großes Familienfest mit mehrtägigem Hochzeitsmahl war. Rein rechtlich gesehen, handelte es sich zweifellos um einen Vertrag, der im Willen der beidseitigen Väter begründet war. Mannigfache Gründe gestatteten es dem Mann, seine Frau öffentlich zu entlassen bzw. zu verstoßen, ohne daß er allerdings den Kaufpreis für die Frau zurückerhielt. Um die Lage hartherzig verstoßener

[10] Ebd. 90.

[11] *H.-F. Richter*, Geschlechtlichkeit, Ehe und Familie im Alten Testament und seiner Umwelt, Bern / Frankfurt 1978; *B. Reicke* in: TRE IX 319f.; *A. Tostato*, Il trasferimento dei beni nel matrimonio israelitico, in: Bibbia e Oriente 27 (1985) 129–148 (Lit.), wichtig zur Vermeidung eines negativen Klischees!; *M. Hutter*, Das Ehebruch-Verbot, in: Bibel und Liturgie 59 (1986) 96–104 (Lit.).

Frauen mit der Möglichkeit einer Wiederverheiratung zu verbessern, sah die Tora die Ausstellung eines Scheidebriefs vor (Dtn 24,1–4).

12.2.2 Jesus und die Jesusüberlieferung

Jesus, der nicht bezweifelte, daß der Wille Gottes in der mosaischen Tora zu finden ist, fragte dort, wo Gesetzessprache vorlag, nach dem tieferen, radikalen Sinn des Ausgesagten.[12] In dem Jesus-Wort Mk 10,9 par werden Gen 1,27 und 2,24 miteinander verbunden; Bestehen und Unauflöslichkeit der Ehe werden auf Gott zurückgeführt. Jesus beabsichtigt dabei nicht, als neuer Gesetzgeber aufzutreten, zumal angesichts der Chance, das Reich Gottes in Bälde zu verwirklichen, die Belange der Ehe ohnedies zu relativieren sind (Mk 12,25 par).

In einer von der Gemeinde komponierten Szene (Mk 10,1–9), in die das authentische Jesus-Wort Mk 10,9 eingefügt wurde, wird Jesus befragt, ob eine Trennung überhaupt erlaubt sei. Er weist es ab, sich auf Gesetzesinterpretationen einzulassen. Wenn hier Dtn 24,1–4 als Konzession an herzensverhärtete Menschen dargestellt wird, handelt es sich vielleicht um antijüdische Polemik der frühchristlichen Gemeinde. Die Intention Jesu fügt sich hier aber ein: Weil Gott die dauerhafte Einheit der Partner will, ist jede Trennung gegen seinen Willen, sie darf daher nicht in Gesetzesform vorgesehen werden. Das mußte sich positiv auf die Stellung der Frauen auswirken.

Auch die Jüngerbelehrung Mk 10,10–12 ist eine Gemeindebildung. Sie sieht den Fall vor, daß ein Mann seine Frau entläßt und wieder heiratet, eine Frau ihren Mann entläßt und wieder heiratet: Beide Male handelt es sich um Ehebruch. Offenbar wird hier das Jesus-Wort vom Nicht-trennen-Dürfen Mk 10,9 in heidenchristliche Verhältnisse hineingesprochen, und zwar in strengster Form übertragen.

In der Bergpredigt begegnet das Jesus-Wort vom Nicht-trennen-

---

[12] Zur Auslegung ist immer noch wichtig: *V. Eid / P. Hoffmann*, Jesus von Nazareth und eine christliche Moral, Freiburg [3]1979, 109–146.

Dürfen (Mt 5,31 f) mit der Aussage, daß ein Mann, der seine Frau mittels des Scheidebriefs entläßt, an deren Wiederheirat und damit am Ehebruch schuldig wird: wieder eine Stellungnahme nicht nur zugunsten der ehelichen Treue, sondern auch zugunsten der Frauen, da an die besondere Verantwortung der Männer appelliert wird. Aber in V. 32 ist die »Unzuchtklausel« eingefügt: Die Gemeinde des Matthäus wußte sich offenbar »bevollmächtigt«, in bestimmten Fällen – »Unzucht« bedeutet im Neuen Testament oft Götzendienst – eine Ausnahme von der Unauflöslichkeit zu machen; sie verstand das Jesus-Wort nicht als Gesetz.

In Mt 19,1–2 ist das Streitgespräch Mk 10,1–9 so wiedergegeben, daß Jesus zu der rabbinischen Diskussion [13] zwischen den Schulen des Hillel (Betonung der männlichen Vormacht: Entlassung der Frau aus jedem beliebigen Grund) und des Schammaj (Einschränkung der männlichen Vormacht: Scheidung nur bei Ehebruch und verdachterweckendem Verhalten) Stellung nehmen sollte. Dies lehnt Jesus ab; auch hier interpretiert er den Willen Gottes nach Gen 1,27 und 2,24, aber wieder mit der »Unzuchtklausel«.

Das vielleicht auf Jesus selbst zurückgehende Wort Lk 16,18 besagt wiederum, daß es keine Trennung mit Wiederheirat ohne Ehebruch gibt.

Die Tendenzen, in der Ehe eine auf Dauer angelegte Partnerschaft von Gleichberechtigten zu sehen, konnten und können sich auf Jesus selber berufen. Im konkreten Umgang mit Jesu Gottesbotschaft zeichnen sich aber eine härtere und eine mildere Linie ab.

12.2.3   Paulus und der Epheserbrief

Paulus nahm in 1 Kor 7 zur Ehe Stellung in Reaktion auf enthusiastisch-asketische Kreise im heidenchristlichen Korinth, die eine religiös begründete Angst vor Ehe und Sexualität hatten (vgl. VV. 1–9 und 36–38). Er suchte nach Entschuldigungsgründen für beide und fand sie in der menschlichen Schwäche (vgl. auch

---

[13] Näheres bei *Z. W. Falk* in: TRE IX 315–317.

VV. 26–28). In V. 10f. greift er auf das Jesus-Wort vom Nicht-trennen-Dürfen zurück, auf beide Partner angewandt und, für den Fall der Frau, mit einem Wiederverheiratungsverbot verbunden.

Als Antwort auf die Furcht christlicher Eheleute, durch den Verkehr mit einem heidnischen Ehepartner entheiligt zu werden, erklärt Paulus, der christliche Partner »heilige« den ungläubigen und auch die Kinder (V. 14). Der christliche Partner darf sich wegen der Weisung Jesu vom ungläubigen nicht trennen, aber der ungläubige Teil darf sich trennen, und zwar so, daß der christliche Teil das Recht zur Wiederheirat hat (VV. 12–16 insgesamt, der Ursprung des sogenannten Privilegium Paulinum). Auch Paulus sieht also die Möglichkeit, an der Weisung Jesu grundsätzlich festzuhalten und doch bedingte Ausnahmen davon zu machen.

In den VV. 25–38 spricht Paulus über die Unverheirateten. Er stellt hier die Ehe als nur vorläufigen Wert (unter dem »eschatologischen Vorbehalt«) dar. Bei seiner Bevorzugung der Ehelosigkeit lassen sich zwei Motive unterscheiden: In der angespannten Erwartung des nahen Endes lohnt es sich eigentlich nicht, etwas Längerfristiges wie eine Ehe zu beginnen, und – für Paulus persönlich wichtig – die missionarische Aufgabe macht es unmöglich, sich um die Dinge dieser Welt zu sorgen. Dennoch nennt Paulus auch das Heiraten gut.

Im Neuen Testament finden sich in den sogenannten Haustafeln mehrfach Paränesen über das richtige Verhalten von Frau und Mann zueinander. Von ihnen wurde der nicht von Paulus stammende Text Eph 5,22–33 in der kirchlichen Ehetheologie besonders wichtig. Auch hier wird zeitbedingt von einer natürlichen Überordnung des Mannes über die Frau gesprochen, aber die Männer werden aufgefordert, ihre Frauen zu lieben, »wie auch Christus die Kirche geliebt und sich für sie dahingegeben hat« (V. 25). Diese Liebe wird (VV. 28–31) noch weiter verdeutlicht und mit Gen 2,23f begründet, wobei die Leibeseinheit von Mann und Frau verglichen wird mit der Einheit der Glieder am Leib Christi. Der Verfasser sagt: »Dieses Geheimnis (mysterion, in altlateinischer Übersetzung: sacramentum) ist groß; ich aber deute es auf Christus und auf die Kirche« (V. 32). Die wahrscheinlichere Deutung der schwierigen Aussage ergibt, daß die Einheit der Ehepartner ein Abbild der Einheit Jesu Christi mit seiner Kirche ist und (paränetisch!) zu sein hat. Mit anderen Worten gesagt: Die angespannte Naherwartung des Paulus ist nun gewichen, Ehen sind auch unter Christen das Gewohnte geworden, und zwar nicht nur als Zugeständnis, sondern mit einer positiven Abbild-Funktion im Heilsplan Gottes, der in Jesus Christus verwirklicht wurde; oder: es ist möglich, die neuen Beziehungen, die nach der Predigt Jesu das Reich Gottes kennzeichnen, im kleinen Kreis auch schon in der Ehe zu leben.

12.2.4 Weitere Aussagen

Die Ansätze zu einer Ehetheologie im Neuen Testament zeigen, daß die Ehe nicht nur schöpfungstheologisch, sondern auch christologisch, gnadentheologisch und ekklesiologisch relevant ist. Der Vergleich einer Ehe mit dem Verhältnis Gottes zu seinem Volk Israel findet seine Weiterführung im Vergleich mit dem Verhältnis Jesu zu seiner Kirche, in den Bildern, die Jesus als Bräutigam, das Heil als Hochzeitsfest schildern. Es ist möglich und geboten, die Ehe »im Herrn« (1 Kor 7,39) zu schließen und zu führen, so daß sie ein Heilsweg mit positiven Auswirkungen auf Gatten und Kinder ist (ebd. 12–16).

Zeitbedingte Auffassungen treten überall zutage; sie bewirken die Ansicht, daß das richtige Verhalten eines Mannes in der Ehe aktive Fürsorge ist, das einer Frau passive Anpassung. Das ist in der theologisch-religiösen Sicht jedoch prinzipiell überwunden: Auch Gleichheitsaussagen finden sich (Gal 3,28; 1 Petr 3,7).

Ehebruch ist in diesem Zusammenhang *die* Sünde, die nicht nur die (Eigentums-)Ordnung empfindlich stört, sondern den religiöstransparenten Abbildcharakter der Ehe zerstört. Jesus radikalisiert den Sachverhalt, wenn er den Ehebruch nicht erst mit rechtlich greifbaren Tatbeständen, sondern schon mit dem Begehren beginnen läßt (Mt 5,28). Mit einem konkret schuldig gewordenen Menschen ist aber mild umzugehen (Joh 8,2–11).

Die Ehelosigkeit Jesu (Johannes des Täufers, des Paulus) wirkte zunächst nicht vorbildhaft-verpflichtend für kirchliche Amtsträger (1 Tim 3,2–12; Tit 1,6); wohl aber entstand bei bestimmten kirchlichen Gruppen die Frage, wie oft im Leben eines Christen (bei Todesfällen der Gatten) eine Heirat erlaubt sei (vgl. ebd. und 1 Tim 5,9). Verbreitet war wohl die Überzeugung, daß die Ehe im ewigen Leben bei Gott keinen Fortbestand habe (Mt 22,23–29 par; 1 Kor 7,29–31).

12.3   Geschichtliche Festlegungen

12.3.1   Das Werden von Ehetheologie, -liturgie und -recht

So, wie Jesus, wie Paulus die Ehe schon vorfanden und zu ihr als etwas schon Vorhandenem Stellung nahmen, so verkündeten die späteren Missionare das Evangelium in Gesellschaften, in denen es Ehe, Eherecht und (bei Römern und Griechen) Ehekrisen gab. Die römischen Auffassungen waren für die Entwicklung in der lateinischen Kirche besonders bedeutsam. Der Eheabschluß hatte zwei Aspekte. Der erste war rechtlicher Natur, eine Angelegenheit des Familienrechts. In dieser Sicht wurde der Eheabschluß (sponsalia) als Vertrag, als öffentliche Bekundung einer Willensübereinstimmung, verstanden (pactio coniugalis). Der zweite Aspekt war der Beginn des gemeinsamen Lebens (nuptiae). Dieser Aspekt war schon bei den Römern einer religiösen Deutung zugänglich: Der häusliche Herd wurde durchaus religiös verstanden. So war bei der Ehe von Christen hier der Ort eines besonderen Segens. Auch wenn aus der Frühzeit der beiden ersten Jahrhunderte nur spärliche Zeugnisse vorliegen (nach Ignatius von Antiochien sollen Christen nur mit Einwilligung des Bischofs heiraten; bei Tertullian erscheint die Kirche als Heiratsvermittler, conciliator, und wird eine benedictio der Eheleute in der Eucharistie erwähnt), ist eine Übernahme des jüdischen Segensgebets schon deshalb wahrscheinlich, weil die Christen auch bei allen anderen wichtigen Angelegenheiten Segensgebete sprachen.[14]

Für das 4. und 5. Jahrhundert gibt es reichlichere Zeugnisse. Die Eheauffassung der Kirchenväter tritt vor allem in den Auslegun-

---

[14] Vgl. dazu K. *Stevenson*, Nuptial Blessing, London 1982; D. *Dacquino*, Storia del matrimonio cristiano alla luce della Bibbia, Turin 1984.

gen biblischer Texte zutage. Die nach dem weltlichen Recht geschlossene Ehe gilt als von Gott bestätigt; die dem römischen Recht geläufige Einehe ist aber im Unterschied zu diesem unauflöslich, da das »Band«, wie die vielverwendete Stelle Gen 2,23f besagt, von Gott »gestiftet« wurde. Die theologische Dimension der Ehe, Abbild der Einheit von Jesus Christus und seiner Kirche zu sein, wird oft angesprochen. So gilt die Ehe als positiver, zum Heil führender Wert, wenn auch die Ehelosigkeit allenthalben höher eingeschätzt wird. Die Ansichten der Stoa über die Zwecke der Ehe werden übernommen: An erster Stelle dient sie der Erzeugung von Nachkommenschaft, daneben wird auch die Liebe genannt, in der die Überwindung des Egoismus und, christlich, eine Nachahmung der Liebe Jesu gesehen wird.

Schwierigkeiten bereitet den Kirchenvätern die Beurteilung der in der Ehe praktizierten Sexualität. Hier ist der besondere Beitrag des Augustinus zu erwähnen.[15] Er sah in der Ehe, die er im Anschluß an Eph 5,32 »sacramentum« nannte, sowohl das rechtliche Band (vinculum) als auch das religiöse Realsymbol (signum), das bei jeder Ehe schon auf die bräutliche Einheit Jesu Christi mit der Kirche verweist und in der Taufe, in der die Eingliederung in den Leib Christi geschieht, vollendet wird. So ist die Reihenfolge der Ehegüter (bona) zu sehen: An erster Stelle steht die Nachkommenschaft (bonum prolis: Gen 1,28, vollendet aber erst in der Taufe!), an zweiter die ausschließliche sexuelle Treue (bonum fidei: Gen 2,23f mit der Deutung Jesu), an dritter die Vollendung der natürlichen Liebe in der Heiligung (bonum sacramenti: Eph 5,32). Im Unterschied zu einer langen, von Philon bis Hieronymus reichenden Tradition nahm Augustinus an, daß sich die Stammeltern im Paradies auch schon vor dem Sündenfall sexuell betätigten, so daß die ehelichen Akte grundsätzlich gut sind. Allerdings ist durch die Ursünde ein Übel zu diesem Gut hinzugetreten, die Konkupiszenz oder ungeordnete Begierde, die die Vernunft stark beeinträchtigt. Erst unter diesen Umständen hielt Augustinus einen

---

[15] Vgl. die genauere und gerechtere Interpretation bei E. Schmitt, Le mariage chrétien dans l'oeuvre de saint Augustin, Paris 1983; P. Langa, San Agustín y el progreso de la teología matrimonial, Toledo 1984.

rechtfertigenden Grund für den ehelichen Akt für nötig, und er sah ihn in der Ausrichtung auf die Nachkommenschaft.

Die Trauung blieb nach wie vor eine weltlich-rechtliche Angelegenheit, aber die Zeugnisse zeigen, daß der Ritus der Verschleierung (velatio), die Fürbitten und das Segensgebet (benedictio) Gewohnheit werden, nach dem Liber Praedestinatus III (Mitte des 5. Jahrhunderts) auch mit einer Eucharistiefeier verbunden. Der weiße Schleier der Braut (von der Jungfrauenweihe übernommen, im 4. Jahrhundert fest bezeugt) symbolisiert die Verbindung Jesu Christi mit seiner Braut, der Kirche. Auch andere, ursprünglich heidnische Riten wie die Krönung mit Brautkrone(n) (coronatio) und die Vereinigung der rechten Hände (dextrarum coniunctio) finden da und dort Eingang in die Liturgie. Um 400 ist auch eine »missa pro sponsis« bezeugt.

In Sammlungen kirchenrechtlicher Canones werden vom 4. Jahrhundert an durch die Kirche Ehehindernisse festgehalten, insbesondere Religionsverschiedenheit und Blutsverwandtschaften. Zu der Frage, ob nach dem Tod von Ehegatten eine zweite oder, gegebenenfalls, sogar eine dritte Ehe für den überlebenden christlichen Partner erlaubt sei, äußern sich die Kirchenväter zurückhaltend bis negativ. Die Trennung wegen Verschiedenheit der Religion (Privilegium Paulinum) ist mehrfach bezeugt, desgleichen die Trennung wegen Ehebruchs. Nicht selten wurde eine Wiederheirat geduldet oder sogar erlaubt,[16] eventuell nach Leistung einer Kirchenbuße.

Im kirchlichen Osten setzt eine getrennte Sicht erst mit dem Beginn des 10. Jahrhunderts ein. Zur Gültigkeit einer christlichen Ehe ist nun eine priesterliche Segnung notwendig. Zwei Riten gehören zur kirchlichen Trauung, das »Pfandritual« und das »Krönungsritual«. Unter ausdrücklicher Bezugnahme auf Eph 5,32 gilt in den von Rom getrennten Ostkirchen die mit dem priesterlichen Segen geschlossene Ehe bis heute als Sakrament.

---

[16] Belege bei *H. Crouzel* in: TRE IX 329. – Zur Eheauffassung der Ostkirchen auch *R. Hotz* (s. Lit. I.), 249f. Es ist falsch zu sagen: Die Ostkirchen lassen eine Ehescheidung und Wiederheirat zu. Die Ostkirchen halten an der Unauflöslichkeit der Ehe fest. Im Umgang mit Menschen, die in einer Ehe gescheitert sind, folgen sie aber dem Prinzip der Barmherzigkeit, das gemäß der göttlichen oikonomia den Vorrang vor dem Prinzip des Dogmas hat.

Im kirchlichen Westen setzt mit der Frankenzeit die Tendenz ein, auch den eigentlichen Eheabschluß in die Obhut der Kirche zu nehmen. Da der Priester allgemein als Vertrauensperson galt, wünscht z. B. Karl der Große, er möge das »Brautexamen« abnehmen, das heißt nach etwaigen Ehehindernissen fahnden, und danach das Paar trauen, das heißt zusammengeben. Beides fordert Mitte des 12. Jahrhunderts das einflußreiche Decretum Gratiani, aber für es ist auch noch eine vor der weltlichen Instanz geschlossene Ehe gültig. Um 1200 begegnet nur noch die kirchliche Eheschließung, in einem vor der Kirchentür vollzogenen Ritus, in dem der Priester nicht mehr optativ bittet: »Gott gebe euch zusammen« (deus vos coniungat), sondern indikativisch erklärt: »ich gebe euch zusammen« (ego vos coniungo); diesem Ritus folgt eine Hochzeitseucharistiefeier in der Kirche. Von etwa 1300 an findet auch die Trauung in der Kirche statt.

In der »germanisch« geprägten Welt galt die Ansicht, die gültige Ehe komme durch den ersten »Beischlaf« zustande, durch ihn erst werde sie unauflöslich (Copulatheorie). Auf theologischer Seite begegnet sie erstmals bei Hinkmar von Reims (†882): Eine Verbindung von Mann und Frau ist, wenn sie getauft sind, durch diesen Ehevollzug eine sakramentale und unauflösliche Ehe geworden, auch wenn diese Verbindung nur heimlich besteht. Die Copulatheorie wurde danach in der wichtigen Kanonistenschule von Bologna vertreten.

Gegen sie wurde weiterhin die Konsenstheorie des römischen Rechts aufrechterhalten: Die Willenserklärung, das unmittelbare Ehegelöbnis (sponsalia de praesenti), ist Wirkursache (causa efficiens) der Ehe, die sie auch schon unauflöslich macht. Der eheliche Vollzug habe nur komplementären Charakter. Um Zeichen der Verbindung Jesu Christi mit der Kirche sein zu können, müsse die Ehe, wenn die Brautleute durch den Glauben Glieder Jesu Christi sind, auch vollzogen werden. So lehrten z. B. Ivo von Chartres (†1116), Hugo von St. Viktor (†1141) und mit ihnen die bedeutende Pariser Schule.

Papst Alexander III. (†1181), der selber Kanonist war, führte einen Kompromiß herbei, der bis heute im katholischen Kirchenrecht Geltung hat: Der Konsens begründet eine wahre, gültige

Ehe, aber erst der eheliche Vollzug macht sie absolut unauflöslich.

Inzwischen war die sakramententheologische Reflexion zu einer gewissen Klärung gekommen; Mitte des 12. Jahrhunderts lag der klassische Sakramentsbegriff fest. Im 11. Jahrhundert hatte Petrus Damiani († 1072) unter 12 Sakramenten die Ehe aufgezählt. Von größter Bedeutung für die Festlegung der Siebenzahl war Petrus Lombardus[17] († 1160), er zählte die Ehe dazu und nannte sie ein heiliges Zeichen einer heiligen Sache. Der Streit zwischen Copula- und Konsenstheorie wirkte sich auch auf die Frage aus, wann das Sakrament zustande komme. Die Entscheidung Alexanders III. besagt: Die Ehe von Getauften, die durch den Konsens zustande kommt, ist ein wirkliches Sakrament, auch schon vor ihrem Vollzug (sie heißt vor dem Vollzug: matrimonium ratum et non consummatum).

Schwierigkeiten entstanden in der scholastischen Theologie bei der Übertragung der Begriffe »Materie« und »Form« auf die Ehe.[18] Bedeutende Theologen bestritten, daß die Ehe als Sakrament ein materielles Element habe. Auch für Thomas von Aquin haben die Worte überragende Bedeutung: Der Konsens durch unmittelbar gesprochene Worte (verba de praesenti) ist Wirkursache und »forma« des Ehesakraments. Dadurch entsteht das Eheband und wird eine Disposition geschaffen, die den Empfang der göttlichen Gnade – kraft der Stiftung Gottes – ermöglicht. Die Wirkung (res) des Sakraments wird einmal auf der Ebene der Zeichenhaftigkeit (Verbindung Jesu Christi mit der Kirche), zum anderen auf der Ebene der Verpflichtung (zum Eheleben und zur Unauflöslichkeit) gesehen. Der priesterliche Segen bei der Trauung gilt für Thomas nur als Sakramentale (siehe unten 13). Von daher war es möglich, die Eheleute als »Spender« des Sakraments der Ehe zu verstehen. Damit und noch mehr mit der Fixierung auf die Ehe als Rechtsakt wurde nicht bewußt, daß der Eheabschluß als Sakrament Liturgie der Kirche ist. In den Ostkirchen blieb dieses Bewußtsein erhalten.

---

[17] *J. Finkenzeller* I 123.
[18] Ebd. 140, 142.

12.3.2 Lehraussagen der älteren Zeit

Bei Anhängern der Laien- und Reformbewegungen des 12. Jahrhunderts wurden verschiedentlich die Sakramente und Riten der Kirche abgelehnt. Ihnen gegenüber verteidigte das Zweite Laterankonzil 1139 die kirchliche Eheschließung (nur lat. DS 718), ebenso das Konzil von Verona 1184: hier wurde erstmals in einem Lehrdokument die Ehe »Sakrament« genannt (nur lat. DS 761).

In dem Glaubensbekenntnis, das 1267 dem oströmischen Kaiser mit dem Ziel, Ost- und Westkirchen wiederzuvereinigen, vorgelegt worden war, heißt es:

»Von der *Ehe* lehrt sie [die Kirche], daß ein Mann nicht zugleich mehrere Frauen und eine Frau nicht mehrere Männer haben darf. Wenn jedoch die rechtmäßige Ehe durch den Tod des einen Ehegatten gelöst ist, so sagt sie, daß dann auch eine zweite und dritte Ehe nacheinander erlaubt ist, wenn nicht ein anderes kanonisches Hindernis aus irgendeinem anderen Grund entgegensteht« (NR 928/DS 860).

Im selben Text wird die Ehe unter den sieben Sakramenten der Kirche aufgezählt.

In dem Dekret, das der Wiedervereinigung der getrennten Armenier mit Rom dienen sollte, lehrte das Konzil von Florenz 1439 im Anschluß an Thomas von Aquin:

»Das siebente Sakrament ist die Ehe. Nach dem Apostel ist sie ein Zeichen der Verbindung Christi mit der Kirche: ›Es ist dies ein großes Geheimnis, ich meine aber in Christus und der Kirche‹ (Eph 5,32). Die *Wirkursache* der Ehe ist die gegenseitige Zustimmung, die für gewöhnlich in Worten, die sich auf die Gegenwart beziehen, ausgedrückt wird. Ein *dreifaches Gut* kommt der Ehe zu: Das erste ist die Zeugung des *Nachwuchses* und seine Erziehung zum Dienst Gottes, das zweite die *Treue*, die der eine Gatte dem andern wahren muß, das dritte die *Unauflöslichkeit* der Ehe, weil sie die unlösliche Verbindung Christi und der Kirche darstellt. Wegen Unzucht ist zwar eine Scheidung von Tisch und Bett erlaubt, aber es bleibt dennoch gegen Gottes Gebot, eine andere Ehe einzugehen; denn das Band einer rechtmäßig geschlossenen Ehe ist dauernd« (NR 730/DS 1327).

Die Reformatoren [19] setzten sich von zwei auslösenden Elementen her mit der kirchlichen Ehelehre auseinander: wegen der kirchlichen Höherbewertung des Zölibats gegenüber der Ehe und we-

---

[19] Vgl. zur Erstinformation *M. E. Schild* in: TRE IX 336–346, für Luther und die anderen Reformatoren.

gen der beherrschenden Stellung des Kirchenrechts. Luthers Formulierung, die Ehe sei ein »weltlich Ding«, wird von Katholiken oft mißverstanden. Er sah die Ehe in der Schöpfungsordnung Gottes begründet; das sexuelle Verlangen und der Wunsch nach ehelicher Bindung seien schon vor dem Sündenfall gegeben und gut gewesen; nach dem Sündenfall sei die Ehe ein Stand der Liebe, des Kreuzes und des Glaubens. Ein Sakrament sei die Ehe nicht, da das Neue Testament kein Verheißungswort Christi für ein Ehesakrament enthalte, wohl aber sei die Ehe von der Schöpfungsordnung her schon ein Zeichen (Gleichnis) für das Gnadenhandeln Gottes und nun ein Zeichen für die Verbundenheit Christi mit seinen Gliedern. Bei seiner Unterscheidung von einem geistlichen und einem weltlichen »Regiment« Gottes ordnete Luther die Ehe dem weltlichen Regiment zu. Den Zölibat lobte er als Charisma einiger weniger, die sich ungeteilt dem Gebet und der Verkündigung des Evangeliums hingeben könnten. Mit dieser Sicht verband Luther heftige Angriffe gegen die kirchliche Praxis, die Ehe dem Kirchenrecht zu unterstellen, heimlich geschlossene Ehen anzuerkennen, Gelübde der Ehelosigkeit abzunehmen usw. Er forderte die Öffentlichkeit der Eheschließung, die Erklärung des Konsenses als des ehebegründenden Aktes vor Zeugen. Bei Ehebruch und böswilligem Verlassen eines Partners billigte er die Scheidung der an sich unauflöslichen Ehe, ebenso Melanchthon, der von Handlungen sprach, die eine an sich unauflösliche Ehe zerstören könnten.

Das Konzil von Trient legte auf der 7. Sitzung 1547 die Siebenzahl der Sakramente der römisch-katholischen Kirche fest und nannte unter ihnen auch die Ehe (NR 506/DS 1601). Dabei lehrte es auch die Mitteilung der Gnade durch die Sakramente (NR 511–513/ DS 1606–1608). Auf der 24. Sitzung 1563 verabschiedete es eine »Lehre vom Ehesakrament« und 12 dazugehörige Canones.

Die Lehre lautet im wesentlichen:

»Das dauernde und unauflösliche Band der Ehe hat *der Stammvater des Menschengeschlechts*, erleuchtet vom Heiligen Geist, mit den Worten verkündet: ›Dies ist nun Bein von meinem Bein und Fleisch von meinem Fleisch. Deshalb verläßt der Mann seinen Vater und seine Mutter und hängt seinem Weibe an, und die zwei werden ein Fleisch sein‹ (Gen 2,23 f).

Daß durch dieses Band zwischen nur zwei Menschen eine Verbindung geschlossen wird, hat *Christus der Herr* noch klarer gelehrt. Er berichtete jene

Worte als Worte Gottes und sagte: ›Sie sind also nicht mehr zwei, sondern ein Fleisch‹ (Mt 19,6). Und dann bekräftigte er gleich die Festigkeit dieses Bandes, die von Adam schon so viel früher verkündet war, mit folgenden Worten: ›Was nun Gott verbunden hat, darf der Mensch nicht trennen‹ (Mt 19,6). Die *Gnade* aber, die jene natürliche Liebe vollendet, die unlösliche Einheit festigt, die Ehegatten heiligen soll, hat uns Christus, der Stifter und Vollender der ehrwürdigen Sakramente, durch sein Leiden verdient. Der heilige Apostel Paulus deutet das mit den Worten an: ›Ihr Männer, liebt eure Frauen, wie Christus seine Kirche liebte und sich selbst für sie hingab‹ (Eph 5,25). Und dann fügte er bei: ›Das ist ein großes Geheimnis, ich meine in Christus und in seiner Kirche‹ (Eph 5,32).

Da nun die Ehe im Gesetz des Evangeliums durch Christus aufgrund der Gnade einen Vorrang hat vor den ehelichen Verbindungen der früheren Zeit, so lehrten unsere heiligen Väter, die Kirchenversammlungen und die gesamte kirchliche Überlieferung stets mit Recht, daß sie *zu den Sakramenten des Neuen Bundes* zu zählen ist. Dagegen haben in unseren Tagen betörte Menschen nicht nur falsch von diesem ehrwürdigen Sakrament gedacht, sondern nach ihrer Art unter Berufung auf das Evangelium eine falsche Freiheit des Fleisches eingeführt und vieles in Schrift und Wort verkündet, was der Auffassung der katholischen Kirche und den bewährten Überlieferungen aus der Zeit der Apostel fremd ist, nicht ohne großen Nachteil der Gläubigen« (NR 731–734/DS 1797–1800).

Über Materie, Form und Spender dieses Sakraments, die nach scholastischer Auffassung bei den Sakramenten sonst erkennbar werden, wollte das Konzil sich nicht äußern.

Die Canones lauten:

»1. Wer sagt, die Ehe sei nicht wahrhaft und eigentlich eines der sieben Sakramente des evangelischen Gesetzes, das von Christus dem Herrn eingesetzt wurde, sondern es sei von Menschen in der Kirche erfunden worden und teile keine Gnade mit, der sei ausgeschlossen.

2. Wer sagt, es sei den Christen erlaubt, gleichzeitig mehrere Frauen zu haben; das sei durch kein göttliches Gesetz untersagt, der sei ausgeschlossen.

3. Wer sagt, nur diejenigen Grade der Blutsverwandtschaft und Schwägerschaft könnten einen Eheabschluß verhindern oder ein Eheband trennen, die im Buch Leviticus (18,6ff) angeführt sind; die Kirche aber könne nicht in einigen von ihnen eine Dispens erteilen oder bestimmen, daß auch noch andere Grade die Ehe hindern und trennen, der sei ausgeschlossen.

4. Wer sagt, die Kirche habe nicht die Vollmacht gehabt, trennende Ehehindernisse aufzustellen, oder sie habe in ihrer Aufstellung geirrt, der sei ausgeschlossen.

5. Wer sagt, wegen Irrglauben, wegen Schwierigkeiten im Zusammenle-

ben oder wegen böswilliger Abwesenheit vom Gatten könne das eheliche Band gelöst werden, der sei ausgeschlossen.

6. Wer sagt, eine geschlossene, aber nicht vollzogene Ehe werde durch die feierlichen Ordensgelübde des einen Ehegatten nicht gelöst, der sei ausgeschlossen.

7. Wer sagt, die Kirche irre, wenn sie gelehrt hat und lehrt: Nach evangelischer und apostolischer Lehre (Mt 19,6 ff; Mk 10,6 ff; 1 Kor 7,10 ff) könne wegen eines Ehebruchs des einen Ehegatten das eheliche Band nicht gelöst werden und beide, auch der unschuldige Teil, der keinen Anlaß zum Ehebruch gegeben hat, könne zu Lebzeiten des andern Ehegatten keine andere Ehe eingehen; und der Mann begehe einen Ehebruch, der nach Entlassung der ehebrecherischen Frau eine andere heirate, ebenso die Frau, die nach Entlassung des ehebrecherischen Mannes sich mit einem anderen vermähle, der sei ausgeschlossen.

8. Wer sagt, die Kirche irre, wenn sie aus vielen Gründen eine Scheidung der Ehegatten von Bett und Tisch auf bestimmte oder unbestimmte Zeit für erlaubt erklärt, der sei ausgeschlossen.

9. Wer sagt, Kleriker, die die heiligen Weihen empfangen haben, oder Ordensleute mit dem feierlichen Gelübde der Keuschheit könnten eine Ehe eingehen, und der Ehebund sei trotz des entgegenstehenden kirchlichen Gesetzes und des Gelübdes gültig, und die gegenteilige Auffassung sei nichts als eine Verurteilung der Ehe, und alle könnten eine Ehe eingehen, die nicht spüren, daß sie die Gabe der Keuschheit haben, auch wenn sie sie gelobt haben, der sei ausgeschlossen. Denn wenn sie Gott richtig darum bitten, dann verweigert er sie nicht; er duldet es nicht, daß wir über unsere Kräfte versucht werden (1 Kor 10,13).

10. Wer sagt, der Ehestand sei dem jungfräulichen Stand oder der Ehelosigkeit vorzuziehen, und es sei nicht besser und seliger, in Jungfräulichkeit und Ehelosigkeit zu bleiben, als eine Ehe einzugehen, der sei ausgeschlossen.

11. Wer sagt, das Verbot des feierlichen Eheschlusses zu bestimmten Zeiten des Jahres sei Anmaßung und Aberglaube, der noch aus dem Aberglauben der Heiden stamme; oder wer die Segnungen und die anderen äußerlichen gottesdienstlichen Vorschriften, die die Kirche bei ihm anwendet, verurteilt, der sei ausgeschlossen.

12. Wer sagt, Eheangelegenheiten gehörten nicht vor den kirchlichen Richter, der sei ausgeschlossen« (NR 735–746/D5 1801–1812).

Das Konzil verteidigte nicht nur die Sakramentalität und Gnadenwirksamkeit der Ehe, sondern auch die Kompetenz der Kirche, die Eheangelegenheiten kirchenrechtlich zu regeln.[20] Die Lehre vom

[20] Vgl. *R. Lettmann*, Die Diskussion über die klandestinen Ehen und die Einführung einer zur Gültigkeit verpflichtenden Eheschließungsform auf dem Konzil von Trient, Münster 1966; *G. Baldanza*, La grazia sacramentale matrimoniale al Conci-

unauflöslichen Eheband wurde hier deutlich gemacht. Gegenstand eingehender dogmengeschichtlicher Erörterungen[21] war Canon 7: Das Konzil wählte bewußt Formulierungen, mit denen die römisch-katholische Praxis gegen den Vorwurf des Irrtums in Schutz genommen wurde; es wollte jedoch die mildere Praxis der Ostkirchen und die Lehre der universalkirchlich anerkannten Kirchenväter, auf die sie sich stützte, nicht verurteilen.

Ebenfalls auf der 24. Sitzung 1563 erließ das Konzil das Dekret »Tametsi« zur Reform des Eheabschlusses (Auszüge nur lat. DS 1813–1816). Bis zum Konzil von Trient hatte die Kirche die kirchliche Eheschließung nie in der Form verbindlich vorgeschrieben, daß bei Nichteinhaltung die Ehe kirchlich ungültig gewesen wäre. Wegen zahlreicher heimlich eingegangener Ehen, bei denen auch ein bestehendes Eheband oder andere Ehehindernisse einfach außer acht gelassen wurden, verfügte das Konzil nun in einer Disziplinarentscheidung, daß die Ehe vor dem Pfarrer (bzw. einem Priester mit entsprechender Erlaubnis) und zwei oder drei Zeugen geschlossen werden müsse; ein Katholik, der sich an diese Formpflicht nicht halte, sei nicht imstande, eine gültige Ehe zu schließen.[22] So hatte sich im Lauf von eineinhalb Jahrtausenden eine feste katholische Eheauffassung herausgebildet. Standen im 1. Jahrtausend der bürgerliche Eheabschluß und der kirchlich-liturgische Ehesegen noch unverbunden nebeneinander, so war nun für Katholiken die Einheit von gültiger Eheschließung und kirchlicher Trauung verpflichtend. Da das Wesentliche beim Eheabschluß weiterhin im Konsens gesehen und dieser als Vertrag gedeutet wurde, hielten fortan Glaubenslehre und Kirchenrecht an der Untrennbarkeit von Vertrag und Sakrament fest. Im Verlauf der neuzeitlichen Entwicklung mit ihren gemischtkonfessionellen Verhältnissen und mit der zunehmenden Entfremdung vieler Menschen von der Kirche kam die katholische Eheauffassung in Kon-

lio di Trento, in: Ephemerides Liturgicae 97 (1983) 89–140; *A. Duval*, Des sacrements (s. Lit. I.).

[21] *P. Fransen*, Das Thema »Ehescheidung nach Ehebruch« auf dem Konzil von Trient, in: Concilium 5 (1970) 343–348 (Lit.). Fransen faßt hier frühere ausgedehnte Untersuchungen zusammen.

[22] Genaueres bei *R. Lettmann, a. a. O.*

flikt mit staatlich-gesellschaftlichen Ansprüchen, wie sie sich z. B. vom Zugriff des Josephinismus auf die ganze Ehejurisdiktion bis zur Einführung der Zwangsziviltrauung in vielen Ländern abzeichnen.[23] An Veröffentlichungen, die die kirchliche Ehelehre einschärften, sind zu nennen: die Enzyklika »Arcanum Divinae Sapientiae« Leos XIII. 1880 (NR 747–750/DS 3142–3146), der CIC von 1917 und die Enzyklika »Casti connubii« Pius' XI. 1930 (NR 751–760/DS 3700–3714). Wenn in der theologischen Diskussion vor allem im 20. Jahrhundert unter dem Eindruck des personalistischen Denkens und der biblischen Erneuerung auch die kirchliche sachhafte Auffassung von der Ehe als einem Vertrag heftig kritisiert wurde, sollte bei einer gerechten Beurteilung doch nicht übersehen werden, wie stark die Kirche mit dem Vertragsgedanken zur Emanzipation der Frauen und zur Befreiung beider Eheleute aus den übermächtigen sozio-ökonomischen Bindungen von Sippe und Clan beitrug. Dies geschah gerade dadurch, daß sie immer auf der *freien* Willenszustimmung beider Partner bestand und einen Konsens, der unter Zwang zustande kam, für nichtig ansah.

12.3.3 Das Zweite Vatikanische Konzil und das neue Kirchenrecht

Vielfältige Bemühungen um eine erneuerte und vertiefte religiöstheologische Sicht der Ehe gingen in die Dokumente des II. Vaticanums ein. Nachdem zunächst die Liturgiekonstitution eine Überarbeitung und Bereicherung des Trauungsritus verlangt hatte (SC 77 und 78), nahm die dogmatische Konstitution über die Kirche folgendermaßen zum Ehesakrament Stellung:
»Die christlichen Gatten endlich bezeichnen das Geheimnis der Einheit und der fruchtbaren Liebe zwischen Christus und der Kirche und bekommen daran Anteil (vgl. Eph 5,32). Sie fördern sich kraft des Sakramentes der Ehe gegenseitig zur Heiligung durch das eheliche Leben sowie in der Annahme und Erziehung der Kinder und haben so in ihrem Lebensstand und in ihrer Ordnung ihre

---

[23] Vgl. zu dieser Entwicklung: *W. Molinski*, Theologie der Ehe in der Geschichte, Aschaffenburg 1976, 196–213.

eigene Gabe im Gottesvolk (vgl. 1 Kor 7,7). Aus diesem Ehebund nämlich geht die Familie hervor, in der die neuen Bürger der menschlichen Gesellschaft geboren werden, die durch die Gnade des Heiligen Geistes in der Taufe zu Söhnen Gottes gemacht werden, um dem Volke Gottes im Fluß der Zeiten Dauer zu verleihen. In solch einer Art Hauskirche sollen die Eltern durch Wort und Beispiel für ihre Kinder die ersten Glaubensboten sein und die einem jeden eigene Berufung fördern, die geistliche aber mit besonderer Sorgfalt« (LG 11).

Das Konzil äußerte sich auch noch an anderen Stellen über Ehe und Familie.[24] Am bedeutsamsten sind sechs Artikel (47–52) in der Pastoralkonstitution »Gaudium et spes«.

Artikel 47 begrüßt die Bemühungen um die Würde von Ehe und Familie auch außerhalb der Christenheit und weist auf die heutigen Bedrohungen beider hin. Artikel 48 wählt zur Bezeichnung der Ehe das Wort »Bund« und möchte damit von der rechtlich-sachlichen Auffassung, die in der katholischen Kirche ungebührlich in den Vordergrund gerückt war und in dem Fachausdruck »Ehevertrag« deutlich wird, loskommen; Plädoyers für das Wort »Vertrag« (»Kontrakt«) wurden entschieden abgelehnt (die kirchenrechtliche Beschreibung des »Vertragsgegenstandes« als gegenseitige Übertragung des »Rechtes auf den Leib« mußte erst recht als unerträgliche Versachlichung abgelehnt werden). Der Artikel spricht zwar davon, daß die Ehe auf Zeugung und Erziehung von Nachkommenschaft hingeordnet ist, aber er hütet sich sorgfältig, irgendeine Rangordnung der »Eheguter« zu konstruieren. Zum Ausgleich gegenüber früheren biologistischen Auffassungen hebt er vielmehr die zentrale Bedeutung der Liebe hervor (Abschnitt zwei) und beschreibt von da aus die Sakramentalität der christlichen Ehe. Der Rest des Artikels geht vor allem auf die Pflichten der Kinder ein (mit einer kleinen Würdigung der Witwenschaft) und sieht Ehe und Familie als Zeugnis »der lebendigen Gegenwart des Erlösers in der Welt«. Artikel 49 spricht von der »wahren Liebe

---

[24] Zum Beispiel LG 35 und 41, AA 10 und 29, GE 3, 6 und 8, GS auch noch 12, 61, 67 und 87. Die Zusammenfassung hier folgt meiner Einführung in: Kleines Konzilskompendium 434–436.

zwischen Mann und Frau in der Ehe«. Er beschreibt, was diese Liebe ist und wirkt, und stellt fest, daß sie durch den eigentlichen Vollzug der Ehe in besonderer Weise ausgedrückt und verwirklicht wird. Darum schreibt das Konzil den ehelichen Akten sittliche Würde zu; die einzige und ganz sinnvolle mahnende Klausel lautet: »wenn sie human vollzogen werden« (was je nach beiden Beteiligten differieren kann). Den Christen von heute wird diese Feststellung des Konzils allzu selbstverständlich vorkommen. Aber viele Schichten der katholischen Gläubigen sind noch in einer Mentalität erzogen, die in der Ehe so etwas wie legalisierte Unzucht sehen und für jeden ehelichen Akt ein ihm zusätzliches versittlichendes Motiv verlangen wollte. Mit dieser Auffassung hat das Konzil aufgeräumt. Der Schluß des Artikels weist darauf hin, daß die öffentliche Meinung über die Ehe durch das Zeugnis der Gatten in der Gesellschaft beeinflußt werden kann; er macht auch auf rechtzeitige und richtige Sexualaufklärung der Kinder aufmerksam. Auf die Zeugung und Erziehung von Nachkommenschaft, ein Thema, das die katholische Moral jahrhundertelang einseitig beherrscht hat, geht nun Artikel 50 ein. Er sagt aber weder ausdrücklich noch durch Andeutungen, jeder einzelne eheliche Akt sei, als solcher in sich allein genommen, auf Zeugung hin angelegt oder anzulegen. Er sagt nichts anderes, als daß die Ehe als ganze von ihrem Wesen her auf die Zeugung und Erziehung von Nachkommenschaft ausgerichtet ist. Die Gatten sind dabei, wie der zweite Abschnitt sagt, Mitwirkende mit der Liebe Gottes des Schöpfers »und gleichsam Interpreten dieser Liebe«. Die hier gewählten Ausdrücke zeigen, daß die Gatten nicht blinden bloß biologischen Naturgesetzen unterjocht sind und sich nicht in einem falsch verstandenen Gottvertrauen dem Zufall überlassen sollen. Der Artikel erwähnt die Faktoren, die bei einer verantworteten Elternschaft zu berücksichtigen sind, und kommt zu der Feststellung, daß die Gatten letztlich selbst das Urteil über ein zu erzeugendes Kind (Zeitpunkt, Zahl) fällen müssen (und dürfen!). Der letzte Abschnitt des Artikels ruft noch einmal in Erinnerung, daß die Ehe nicht nur zur Zeugung von Kindern eingesetzt ist, und begründet gerade damit – mit dem Hinweis auf die Liebe der Gatten – das Recht kinderloser Eheleute zum vollen Ehevollzug. Artikel 51 geht auf die Schwierigkeiten ein, die oft einer Vermehrung der Kinderzahl im Wege stehen. Mit eindeutigen und klaren Worten weist er auf die Gefahren völliger ehelicher Enthaltsamkeit hin. Er zieht klare Grenzen gegen Abtreibung und Tötung des Kindes; er ruft nachdrücklich die besondere Würde menschlicher Geschlechtlichkeit in Erinnerung und stellt noch einmal fest, daß die entsprechend der menschlichen Würde gestalteten ehelichen Akte »zu achten und zu ehren« sind. Ferner sagt er, daß bei einer verantworteten Geburtenregelung nicht nur gute Absicht und Motive, sondern auch objektive Kriterien die sittliche Qualität der Handlungsweise bestimmen. Damit ist der Grund angegeben, warum die Kirche in diesem Bereich grundsätzlich das Recht zur Mitsprache hat, wenn die Ausübung dieses Rechts auch dringend andere Formen annehmen müßte als Detailanalyse des Eheaktes, Einzelnormen für Eheleute durch Beichtväter usw. Die Methodenfrage der Geburtenregelung selbst umgeht der Artikel. Es ist bekannt, daß es sich bei kirchlichen Normen zur Geburtenregelung – sofern diese nicht gegen die Menschenwürde und gegen ein gezeugtes Leben verstößt – nicht um Dogmen, sondern um authentische Weisungen handelt, die vom Gläubigen mit Respekt und innerer, aber nicht unwiderruflicher Zustimmung angenommen werden müssen. Über das Wesen der Familie, die Aufgaben der Menschen in ihr, die Pflichten des Staates ihr gegenüber handelt Artikel 52. Die letzten drei Abschnitte gehen darauf ein, daß die Profanwissenschaften sich weiterhin um die Möglichkeiten einer Geburtenregelung kümmern sollen, daß die Seelsorger die Gatten stützen und stärken sollen (man beachte die diskreten und taktvollen Formulierungen!) und schließlich, daß die Eheleute treue Zeugen des Liebesgeheimnisses Christi werden sollen.

Die Konzilstexte und das die kirchliche Ehetradition zusammenfassende Apostolische Schreiben »Familiaris consortio« Johannes Pauls II. 1981 waren die Grundlage für das neue katholische Eherecht.[25] Auf einige wesentliche Elemente mit theologischer Relevanz soll hier aufmerksam gemacht werden. Nach wie vor wird die Ehe als Vertrag (Eheabschluß) und als das daraus entstandene

[25] Vgl. dazu die Autoren im HKR sowie *K. Lüdicke* (s. Lit. X.).

Rechtsverhältnis (Eheleben) verstanden, wobei der Vertrag eben durch die Willenseinigung zustande kommt. Damit zum Ausdruck kommt, daß die Ehe nicht nur ein Rechtsverhältnis, sondern auch eine personale und religiöse Wirklichkeit ist, nimmt das Kirchenrecht den Begriff »Bund« vom Konzil auf[26]: In diesem unwiderruflichen Bund übergeben sich die Partner gegenseitig als Person einander und nehmen einander an (CIC 1983 can. 1057 § 2); sie begründen dadurch untereinander eine Schicksalsgemeinschaft des ganzen Lebens (ebd. § 1). Die Umschreibung dieses »Bundes« mit idealromantischen Wendungen wie »personale Selbstübereignung der Partner« im Kirchenrecht zeigt, daß auf die berechtigten »personalen« Forderungen immer noch nicht eingegangen wurde: Ehe kann nicht bedeuten, daß ein Mensch sich selber dem andern »übereignet«; er muß vielmehr mit dem Partner in einer Beziehung leben, die ihm gestattet, sich selber als Person zu behalten und zu verwirklichen, sonst verliert die Rechtsinstitution Ehe ihren menschlich verkehrten Charakter als legalisierte Freiheitsberaubung nicht.

Die »Ehezwecke« erscheinen in geänderter Reihenfolge und in zum Teil neuen Begriffen: Die Ehe ist auf das Wohl der Eheleute ausgerichtet und auch auf Zeugung und Erziehung von Nachkommenschaft hingeordnet (can. 1055 § 1).

Selbstverständlich hält das neue Kirchenrecht an Einheit und Unauflöslichkeit der Ehe als deren Wesenseigenschaften fest (can. 1056), desgleichen an der Vorstellung, bei jeder gültigen Eheschließung entstehe ein seinem Wesen nach dauerndes und ausschließliches Band (can. 1134). In einer gewissen Relativierung der Lehre von den Wesenseigenschaften[27] nimmt die kirchliche Autorität jedoch für sich in Anspruch, nichtvollzogene und nichtsakramentale Ehen auflösen zu können (can. 1142–1150).

Das Kirchenrecht sieht die Ehe außer als Vertrag und als Bund auch als Sakrament (can. 1055), als Zeichen des Bundes Gottes mit den Menschen, des Bundes Jesu Christi mit der Kirche, das den

---

[26] *M. Kaiser* in: HKR 731 ff. Ihm folge ich wegen der kirchenrechtlichen Präzision bis in die Wortwahl bei der Wiedergabe der neuen Kirchenrechtsbestimmungen.
[27] Ebd. 736.

Eheleuten eine besondere Stärkung und gleichsam eine Weihe gibt, damit sie Würde und Pflichten ihres Standes wahrnehmen können (can. 1134). Zwischen Getauften kann es keinen gültigen Ehebund geben, ohne daß er zugleich Sakrament wäre (can. 1055 § 2).

Nach gut begründeter kirchenrechtlicher Auffassung äußert sich das neue Kirchenrecht nicht zur Frage der »Spender« des Ehesakraments: Zur Setzung dieses Bundeszeichens und zur Verwirklichung dieses Lebensvollzugs der Kirche gehört irgendeine amtliche Mitwirkung der Kirche dazu.[28]

Die kirchliche Eheschließung ist als ordentliche Form für Katholiken allgemein verpflichtend (can. 1117). In den Ostkirchen besteht sie seit langem in der liturgischen Segnung der Brautleute. In der westlichen Kirche besteht sie im Rechtsakt der Erfragung und der Entgegennahme der Willenserklärung (can. 1108 § 2). Die amtlich-kirchliche Mitwirkung darf nicht minimalistisch darin gesehen werden, daß die Eheschließung öffentlich ist.[29]

Das neue kirchliche Eherecht arbeitet sehr stark mit dem Begriff der Gültigkeit, der der Sache nach bei einem Rechtsakt und einer Rechtsinstitution angebrachter ist als bei einem Sakrament, da ja nur aus einem gültigen Rechtsakt Rechtswirkungen erfließen, während Gott allein weiß, ob ein Sakrament mit Gnadenwirkungen verbunden ist. Voraussetzungen, daß eine Ehe gültig ist, sind jeweils mangelfreie Ehefähigkeit, mangelfreier Ehewille beider Partner und mangelfreie Eheschließung.[30]

Die höchste kirchliche Autorität hält weiterhin an dem Anspruch fest, authentisch zu erklären, was kraft göttlichen Rechts eine Eheschließung behindert (can. 1075 § 1), sowie für die Getauften auch andere Ehehindernisse (nichtgöttlichen Rechts) aufzustellen (can. 1075 § 2). Hinsichtlich weltlich-sachlicher Rechtswirkungen aus einer Ehe wird von der Kirche die Kompetenz des Staates anerkannt, in persönlicher Hinsicht reklamiert die kirchliche Autorität Kompetenz nur noch für Ehen, an denen ein katholischer Christ

[28] Ebd. 739.
[29] Ebd. 739f.
[30] Einzelheiten sind dem Kirchenrecht zu entnehmen.

beteiligt ist, da die Kirche Jesu Christi nicht ausschließlich aus der römisch-katholischen Kirche besteht.[31] Für Ehen von Ungetauften wird kein kirchlicher Kompetenzanspruch erhoben.

Eine Ehe von Menschen, von denen mindestens einer auf die kirchliche Eheschließungsform verpflichtet (katholisch) ist, ist grundsätzlich nur gültig, wenn der Konsens vor Ortsordinarius oder Ortspfarrer oder, von ihnen delegiert, vor einem anderen Priester, Diakon, ja sogar einem Laien (speziell dazu can. 1112), sowie vor zwei Zeugen abgegeben wurde (can. 1108 § 1). Weiterhin ist eine Noteheschließung vor nur zwei Zeugen vorgesehen (can. 1116 § 1). Aus der Kirche Ausgetretene sind nicht auf die kirchliche Eheschließungsform verpflichtet (can. 1117). Die Ehe eines Katholiken mit einem einer Ostkirche angehörenden nicht-katholischen Partner, die von einem nichtkatholischen Priester eingesegnet wurde, ist gültig (can. 1127). Wenn ein Katholik erhebliche Schwierigkeiten geltend macht, die kirchliche Eheschließungsform einzuhalten, kann er durch Dispens von ihr befreit werden (ebd.). Ist dies der Fall bei konfessionsverschiedenen Ehen, so muß der nichtkatholische Partner vom Dispensantrag unterrichtet sein; er muß wissen, daß dann auch durch eine nichtkatholische kirchliche oder bloß standesamtliche Trauung – die Brautleute können die Form wählen, wobei eine kirchliche Trauung zu bevorzugen wäre – eine gültige, sakramentale Ehe zustande kommt. Dies gilt sinngemäß auch bei religionsverschiedenen Ehen[32] (can. 1129).

Eine konfessionsverschiedene Ehe kann mit Erlaubnis des Ortsoberhirten eingegangen werden (can. 1124f.), wenn der katholische Partner seinen Glauben nicht gefährdet und ernsthaft verspricht, alles seinen Kräften Mögliche zu tun, damit alle Kinder katholisch getauft und erzogen werden (can. 1125 n. 1); wenn ferner der nichtkatholische Partner frühzeitig über dieses Versprechen unterrichtet wurde (ebd. n. 2) und wenn beide Partner über die Zwecke und Wesenseigenschaften der Ehe unterrichtet und

---

[31] *M. Kaiser*, a. a. O. 746 mit Hinweis auf LG 8.
[32] Zu diesem in der Praxis sehr wichtigen Komplex *B. Primetshofer* in: HKR 788–793, sowie *H. Heinemann*, ebd. 807.

diese von keinem Partner ausgeschlossen wurden (ebd. n. 3). Eine »Doppeltrauung« ist nicht gestattet, wohl aber eine ökumenische »gemeinsame Trauung«.[33]

Nach katholischem Kirchenrecht ist eine Ehe absolut unauflöslich, wenn sie gültig nach dem Verständnis der katholischen Kirche geschlossen und auch vollzogen war und beide Partner getauft sind. Nur die Ehe von Getauften ist ja nach katholischer Lehre sakramental. »Erst aus der Sakramentalität fließt der Ehe jene Festigkeit zu, die überhaupt keine Auflösung mehr zuläßt.«[34] Es gibt Kirchenrechtler, die behaupten, das Sakrament komme allein aufgrund des Getauftseins zustande, auch ohne jeden Glauben der Eheschließenden.[35] Das Problem rührt an einen die Kirche schwer belastenden Sachverhalt, nämlich die Tatsache, daß nach dem Scheitern vieler Ehen, von denen manche ohne religiösen Ernst geschlossen wurden, nach Scheidung und Wiederheirat manche Menschen zu religiöser Besinnung kommen und von der Kirche die Zulassung zu den Sakramenten erbitten. Hier stehen sich ein unerbittlich harter und ein milder kirchlicher Standpunkt unversöhnlich gegenüber.[36]

---

[33] Bei einer »Doppeltrauung« werden die Riten beider Kirchen, jeweils vom eigenen Amtsträger, getrennt oder in gemeinsamer Feier, vollzogen. Bei einer »ökumenischen Trauung« wird durch einen Amtsträger der Ritus einer Kirche vollzogen, der andere Amtsträger ist aktiv am Wortgottesdienst beteiligt. *H. Heinemann*, ebd. 803 f.; *M. Kaiser*, ebd. 645.

[34] *H. Flatten*, ebd. 815. Vgl. seinen Beitrag im ganzen.

[35] *Ders.*, ebd. 816 f. Dagegen sagt *Th. Schneider*, Zeichen (s. Lit. I.) 290 f., eine minimale Intention, die Ehe *als Christen* einzugehen, sei zum Zustandekommen des Sakraments notwendig.

[36] Nach der härteren katholischen Auffassung, die z. B. *H. Flatten*, ebd. 817–819, vertritt, der sich auf Johannes Paul II. berufen kann, sind Katholiken, die staatlich geschieden und wiederverheiratet sind, zwar nicht aus der Kirche, wohl aber von den Sakramenten der Buße und der Eucharistie ausgeschlossen. Sie könnten lediglich dann zugelassen werden, wenn sie als Zeichen ihrer Reue versprechen, in ihrer neuen Ehe nur »wie Bruder und Schwester« zu leben. Der Grund, der für diese Haltung maßgeblich ist, besteht in der Furcht vor einem »Dammbrucheffekt«: Wenn die Kirche in ihrer Praxis nachzugeben beginnt, wird sich die Auffassung breitmachen, die katholische Kirche akzeptiere eine Ehescheidung, und dies würde zur Folge haben, daß immer mehr Ehen »auf Probe« geschlossen würden. Die milde Auffassung, wonach das Scheitern einer Ehe *und* die Werte einer neuen Bindung in jedem einzelnen Fall gewissenhaft zu prüfen sind und die Kirche Wege finden muß, den Betroffenen einen neuen Anfang auch vor Gott im sakramentalen Bereich der Kirche zu ermöglichen, ist z. B. vertreten von *Th. Schneider*, a. a. O.

Was auf den ersten Blick hin wie eine kirchliche Scheidung aussieht, ist in Wirklichkeit meist die kirchliche Feststellung, daß eine Ehe von vornherein nichtig war.[37] Es gibt aber tatsächlich kirchliche Auflösungen von Ehen: bei nichtvollzogenen Ehen durch päpstlichen Auflösungsbescheid;[38] bei der Ehe von zwei Ungetauften, von denen einer später getauft wurde, wobei nach dem kirchlich verstandenen Privilegium Paulinum (s. oben 12.2.3) die alte Ehe dadurch aufgelöst wird, daß der getaufte Partner eine neue Ehe gültig eingeht[39]; bei nichtsakramentalen Ehen durch päpstlichen Auflösungsbescheid[40]. Von besonderer Bedeutung in der sogenannten Dritten Welt ist die neue kirchenrechtliche Regelung bei Polygamie (can. 1148 meint Polygynie, sinngemäß gilt er aber auch für Polyandrie): Wenn ein Mann Christ wird, darf er nur mit einer Frau die Ehe fortführen; fällt ihm dies bei der Erstvermählten schwer, so kann er eine andere seiner Frauen zur bleibenden Ehefrau wählen.[41]

Angesichts dieser Auflösungsmöglichkeiten und angesichts der kirchenrechtlichen Redeweise von »päpstlichen Auflösungsbescheiden« ist nur schwer deutlich zu machen, warum Eherecht und Theologie von dem Gedanken eines auch in schwersten Zerrüttungsfällen immer fortbestehenden »Ehebandes« ausgehen. Mit den von Rom getrennten Kirchen des Ostens und auch der Reformation gemeinsam ist an der Unauflöslichkeit der Ehe festzuhalten und kann eine Scheidung nicht zur legalen Möglichkeit unter Christen werden. Ob es aber nicht Erkenntnisse geben kann, die zeigen, daß die Grundlagen einer Ehe zerstört sind und daß mit ihnen das Eheband zugrunde gehen kann?

298–300, der sich auf W. Kasper und K. Lehmann beruft. Vgl. oben Anm. 16: Die Ostkirchen erkennen sich aus dem erstrangigen Prinzip der Barmherzigkeit (das göttlichen Ursprungs ist) die entsprechende »Befugnis« zur Milde zu.

[37] Vgl. dazu und zum Prozeßweg *H. Flatten*, a. a. O. 819–821.

[38] Ebd. 821 f.

[39] Ebd. 822–824 (nach cc. 1143–1150).

[40] Ebd. 824–826.

[41] Vgl. zu der damit verbundenen Problematik: *N. Bitoto Abeng* in: EKL I, 1986, 971–974.

12.4   Theologie der Ehe – Zusammenfassung

Die Literatur zum Sakrament der Ehe zeigt, daß auf der einen
Seite die Rechtspflichten (Einheit und Unauflöslichkeit) vorherr-
schen und daß auf der anderen Seite hinsichtlich des Sakraments
die Frage im Vordergrund steht: Was bringt es den Ehepartnern,
welche Gnadenwirkungen hat es? Dabei bleibt weitgehend unbe-
achtet, daß das Sakrament der Eheschließung Liturgie der Kirche
ist. Ist diese Einsicht einmal gegeben, dann stellt sich die Frage
nach dem »Spender« dieses Sakraments anders als in der Literatur.
Der im Sakrament eigentlich Handelnde ist ja Jesus Christus, der
durch seinen Geist in der Kirche zur Verherrlichung Gottes des
Vaters wirkt. Von der menschlichen Seite her gesehen, handelt es
sich bei der Liturgie der Eheschließung um das bewußte Einstimmen der Ehepartner und ihrer Mitfeiernden in diese Verherrlichung Gottes, die in diesem Fall durch die Ehe als »Dauersakrament«, durch das Sakrament des Ehelebens, geschieht und mit der
Trauung beginnt. Damit das gelingen kann, ist der Segen Gottes im
Heiligen Geist notwendig: Die Eheschließung muß epikletische
Gestalt haben.
Im 20. Jahrhundert war es angesichts der Spaltung der Kirche in
Klerus und Laien, der Liturgiefeiernden in »Spender« und »Empfänger« vielen Laien wichtig, von Theologen zu hören, daß sie das
Ehesakrament nicht von einem Priester »gespendet« bekamen,
sondern es sich selber »spendeten« (wogegen Kirchenrechtler ein-
wandten, niemand könne etwas »spenden«, was er selber noch
nicht besitze). Der bei der Trauung assistierende Priester wurde
dann als »Amtszeuge« bezeichnet. Den Eheabschluß als Liturgie
zu sehen bedeutet nicht eine neue Klerikalisierung der Ehetheologie, als solle nun der Priester zum »Spender« dieses Sakraments
erhoben werden. Gesagt ist nur: Die Ehepartner feiern miteinander diese Liturgie, deren eigentlicher Träger Jesus Christus selber
ist, die eine Liturgie der Kirche ist, an der darum (außer im Notfall)
auch noch andere Mitglieder der Kirche teilnehmen sollten und die
wesentlich eben nicht nur in der Erklärung des Konsenses, sondern
auch in einem Segensgebet bestehen müßte.
In dieser Liturgie des Eheschlusses wird die Liebe Gottes zur

Menschheit, die ihrerseits wieder ihren »sakramentalen« Ausdruck in der Liebe Jesu Christi zur Kirche gefunden hat, sinnenfällig vergegenwärtigt, und gerade dadurch bildet sich Kirche in ihrer kleinsten Gestalt als »Hauskirche«. Ehe als »Dauersakrament« bedeutet diese fortdauernde Zeichenhaftigkeit und das bleibende Kirche-Sein und Kirche-Aufbauen. Gerade daraus ergeben sich die Unauflöslichkeit der Ehe glaubender Christen und die Einheit (Monogamie) dieser Ehe, die mit rein natürlich-rationalen Argumenten nicht zwingend nahezubringen sind. Aus dieser theologischen Überlegung ergibt sich, daß die Ehe – wenigstens die bewußt sakramentale Ehe – nicht auf einer Liebe aufgebaut werden kann, die in erster Linie als Gefühl, Emotion, Sympathie, Anziehung verstanden wird. Mit der klassischen christlichen Philosophie ist Liebe vielmehr zu begreifen als vom Verstand erhellte Tat des Willens. So gesehen äußert sich Liebe, außer im Willensentschluß des Anfangs, vor allem in der Treue.

Die Gnadenwirkung des Ehesakraments richtet sich also (1) auf die bewußte religiöse Zeichenhaftigkeit und das Kirche-Sein; je nach den individuellen Möglichkeiten der Partner gehört die Fruchtbarkeit zu diesem Aspekt, der unter Gottes Segen gestellt wird, da die Kinder ja die Kirche weiterbauen sollen; (2) auf den lebenslangen Willensakt der Treue. Wo menschliche Kraft für beides als zu schwach angesehen wird, besagt die Erinnerung an das Sakrament, daß Gottes Gnade die menschliche Freiheit zu einer Selbsttranszendenz zu befähigen vermag,[42] in der ein Mensch auch in der Situation des Gebundenseins über sich selbst hinauswächst. Darüber hinaus vertraut der Glaube an die Erhörung der Epiklese darauf, daß der Schutz Gottes die Ehepartner ihr Leben lang nicht verläßt.

[42] So *F. Böckle* in: Handbuch der christlichen Ethik II 117–135.

Literatur X

Das Sakrament der Ehe

Aymans, W., Die Sakramentalität christlicher Ehe in ekklesiologisch-kanonistischer Sicht, in: Trierer theol. Zeitschrift 83 (1974) 321–338

Baldanza, G., La grazia sacramentale matrimoniale al Concilio di Trento, in: Ephemerides Liturgicae 97 (1983) 89–140

Baltensweiler, H., Die Ehe im Neuen Testament, Zürich 1967

Bernhard, J., Le décret »Tametsi« du Concile de Trente, in: Revue de droit canonique 30 (1980) 209–234

Böckle, F., Ehe und Ehescheidung, in: Handbuch der christlichen Ethik, II, Freiburg ²1979, 117–135

Christen, E., Ehe als Sakrament, in: Theologische Berichte 1, Zürich 1972, 11–68 (Lit.)

Corecco, E., Die Lehre der Untrennbarkeit des Ehevertrages vom Sakrament im Lichte des scholastischen Prinzips »Gratia perficit, non destruit naturam«, in: Archiv für kath. Kirchenrecht 143 (1974) 374–442

Cottiaux, J., La sacralisation du mariage de la Genèse aux incises Matthéennes, Paris 1982

Dacquino, D., Storia del matrimonio cristiano alla luce della Bibbia, Turin 1984

Desserprit, A., Le mariage, un sacrement, Paris 1981

Die Zukunft der Ehe in der Kirche: Concilium 9 (1973) H. 8–9

Duss-von Werdt, J., Theologie der Ehe – Der sakramentale Charakter der Ehe, in: MySal IV/2, 1973, 422–449

Eid, V./Vaskovics, L. (Hrsg.), Wandel der Familie – Zukunft der Familie, Mainz 1982

Engelhardt, H. (Hrsg.), Die Kirchen und die Ehe, Frankfurt 1984 (mit den kirchlichen Regelungen, röm.-kath., ev., orth., anglik., und mit der staatlichen Gesetzgebung)

Evdokimov, P., The Sacrement of love. The nuptial mystery in the light of the orthodox tradition, New York 1985 (Original: Sacrement de l'Amour, Paris 1980)

Fransen, P., Das Thema »Ehescheidung nach Ehebruch« auf dem Konzil von Trient, in: Concilium 5 (1970) 343–348 (Lit., frühere Forschungen zusammenfassend)

ders., Hermeneutics of the Councils, Löwen 1985, 126–197 (Untersuchungen zur Ehelehre von Trient)

van Gansewinkel, A., Ehescheidung und Wiederheirat in neutestamentlicher und moraltheologischer Sicht, in: Theologie und Glaube 76 (1986) 193–211 (Lit.)

Gregg, R. C., Die Ehe: Patristische und reformatorische Fragen, in: Zeitschrift für Kirchengeschichte 96 (1985) 1–12

Grimm, R., L'institution du mariage, Paris 1984

Guzetti, G. B., Il nesso contratto-sacramento nel matrimonio dei battezzati in un ricente dibattito, in: Scuola Cattolica 110 (1982) 211–253

Handbuch des kath. Kirchenrechts, Regensburg 1983: *Kaiser, M.*, Grundfragen des kirchlichen Eherechts 730–746; *Zapp, H.*, Die Vorbereitung der Eheschließung 746–754; *ders.*, Die rechtliche Ehefähigkeit und die Ehehindernisse 755–756; *Primetshofer, B.*, Der Ehekonsens 765–782; *ders.*, Die Eheschließung 782–795; *Heinemann, H.*, Die konfessionsverschiedene Ehe 796–808; *Geringer, K.-Th.*, Die Konvalidation der Ehe 808–815; *Flatten, H.*, Nichtigkeitserklärung, Auflösung und Trennung der Ehe 815–826

Kasper, W., Zur Theologie der christlichen Ehe, Mainz 1977

Kleindienst, E., Partnerschaft als Prinzip der Ehepastoral, Würzburg 1982 (auch zur Sakramentalität)

Kleinheyer, B. / von Severus, E. / Kaczynski, R., Sakramentliche Feiern II, Regensburg 1984, 67–156 (*Kleinheyer, B.*, Riten um Ehe und Familie)

Koch, G. / Breuning, W., Die Ehe des Christen. Lebensform und Sakrament, Freiburg 1981

Kramer, H., Ehe war und wird anders, Düsseldorf 1982

Kruse, H., Eheverzicht im Neuen Testament und in der Frühkirche, in: Forum Kath. Theologie 1 (1984) 94–116

Langa, P., San Agustín y el progreso de la teología matrimonial, Toledo 1984

Lettmann, R., Die Diskussion über die klandestinen Ehen und die Einführung einer zur Gültigkeit verpflichtenden Eheschließungsform auf dem Konzil von Trient, Münster 1966

Lüdicke, K., Eherecht, Essen 1983

Malone, R. / Connery, J. R. (Hrsg.), Contemporary Perspectives on Christian Marriage, Chicago 1984

Mieth, D., Ehe als Entwurf, Mainz 1984 (auch über nichteheliche Lebensgemeinschaften)

Molinski, W., Theologie der Ehe in der Geschichte, Aschaffenburg 1976

Nautin, P., Le rituel de mariage et la formation des Sacramentaires »Léonien« et »Gélasien«, in: Ephemerides Liturgicae 98 (1984) 425–457

Ott, D., Christliche Ehe heute, Frankfurt 1983

Pannenberg, W., Anthropologie, Göttingen 1983, 415–431 (Lit.)

Pesch, R., Freie Treue. Die Christen und die Ehescheidung, Freiburg 1971

Rahner, K., Die Ehe als Sakrament: Schriften VIII, 1967, 519–540

Ratschow, C. H. u. a., Ehe/Eherecht/Ehescheidung, in: TRE IX, 1982, 308–362 (Lit.)

Reinhardt, K. / Jedin, H. (Hrsg.), Ehe – Sakrament in der Kirche des Herrn, Berlin 1971

Richter, K. / Plock, H. / Probst, M., Die kirchliche Trauung, Freiburg 1979

Ritschl, D. u. a., Ehe, Ehescheidung, in: EKL I, 1986, 956–985 (Lit.)

Ritzer, K., Formen, Riten und religiöses Brauchtum der Eheschließung in den christlichen Kirchen des ersten Jahrtausends, Münster ²1981

Schillebeeckx, E., Le mariage, Paris 1966 (grundlegend)

Schmälzle, U. F., Ehe und Familie im Blickpunkt der Kirche, Freiburg 1978

Schmitt, E., Le mariage chrétien dans l'oeuvre de saint Augustin. Une théologie baptismale de la vie conjugale, Paris 1983

Sequeira, J. B., Tout mariage entre baptisés est-il nécessairement sacramentel? Paris 1985

Stevenson, K., Nuptial blessing. A study of christian marriage rites, London 1982

Verspieren, P., Le mariage, un sacrement? in: Initiation à la pratique de la théologie IV, Paris ²1984, 421–442

Vogel, C., Le rôle du liturge dans la formation du lien conjugal, in: Revue de droit canonique 30 (1980) 7–27

Weber, L. M., Mysterium Magnum, Freiburg 1964

13 Die Sakramentalien

Der Begriff »Sakramentalien« geht auf die Klärung des Sakramentsbegriffs im 12. Jahrhundert zurück. Als man die Siebenzahl der Sakramente festlegte, erhielten liturgische Handlungen, die in einer bestimmten Nähe zu den Sakramenten (z. B. die Weihe des Wassers für die Taufe, der verschiedenen Öle für die Salbungen, des Altars für die Eucharistie) und in hohem Ansehen standen, die aber nicht den Rang von Sakramenten erhielten, den Namen »Sakramentalien«.[1] Damit wird eine gewisse Ähnlichkeit mit den Sakramenten bezeichnet. Was mit den Sakramentalien gemeint ist, hat das Zweite Vatikanische Konzil in der Liturgiekonstitution folgendermaßen erklärt:

»60. Außerdem hat die heilige Mutter Kirche Sakramentalien eingesetzt. Diese sind heilige Zeichen, durch die in einer gewissen Nachahmung der Sakramente Wirkungen, besonders geistlicher Art, bezeichnet und kraft der Fürbitte der Kirche erlangt werden. Durch diese Zeichen werden die Menschen bereitet, die eigentliche Wirkung der Sakramente aufzunehmen; zugleich wird durch solche Zeichen das Leben in seinen verschiedenen Gegebenheiten geheiligt.
61. Die Wirkung der Liturgie der Sakramente und Sakramentalien ist also diese: Wenn die Gläubigen recht bereitet sind, wird ihnen nahezu jedes Ereignis ihres Lebens geheiligt durch die göttliche Gnade, die ausströmt vom Pascha-Mysterium des Leidens, des Todes und der Auferstehung Christi, aus dem alle Sakramente und Sakramentalien ihre Kraft ableiten. Auch bewirken sie, daß es kaum einen rechten Gebrauch der materiellen Dinge gibt, der nicht auf das Ziel ausgerichtet werden kann, den Menschen zu heiligen und Gott zu loben.«

Die Sakramentalien haben ihren Ursprung im Judentum,[2] im Lobpreis Gottes, der einmündete in die Bitte um seinen Segen. Das Alte Testament stellt nicht nur Gott als den Segnenden vor, es kennt auch segnende Menschen, das heißt Menschen, die nach der

---

[1] *M. Löhrer*, Sakramentalien, in Sacramentum Mundi IV, 1969, 341 – 347 (hier 344f. zur Geschichte)
[2] *R. Schmid*, Segnen und Weihen in der Bibel, in: J. Baumgartner (Hrsg.), Gläubiger Umgang mit der Welt, Zürich / Freiburg 1976, 13–29; *P. Schäfer* in: TRE V, 1980,

dankenden Vergegenwärtigung der Machterweise Gottes ihr Angewiesensein auf seinen Segen bekennen und ihn um weiteres konkretes, heilvolles Wirken bitten. Diese Segen nahmen schon in alttestamentlicher Zeit eine stilisierte Gestalt an. Segensformeln bezogen sich nicht nur auf Menschen, sondern auch auf Dinge wie
Speise und Trank oder Felder und Ernte. Letztlich galten alle Segenswünsche einem reichen, überfließenden Leben, das für den
glaubenden Menschen nichts anderes ist als Teilhabe an Gottes eigenem Leben.

Stilisierte Segenswünsche kennt, als Erbe des Judentums, das
Neue Testament von Paulus an in reichem Maß. An die Seite des
jüdischen Segenswunsches »Friede« tritt der christliche: »Gnade«.
Als theologischer Hintergrund im Alten wie im Neuen Testament
ist die Überzeugung vom wirksamen Wort deutlich. Geblieben ist
auch im Neuen Testament der tiefste Wunsch des Segens um Teilhabe an Gottes Leben; nichts anderes meint ja »Gnade«.

Auf dieser biblischen Grundlage entwickelte sich in der Geschichte
des Christentums eine Fülle von Weihen und Segnungen,[3] bei denen immer wieder drei Gefahren drohten: (1) die Versuchung,
dualistisch die Schöpfung Gottes in einen sakralen und in einen
profanen Bereich aufzuspalten und möglichst vieles zu sakralisie-
ren; (2) der Irrglaube, böse Mächte hätten losgelöst von Menschen, die sich ihnen freiwillig ergeben, eine selbständige gefährliche Macht, die rituell zu bannen wäre; (3) der Aberglaube, die
Segnung lasse eine positive magische Kraft in geweihte Menschen
und Dinge einziehen.

Wenn die Reformatoren sich auch heftig gegen Aberglauben und
Mißstände wehrten, so wurden im reformatorischen Christentum
doch Segnungen von Menschen und Dingen vielfach beibehalten.

560–562; *I. Nowell*, Der narrative Kontext von »Segen« im Alten Testament, in:
Concilium 21 (1985) 81–88.

[3] *R. Kaczynski* in: B. Kleinheyer u. a., Sakramentliche Feiern II, Regensburg 1984,
233–274. Mit Recht behandelt Kaczynski den Exorzismus, der trotz seiner immer
noch im Befehlston gehaltenen Formulierungen nichts anderes als ein kirchliches
Fürbittgebet für einen Kranken ist, getrennt von den Sakramentalien, ebd.
275–291. Eine kurze geschichtliche Darstellung: *D. Power*, Die Segnung von Ge-
genständen, in: Concilium 21 (1985) 96–106.

Die Verstärkung des Wortes durch die Geste wird nicht abgelehnt.[4] So begegnen liturgische Segnungen von Menschen mit den bevorzugten Formeln Num 6,24–26 und 2 Kor 13,13 ebenso wie die Einweihungen von Kirchen.[5] Die von Rom getrennten Ostkirchen übertreffen die römische Kirche im Gebrauch von Kreuzzeichen, geweihtem Öl, Weihrauch und Weihwasser.

Das neue katholische Kirchenrecht[6] sieht mit einer Formulierung, die amtlicherseits erstmals Pius XII. in der Enzyklika »Mediator Dei« 1947 gebrauchte (nur lat. DS 3844), den Unterschied zwischen Sakramenten und Sakramentalien darin, daß die Sakramentalien nicht in der Kraft des gegenwärtig gesetzten Heilswerks Jesu Christi (ex opere operato) wirken, sondern kraft der Fürbitte der Kirche (ex opere operantis Ecclesiae) (CIC 1983 can. 1166). Dabei wäre natürlich hinzuzufügen, daß die Fürbitte der Kirche nur erfolgen kann in der Kraft des sie zum Gebet bewegenden Heiligen Geistes.

Das Kirchenrecht legt großen Wert auf Zuständigkeit der römischen Kirchenleitung und ordnungsgemäßen Vollzug der Sakramentalien (can. 1167).

Kompliziert ist der kirchliche Sprachgebrauch. Die Sakramentalien werden in der Tradition unterschieden in Weihen/Weihungen und Segen/Segnungen. Weihe meinte, daß Personen, Dinge oder Orte einer rein weltlichen Zweckbestimmung entzogen und zeichenhaft allein auf Gott hin orientiert werden. Segen bedeutete die Fürbitte der Kirche um ein heilshaftes Einwirken Gottes auf das Gesegnete. An Beispielen gesagt: Geweihte Orte sind Kirche, Friedhöfe; geweihte Dinge sind Altäre, Glocken; geweihte Personen sind Abt und Äbtissin. Gesegnete Orte können sein: Haus, Feldfluren; gesegnete Personen: Kranke, Alte, Brautleute; gesegnete Dinge: Autos, Kräuter, Früchte usw.

Der CIC 1983 verwendet folgende Begriffe: Die Weihe von Personen, verbunden mit einer Ölsalbung, heißt »consecratio«; die

---

[4] *J. G. Davies* in: TRE V, 1980, 565.
[5] Vgl. ebd. 568 f. die informativen Ausführungen zur Kirchweihe seit dem 8. Jahrhundert.
[6] Das Folgende im Anschluß an *H. J. F. Reinhardt* in: HKR 836–839.

Weihe von Orten und Dingen, verbunden mit einer Ölsalbung, heißt »dedicatio«; die Weihe (Änderung der rein weltlichen Bestimmung) bei Personen, Orten und Dingen ohne Ölsalbung heißt »benedictio (constitutiva)«. Solche Weihen dürfen nur Bischöfe oder Priester, denen es eigens gestattet wurde, vornehmen (can. 1169, can. 1206 f.); der Grund ist offensichtlich der, daß dabei die kirchliche Leitung zur Erscheinung kommen soll. Ein Bischof kann auch eine bestimmte Weihe wieder aufheben (wenn z. B. eine Kirche verkauft werden soll).

Die übrigen Segnungen sind »benedictiones (invocativae)«; sie sollen vom Bischof bzw. Pfarrer, einem sonstigen Priester oder einem Diakon vorgenommen werden, wenn sie mit der Verkündigung oder sakramentaler Feierlichkeit verbunden sind. Im übrigen läßt das neue Kirchenrecht keinen Zweifel daran, daß auch Laien segnen können.

Selbstverständlich bewirkt die Anrufung Gottes im Segen nicht »mehr«, wenn sie von einem Priester vorgenommen wird. So wäre es eine magische Vorstellung, dem päpstlichen Segen mehr Wirkkraft zuzuschreiben als beispielsweise einem Segen von Eltern für ihre Kinder.

Das römische Benediktionenbuch von 1984 enthält bemerkenswerte theologische und praktische Feststellungen.[7] Es sieht in den Segnungen ein Bekenntnis, daß alles von der Heilsgegenwart Gottes erfüllt ist. Es bemüht sich, die Segnungen als Liturgie der Kirche deutlich zu machen, wenn es wünscht, daß sie wenigstens mit Wortgottesdienst und gemeinsamem Gebet verbunden werden. Keinesfalls genügt ein bloßes Kreuzzeichen: Auch der bloße Anschein einer Kraftübertragung soll vermieden werden. Nur Dinge, die zum Guten gebraucht werden können und nicht zweideutig sind, dürfen gesegnet werden. Waffen zu segnen ist kirchlich verboten (so wie schon seit 1947 die Segnung politischer Embleme). Segnungen durch Laien können nun nicht mehr als private im Unterschied zu kirchlichen verstanden werden.

Die Sakramentalien sind in theologischer Sicht somit nicht bloße Zeichen. Sie sind liturgische Handlungen mit der Grundstruktur

---

[7] Vgl. dazu den Kommentar von *J. Lligadas* in: Concilium 21 (1985) 149–156.

der Epiklese[8] (oder der Anamnese und Epiklese). Wenn Dinge oder Orte in dieses dialogische Geschehen zwischen Gott und Menschen einbezogen werden, so kommt damit die Sorge um die Güter der Schöpfung zum Ausdruck, aber auch der Glaube, daß alle Güter der Schöpfung gemeinsam mit den Menschen den in ihrer Mitte gegenwärtigen Gott verherrlichen.

Literatur XI

Die Sakramentalien

Baumgartner, J. (Hrsg.), Gläubiger Umgang mit der Welt. Die Segnungen der Kirche, Zürich/Freiburg 1976

Bommes, K., in: H. Luthe (s. Lit. I) 597–671

Jorissen, I./Meyer, H. B., Zeichen und Symbole im Gottesdienst, Innsbruck 1977 (besonders zum Thema des Segens)

Jounel, P., in: A. G. Martimort (Hrsg.), L'Eglise en prière III, Neuauflage Paris 1984, 282–305

Kaczynski, R., Die Benediktionen, in: B. Kleinheyer/E. von Severus/R. Kaczynski, Sakramentliche Feiern II, Regensburg 1984, 233–274

Kleinheyer, B., Heil erfahren in Zeichen, München 1980

Macht der Segnung – Segnung der Macht: Concilium 21 (1985) H. 2

Reinhardt, H. J. F., Die Sakramentalien, in: HRK 836–839

Schäfer, P./Deichgräber, R./Davies, J. G., Benediktionen, in: TRE V, 1980, 560–573

Westermann, C., Der Segen in der Bibel und im Handeln der Kirche, Gütersloh 1981

---

[8] *J.-M. R. Tillard*, Segen, Sakramentalität und Epiklese, in: Concilium 21 (1985) 140–149. Einer Bitte an den Heiligen Geist wird mit dem Segen gleichsam ein Siegel aufgeprägt: ebd. 147.

Literaturnachtrag

Literatur I

Sakramente im allgemeinen

Becker, G., Die Ursymbole in den Religionen, Graz 1987

Bucher, A., Symbol–Symbolbildung–Symbolerziehung, St. Ottilien 1990

Chauvet, L.-M., Symbole et sacrement, Paris 1987

Fink, P. (Hrsg.), The New Dictionary of Sacramental Worship, London 1990

Koch, G., Texte zur Theologie: Sakramententheologie, 2 Bde, Graz 1991

Kohlschein, F. (Hrsg.), Aufklärungskatholizismus und Liturgie. Reformentwürfe für die Feier von Taufe, Firmung, Buße, Trauung und Krankensalbung, St. Ottilien 1989

Lies, L., Sakramententheologie. Eine personale Sicht, Graz 1990

Meding, W. von, Natur, Kultur und Sakrament (zu P. Tillich), in: ThZ 43 (1987) 353–370

Merz, M. B., Liturgisches Gebet als Geschehen, Münster 1988

Müller, W. W., Das Symbol in der dogmatischen Theologie, Frankfurt 1990 (K. Rahner, P. Tillich, P. Ricoeur, J. Lacan)

Pannenberg, W. (Hrsg.), Lehrverurteilungen–kirchentrennend? III. Bd, Freiburg–Göttingen 1990

Rocchetta, C., Sacramentaria fondamentale. Dal »mysterion« al »sacramentum«, Bologna 1989

Ruffini, E. / Lodi, E., »Mysterion« e »sacramentum«. La sacramentalità negli scritti dei Padri e nei testi liturgici primitivi, Bologna 1987

Taborda, F., Sakramente: Praxis und Fest, Düsseldorf 1988

Wenz, G., Einführung in die evangelische Sakramentenlehre, Darmstadt 1988

Zizioulas, J. D., Being as Communion. Studies in Personhood and the Church, Crestwood-New York 1985

Literatur III und IV

Initiationssakramente und Taufe

Hölzl, F., Die Sakramente der Eingliederung in ihrer rechtlichen Gestalt und ihren rechtlichen Wirkungen vom 2. Vatikanischen Konzil bis zum CIC von 1983, Regensburg 1988

Kleinheyer, B., Sakramentliche Feiern I: Die Feiern der Eingliederung in die Kirche (Gottesdienst der Kirche. Handbuch der Liturgiewissenschaft 7/1), Regensburg 1989

Martins, J. S., I sacramenti dell'iniziazione cristiana. Battesima, cresima ed eucaristia, Rom 1988

Ökumenischer Rat der Kirchen. Kommission für Glauben und Kirchenverfassung, Die Diskussion über Taufe, Eucharistie und Amt 1982–1990, Frankfurt–Paderborn 1990

Steffen, U., Taufe. Ursprung und Sinn des christlichen Einweihungsritus, Stuttgart 1988

Walsh, L. G., The Sacraments of Initiation: Baptism, Confirmation, Eucharist, London 1988

Literatur VI

Eucharistie

Ahlers, R., Communio eucharistica. Eine kirchenrechtliche Untersuchung zur Eucharistielehre im CIC, Regensburg 1990

Fischer, D., L'Eucharistie chez Calvin, en rapport avec la doctrine du Ministère, in: FZPhTh 34 (1987) 415–436

Giraudo, C., Eucaristia per la Chiesa, Brescia 1989

Haunerland, W., Die Eucharistie und ihre Wirkungen im Spiegel der Euchologie des Missale Romanum, Münster 1990

Hoenig, E., Die Eucharistie als Opfer nach den neueren ökumenischen Erklärungen, Paderborn 1989

Ibebuike, P. Ch., The Eucharist. The Discussion on the Eucharist by the Faith and Order Commission of the World Council of Churches, Lausanne 1927 – Lima 1982, Frankfurt 1989

Keefe, D. J., The Eucharist Order of History, 2 Bde, University Press of America 1991

Keller, E., Eucharistie und Parusie, Fribourg 1989

Klauck, H.-J., Herrenmahl und hellenistischer Kult, 2. durchgesehene Aufl. mit einem Nachtrag, Münster 1986

Macina, M., Fonction liturgique et eschatologique de l'anamnèse eucharistique Lc 22,19; 1 Co 11,24,25, in: ELit 102 (1988) 3–25

Meyer, H. B., Eucharistie. Geschichte, Theologie, Pastoral (Gottesdienst der Kirche. Handbuch der Liturgiewissenschaft 4), Regensburg 1989

Navarro Girón, M. A., La carne de Cristo, Madrid 1989 (Abendmahlsstreit Paschasius Radbertus bis Gottschalk)

Ökumenischer Rat: s. Literatur III

Rubin, M., Corpus Christi. The Eucharist in Late Medieval Culture, Oxford 1991

Schaefer, G. K., Eucharistie im ökumenischen Kontext (von Lausanne 1927 bis Lima 1982), Göttingen 1988

Thaler, A., Gemeinde und Eucharistie, Fribourg 1988

Vagaggini, C., La dimension sacrificielle de la communion eucharistique, in: Communautés et liturgies 69 (1987) 215–244

Verheul, A., u. a., Eucharistie, in: Questions liturgiques 69 (1988) 125–206
Wehr, L., Arznei der Unsterblichkeit. Die Eucharistie bei Ignatius v. Antiochien und im Johannesevangelium, Münster 1987

Literatur VII

Bußsakrament

Borobio, D., Eclesialidad y ministerialidad en el sacramento de la penitencia, in: Salm 34 (1987) 299–325
Ders., Reconciliación penitencial, Bilbao 1988
Goldhahn-Müller, I., Die Grenze der Gemeinde. Studien zum Problem der Zweiten Buße im NT unter Berücksichtigung der Entwicklung im 2. Jh. bis Tertullian, Göttingen 1989
Handbuch der Ablässe (deutsche Übersetzung des »Enchiridion indulgentiarum«, herausgegeben von der Deutschen Bischofskonferenz, mit beigefügter theologischer Erklärung von H. Vorgrimler), Bonn 1989
Hasitschka, M., Befreiung von Sünde nach dem Johannesevangelium, Innsbruck 1989
Korting, G., Binden oder Lösen. Zur Verstockungs- und Befreiungstheologie in Mt 16, 19; 18, 18.21–35 und Joh 15,1–17; 20, 23, in: STNU/A 14 (1989) 39–91
Osborne, K. B., Reconciliation und Justification. The Sacrament and its Theology, New York 1990
Varo, F., El léxico del pecado en la Epístola de San Pablo a los Romanos, in: Scripta Theol. 21 (1989) 99–116

Literatur VIII

Krankensalbung

Kranemann, B., Die Krankensalbung in der Zeit der Aufklärung, Münster 1990
Varghese, B., Les onctions baptismales dans la tradition syrienne, Löwen 1989

Literatur IX

Amt und Weihe

Field-Bibb, J., Women Towards Priesthood, Cambridge 1991
Gössmann, E./D. Bader (Hrsg.), Warum keine Ordination der Frau? Unterschiedliche Einstellungen in den christlichen Kirchen, Zürich 1987
Internationales Diakonatszentrum, Wirkungsgeschichte des Diakonates, Freiburg 1989

Klauck, H.-J., Gemeinde–Amt–Sakrament, Würzburg 1989
Martelet, G., Théologie du sacerdoce, Bd II und III, Paris 1990
Ökumenischer Rat: s. Literatur III
Osborne, K. B., Priesthood. A History of Ordained Ministry in the Roman
  Catholic Church, New York 1989

Literatur X

Das Sakrament der Ehe

Baldanza, G., La grazia matrimoniale nella riflessione teologica tra l'En-
  ciclica »Casti connubii« e il Vaticano II, in: ELit 103 (1989) 113–160
Ders., La grazia matrimoniale nella fase preparatoria del Concilio Vaticano
  II, ebd. 281–308
Ders., La grazia matrimoniale nella fase conciliare, ebd. 104 (1990)
  368–414
Ders., Die Gnade des Ehesakramentes in der Pastoralkonstitution »Gau-
  dium et Spes«, in: In Unum Congregati (FS Kard. A. Mayer), hrsg. v. St.
  Haering, Metten 1991, 219–238
Baudot, D., L'inséparabilité entre le contrat et le sacrement de mariage,
  Rom 1987
Baumann, U., Die Ehe – ein Sakrament? Zürich 1988
Brooke, Ch. N. L., The Medieval Idea of Marriage, Oxford 1989
Gies, F. u. J., Marriage and the Family in the Middle Ages, New York 1989
Hartmann, P. H., Warum dauern Ehen nicht ewig? Opladen1989
Lüdecke, N., Eheschließung als Bund. Genese und Exegese der Ehelehre
  der Konzilskonstitution »Gaudium et spes« in kanonistischer Auswer-
  tung, Würzburg 1989
Mackin, T., The Marital Sacrament. Marriage in the Catholic Church, New
  York 1989
Muller, E. C., Trinity and Marriage in Paul, New York 1990
Richter, K. (Hrsg.), – Eheschließung – mehr als ein rechtlich Ding? Frei-
  burg 1989

Personenregister